切支丹信仰と佐賀藩武士道

箏曲「六段」の歴史的展開

Ito Kazumasa
伊藤和雅

清文堂

切支丹信仰と佐賀藩武士道

―箏曲「六段」の歴史的展開―

目次

序論編

本論編

装幀／寺村隆史

切支丹信仰と佐賀藩武士道

――箏曲「六段」の歴史的展開――

序論編

グレゴリオ聖歌『クレド』と箏曲『六段』とのメロディは、なぜか似通っている。時空間が異質なはずの楽曲がなぜ類似性を持つのか、そうであれば、日本人が前者の演奏を受入れ昇華したのか。それは何故か。十年前にその演奏を聴き入った私には神の啓示としか言いようのない興味に憑りつかれた。

その『六段』が誕生したと推定される時代は、ヴァリニャーノ『日本巡察記』冒頭において、訳者松田毅一氏が紹介された世界史および日本史上最も興味深いとされる十六世紀後半から十七世紀前半にかける「キリシタン世紀」と言われる頃なのか。邦楽史における『六段』は、八橋検校の作曲説及び否定説があるが、後者であれば、関わる地域は佐賀領鍋島家誕生期の肥前と筑後の久留米ではなかったか、いかなる条件を満足すればそのことが可能になるかなどを管見出来る史料を模索して邦楽の歴史を把握できるか挑戦してみたい。

第一章　クレド受容の可能性

一　日本人と洋楽受容能力

「六段」の表現法についての見解を例示しよう。

山川松園氏は演奏家の立場から述べる。邦楽には「序・破・急」という楽曲形式があるが、六段の一段目は「序」にあたり、この曲全体の基本であり、二段目から三段目は「破」にあたり、リズムの上でもメロディの上からも順次一段の手法を破って変奏していく。四段目からは「急」になり、テンポが速くなり高潮していく。五段目はかなりメロディックで、「五段帖」の「五段目」に取り入れられるほどである。六段目は次第にゆっくりになる。(1)

平野健次氏は述べる。「寛文四年（一六六四）刊の『糸竹初心集』にその名譜が収録されるすがきは、現在の六段の各段の一つの段と合奏しうる、いわば隠れた主題のような旋律と考えられ、あたかも十七世紀スペインにおけるディフェレンシアスのごとく、隠れた主題に対する変奏が六段の各段といえる」。「この調子は、本来八橋以前の筑紫箏で用いられていた調子でかなり早い時期（一七〇二？）に流伝していたと思われる沖縄の箏曲では、六段菅攬として本土の「六段」の各段は、そのままでもこれを同時に六重奏させることも可能(2)」。

さらに、六段の成立にあたりラテン語聖歌クレドの影響が決定的に大きかったと問題提起された皆川達夫氏の趣意を挙げる。箏曲「六段」は日本の伝統音楽としては、異例のことに絶対音楽として変奏曲の形をとっている。この形式は音楽におけるルネサンス期、一四五〇～一六〇〇年頃から表れている。そこでは楽段の区分、反復、舞踊のリズム三和音の分散、多声部の並行進行が見られる。新しい循環的変奏ミサ曲にもルネサンス的要素は明瞭である。その頂点は一五〇〇年頃といわれ、スペインでこのルネサンス時代十六世紀初頭から始まるディフェレンシアスと呼ばれるのもそうであろう。さらに、テーマも既に変奏された形で構成され、六つのディフェレンシアスとも呼ばれる。まさに「六段」である。その全曲とクレド第一番との皆川達夫氏指揮の合奏は約十二分余である。箏曲六段とクレドのメロディは同一の構成をとり互いに重なり合う。全体の寸法と各部分の区切り、段落までもが完全に合致しているのは偶然の一致だろうか。ディフェレンシアスの場合、テーマが生のままの姿ではなく、既に変奏されている。この点も箏曲六段の構成と共通するところではないだろうか。十六世紀ヨーロッパ各地、とくにスペインではクレドを含めたラテン語聖歌などは、音の長短を区別する計量リズムで歌われていた。

さらに皆川達夫氏は箏曲《六段》の現代五線譜をクレドとの比較楽譜を提示された中で、次のように分析される。ラテン語によるクレドメロデイは一番重んじられる第一番から第六番まであり、メロデイの長さ、区切り方から見れば、構成的にはまったく同一である。つまり、最終的には六種類のクレドのメロデイは、一つの基本的タイプに還元されるということである。六段の冒頭であるテーントンシャンなど両者の冒頭部を除き、箏曲六段も一段から六段まで各段二六小節で構成され一小節四拍計各段一〇四拍で、その六段目までの合計一五六小節、合計六二四拍と現代五線譜でクレドのそれと整然と重なり合っている。ラテン語聖歌の区切りすなわち段落は箏曲の全六段を通じて殆ど正確に一致する。このように、切支丹期の日本でもクレドが拍節的な計量リズムで音楽的に強調され、歌われていた。クレドのラテン語歌詞が意味する内容を、彼は完全に理解し、デウスの意志表示部と音楽的に強調も同じであるなどと言われる[3]。その名残りは主題の変奏や展開が一切行われないラベルの「ボ

レロ」も想起する。(4)

音楽は本来創作する作曲と作品を形成する演奏と、その鑑賞により感動を与える。その作曲のためには「意味を持った構成物を最終的に固定して形成すること」の能力を要する。従って、基本的な楽器を全く扱えないようでは、豊富な音楽素材の世界を感覚的主体的に把握することは困難で、まして、それを新しい秩序のもとに構成することは望むべくもない。その楽想を演奏によって自由に表現するためには、優れた音感覚とともに相当の訓練と経験と専門的熟練を要する。しかも、この当時においては、作曲家は殆ど常に演奏家であって、自らの演奏によって作品を現実化するのが常であった。結局、音楽創作においても芸術一般の場合と同じく、天才や霊感概念が用いられ、創造の究極的根拠として一種神秘的に暗示する。こうして演奏家は優れた享受者として作品の意図を鋭敏に感受し再現する。(5)

しかも音楽は、よく言われるように瞬きする瞬間に忘れ去られる運命にある故、瞬間の感動を与えねば、心に残り、且つ伝承されない。そのような音楽の中でも今回模索しようとするクレドを含む津波のようなルネサンス期の音楽の波を、ザビエルがその嚆矢として、まず九州にもたらし、各地に波及させた。

このように当時の人々が心の飢えを癒すために熱心に受け入れ、心を甚動かした切支丹音楽の中に、洗礼時に唱われる使徒信教、つまりラテン語のCredoクレドがある。(6) 使徒信教は、キリスト信者の信ずべきことを簡単に書いたもの、すなわちキリスト教の基本的な教えを表す祈りで、十二使徒から伝えられたので使徒信経といわれ、信仰宣言の典礼的祈りである。(7)

クレドを日本人の心に植え付けた最初の記録として、ザビエル一行が鹿児島に一五四九年（天文十八）八月十五日に到着し、ザビエルが書いた「公教要理の信仰箇条についての短い説明書」と言われる「使徒信経の説明書」を一五五〇年（天文十九）上旬に日本語に訳されたクレドの祈りとイエズスとマリアの名を書いて身につけさせたとある。それによると「信者たちよ、神が人びとに役立つように、万物を創造し給うたことを聞き、これを理解できることを喜びなさい。」と、〔天地と人祖の創造〕にはじまり、神が万物を創造した後、最後に自分をかたどって人間を創った。その最初の男女であるアダムとエヴァに結婚させ、子孫をつくり、地上に人々を殖やせ、と命じた、と続く(8)。

この当時の宣教師の指導下に布教したカトリック信仰をキリシタン信仰と呼び、明治以降の再布教により広まったものはカトリック信仰と区分される(9)。拙論では「切支丹」と使用させて頂く。

今日カトリック教会の日曜ミサでも歌われるが、当時日本教会のために編纂された定式書の中に洗礼式後、洗礼に立ち会った神に対する証人として受洗者を後まで世話をし管理するとした。即ち洗礼の時に約束したように切支丹の掟のままに身を修むるように、「その人の上を油断なく心掛くべし」、その一つに信仰の条目であるクレドを覚え知るように勧め教えるべきであるとした(10)。

ここで、切支丹における教会音楽の重要性についての淵源を模索したい。ヘレニズム時代に、「国の採用する政治原理がすばらしければ、それが国の発展を促すというポリビオスの信念」とは「権利の平等と表現の自由、要するに真の民主主義の制度と原理」が保障されることによる。そのような国制論の歴史著述を試みたギリシアの政治家が現れた。ポリュビオスによると古代ギリシャ時代、高山によってほかの地方から完全に隔離し、後世に牧歌的な楽園に譬えられたアルカディアの人々は、同時代の中で優れて、隣人への情の深さ、そしてなにより も神に対する敬虔の深さがあった。その理由に彼らが知恵をもって産出し生来の遺産として護り続けたものがあるからである。それは「詩」を除いた「真の意味の音楽」の練習が必要不可欠の営みとしていたことである。彼らは貧窮時にあっても音楽に国制の全般にわたって重要な役割を与え、三十歳になるまでは音楽を伴侶とすることを義務付けたことも、理にかなった判断だったとする。さらにポリュピオスは続ける。アルカディアの古人がかような習慣を取入れたのは、贅沢や華美のためではない。この地方の寒冷で陰鬱な気候から生ずる住民の粗野性や敬虔で陰鬱な性格を和らげるために音楽を身につけさせたのである。こうして彼らは賛歌と感謝歌を唱歌することを習慣づけられた[11]。

本論編一章二節に詳述するように、カトリック教団側もルネッサンス時代以降中世カトリック教会の権威の下で忘れられていたギリシャ・ローマの古典文化や思想の価値を再発見し、古典の復興と研究を通じて人間の品性を高めようとする人文主義の深まりの動き[12]の渦中にあったことであろう。右の「真の意味の音楽」を演奏することの意味も、私のこの度の難題を解く鍵となるクレドのメロディは中世末の日本人もキリスト教の心を受け入れるために終章にて六段という独奏曲に辿り着くことを選択したことに通じるのではなかろうか。

一九六二年の第二ヴァチカン公会議において伝統に忠実に従い、合法的に承認されているすべての典礼様式を聖にして母なる教会が、同等の権利と栄誉を持つ者と認め、それらが将来も保存され、あらゆる方法で促進されるよう望むものとして宣言するとされ成文化された。その時「典礼憲章」が公示された[13]。

その第六章一一二の「典礼と教会音楽」に「(前略) 教会音楽は、祈りを、より美しく表現し、一致協調を促進し、また、聖なる儀式を、より荘厳なものとして豊かにすることにより、典礼行為と固く結ばれるに従って、いよいよ聖なるものとなるのである。教会は必要な特質を備えた真の芸術の、あらゆる形式を認め、これを神の礼拝に取り入れるのである」とある。

その一一九「宣教地の教会音楽」では、宣教地においては、「民族の宗教的、社会生活に大きな重要性をもつ固有の伝統音楽がある場合、かれらの宗教性を形成するためにも、(中略) 正当な評価と、相応しい位置が与えられなければならない」とある。音楽が言葉とともに荘厳典礼に不可欠であることが判る。

ロペス・ゲイ氏もこの一一九の主旨を挙げ述べる。布教地における民衆の音楽伝統を、尊敬の念を以て配慮し採用することが「教会における教義的原則である」[14]。日本でも「箏」などの伝統音楽を取り入れる決意をしてもよかった。

箏独奏にすべき曲にクレドが採用される可能性のひとつの情景を見よう。日本における切支丹が排除される終末期、そのなかのドミニコ会の報告による信者の当節や本論編四章五節、六節にも具体例を挙げるように、殉教や死出の道の最後にクレドを唱える場面の報告例が多い。つまり豊臣秀吉の禁教への途以降、信仰そのものの方から言えば、到底それまでの興隆期の及ばぬ活発な時期があった。名も無き人々が凡そ人間の考え得る総ゆる惨虐を極めた迫害の下を潜って、兎に角その一部は、幕末に至るまで信仰を貫いたとある[15]。

その迫害の例を見よう。

一六一四年（慶長十九）、切支丹でもドミニコ会の輝かしい堅信の殉教者として報告された佐賀領深堀の住民もいた。彼はルイス峰と言う青年で御聖体の殉教者の栄冠を得て天国の与りに値する人物であった。転宗を迫る殿の命令に従わず長崎に連行され斬首された。引き揚げた遺体は横腹が切り開かれ胸の中に首が詰め込まれていた[16]。

一六一九年（元和五）、色白で金髪のドミンゴ・ジョルジュは足元まで届く極めて美しい白いロザリオの組の絹製服を纏い、その上に聖ドミニコ会の紋章と縁飾りとして黒い上衣を来て刑場へ行った人々には大声で、切支丹の道以外になくこの道を捨てるべからず、心からディオスに仕えよ、日本の同朋は増えていく、と夢を与えた。涙する同朋の見守るポルトガル商人に対し、ジョルジュは、寧ろこの大きな幸福を祝って下されと請うた。彼は他の四人と共に火刑になったが、火が燃え始まると共にクレドを高い声で誦え始め、その九行目のEt Incarnatus estの句に至るや、もはや唱えることが出来なかった。その寸前に人々は彼が天国を見つめて笑っている姿を見た。彼らは焼き尽くされることにより永遠の王国を得るに至ったと記す[17]。

元和八年（一六二二）狩野派絵師による描写の、長崎におけるイエズス会士カルロ・スピノラ以下五十五名の「大殉教」図には残酷な絵画も残る。[18]

一六二七年（寛永四）には、レオン・パチェスによると、前年に新主席奉行になった水野河内守守信の時代には、将軍の意向と同じくして、宗教の戦場となった長崎の征服を誓い、大村と共に陰惨な拷問と殉教が行われた。長崎では裸にされ木に結わえられた男女の切支丹達があり、彼等は灼熱の鉄器で、陰部を焼かれ、体は寸断されたり、ドミニコ会員の火炙りの宣告を受けた殉教者達が銘々の柱につくや否やその目の前で、他の犠牲者は首を斬られた。ヨハネ・戸町は、我が子四人の殺されるのを見たとある。[19]

このように佐賀領近在でも、信仰の極致の場面でクレドが唱えられていた。これらの場面を見守る切支丹を含めた人々は詠われるクレドを脳裏に刻みつけるべく噛みしめたに違いない。クレドが人々の心に焼きつかないはずがなかった。殉教すなわち死・天国に向かう時、クレドが詠われる場面に直面した人々は残忍なだけに夕日が海面に静かに残照として残るように人々の心を打った。

この半世紀以前から日本人たちはクレドを含む教理・ドチリナの洗礼を受けていた。一五六一年（永禄四）、豊後の教育機関で子供たちは、毎日ドチリナを授っていたが、彼らに教える際に取る順序は以下のようである。ミサを聴いた後、毎日交代で一人が唱えて他の者が応誦するが、キリストの教えの内主要なもの、すなわちパーテル・ノステル、アヴェ・マリア、クレド、サルヴェ・レジーナをラテン語で唱えた。かくて「教えを知らぬ子供はなく、異教徒でさえ街路を歩きながらそれを歌っている[20]」。

皆川達夫氏はクレドが器楽曲として日本が誇る文化遺産の箏曲「六段の調べ」の中で、歌われるグレゴリオ聖歌のラテン語聖歌の「我は信ず」の語を以って始まるCredoの影響が決定的に大きかったという問題を提起された。

『六段』がもしヨーロッパ音楽の影響から生まれたものであったとしても、この名曲の真価を傷つけるものでは毛頭なく、むしろ逆に日本とヨーロッパとが一つの音楽遺産を共有しえた証であり、いうなればグローバルな普遍性ある音楽的芸術的価値をますます高めることになるに相違ない。

そのきっかけについて同氏は次のように述べる。

「クレド」のメロディを、箏で弾いてみようと思い立ったというこのアイデアに最初に気付いたのは、九州大牟田市ご在住の箏曲家坪井光枝さまであった。その件を示唆された筆者は『クレド』と『六段』との楽譜対照表を作成し、さらにキリシタン時代の日本において『クレド』が占めていた重要性、また当時のキリスト教典礼において聖歌歌唱を楽器で伴奏し補強するのが普通であったとする記録類を検証してきた[21]。坪井光枝氏が演奏を深めていかれた過程で生み出された感性による発想である。文献史料のみによる音楽史追究の限界を見た。ここに至って、当序論一章四節に挙げているが、従来の説に対し田辺尚雄氏の、六段は「洋楽の器楽曲の影響を受けて作曲されたものであろう」という古い仮説を傍証する新しい視点からのアプローチが可能になって来るのである。そのようなことがありえるのか、加えて皆川達夫氏が言われるように、「日本人がヨーロッパ音楽を聴くことの意味は何か」、四五〇年前の日本人がヨーロッパ音楽とどう出会い、どう受け入れたかの課題の絶壁に向き合ってしまった。

そのあり得る実例として皆川達夫氏が次のように紹介されている。

ラテン語の書籍に関わる文献学者であり、切支丹時代のラテン語文化に関心が深かった原田裕司氏に、皆川達夫氏が東家に伝わっていた十七世紀初頭の切支丹写本の中の複写物の中に存在した十八世紀のモーツァルトが作曲したのと同じラテン語のテキストについて調査を依頼された事実である。東家は切支丹時代の京都市と大阪市の中間の茨木市北部の山間部の千台堤寺というかつて切支丹の一中心であり、潜伏切支丹にとっても最適の場所であった集落にして、高山右近の旧領地にあった。[22]東家からは約四百年前の切支丹の典礼や黙想に関わる事柄を書写した一冊の手帳大の古写本が発見されていたが、これには新村出氏によって『吉支丹抄物』の仮称が与えられていた。この中に現存する切支丹文献の中では、唯一書き伝えられた一篇のラテン語の祈祷文「さくらめんとのらたにやす」（最も聖なる秘蹟の連禱）と題されたこの原文が、実はパレストリーナやモーツァルトも作曲した「聖体秘蹟の連禱」であることを明らかにされた。[23]

平戸近くの生月島地方の転訛（言葉がなまって変わること）の甚だしい「はなれ」の歌「けれど（誠に信じ奉る）」を含むオラショ（祈り）にその面影がある。他に教会音楽が日本民謡化した「ベレンの国の若君」や「参ろうや参ろうや」などが伝えられている。禁教以降も連綿と受け継がれる今日のオラショの起源は、慶長五年（一六〇〇）に出版された『どちりなきしたん』や『おらしょの翻訳』に見出せるし、その内容と、現在唱えられているオラショの文句に多くの一致をみる。それはラテン語から転化したマリア賛歌で、ルネサンス期のイベリア両国で愛唱され、ヴィオラやオルガンのために編曲された。それを隠れ切支丹が歌う節まわしは、著しく日本化されているにも拘らず、グレゴリオ聖歌の輪郭を残し二十一世紀の今日なお声高に、時には節を付し歌唱し続ける。他の地域の外海、五島等のなどのオラショ等も表面は仏教徒を装い踏絵を踏みつつも心中切支丹信仰を守り続けた三世紀の潜伏期間に、正式指導者もなく土着の信仰と混合し民俗信仰に変容もした。越前福井のクレドも残る。[24]

そもそも音楽の研究は実際に鳴り響く「音楽」から出発すべきものといわれるように、[25]音楽史は本来音楽の技術論から研究すべきであろう。

音楽の本質的作用について、「音楽は触覚の芸術」といわれる高村光太郎氏はたとい描くとも生き物であり、「ただ唯心論的にのみ私は取らない。それはかかる運動の恐ろしい力が本になっているのである」と音楽を聴く時全身で聴くと言われる。イタリアの教会で復活祭前後に聴いた大オルガンの音を足の裏から全身を貫いて共鳴音を造りながら心に届いた、とも言われるのである[26]。

他方では演奏家P・シェフェールが言うように、音楽は音響学、心理学、社会学、民族学、歴史など多くの要素の交わりあう接点に位置しているとされる。同じく二〇〇四年の九州芸術学会において、佐藤真紀氏も今日の音楽美学は、政治、社会、環境との連関において考察する傾向にあると紹介された。P・シェフェールはヴァイオリニストの父と子供の頃から教育を受けたピアニストの母を両親に、アールヌーヴォーの造型が盛んだったナンシーで一九一〇年に生まれ、その後理科を専攻し理工科大学を卒業した。従って今までの伝統音楽観から離れ、全く別の観点から音楽を再検討している人物である。しかも、彼は一九六五年に東京で開かれた放送音楽会議に出席後、パリ滞在中の丹波明氏に、ヨーロッパ音楽は将来、日本で保存されるのではなかろうか[27]と述べているが、逆に過去にも保存出来た可能性がある。私は「音楽」は無知であり立ち入る資格はないが、社会学や歴史学などと交わる接点に辿りついてみたい。

クレドが邦楽に取り込まれているとすれば、クレドから感動を受け伝承への動きとなる。その動きには、何らかの意思の接点があるのではなかろうか。

具体的には、序論編二章一節と同一章四節および終章に述べる久留米藩の浄土宗九州総本山善導寺の箏演奏と佐賀領国及び同国家安全祈願の寺・正定寺との箏演奏の交流、及びクレド演奏への必然性の過程を可能にするためには、年代の経過を俯瞰すると、久留米の善導寺で演奏されていた箏曲を弾きつぎ近代まで伝承した佐賀藩を通過する可能性が高い。つまりクレドが、最も可能性ある①どのような人物たち、②如何なる時代、③なぜ残ったか社会的要請があったのか、④いかなる地域で、⑤いかなる方法でその役割を果たされたのか、それらの意志の接点がないか、その条件と過程も模索したい。

中世ヨーロッパでOratorioすなわち聖書を題材とし、語り手が進行役を務め、独唱・合唱して管弦楽などで演奏されていったように、日本での信仰上からは、古代の宗教的にあるいは呪術的に使われた弦楽器の琴から発展し、筝の演奏が肥前で行われ、終章で述べるように信仰継続の一手段とし、あるいはその音楽的魅力からクレドのメロディのみが命脈を保ち活きていた可能性がある。

それでも私はヨーロッパの中世以来のキリスト教音楽を、日本人が本当に受容出来たのか疑問を持ったものである。イエズス会が本論編一章一節に展開する状況から、日本人の仏教などの既存宗教を誤りとし、「悪魔」の宗教と認識させ、いとも簡単に受洗させたと言われるが、それだけでは理解出来ない心理をイエズス会の認識、すなわちロドリゲスは次のように分析した[28]。

日本人の生来の性向に負うところが大きいのであって、彼らはそのことをさまざまな場所や機会に十分示してきたのである。来世と救霊のことを心から願っているこのよい性向と心遣いが認められたので、わが主キリストがこの民族を不憫と思し召し、その他の諸民族をさしおいて、世界の果てまで、彼らを迎えに見えたと思われる。

日本人の強い信仰の例として、絶えず数珠を持ち、日課として南無阿弥陀仏を一万遍唱える。農民は一種の調子をつけてこれを大声で唱えながら道を歩く。早朝から鉦を叩きながら偶像に祈っている。人々は、寺院へ、日々、遠方へも喜捨などを乞いながら日本国中偶像を求めて巡る。ところが、キリストの教えの真理を聴いた人々は、偶像崇拝から一気に目が覚めた。

このロドリゲスは、一五六一年の生まれで、一五七七年（天正五）頃来日し、一般の説教師と違い、三十年以上外交伴天連として活躍し一六一〇年に離日した。秀吉や家康との外交折衝に参与、折衝のために将軍や諸大名に接し、ポルトガル貿易にも関与し、近畿、関東へ旅行し日本の実情を直接見聞した。優れた学者であり文筆家であった養方軒パウロに日本語を学ぶ。一五八九年、有馬の八良尾のセミナリオでラテン語教師を務めた。一六〇八年には日本『大文典』刊行、一六二二年頃日本教会史の脱稿、日本人の間では通事伴天連と言われ日本語に熟達、今日でも難解な数寄の茶の湯の世界のことも上巻に詳細に紹介している。

さらに邦楽の分野においては、江戸の残照を引きずっていた文明開化の音がし始めた明治初期に、その役人である江戸時代の邦楽教育を受けた人物達が明治維新政府の唱歌を普通学科として採用した際の分析が『洋楽事始』としてあるので参考にしたい。その結果、東西両洋の音楽を折衷し日本に適すべき新曲を制定することとなり、そのために東西二楽の異同を比較した結論は、両洋比較で違和感なく採用可能だと判断した。(29)

明治八年に師範教育取調のためアメリカ留学した伊沢修二達はボストンの音楽教育家メーソンと接触し、唱歌教育開始の準備を始めた。政府は明治十三〜十五年にはメーソンを招き、唱歌教材の作成とその指導法、およびその基礎となる和声・音楽理論などの指導を仰いだ『決定版　初めての音楽史』(音楽之友社　二〇一七年)「第4章―伝統音楽と西洋音楽の並存の中で」。その結果採用された歌の中に、メーソンがアメリカの学校で行われていた欧米、特にスコットランドやアイルランドの民謡中、有名なものを選曲し、それに当時の日本の文学者等が歌詞を作った『日本唱歌集ワイド版岩波文庫54』(岩波書店　一九九一年)。それらの中に今日でもなおそのままの歌詞で歌われた。例を挙げよう。小学校唱歌集「蛍」(のちの「蛍の光」)、「うつくしき」(スコットランドのつりがね草)。「思いいづれば」、「仰げば尊し」、「威海衛」(夕空はれて)、「才女」(アニーローリー)以上スコットランド民謡。「菊」(庭の千草)アイルランド民謡などがある『日本教科書大系　近代編　第25巻　唱歌』(講談社　一九八八年)。

「西洋の神歌と日本の琴歌を比較せば、二者異ならざるに非ずと雖も、頗る同趣の存するをみるべし」。両洋の童謡の比較においても全く同じという想いをした。(30) これらの音楽の起源をインドに求め得る所以は、彼此に行われる音階が相符合することでも分るとある。[31]　このようなグローバルな視点として終章で和辻哲郎の見解を挙げる。

次に政府は内外音律の異同研究のために両洋音楽に精通した内外二人の人物の邦楽と洋楽の聴取感を質した。日本人側では、本邦音楽家である箏曲家山勢松韻である。彼は三歳で失明し十歳から山勢検校に箏曲を学び、文部省音楽取調掛創設に参加、のち東京音楽学校教授となる。門下で薫陶を受け免許を得た者は一〇五七名。山勢松韻氏は東西音律の異同の差有りやの質問に対して、始めてピアノの音を知った時より「其律と箏の調子とは毫も異なる所なし」と述べ、また雅楽家の諸氏も「我十二律はピアノの十二音（全音七、半音五を合して云う）に殆ど相同じ」と答えた。これらの分析経過を経て、「音楽取調掛」に入学した生徒たち邦楽の箏曲、長謡、清楽、雅楽に通じた者達は熟せし者ほどその声楽において、新律である西洋の音律の進歩特に著しく、教師メーソン氏始め他の洋人なども「其習熟の迅速なるを驚愕して措かざるに至れり。亦以て、彼我の音律異ならざるをしるべきなり」と報告される。クレドも受け入れ可能だったことが良く判る。さらに「右に歴挙した所証は、証明には成れども、皆偏に音楽家の耳覚により判断したもの故、音楽を分った人には確信できても、未熟な人の理解は得られない」。そこで理学上の理論により証明を試みた。「箏曲の調子」として分析した結果、諸証から日本の「音律と西洋の音律とは、毫も異なるところなしと論決して可なり」と報告された。[32]

なお明治十五年（一八八二）一月に、音楽取締の成績報告のために諸楽演奏がなされた。箏曲六段（ピアノ奥好義）も演奏され、そこに（此曲ハ尋常ノ箏曲ニシテ世人ノ熟知セルモノナリ。今之ヲ洋琴ニテ弾ズルハ彼我ノ音律異同ナキニ依リ彼楽器ヲ以テ直ニ我音楽ヲ奏シ得ベキヲ示スモノナリ）とある。奥好義氏は洋楽を箏で邦楽の箏曲をピアノで演奏している。[33]　切支丹禁制高札撤去九年後、江戸時代の邦楽生活を送った人々の音感や演奏された結果の一端から、幕末まで人々の耳から「六段」の曲は離れていなかったことがわかる。

このように江戸末期の人々の経験を踏まえると、四百五十年ほど前にも切支丹の宗教性を加味した音楽を耳にした九州の人々は、神仏が乗り移ったような不思議な働きを持つ体感をしたであろう。例えば当時盛んな久留米高良山でも行動した山岳宗教における山伏はドミニコ会士の表現によれば、悪魔の行者にも似た祈祷のような御告げのような霊感的影響を体感したとしても不思議ではない。[34]ましてキリスト教布教の手段としての音楽を耳にして、洗礼を受けずとも既述の異教徒ですらもそれらのクレドなどを街路で口ずさむ例のように違和感なく受け入れ状況を示す様子を、ロドリゲスも異教徒でさえもイエズスとマリーアの聖名を唱える情景をしばしば耳にしたと記録している。[35]

それはヴァリニャーノの「日本諸事要録一五八三年（天正十一）」の報告からもその能力を見うる。即ち日本の「国民は有能で、秀でた理解力を有し」、学問に関しては、ラテン語は日本人にとって極めて困難であるにも拘わらず「彼らは非常に鋭敏で、賢明で思慮深く、かつよく学ぶことは驚嘆するばかりである。子供でも大人の様に三、四時間もその席から離れないで勉強しているし、神学校では短期間に非常に困難な日本語の読み書きと共に、ラテン語を日本文字で書いて読むことを習得し、彼らの多数の者が楽器を奏したり、歌うことを学び意味が解らなくても容易に暗誦する」。[36]『洋楽事始』校注者山住正巳氏はこの報告について、大人たちは信仰と結びつけてはじめて讃美歌を歌ったが、子供たちは信仰に無関係に歌詞の内容よりも、「意味が解らなくとも」耳新しい音楽自体に魅力を感じ引きつけられたのではないかと推察している。その子供たちの歌う切支丹音楽もその啓蒙の役割を無視できないとする。[37]

二　日本人のクレド昇華への途

田辺尚雄氏は次のように述べる。為政者、特に織田信長などには西欧キリスト教文化の出現は彗星の落ちるが如きと見えた。そして躊躇いもなく、その政治的支配の思考手段の一つとしてそれを受け入れ始めた。当時の宗教行事の可否は最高権力者の手中に収められ始めた。そのような文化の中に切支丹によるルネッサンス期の音楽があり、安土桃山時代は僅か二十余年にすぎないが、日本の近世音楽史の上には極めて重大な変革を喚起する時代でもあった。先行する外来の器楽曲「六段の調」、琉球における「六段の曲」などの器楽曲を考えても分かる。ほかにも筑紫流箏曲組歌や薩摩琵琶や浄瑠璃も興行された。イエズス会の報告にあるが、織田信長が専横を振えた十四ヵ年、日本の約五十ヵ国を征服していた頃の音楽に関する一面を描写している。一五六九年（永禄十二）のことである。フロイスらが伺候した時、信長は「邸の奥に入っていて、音楽を聞いていた」。「非常に愛好していた音楽を聞いた」などが記載されている。[38]少なくとも、そのための耳を持ち関心が深かった。切支丹の動きに豊臣秀吉以降の政権は凶兆視し迫害した。そのことを考えると信長の急死は、信長以来もたらされた西洋音楽の輸入が止まってしまったことを意味し、日本の文化史上にとっても取り返しのつかないことであった。[39]

その動きの布教初期例として一五六一年（永禄四年）、豊後の修道院における日本とシナの少年の教育において西欧人がその能力を見聞したローマへの報告がある。イエズス会は少年達に読み書きや歌、琵琶と同類と見たのか、当時のヴィオラ演奏を教えることにより改宗の手段としていた。[41]その功果は表れ、一五六二年（永禄五）大友宗麟（義鎮）父子と豊後国の重臣が豊後の修道院を訪れた際に、歓迎の場で白衣の日本人切支丹少年達が食事の間にヴィオラの演奏をした。豊後国主らはこれを聴いて非常に喜んだ。その演奏能力はキリスト教国の王侯の前でも演奏しうるほどのものであったと報告される。[42]

日本国内でも最高権力者が日本人の西洋音楽演奏に満足出来た記録がある。

天正十九年（一五九一）閏正月に巡察師ヴァリニャーノが通訳のロドリゲスを同伴し、インド副王の使命を伝達した。その際、渡欧してきた少年使節が聚楽の城で秀吉に謁見を許された饗宴のあとの時のことである。関白の感動として巡察師が次のような報告をしている。[43]

四名の公子に音楽を奏でて聞かせてもらいたいから、自分の前に出るように命じた。そしてそのために用意されていた楽器がただち届けられた。四名の公子はクラヴォ、アルバ、ラヴェキーニャ（の楽器）を演奏し始め、それに歌を合わせた。彼らはイタリアとポルトガルでそれを十分習っていたので、立派な態度で実に品よく軽やかに奏でた。

関白はこれらの音楽を非常に注意深くかつ珍しそうに聞き、彼らをして（もっと）歌を歌わせた。というのは、（公子らは、関白への）敬意から、彼を煩わせてはいけないと思い、少しく楽器を奏でた後は弾奏を中止したからであった。彼は同じ楽器で三度、演奏し歌うことを命令した。その後、楽器を一つずつ自らの手にとって、それらについて四名の日本人公子に種々質問した。なおその他、彼は弓形のヴィオラとレアレージョ（風琴）を弾奏するように命令し、それらの全てをきわめて珍しそうに観察し、彼らに、種々話しかけ、汝らが日本人であることを非常に嬉しく思うと述べた。

一六〇七年（慶長十二）、レオン・パジェス神父が秀頼に敬意を表すべく大坂城に居たが、大坂城代である片桐且元は、太閤の伴天連追放令などにつき自身と秀頼でパジェスに幾重にも陳謝し、その活動に感じて切支丹を大いに優遇する旨を約束した。そして秀頼に見せ得る面白い催しを提案させた。神父は門下の伝道師が立派に歌い、欧州の器楽を奏し得ると答え、この少年達が銘々、立琴（ハルプ）、七絃胡弓（ヴィオール）、管付オルガンなどを携えて、秀頼の前でセレナーデを演奏して満足させ、秀頼の母でさえ満足の意を表した。[44]

こうして後述のセミナリオの生徒が学んだレベルの高い洋楽演奏の成果としても日本に齎されてとどまり消滅しなかったとされる音楽の一つ[45]がキリストの心が日本の伝統文化たる箏曲の中に活きたとされるクレドのメロディとして命脈を保ち、信仰深き人々の心の中で琴線に触れさせ語りより謡って奏で続けられていたのではないか。

クレドは聞いて音楽の感動を享受できる切支丹以外の箏奏者の他に、次に挙げた①〜③の能力を持つ、どのような人物たちにその命を託したのか。その資格を満足させることができる史料を求めてみたい。彼らは、宗教が「〈我々の耳の中に鳴り響く宇宙の基調音〉である」[46]ことを認識出来たがゆえに、クレドを通して日本人にキリスト教を媒介する役割を果たせた。

①彼らには、強い宗教的動機が最も必要と考える。彼らは、日本人が一時むしゃぶりついたキリスト教を廃教し関係者の弾圧に向かう為政者のトップの思考の激変を読み取り危機意識を持ったであろう。

後述するように、彼らは殉教の覚悟でキリスト教の心をメロデイに託し、殉教により天国に召される情景を夢に見て邦楽器で演奏し、その音のクォリティすなわち個人の生きがいや精神的豊かさを重視させるために[47]、一節に挙げた「典礼憲章」一一九の精神にあった布教地の民衆音楽伝統の内の日本の箏で活かし得たゆえに、後世にクレドのメロディが口授され命脈を保ちえた。

②そのためには、洋楽と邦楽を身近に観取でき、昇華できる音楽的能力を持つことにより実現可能であった。本論編二章五節の皆川達夫氏の歌詞対訳があるが、ラテン語聖歌『クレド』の歌詞の中でキリスト教の信仰の見地からみて重要な言葉、冒頭から「われは信ず」「イエスキリストを信ず」などの言葉に対応する箇所が、『六段』ではアクセントをつけたり半音変化を付したりして、音楽的に強調されているのである。『クレド』のラテン語歌詞が意味する内容が完全に理解されていた。同氏は、その音楽的動きの時代は禁教令以前との限定は危険であり、一六世紀後半から一七世紀初までが考えられると言われる[48]。

③日本の情報がイエズス会側に筒抜けであったにもかかわらず、終章に述べるように箏によるクレド演奏の可能性があるイエズス会記録にはその記録を見出し得ない。後述する日本の為政者層が情報漏れ防止のために工夫し

たように、極秘裏に情報交換することは、特別の行動ではなく、箏奏者間の技術の伝授にしても秘事口伝として抜け道を通過できた可能性がある。[49]

これらの条件を満たせるのはどのような人物か。信仰衰退の危機に瀕した時であれば、その対策が取られた時期に亡くなった本来琵琶法師であった器楽演奏上の能力あるロレンソに象徴されるような人ではなかろうか。管見する史料上、その可能性ある人物をほかに見出し得ない。彼は、序論編一章三節や同二章二節に挙げるようにクレドを解釈でき、仏教の蘊奥を理解出来る能力があったが故に、そのメロディを表現するに箏を選択提案出来た可能性が高い。

その彼がその演奏をミサなど宗教の儀式に用いれば、本論編四章四節に挙げる筑後藩主田中吉政のようにミサを理解させ得るように感受した者を法悦と解脱に人々を導くことも可能であったろう。もともとミサは、神に対して捧げる最高の礼拝の中心であり神に最も受け入れられる公の祈りである。ミサの儀式は世紀の流れとともに変遷したが、それは第二義的な形式上のことに過ぎない。「ミサの本質的な部分、根本的な筋はキリストの定められたままである」[50]。

キリスト教布教にあたり、ザビエルらは、宣教対象の日本人の心にまずクレドを植え付けた。その様子は次のように再現される。

ザビエル一行は鹿児島に一年間滞在し、翌一五五〇年（天文十九）今日の日置市東市来町長里の市来鶴丸城に行った。当時の城主は島津七家の一つで薩摩公の家臣である新納《にいろ》伊勢守康久であった。ザビエルらはそこで十二日間滞在し、城主以下親族家臣などの多くの人に問答形式で書かれた教義書を読み聞かせ、信仰の玄義を説明した。彼らはそれを理解したものの、薩摩公の禁教方針から城主のみは信仰を受け容れなかった。城主の妻はマダレーナ、娘もマリーアと洗礼名を受けザビエル直筆による諸聖人の連禱、クレドの祈禱、誓言式の誓言が与えられ、キリストが彼女らの信仰を堅固に護り給うようにした。その一族や貴族等十五人以上受洗した中に、一門の尊敬を集めていたのが、鹿児島で既に受洗していた得望あるミゲルで城の家老であった。そのことも幸いしてザビエルの布教がスムーズにいったのである。ザビエルにより受洗した信者は、ザビエルと同じく常にイエズスとマリアの御名とクレド記載の書を御守り袋に入れ、聖遺物として首に懸けた。ザビエルが一五五二年に亡くなった時、保管されていた彼の聖遺物箇には、紙記載のクレド、誓言式の誓言、イエズスとマリアの聖なる名が収められていた。それは、これらの聖遺物の力で、切支丹を彼らが受け入れた信仰の中に堅固に護り給うようにするためであった(51)。

　ザビエルの一五五二年報告によると、山口の人々も「主の祈り（○主禱文。）、アヴェ・マリア及びクレド（○使徒信教）は書いて少しずつ覚えた」とある(52)。

　山口での天文二十一年八月廿八日付で発布された許可後、ザビエルはフェルナンデスと共に説教後、その聴衆の中に身分ある人物がいた。元々彼はその説教を自らの信心を深めるためではなく、ザビエルらを迫害するための方便を探す目的であった。しかしその説教者の謙遜と忍耐の英雄的態度を目撃した。説教が終わるとその日本人はザビエルらを追いかけた。そして「主要な信仰の玄義を聴聞し、祈祷文と使徒信教と十戒を暗記し、公教要理に関するすべての事柄をよく学んで、山口で聖なる洗礼を受けた最初の人となった(53)」。

　ザビエルが日本の主だった諸国を通じて誰よりも先に会いその教えを説いたのが豊後に一五五一年九月から十月までの間滞在した際の領主大友義鎮であった。義鎮にとって生涯最初の伴天連であり、ザビエルの聖性と徳性を高く評価したために、一五七八年に受洗した名をザビエルと同じフランシスコと決めたほどであった(54)。その義鎮は当二章四節に後述する夢の国を実現する決意をするに際し、カブラルに、欧文様式により製本された携帯用の小冊子を自分のために作成し、そこに日本文字で、主禱文《パーテル・ノステル》、天使祝詞《アヴェ・マリア》、使徒信教《クレド》などの記入をさせた。彼はそれら祈祷文暗記のために冊子を肌身離さず非常な努力をした[55]。しかし、天正六年十一月十二日の息子大友義統の無残な敗北は宗麟の夢を泡と消し去った。その打撃は九州の過半を支配を目指した由緒ある家系の出と大大名としての威信低下と、一ヵ月も経たずして、竜造寺隆信の筑後侵入や、重装備の参勤もしていた田尻氏の隆信へのなびきなどや領主層の毛利氏への与同を招いた[56]。

その後、イエズス会は人物陶冶を個々から日本国すべてに拡大すべく体制化していった。十六世紀後半の半世紀間に約五〇万人にまで切支丹が急激に増大した布教成功の客観的要因について、河井田研郎氏は要因の一つに教育制度を挙げられた。つまり中世以来の西欧各地における大学を中心とする高等教育の発展と、これを補完する中等教育を担う学校を各地に開設していったイエズス会の教育重視の活動方針による国内各地における南蛮寺などと呼ばれる教会堂やコレジオ（宣教師の養成学校）・セミナリオ（神学校）など教育機関が建てられた。一五八一年（天正九）には全国で二〇〇校まで増え、哲学・宗教教育・読み書き・音楽・作法を、人文主義理念の上に立つ古典文学と日本の古典文化の教育などが当時の西欧と同じレベルで施された[57]。

その成果として身近な肥前において日本人の洋楽表現能力を確認出来る記録がある。「長崎のコレジヨ」「一六〇七年のカタログ」の中にイルマンで日本人の聖歌隊の指揮者がいる。同「一六一三年のカタログ」ではイルマンで四十三歳の聖歌隊の指揮者や、三十七歳の画家でオルガン奏者かつ聖歌隊指揮者であるルイス塩塚氏は弦楽器奏者と報告されている。「有馬のコレジオとセミナリヨおよびそのレジデンシア」には、日本人イルマンの中で、オルガンを教えた四十七歳のセミナリヨ教師に、同じく三十二歳のセミナリヨ教師で聖歌隊指揮者、三十八歳のテン文学教師、三十六歳のラテン語教師の存在を報告している[58]。

右の成果は秀吉による切支丹弾圧が厳しくなっても、長崎県島原半島の北有馬村西正寺名字八良尾における有馬氏の援助によるセミナリヨが移転して却って次のように音楽教育が充実していたことも要因しよう。八良尾は、九十余名の少年たちがラテン語や日本文学の研究、オルガンやクラヴォを奏で、油絵や銅版画の手ほどきを受けて過ごした地である。そこの有馬におけるセミナリオの一五八八年（天正十六）の生徒名簿は生徒五十一名のうち三十九名が音楽を嗜んでいる。

もともと音楽はセミナリオの教育で重視されていた。ヴァリニャーノの方針で、音楽・唱歌も教科の中に入れられた。一五八八年（天正十六）から一五九四年（文禄三）までの報告から、生徒達はイエズス会教育計画書に従ってラテン語を学び、毎日一時間グレゴリオ聖歌やオルガンの練習が行われた。迫害のために公に行えない教会の荘厳な聖式をセミナリオでは普通に行われ得た。音楽に巧みで種々の楽器を奏でることのできる人々の集いがあった。毎日のようにオルガンなしの本格的なグレゴリオ聖歌を、時にはオルガン、ヴィオラ、アルボや大抵の人が上手に弾きこなすクラボなどの伴奏で聖歌を歌っている。当地に移転し却って音楽教育が充実していたことがわかる。

こうして教会の祝祭を盛大にすると規定し、人格陶冶の外に典礼音楽の習得をさせた。「八良尾のセミナリオ」のスペイン人院長で、日本語を解し説教し筆術も出来たラモン神父からイエズス会総長に送った一五九二年（文禄元）の報告にも、日本人は指導に素直に従うので大抵上手に出来る、とある。またこうも書いている。生徒たちの腕の達者なことには驚くばかりで、熱心に種々の楽器の演奏を練習している。とくに既述の秀吉もその演奏技量に納得した日本の四公子が修道士になって八良尾に来て教えはじめてからというものは、いとも易々と各種楽器の演奏を覚えて、短期間に大変よく音程の整った音楽を奏することが出来るようになった。それはまるでヨーロッパで習ったものが演奏しているようだ。日本の音楽に慣れた彼らにとって私たちの音楽は不協和で耳障りだと思われるのに（丁度私たちにとってこの国の音楽がそう感じられるように）彼らは喜んでarpicordi（一種の有鍵楽器）その他の楽器を弾いている。こうして教会の典礼儀式のオルガンも大変上手になった。

一五八八年（天正十六）のセミナリヨの美濃国以西から集まった七〇名の学生名簿には、音楽が優秀な生徒も含めた肥前出身者が最大で四一名だが、「ラテン語第一級生。音楽と日本文学は中程度」を含めた筑後出身者三人、竜造寺家晴が天正十五年（一五八七）に鹿島領隣国の伊佐早（諫早）の高城に入城したが、伊佐早出身で同程度能力ある者が三人がいた。[59]

一六〇一年（慶長六）、有馬の駐在所に属していた伝道所修道者は、オルガンや種々の楽器や時計を作って天主堂用に供した。[60]こうして日本人は邦楽の世界における家元制や師匠と弟子という縛りを解いて「壮麗な礼拝儀式」を中心とする魂を揺るがすイエズス会の指導法により、クレドを邦楽の箏で弾いてみることも技術的には可能になる。それらの新感覚は、当然日本人の創造意識を舞い上がらせずには済まなかった

しかも、琵琶法師のような人々の、健常者の思考の範囲からは想像もつかない盲人故の能力に思い知らされるように、楽譜などによる伝えの手段を必要としない本論編二章四節に後述する「常人とは異なるずば抜けた記憶力」の口授による歌いが染み付いたクレドを言い伝え出来た。

西洋音楽を受け身の姿勢で聴いて感動するだけでなく、ものにして指導でき弦楽器演奏も出来る人物も日本に出現したのである。箏演奏見聞者の存在もあろう。ヴィオラの演奏曲の日本の楽器演奏への転奏も可能であったろう。ここにも箏の演奏と西洋音楽の接点を見出し得る。本論編四章六節に詳述する一六一四年（慶長十九）、長崎などにおける切支丹の各会による合同の動き及び各地への動きもキリシタン排教の危機への対策と聖歌保存意志の伝達の可能性がある。

クレドを箏曲にする意志が彼らにより決定された後、「異教徒」であっても九州浄土宗総本山である善導寺の雅楽合奏曲《越天楽》などから展開した現在の箏曲の起源に相当する筑紫箏を体感したり、本論編四章四節に後述するクレドを体感した久留米の有力な仏僧も受洗した動きから見ると善導寺との器楽上の交流あった正定寺経

由佐賀藩在住の箏奏楽者の演奏過程でクレドが箏でも活きるという判断が出来た可能性がある。そのような地理的接点を持ち、交流を可能にし、そのような意志を引き継ぎ、生命を賭して実現出来る信念を持つ位置にはどのような地域と人々が候補としてあったろうか。

①本論編四章四節及び五節に詳述する久留米善導寺町の木塚の酒井太郎兵衛が薫陶を受けるなどの交流のあった日本におけるドミニコ会の中心地の報告がある。佐賀領国内今日の佐賀県鹿島市は「日本だけでなく世界の中でも優秀な健康地です。平野で果物が多く人々は親切で理解力があり、すべての事が信仰を説くに相応しい」。それほど、ドミニコ会は鹿島の風土を評価し思い入れが強かったのである。そこの若宮神社のある人口四千の浜町に一六〇六年（慶長十一）に佐賀領国初の「ロザリオの聖母」と命名した教会を建て、一六〇七年（慶長十二）に初ミサを捧げた。鹿島では、勝茂等の好意により切支丹は強く励まされた、とある。ドミニコ会が励まされたのは、この地の領主やここの住民が私たちを信頼してくれたからであるとある。[61]当時の鍋島家中はドミニコ会から精神的信頼を受けたのであろう。ドミニコ会による宣教の過程でも佐賀藩内でイエズス会布教に続き使徒信教が詠えることになる。その時の演奏には、八良尾で研鑽した同じ鹿島隣接の佐賀領伊佐早出身の三人等も参加出来た可能性がある。

②当然のことながら、一節に挙げた生月島など今日の長崎県内各所や福井県の例がある。三百年の厳重な吟味を免れて浦上や長崎近郊で慶応元年（一八六五年）まで語り継いでいた「聖教日課」と題する日本天主公教会の撰に懸るを信教《けれどのおらし》含む邦語祈祷文を語っていた信者もあった。他にも慶応三年（一八六七）に、第四章第四節に後述する中と隣接した所に或る今日の福岡県大刀洗町今村における切支丹の人々が、来訪を受けた長崎の同切支丹の許へ行き天主堂などに逗留し、キリスト・マリヤの絵像などを持ち帰りクレドや十戒、サクラメントなどを、それぞれ写し回した人々の先祖はどうであろう。[62]

三　クレド邦楽化に最も近いロレンソ

イエズス会が把握したロレンソの人物像をさぐってみよう。彼の行動は信長との対話を始め、イエズス会の布教拡大や核心的な論議の場に見える。

一五五一年（天文二十）、山口で日本初の教会に作り変えられた大道寺という廃寺で、ザビエルやトルレス、フェルナンデスが琵琶法師を見出した。ルイス・メディナ氏は、ザビエルらがこの若き琵琶法師が教会の伝道活動にとって重要な役割を担っていくことを見抜き、彼らの直感は的中したといわれる[63]。フロイスが後年に感動し記述したのであろう文中十～十三行の司祭たちの実践部分は、司祭たちが幾千里もの遠くから、多大の困難、危険、労苦のもと、ただ人々の霊魂を教化しようとの目的でなんら現世的利害を求めずに日本へ渡来したとするその大きい企ては、この琵琶法師を非常に感動させるに至り、彼は物語りをし、琵琶を弾き、朗吟して生計を立てていたのを断念し、能力に応じた任務でデウスに奉仕するために、教会の一員になることを決意した[64]。数日後受洗しロレンソという名を得、伝道師らと行動し、宣教やカテキズモ[65]などの編集においてよく彼らを助けた。『伴天連記』にも、ザビエルに見出されて以来の状況がある。「年のほど廿四五のかためなるおとな来て、其法をちょうもんす、（中略）名はりょう西と云ものなり」とある。イルマンとなったロレンソは「べんぜつにまかせ談義をとき、其年およそ百人ほどすゝめ入」、ほかの洗礼を受けた日本人らを「是我が朝の切支丹初りの根本」の頃の動きと記す[66]。

「一五五四年の日本のいくつかの事柄に対する、一五五二年と五三年にイルマン・ダ・シルヴァが、ゴアにおいて書き認めたポルトガル・イエズス会のイルマン達への書簡」に、ザビエルらと会して以来二年間程でロレンソがポルトガル語によるキリスト教の宗教的思いを日本人に説得出来た次の報告がある。

彼等の同僚に、ほんの僅かしか〔物を〕みることができない日本人（〇ロレンソ）がいます。その者は神の事柄を暗記してたいへんよく知っており、パードレにとって大きな助けとなっています。なぜなら、パードレが何か大きな議論をする時には、すぐに彼を招きますし、また彼が神の事柄を話すための優れた見識と言語（〇日本語を指す）を持っていますので、パードレが彼を日本人達と討論させているからです[67]。

このダ・シルヴァの、一五五五年九月十日の豊後発インド・イエズス会員宛書簡がある。ロレンソは最も寒い時期に読み書きできない農民に説教のために派遣された。彼は農民等を導いた。彼らは恰も生涯を通じて学んだかのように、パーテル・ノステルを覚えたと記す[68]。

そのようなロレンソとの交流によって、パードレらの日本的宗教知識の理解が深まった。そのような経験と新知見をもって一五五五年（弘治一）頃平戸に来たバルタザール・ガーゴにより、ラテン・ポルトガル両用語と仏教語の巧みな行使による日本教会用語の基礎づけにより『二十五ヵ条』と呼ばれる教理入門書（カテキズモ）が新編された。海老沢有道氏はこのガーゴの用語改革を不朽にした日本語の翻訳助手は、全くロレンソの働きであったと述べる[69]。

チームワークを組んで布教活動を行うに際し、言語を習得するのは大変な困難であった。ヴァリニャーノの一五八三年（天正十一）報告によると、次の違いがある。①話し言葉と書き言葉と説教言葉、②対貴人と対下賤。このような対話上の言葉の違いと多様性は、漢字の上に無数あり、単に書くことはもちろん書物を著すことは不可能である。従って彼らは、仏僧や貴人、公卿などの異教徒に対して説教不可能であった[70]。

バルタザール・ガーゴが豊後からインドに宛てた一五五九年十一月一日付書簡がある。ガスパル・ヴィレラと共に、日本の文化の中心地都に「ロレンソ修道士が通訳として赴いたが、彼はいとも語学に長じて才知あり、甚だ鋭敏な日本人で、デウスおよび日本の諸事を理解することにおいては彼に勝る者はない。彼はメストレ・ベルショール師が作成し、まさしくロレンソが日本語に翻訳した一書を携えている」との報告がある。[71] 彼は当時の日本人中でもキリスト教布教に際し外国語を咀嚼するに能力に優れていた。

ガスパル・ヴィレラの一五五九年九月一日付ゴア宛書簡に見てみよう。

キリスト教国におけるパリ大学のように重んじられている悪魔の巣窟である天台宗の大本山比叡山延暦寺でその正体を見抜き、キリスト教拡大のために直行した。それは「一万の敵を右手に百万の敵を側面に討ち亡ぼすことは確実と思われる」との自信である。その際の通訳にするためにロレンソを同伴した。[72]

ロレンソが都より豊後のイエズス会士に送った一五六〇年書簡をさらに見よう。

ロレンソはヴィレラに派遣されて、比叡山の日本全国の宗派及び学者の頭を目指し、門弟の大泉坊を訪ねさせた。彼は隠遁生活中の十人の僧侶にロレンソらの教法の説明を望んだ。司祭やロレンソは大泉坊らに創造主と来世と天使がいかに存在し存続するかを理解させた。その後も比叡山の主たる学者が論議を挑んだが、彼らは「自説に固執するあまり、己に示された道理を認めようとしなかったが、内心では納得せざるを得なかった」。ロレンソらは京都では名だたる僧侶の仲介により、足利義輝に謁え友誼を著せた。日本の書物を悉く読んだ法華宗の主な仏僧二人とも天地のことなどを話したが、僧侶らはこの議論において、来世に関して殆ど知識を持たないことを如実に露呈した。さらに浄土宗の学者らとも浄土宗とキリスト教につき大いに議論したが、最後にキリスト教の真理なることを承認するに至った。さらに浄土僧の一人は質問したが、造物主及び来世あることを解し、「釈迦の説いた教えは無という本源より出たものであることを告白し、日本の宗旨は悉く釈迦の書に依存しているために真理から外れていると明白に悟った」。真言宗の人はロレンソらが説いているのは真言宗の説く大日なりと云い、浄土宗では阿弥陀という。いずれもロレンソ等が説くことは日本宗教界が依り所としているものであると言った。さらに一歩進んで、天地の創造主の教えであることが判っていた。ロレンソ等が会した中で、ケンシュと称した三〇年間瞑想した僧侶は、都の主立った学者らに認められ彼らの間では聖者に列し得る書付を与えられた。その承認は関係者同席のもと瞑想させ、紙に原野と一本の枯れ木を描かせ、これに二句認められ署名がなされた。その一つの『般若波羅蜜多心経』の冒頭部を想起する句がある。

汝が心は実体を持たず、また非実体でもない。往くことも来ることもなく、そして留まることもない。

この悟りを得た仏僧でも彼らの許に来て、宗論の末に切支丹になり、人々が驚嘆したなどが見えるが、これらの活動はロレンソの同伴通訳あっての報告書簡である。(73)

ガスパル・ヴィレラも一五六一年インド宛て書簡でガーゴの二年前の報告と同じようなよき通訳たることと特操のことなどロレンソの人物像を報告する。(74)

その後、一五六三年（永禄六）七月六日に来日したフロイスがヴィレラから京都についての報告を元にしたのであろう『日本史』に次のように記載した。(75)ロレンソはクレドの意味することを理解納得出来ていたのであろう。

ガスパル・ヴィレラ司祭とロレンソが、一五六〇年（永禄四）一月過ぎに京の四条烏丸の酒屋の掘立て小屋で伝道を共にしていた時のことである。坂東から来た法華宗の会下僧（修業僧）たちが説教を求めた。ロレンソは彼らに、全能、全知、全善、永遠、不可見なる唯一のデウスの存在する次第を説明した。対する僧侶は習慣通り、言葉によらない指や所作で宗論を挑んできた。見えないロレンソは同行のヴィレラに、その所作を教えて貰うやいなや「伴天連様、お任せ下さい。すぐにこの人を打ち負かしてしまいますから」と言った。そして彼は片手を腰にあて片手を挙げ、五本の指を皆広げ、大声で（ラテン語で）言った。

Credo in Deum Patrem Omnipotentem Creatorem Caeli et Terrae（ばんじかなひ玉ひ、てんちをつくり玉ふ…デウスと…ゼズス・キリストをまことにしんじ奉る）。

仏僧たちは反論なく去り、二度と姿を見せなかった。

法華宗の僧は直訳だけでなくその解釈を日本語で要求したはずである。意味不明では打ち負かせようがない。ロレンソの言葉はクレドの冒頭で、訳文は一六〇〇年長崎版、国字本『どちりなきりしたん』による。[76] しかもロレンソがイエズス会員となったと推定の一五六三年（永禄六）頃[77]は、和辻哲郎氏がいわれたように次の如く何か新しい時期の開始を感じさせる時代である。[78]

肥前では一五六二・三年の両年頃貿易港として機能した大村領横瀬浦で、フロイス来日前の一五六三年六月初頃、大村純忠は日本人大名として最初にドン・バルトメロウの洗礼名を受けて受洗した。その横瀬浦は、今日も自然の美しさを保っており水深の色を美しく水面に顕している。さらに港の周囲は森林を蓄えた高い山に囲まれている。純忠は後述するような情勢下[79]で受洗した。しかし当時はキリスト教が甚だ軽蔑されていた時代故、司祭たちにとっては純忠の受洗は信じられない程の慶事であった。これが機縁で武士の受洗者が増え、大村全領民が教徒になるきっかけとなった。[80]

さらに同年頃、政治の中心地では活躍するロレンソの能力につきフロイスは次のように記す。[81] 我ら（西欧）の学問も日本の学問も身につけておらず、本来宣教の手先として極めて薄弱な道具にすぎなかったにもかかわらず、デウスは幾多の恩寵と天分を与え補った。彼を都地方の全キリシタン宗団の基礎となるほど高揚させることを嘉し給うたと述べている。

当時天下の最高統治権を握っていた松永久秀が好意を持ち頭脳の役を務めていた家臣で学者として知られ、交霊術において著名で偉大な剣術家で、能筆家で添削にも優れ、日本の天文学にも通暁していた奈良の老齢な結城山城守は人望もあったので、同じく学者の家臣の清原外記と共に久秀から信頼が厚かった。この二人と内裏が師と仰いだほどの和漢の諸学に秀でていた公家など、河内国飯盛城では七三名の貴人をロレンソは宗論のすえ改宗させた。彼は他に高山右近の父図書守など多くの武士たちに受洗させ、当時畿内の権力の中心であった河内飯盛地方が迅速に切支丹の本拠地となった。ヴィレラ派遣のロレンソが、一五六三年に三好氏の居城である飯盛城を説教のために訪れた時のことである。飯盛城の武士たちは彼を見て嘲笑しその外見だけで軽蔑した。好奇心から彼の話を聞いた。従って改宗者を生んだ飯盛城の人々は、説教が始まると一転して大いなる畏敬の念を表し、討論は昼夜の区別なく不断に行われた。彼の答弁は皆を非常に満足させ、日本の仏教界が彼らをを欺くのに用いていた偶像崇拝と虚偽（の宗教）が誤っていることについて明白かつ理性的な根拠を示し、世界の創造主の存在、霊魂の不滅、デウスの御子による人類の救済について説いた。その後の伝道が盛大に展開したのもロレンソの存在あってのことである。

和辻哲郎氏は当時三好氏の配下の武士にとって最も手ごわい相手が、根来の僧兵であったことなどやその勢力が武士たちに圧力を加え寺に対する反感を持ったことなど、仏教が兵力として強大になるとともに宗教としてはかえってその権威を失いかねないその隙間を、武士階級にもキリスト教は浸透できたのであると述べる。(82) こうして彼は俗人布教者から聖職者へと模範的なコースを歩み、初期キリシタン教会の柱ともいうべき存在である。(83)

フロイスはザビエルらと邂逅以後のロレンソについて以下のように記す。

彼をその聖なる福音の宣教者、また都の市ならびに他の近隣諸国の教えの最初の弘布者に選び給い、主は、彼に満ち溢れるほどの恩寵を授け給うたので、彼は今までにイエズス会が日本で有した最も重要な説教師の一人となった。彼は非常に学識ある人々と公然と論議して討論したが、かってその誰からも論破されたことがなく、かれの説教によって幾千人ものひとが改宗させられた。いな彼の説教の大いなる説得力に打ち負かされ、傲慢で僭越な学者も彼の足下に躓き、彼から福音の聖なる教えを受け入れる。(84)

五野井隆史氏は、ロレンソがトルレスら宣教師の説く教理を巧みな日本語に置き換えて平家物語を吟ずるように民衆に語りかけたであろう。仏教についてもかなりの知識があったと思われ、スペイン語を理解するようになってからは第一級の説教師として活躍したと述べる[85]。

イエズス会は日本での布教に当っては、特に日本仏教、神道、儒教などとの思想交渉を理解することが諸信者を論破するのに必要条件であった。その過程で、ロレンソらを介在させ日本仏教の諸宗の教義を学び、主な誤謬を批判し論破を目指したのであろうことは後述するような日本における教理問答書編纂事業が行われたがこれの編述についてもロレンソの影響ありとする[86]。その中でも切支丹宗教文学の流れはロレンソが切支丹初期の教会用語や説法の語法句調を創始として最も有力である。その後四章一節に挙げる『サントスの御作業』の編纂の陰にもロレンソを無視出来ないといわれる[87]。

そのような能力もあるロレンソゆえに、邦楽の中に西洋音楽を入れ込む発想者たり得る。もともと琵琶法師はロレンソも含め「平家」を自家薬籠中のものとすべきであった。序論編二章二節に後述のように彼が日本の諸宗の秘儀を根本的に把握していたと認められるほどであれば、戦国時代の渦中に耳慣れぬ仏教用語の無常感や因果感などの『平家物語』の合戦譚を、音楽性豊かにリズムを加え、明るさ暗さ、喜びと悲しみ、静と動、文化と野生等の対照によって、事件も人物も唄いで鮮やかに浮彫りにさせ得た[88]。クレドのように異民族の異教のメロディを聴き、感動してわが国の箏で演奏したくなるには信仰的な導きを愛してやまぬ感受をした邦楽演奏体感者に最もその資格を与え得よう。

そのようなクレドの演奏を待ち望んだ人々がいた。

一五八〇年（天正八）頃、キリストの事蹟を記した福音書の一つである「マルコによる福音書」以来「らい病を患っている人を癒し」『聖書（新）63』癩病患者や同「ベトサイダで盲人を癒した」『聖書（新）77』のように豊後の幾人かの跛、癩患者がヴァリニャーノ等によって癒され助けられ改宗した[89]。

これらの病を持った人々は栄養失調状態が多く、治療に当った宣教師らが驚くほど回復が早かったのは、病院の食事が相当に影響したのではといわれる。その内容は貧しい人々には決して口に入らない米や魚や鳥や動物の肉、野菜に味噌汁というバランスのよい食事であった。加えて牛乳、バター、チーズ、鶏卵などの栄養食などが与えられると、宗教の力ではなくしても食うや食わずの病人が死から蘇生できた(90)。仏教者や為政者の心掛け次第でもあった。

このような情況下、この世において報われることがないとあきらめ、食にも飢えかねない健常者でなくとも元々まともな治療を受けたことがなかったのであろう。宣教者らは為政者や宗教者が貧民に手を差し伸べていない当時の日本の国情をみて、キリスト教布教のチャンスと見たのであろう。違和感もなく彼らの心の目にも光を照射したことが考えられる。またそこで演奏され歌われた音楽は彼らの心に染み入り、安らかに心の回復を願えたのであろう。

彼らの動きは楽器を演奏することによって糊口の道を探そうとする肉体的精神的弱者も僅かな望みを持って救いを求め参集したことを示す。そのような人々の中から、終章三節に述べるが教会音楽の中のメロデイを日本古来の弦楽器で演奏したくなり活かしたくなったのではないかと推定される動きが生じた。そのメロディは人の心をとらえ、その音を耳にした感受性の強い人が思わず口にしたメロディを和楽器でもつい爪弾いた演奏家がいた可能性もある。

しかも盲僧の聖的琵琶法師の彼らは『万葉集』八九四にもあったように、言霊で幸あう能力に長けていたことであろう。琵琶法師がそうであるようにロレンソはザビエルとの邂逅以後は、その力をキリストの代弁者たる宗教者・聖としての声と音楽家としての相性よくこなし、クレドの神意を伝え得たことであろう。音楽が典礼の重要な要素とされるカトリック教会においては、ヴィオラ類似の琵琶に合わせてキリスト教の教理を謡え得たのであろう。[91]

クレド保存に技術的には関わり合える人物例であるが、禁教深まる寛永三年（一六二六）頃当時のヴィオラの一種（琵琶）を巧みに奏で、その楽器に合わせて日本人に大層人気のある古い物語を歌って肥前島原四万石領主の松倉重政に信用を得たマンショなども記録される。彼は切支丹をやめたら京都における検校の位を得る費用を出そうといわれたが、マンショは信仰を捨てないと言って処刑された。[92]このように日本人切支丹の中には楽器を手にしクレドを伝え得る可能性を持つ人物達がいた。

切支丹に身を捧げたロレンソ等は、一五八七年七月（天正十五年六月）に博多で全日本の暴君である関白が布告を発した伴天連追放令後に危機感を持った。[93]イエズス会の布教活動の中心地自体も大友氏没落後豊後を除く下地方のうち長崎に移っていた。当編二章四節で後述するように各地にいたロレンソを含め司祭たちがキリスト教にとって安息の地と考慮した平戸や長崎に召集された。その状況下のイエズス会が危機意識に追い詰められる中で、その頃自己の死期を覚悟したロレンソに象徴されるような人物たちが純粋にキリスト教の命を残すための手段として、クレドを聴く者の心に感動を残すために終章三節で述べる啓蒙の方法への模索と共に信仰の灯を消さぬようにと日本に残す決断をしたのではなかろうか。その教えとしてのクレドを残すべき方法として、イルマンの中で史料に見出し得る限られた琵琶演奏の体験から、メロディを演奏可能な箏に託すことを模索出来た。ロレンソの場合、感性に訴える音楽的技術論以上の宗教的動機がそうさせたのではないか。加えて田辺尚雄氏がいわれる日本の器楽曲で表現する気分、天啓、霊感も必要であったろう。[94]彼はさらに日本が禁教へ走り出す頃、聖歌の歌詞を消しさり心のメロディとしての表現手段を、各地にいた司教やイルマンたちに注（49）の例のようなヴァリニャーノが指示した暗号として口伝や口授、切支丹の用語すなわち詩のないメロデイを模索出来た。その意志を信仰の灯を消すまじと後述の善導寺と接し得る信者に伝え得た。[95]

ルイス・デ・メデイナ氏は一五九三年（文禄二）のメルショール・デ・フゲィレドの手になるイエズス会総長へのロレンソの死去の報告を記している[96]。

ロレンソの宣教により改宗し切支丹となった、とある村の領主である貴族の感動記録がある。

私が神の教えを真実のものとして受け入れた主な理由の一つに、神がロレンソの宣教の言葉に与えられた光輝と恩寵がある。というのは、人間として言えばロレンソのような世間で身分が低く取るに足らない者の話や意見に私が従い、自分の一生をあずけることになるなどありえないからだ[8]。

ロレンソは後述のように日本の為政者トップの信長と秀吉の二人との接触に際し、キリスト教に関する彼らの思考を自家薬籠中の物に出来たかのように思えるほど手中に収め得、一五八七年（天正十五）伴天連追放令を経て、第二回イエズス会総協議会によりキリスト教の排教の危機を最も意識できた。つまりロレンソは同じく新しい宗教思想に感化された左記の不干斎巴鼻庵のように、切支丹の側から生きた日本人で、ヨーロッパの学問や文化にも通じた当時の日本社会における最高の知識人の一人と云える[97]。ロレンソはイエズス会員となって四十年間堪えて来た苦労のために、病み、かつ弱ってはいながらも下地方の大村の領内で職務に勤しんでいた[98]。彼は巴鼻庵と違い、キリスト教思想に疑いを持つ事なく、奮闘中には、序論編二章四節に挙げる日本人に対する蔑視感の故か、イエズス会が如何に彼の人物を評価し、褒めたたえても彼を含め日本人はまだ司祭にはなれなかった。切支丹の危険な思考を嘆いていたヴァリニヤーノらですら以下の日本人の真意を把握できなかった。本論編三章一節に後述するイエズス会側の捉えた日本人最初の切支丹大名大村純忠の場合も、逆に有馬鎮貴と共に彼らの布教の真意と日本人に対する無理解を明言している。

梶田叡一氏は次のように言われる。

イエズス自身のメッセージとは根本的に異なり、伝統的なキリスト教は、神からの直接のメッセージによる宗教として、それを真理とし生活規範として厳守しようとする。そこでは一人ひとりの「実感するところ、無理なく納得できるところ、まさに本音であるところ」という意味での〈内的自然〉は矯正され克服されるべき対象であって、そこに足を下すべきその人自身の根本的基盤とはみなされない。これはキリスト教の持つ「モーゼ教」的な側面である。しかし、多くの日本人にとって、これは非人間的な感覚であり発想であるとしか受け取れない。そうした感覚なり発想で啓示的な内容（という思い込み）を信徒らに押しつけようとする宣教師は、まさに傲慢であり独善でしかない。これがハビアン（不干斎巴鼻庵）の宣教師観に、また最終的な切支丹観に、大きく影響しているといわれる。

ハピアンは幼いころからの臨済禅棄教後、切支丹の精神世界を通過出来、一六〇五年（慶長八）に当時の日本の切支丹教団を代表したいわば公式の教義『妙貞問答』を著し、日本の仏教・神道・儒教を批判し切支丹の教えの正しさを唱導した。従来の日本人とは異なる新たな思想を持った四十一歳のハピアンは、翌一六〇六年京都の切支丹界の代表として徳川家康に後に重用された二十三歳の朱子学者林羅山に論争を挑まれている。しかしイエズス会におけるその後の、後述する南欧ヨーロッパ人の心の奥深き抜き難い民族差別的優越感（日本人蔑視）や、日本人への各種偏見と差別、傲慢・専横、イベリア両国の植民地下におかれるべき日本人というような思考に、ハピアンは深入りへの道を一歩踏み止まったのであろう。そして新たな日本人として世俗の世界に住む、何物にも束縛されない自由で自然《じねん》な自立した人間となるべく排教し、キリスト教批判者になった。即ち〈内的自然〉を大事にし、それに則って生きるというのである。禁教令が幕府直轄領に慶長十七年（一六一二）、翌年全国的に発布されたことに伴い幕府の切支丹取締りに協力したと見られたハビアンが死の前年の一六二〇年（元和六）には反切支丹書『破提宇子』を著す[99]。

ハビアンだけではなく、現代においてもニーチェがキリスト教をよしとしない理由を齋藤孝氏が次に挙げられたことも一考すべきかもしれない。[100]
キリスト教をまともに信じてしまうと、世界はすでに神がつくり上げてしまっていることになる。つまり人間には創造性は不要ということになる。人は神の決めた価値観に従っていればよく、創造的行為にも加担出来ない。

四　箏曲「六段」及び諸田賢順についての検討課題

箏とは何か。

(1)イエズス会採取の日本語集『日葡辞書』（長崎　一六〇三年）には、「Coto（中略）わが国の琴や琴〔きん〕にあてて用いる」。
フロイスは一五八五年（天正十三）著『日欧文化比較論』の中で「われわれのクラヴォは糸が四本で楽鍵によって弾く。日本のものは糸が十二本で、そのために作られた木の爪で弾奏する」。と述べている。その注釈に「日本のクラヴォとは琴を指す。絃は十三本ある」とある。[101]

(2)元禄八年（一六九五）刊行された日本音楽史上重要な資料といわれる『琴曲鈔　序』には「箏〔しょう・さう〕は今世に用いる。十三絃のつくし琴〔ごと〕是也。なべて箏〔しょう〕を琴〔こと〕と称するは、琴〔きん〕はもてあそぶ人稀にして、世にあまねく箏〔しょう〕を翫ぶゆえなるべし」とある。[102]

(3)諸橋轍次『大漢和辞典』巻八の説明は次の通り。読みは、サウ　シヤウとある。さうの琴。古は五弦、竹身。秦の蒙恬が改めて十二弦、木身とし、形を変じてしつの如くす。唐以後は十三弦を用ひる。参考の部に「我が国で通常コトと呼んでゐるものは、雅楽に用ひる楽箏と、世間に多く用ひられる俗箏（筑紫箏）とで、それに若干の種類があって形状がすこしづつ違ふ」。

(4)「お琴」すなわち箏は「院政期、鎌倉時代以降に定着した形態である[103]」箏に関する文例を見ると、

①平安初期の仏教説話集校注多田一臣『日本霊異記』(筑摩書房　一九九七年)第五に「敏達天皇のみ代に、和泉の国の海中に楽器の音声有りき。笛・箏・琴・箜篌の音の如し」とあり、その『語注』に「箏」は十三弦の琴、とある。

②平安中期『源氏物語　⑤』「橋姫」には、父宮が習わせている情景、宮は経を片手におもちになって、譜を謡い、「姫君に琵琶、若君に箏の御琴」とある。

③『多聞院日記』の永禄八年(一五六五)十月二日条を見よう。座頭ノ勾当筑紫ヨリ上ル、琴ヲ持参シテ弾之了。アソノ宮ノ神主ヒワ・コトノ上首也、ソレニ習了云々、青海波ノ楽ヲヒク、一段急ナルカク也、十三絃アリ、一は表閏月ヲ云々、勾当の本貫地であろう筑紫は『日本書紀上』神代の上には、筑紫洲(九州)とあるが『大漢和辞典』では筑前・筑後ともいい、奈良辺りまで来て演奏していたのであろう。その十三絃ある楽器で神事の際には演奏され、管弦や舞楽には「青海波」の曲が用いられたことも記す。しかも阿蘇の大宮司家を中心にした演奏上の師弟関係を持ち、「ヒワ・コト」演奏には長老がいたことを示す。

④寛文四年(一六六四)出版の音楽文献で盲人の中村宗三が初学者のための手引きとして著した音律[104]・奏法のほか、当時の流行歌の楽譜と歌詞を記した『糸竹初心集[105]』がある。『糸竹初心集』には「日本に下々まで琴をもてあそぶ事は、中比九州に、玄浄〔恕か〕法水とて、二人の僧あり、或時長崎に至りて、琴の引きやうを唐人より傳はり、其の後都へのぼり、公家殿上の交わりをなし、寛永二年(一六二五)の比、琴の許しを下し給わりて、法水は関東に下り、琴をひろむる。玄浄は筑紫にかへりて、これも琴を専らに修業す。さるによりて、今在家にひける楽を、つくし楽といふ也」とある[106]。

⑤近世音楽・歌謡分野の研究者平野健次氏が日本音楽に関心を持つ者の必備の書ともされる山田松黒『箏曲大意抄』（安永八年〈一七七九年〉）は『琴曲鈔』の記事に、より部分的な修正と補説を加えており箏組歌本としては、代表的な文献であるとされる。[107]その奥書五九五～六頁には「夫本朝耳箏乃傳りたる事（中略）大永の頃後奈良帝乃年号筑後乃国善導寺住僧筑紫流を傳来せり越肥前の国なる賢順といへる僧爾傳へ又同国慶岩寺乃僧玄恕といへる爾傳ふ又善導寺乃僧法水といふ人学ひ悟りて都爾来り、後略」とある。[108]

箏について明治維新政府は右の『箏曲大意抄』から引いている。[109]

宮崎まゆみ氏は、吉川英史氏の見解として箏の組歌が雅楽の器楽曲の箏の伴奏で歌を歌うことから始まったことに関し時と人と業績がはっきりしているのは、筑紫楽の賢順からであると紹介される。さらに「筑紫箏は、賢順が加わった正定寺で大成された可能性も生じてくる」。佐賀藩士今泉千秋（一八〇九～一九〇〇年）自筆稿本『軒はのまつ』によると「〇箏名　千鳥　賢順師の作なりといへり、それを玄如師に伝へられ玄如師超誉上人に伝えられし、正定寺に蔵せり」を根拠とされたのか、佐賀市南里の「正定寺に、賢順作の箏や琵琶が伝来していたことは、賢順が正定寺で活動していた証拠の一つではある」と述べた。[110]しかし、その箏は正定寺には今日伝存しない。

馬淵卯三郎氏は終章に詳述のように『琴曲鈔　序』の神話的な伝承の後の記事を取り上げ、諸田賢順の箏曲演奏への拘りの可能性についても「説話伝説などはその時代の意識の現れであって、なんらかの歴史的事実がそこから考証され得るような、そのような史料であってはならない」との前提に立ち論じられた。また、同氏は「現在の演奏そのものを過去に投影させる方向でつまり過去の記譜を現在の演奏形式でinterprete即ち演奏して、それを過去の〔音楽〕復元であると称するならば、それは日本音楽における歴史的展開の素朴な否定以外の何物をも結論させせなくなるという否定的側面を伴っている」と述べ、さらに「日本音楽の歴史研究の不毛」と言われた。

従って、賢順介在説については、佐賀藩関係史料では、筑紫箏に関係すると冷静さを欠くゆえ諸田賢順の実在証明とはならない。『水江事略』の記述から賢順の実在を疑わせないにしても、賢順乃至慶順斎が、筑紫箏起源説話における賢順と同一人物であることについて事略は何も語らない。ともいわれる。(111)

『六段』という曲についても、特定の作曲者説や、佐賀藩で箏曲が演奏され始めるまでの経緯に諸田賢順という人物を介在させる説など異説が多い。

その作曲者説中でも従来、近世箏曲の開祖八橋検校〈慶長十九年(一六一四)〜貞享二年(一六八五)〉の作曲といわれてきた。しかも日本伝統音楽の大半が歌、語りを伴う声楽優位であった中で、六段は稀有の純器楽曲であると。(112)

田辺尚雄氏は昭和二十二年(一九四七)の著で以下述べる。八橋検校の事業について、彼は主に筑紫流組歌の改造にあたり、純然たる独創の才能は見えないと述べる。彼の手法からみて、『六段調』、『八段調』、『乱れ』の如き器楽曲は恐らく八橋検校の作曲では無いと考えられる。もし彼がこれらの作曲能力を持つならば、その巧妙な器楽的手法はほかの何等かの曲に現れるはずであるが、その手法は八橋の作とはおよそ縁遠い。(113) さらに、沖縄にも純然たる箏の器楽曲があるがその中に『六段の調べ』がある。この琉球六段が今日広く俗奏されている〝六段の調べ〟と全く同じ手順であって、ただその音階が古制の呂旋(114)になっていて、その手法も少し粗いところがある。して見ると、これらの器楽曲は安土桃山時代に九州地方などに存在していた外来音楽〈おそらく切支丹芸術も含まれる〉の影響下に現れた多くの器楽曲の中に含まれたものらしい。つまり、琉球の箏は江戸時代初めに九州地方から移入されたもので、琉球で発生したものではない。それ故わが近代箏曲の歴史上重要な資料を提供するものである。従って六段の曲を八橋検校の作曲とすることは、明治以後に唱えられた訛伝であって、なんらの証拠は存在しない、と括る。(115)

さらに歌のない器楽曲『すががき』は、山根陸宏氏が「万治・寛文期における八橋検校の組歌」で論じられたように、諸芸能に通じた大名として著名な松平大和守直矩が争組歌を愛する母霊台院のためにしばしば江戸屋敷に呼んだ中で、八橋検校の箏演奏により寛文二年（一六六二）十月一日に嗜んでいる。しかも「すががき」と合奏可能なほどの『六段』のメロディイの類似性については平野健二氏の説を一章一節で既述した。

今迄の田辺尚雄氏や平野健次氏の『六段』の流れを箏演奏の伝来を考え併せ見ると、上流から俯瞰すると次のようになるのではないか。佐賀領国の人物達が箏を嗜んだが故に『六段』の曲が通過し伝承された可能性が考えられる。

切支丹芸術〰〰九州地方〰〰琉球
〰〰肥前〰〰佐賀領国

吉川英史氏は田辺尚雄氏の『六段』が極めて古い存在説に対して、昭和四十年（一九六五）に左記の見解を発表された。

「箏曲に現在も残っている〝六段の調べ〟などの器楽曲は、当時輸入した洋楽の器楽曲の影響を受けて作曲されたものであろう」という仮説を田辺尚雄先生からしばしばきくのであるが、傍証がないかぎり、私にはまだ信じられない。

その注〔2〕にて『六段』が「八橋検校作曲だとすれば、その頃は洋楽（キリシタン音楽）は弾圧されて聞けなかったはず」と否定し、諸田賢順作曲説も、賢順がキリシタン大名の仏教排斥に反感を持ったとすればありえないとする。その二年後の論文にて吉川英史氏は、『六段』は八橋検校作曲否定説は定説でなく異説でありその根拠も薄弱と述べる。さらに、「まだ百パーセント確実といえぬにしても、八橋作曲説の方が考え易く、他に有力な反証が上がるまでは、八橋検校作曲としておいてよかろう」と付け加える。その八橋作曲説根拠として、吉川英史氏は今は滅びた八橋流箏曲家の演奏を聴き「生田流の『六段』とほとんどよく似たものがこの流派（八橋流）の「九段の調べ」の中に含まれている」という結論を得たとした。これを裏書きする文献として同氏所蔵巻物の伝授書の一つ「八橋流箏曲伝授系譜」（嘉永三年）から、生島検校が八橋の弟子北島検校の伝を受け、北島が八橋の曲に相当手を入れ編曲し生田流に伝わった。すなわち、先の「九段の調べ」を北島が編曲し生田流の「六段」になったとされた。両曲の違い「六段」のある部分を反復することによって「九段」として演奏した。『箏曲大意抄』の「六段之調子」の最初に「換頭」（反復用に新しく挿入する楽句）と書かれているのはこの反復演奏の痕跡であろうと言われる。[116]研究途上での新史料発見はあり得るが、このように論理の変遷がある。

なお、佐賀藩の歌人堤主禮範房著で佐賀藩の文化小史といわれる『雨中の伽』文化九年（一八一二）中に、八橋流組歌には記載がないが、生田流組歌の中に『六段之調子』と明記してある。[117]

しかし、平野健次氏は山田松黒が『箏曲大意抄』で寛政四年（一七九二）の時点では『六段之調子』「八橋検校作」と明記している点について「八橋の時代における実証があるわけでなく、いずれにしても、伝承者の口伝である」。「いわゆる段物と総称されて現在に伝承されている箏の器楽曲の一部は、その成立を（中略）確実な資料の上では、宝暦四年（一七五四）の『撫箏雅譜集』に「六段・八段・乱輪舌・九段・七段・五段の曲名を記すのがもっとも古」いとする。久保田敏子氏も同様に述べ真実は不明である、この六段は《六段之調子》と書いて「ろくだんのしらべ」と読ませている。[118]

一節で既述のように箏曲『六段』につき江戸時代の好楽者には「此曲ハ尋常ノ箏曲ニシテ世人ノ熟知セルモノナリ」とあり違和感なきものであった。

以上先学の方々の先行研究があるので参考にしつつ、私は先に挙げた別の視点からそのことを可能にした要因を考えてみたい。当然この分野にあまりに不知な私では、どこまで史料を発見出来るか、分析できるか未知数である。歴史は私の解釈如きで動じるものではないと承知しつつも、渦巻きに吸い込まれる藁のように胸の時めきを押さえきれない。明日を語る歴史の魂を覗きたい[119]。

注

（1）初代山川松園『箏曲要集　上巻』（春和会　二〇一二年）一八「六段の調」。
（2）平野健次『三味線と箏の組歌』（白水社　一九八七年）一七九頁。
（3）①皆川達夫『洋楽渡来考　再論　箏とキリシタンとの出会い』（日本キリスト教団出版局　二〇一四年）「Ⅲ箏曲《六段》の成立に関する一試論―日本伝統音楽とキリシタン音楽との出会い―」。
②竹内敏雄編集『美学事典　増補版』（弘文堂　一九六一年）三五〇～三五一頁。
（4）CD『ラヴェル：ボレロ、ラ・ヴァルス』（一九八一年八月浅井香織）解説。
（5）注（3）②『美学事典』「作曲」。
（6）当序論編一章二節にザビエルが受洗させる場が再現される。
（7）①ジョアン・ロドリーゲス『日本教会史下』（岩波書店　一九七〇年）四〇一頁および四〇三頁　注（13）。
②使徒信教は、使徒たちから受けた信仰の要約であるが、その起源は第二世紀後半ローマ時代頃に遡る。その型式から見れば、三位一体の賛美の中へ、世界の創造主なる神、キリストの託身と救世事業、聖霊が教会を通じて罪の赦しと恩寵を施すという重要な教理箇条が編みこまれている。この教理の要約を洗礼の前に暗唱し洗礼の際信仰の宣言として唱え、その後毎日、朝夕の祈りの時にそれを唱えて生活実践の基準とすることになった。切支丹時代にはそれを「ケレド」として必ず暗唱しなければならなかった『日本思想大系25　キリシタン書　排耶書』〈岩波書店　一九七〇年〉H・チースクリク「キリシタン書とその思想」五五九～六〇頁。
（8）河野純徳訳『聖フランシスコ・ザビエル全書簡』（平凡社　一九八五年）二五一頁～二六三頁と同「年譜」の

（9）生月町博物館・島の館『生月島のかくれキリシタン』（二〇〇〇年）。七五七頁。
（10）『キリシタン書　排耶書』（岩波書店　一九七〇年）「サクラメンタ提要付録」一八六頁。
（11）①今来陸郎『西洋史要説』（吉川弘分館　一九五八年）四　古典文化とヘレニズム文化。②城江良和訳『ポリュピオス　歴史2』（京都大学学術出版会　二〇〇七年）三二～三六頁、および解説。
（12）『詳説　世界史』（山川出版社　一九九三年）一五七頁。
（13）日本司教団秘書局訳『第二バチカン公会議　典礼憲章』（南窓社　一九六五年）。
（14）キリシタン文化研究会『キリシタン研究』第十六輯（吉川弘文館　一九七六年）Jesus Lopes Gay'S. J.「キリシタン音楽―日本洋楽史序説―」。
（15）『レオン・パジェス　日本切支丹宗門史　上』（岩波書店　一九三八年）前書き。
（16）『オリファネール日本キリシタン教会史』（雄松堂書店　一九七七年）第十五章深堀のルイスと志岐のアダムの殉教九八頁～。
（17）①レオン・パチェス『日本切支丹宗門史　中』（岩波書店　一九三八年）一一〇頁～。②注（3）①皆川達夫『洋楽渡来考　再論　箏とキリシタンとの出会い』一三一～三頁クレドの歌詞対訳。③『オリファネール日本キリシタン教会史』（雄松堂書店　一九七七年）第五十二章二八〇～二八二頁。
（18）『原色日本の美術25 南蛮美術と洋風画』（小学館　一九七〇年）38 40「長崎大殉教図」。
（19）レオン・パチェス『日本切支丹宗門史　下』（岩波書店　一九三八年）六〇頁、一〇一頁。
（20）『十六・七世紀イエズス会日本報告集第Ⅲ期第Ⅰ巻』（同朋舎　一九九七年）三五〇頁。
（21）皆川達夫「箏曲『六段』とグレゴリオ聖歌との出会い―洋楽渡来考再論―」（財・日本伝統文化振興財団）CDの解説書。
（22）注（18）『原色日本の美術第25巻』七三頁、四　日本洋風画の作風。
（23）①原田裕司　大阪府「茨城・東家旧蔵『吉利支丹抄物』に書写された「聖体秘蹟の連禱」―モーツァルトらの作

曲で知られるラテン語の祈りがキリシタン時代の北摂の山村に伝わっていたことー（上）編集　茨木市史編纂委員会『新修茨木市史年報　第六号』（茨木市　二〇〇七年）。
②注（18）『原色日本の美術25　南蛮美術と洋風画』二五～二七図、同解説。
③Hubert Cieslik S. J.「高山右近領の山間部におけるキリシタン―布教・司牧上の一考察―」。
(24) ①皆川達夫『中世・ルネサンスの音楽』（講談社　二〇〇九年）生月島の隠れキリシタン二一二～四頁。
②皆川達夫『洋楽渡来考キリシタン音楽の栄光と挫折』（日本キリスト教団出版局　二〇〇四年）第三部オラショ考―生月の「かくれキリシタン」の祈りとラテン語聖歌。
③吉川英史『日本音楽の歴史』（創元社　一九六五年）『日本音楽の歴史』一七七頁。
④注（9）『生月島のかくれキリシタン』（二〇〇〇年）六六頁。
⑤「他にも、越前福井においても、弾圧下の当時、密やかに《クレド》が日本語で唱えられていた文書が残されている。その《クレド》の意味内容を克明に解釈説明している文書さえある」注（3）①『洋楽渡来考　再論　箏とキリシタンとの出会い』九七頁。海老沢有道『洋楽伝来史』（日本キリスト教団出版局　一九八三年）二七四頁。
尾原悟『きりしたんのおらしよ』（教文館　二〇〇五年）二五頁、二一二頁、二五二頁、解題・解説。
(25) 注（3）①『洋楽渡来考　再論　箏とキリシタンとの出会い』八頁。
(26) 高村光太郎『美について』（筑摩書房　一九六七年）八頁。
(27) ①丹波明『創意と創造現代フランスの作家たち』（音楽之友社　一九七二年）七四～八二頁、二頁。
②佐藤真紀「ジゼール・ブルレにおける「内的歌（chant interieur）」―音楽の時間的本質との関連において―」de arte 20（九州芸術学会　二〇〇四年）
(28) 『ジョアン・ロドリーゲス日本教会史上』（岩波書店　一九六七年）解説・三二一～三九頁。三〇四～三〇五頁。
(29) 山住正巳校注『洋楽事始』（平凡社　一九七一年）解説、三一二頁。
(30) 注（29）山住正巳校注『洋楽事始』（「創置処務概略」五～六頁。
(31) 注（29）山住正巳校注『洋楽事始』同「音楽沿革大要」一〇三頁。

(32) 注(29)「創置処務概略」。「内外音律の異同研究の事」四七頁以降。
(33) 注(29)「創置処務概略」四二頁、四三頁。
(34) ①井手勝美訳J・Dガルシア　注『オルファネール　日本キリシタン教会史1602~1620』(雄松堂書店　一九七七年)③第四十四章。
(35) 注(7)『ジョアン・ロドリーゲス　日本教会史　下』解説及び四〇四頁。
(36) 松田毅一訳『日本巡察記』(平凡社　一九七三年)五頁、九八頁。
(37) 注(29)『洋楽事始』(平凡社　一九七一年)三三四頁。
(38) 訳者松田毅一・川崎桃太『フロイス日本史4』(中央公論社　一九七八年)三四章一四三頁、同三八章二一五頁。
(39) 田辺尚雄『日本音楽概論』(音楽之友社　一九五一年)三七頁。同『日本音楽史』(東京電機大学出版局　一九六三年)四~五頁。
(40)『日葡辞書』。
(41) 松田毅一監訳『十六・七世紀イエズス会日本報告集第Ⅲ期第2巻』(同朋舎　一九九八年)三二一頁。
(42) 注(20)『十六・七世紀イエズス会日本報告集第Ⅲ期第2巻』六二頁。
(43) 注(38)『フロイス日本史2』(中央公論社　一九七七年)九三~一一四頁。
(44) 注(15)『レオン・パジェス　日本切支丹宗門史　上』一九五~六頁。
(45) 序論編一章一節一六頁以降、二節三一頁など。
(46) 西田幾多郎『哲学概論』(岩波書店　一九五三年)三八頁。
(47)『広辞苑　五版』(岩波書店　一九九八年)。
(48) 注(21)◆『六段』の成立◆。
(49) ①危機に瀕した時の意志の伝達手段の例が記録が残された例を挙げる。
(イ)序論編第二章四節にヴァリニャーノ指示、機密情報は暗号で伝えよ。
(ロ)本論編三章一節大村純忠発給文書の記録に残すまじ。

（50）（八）本論編三章五節機密事項に「相」の字を付した鍋島勝茂発給文書。
②音楽の継承の場合、口伝が元々実態に沿うのではないかとの示唆を糸島市在住のフルート奏者柴田有紀氏から受けた。日本の各種芸術伝承はさらに身体で覚えた。ヨーロッパ地中海周辺国の三～五世紀における東方聖歌などの伝承も、口授によるのが原則で、楽譜使用はかなり後のことであった。皆川達夫『中世・ルネサンスの音楽』（講談社　二〇〇九年）二八頁。

（51）①和辻哲郎『古寺巡礼』（岩波書店　一九七九年）二一頁。
②Ａ・デル・コール　西田孝訳『ミサの歴史』（ドン・ボスコ社　一九五九年）前書き。

（52）①注（38）『フロイス日本史6』四二頁。
②注（7）『ジョアン・ロドリーゲス日本教会史下』第二部〔第三巻〕三九八頁。

（53）『日本関係海外史料　イエズス会日本書簡集　訳文編之一（下）』（一九九四年）一一二頁。

（54）注（7）①『ジョアン・ロドリーゲス日本教会史下』四五三～六頁。

（55）注（7）①『ジョアン・ロドリーゲス日本教会史下』四九四頁.

（56）注（38）『フロイス日本史7』三七章。

（57）①木村忠夫「耳川決戦と大友政権」『戦国大名論集七　九州大名の研究』（吉川弘文館　一九八三年）。
②『佐賀県史料集成　七巻』（佐賀県立図書館）三一頁、四四、天文十六年「田尻親種豊後府内参府日記」。以降、『佐七』と略称する。
③（38）『フロイス日本史7』四五～六章。

（58）河井田研郎「ザビエルの日本渡来と宣教」。『海路』（海鳥社　二〇〇九年）。

（59）①編集　純心女子大学長崎地方文化史研究所『長崎のコレジヨ』（純真女子短期大学一九八五年）一九～二四頁。
②海老沢有道『洋楽伝来史　キリシタン時代から幕末まで』（日本基督教団出版局　一九八三年9「セミナリコの音楽教師たち」一五〇頁。

（60）片岡千鶴子『八良尾のセミナリオ』（キリシタン文化研究会　一九七〇年）。フロイス二　一五九一年より一五九五年に至るイエズス会日本年報の「八良尾のセミナリヨ」に関する報告、四　音楽教育。
(60) 注（15）『レオン・パジェス　日本切支丹宗門史上』七〇頁。
(61)『福者アロン・デ・メーサ・P、書簡・報告』五三～五四頁。
(62) ①『底本　上田敏全集　第九巻』（教育出版センター　一九七九年）「聖教日課」。
②『久留米郷土誌研究会誌　第六号』（久留米郷土史研究会　一九七七年）「邪宗門一件口書帳（御原郡今村）。
(63) ①ルイス・メディナ『イエズス会士と切支丹布教』（岩田書院　二〇〇三年）「キリシタン布教における琵琶法師の役割について」一三三頁。
②注（38）『フロイス日本史1』一二〇頁 注（57）。
(64) 注（38）『フロイス日本史6豊後編I』第四章（第一部五章）六四頁。
(65) ヴァリニャーノが一五八一年に臼杵修道院で講じた『日本ノカテキズモ』「キリシタンのヒイデス（信仰）のカテキズモ。これ、われらが宗旨の理を顕し、日本の諸宗を排斥するものなり。（後略）」。教理問答師・神学生のために、日本宗教が誤謬・矛盾の上に形成されていると論斥しつつ、論理的に、神学的に教理を解説。ヨーロッパ的思考、論理を伝えた最初の書で、東西思想の対決を示す。海老沢有道『キリシタン教理書』（教文館　一九九三年）「日本のカテキズモ」五〇五頁。
(66)「続々群」十二、『国史大辞典』。
(67) 東京大学史料編纂所『日本関係海外史料　イエズス会日本書簡集　訳文編之二（上）』（一九九八年）二四三頁。
(68) 注（67）『訳文編之二（下）』（二〇〇〇年）三一頁
(69) ①注（7）①『ジョアン・ロドリーゲス　日本教会史下』三六三～六頁。
②海老沢有道『切支丹典籍考』（拓文堂　一九四三年）十二頁。
③海老沢有道『キリシタン南蛮文学入門』（教文館　一九九一年）六八頁～。
(70) 注（40）『日本巡察記』九三頁。
(71) 注（20）『十六・七世紀イエズス会日本報告集』第Ⅲ期第Ⅰ巻二九一頁。

(72) 注(20)第Ⅲ期第Ⅰ巻三〇七～九頁。
(73) 注(20)第Ⅲ期第Ⅰ巻三一七～三二三頁。
(74) 注(20)第Ⅲ期第Ⅰ巻三九三頁。
(75) 注(38)『フロイス日本史7』二二頁 注(2)。
(76) ①岸野久『ザビエルと日本―キリシタン開教期の研究―』(吉川弘文館　一九九八年)二〇一頁。
②注(38)『フロイス日本史3』一一九～一二〇頁およびその注(一二七頁)。
(77) 注(38)『フロイス日本史1』一二〇頁　注(57)。
(78) 和辻哲郎『日本倫理思想史(三)』(岩波書店　二〇一一年)一五〇～一頁、本論編二章一節一項。
(79) 本論編二章一節一項。
(80) ①注(36)松田毅一他訳『日本巡察記』一二七頁。
②『フロイス日本史6』三一六頁 注(31)。
(81) ①注(38)『フロイス日本史12』四六頁およびその注(5)。
②注(38)『フロイス日本史3』第一三章。第一四章。
(82) 注(78)和辻哲郎『日本倫理思想史(三)』一五〇～一五一頁。
(83) 注(76)①岸野久『ザビエルと日本―キリシタン開教期の研究―』一三二頁。
(84) 注(38)『フロイス日本史6』第四章六四～五頁。
(85) 五野井隆史『日本キリシタン史の研究』(吉川弘文館　二〇〇二年)一一〇頁。
(86) ①終章二節一項に詳述。
②注(192)④海老沢有道『切支丹典籍考』一三一頁。
③新村出「天草切支丹版の平家物語抜書及び其編者」『新村出全集第五巻』(筑摩書房　一九七一年)。
(87) ①姉崎正治『切支丹宗教文学』(同文館　一九三二年)二〇～一頁。
②海老沢有道『切支丹典籍考』四三頁。

（88）『平家物語』（河出書房　一九六七年）解説　杉浦明平。
（89）注（38）『フロイス日本史7』（中央公論社　一九七八年）三一〇頁。
（90）若桑みどり　『クワトロ・ラガッツィ天正少年使節と世界帝国　上』（集英社　二〇〇八年）五一頁。
（91）注（63）『イエズス会士とキリシタン布教』十四頁、一五六頁。清水紘一氏御助言。
（92）注（63）①「キリシタン布教における琵琶法師の役割について」『イエズス会士とキリシタン布教』一四九〜一五〇頁。
（93）注（38）『フロイス日本史1』第一八章。
（94）田辺尚雄『音楽芸術学』（明玄書房　一九五六年）（九）気分と霊感。
（95）①注（49）及び本論編四章。
②今日も各民族のキリスト教聖歌として歌い続けられている三〜五世紀頃にかけて生み出された東方教会聖歌は口授で伝えられた歌いである。皆川達夫『中世・ルネサンスの音楽』（講談社　二〇〇九年）二六頁。
（96）注（63）『イエズス会士とキリシタン布教』一三四頁（8）。
Figueiredo.Goa.20 de noviembre　1593.Jap.Sin.12 11.f.134.
（97）①梶田叡一『不干斎ハビアンの思想』（創元社　二〇一四年）四頁。
②注（38）『フロイス日本史6』第四章（第一部五章）六三〜五頁。
（98）『平戸の琵琶法師　ロレンソ了斎』（長崎文献社　二〇〇五年）一二七頁〜。
（99）注（97）『不干斎ハビアンの思想』六頁、一四頁、八一〜八二頁、一二一〜一三頁、一二二〜一二三頁、一〇三頁、「イエスのメッセージを忘れたキリスト教」「キリシタン時代を生きた知識人・江湖の野子という着地点」巻末「ハビアン関係年表」。
（100）齋藤孝『座右のニーチェ』（公文社　二〇〇八年）二〇八〜二〇九頁。
（101）岡田章雄訳『ヨーロッパ文化と日本文化ルイスフロイス著』（岩波書店　二〇一二年）一七五頁。
（102）小野恭靖『韻文学と芸能の往還』（和泉書院　二〇〇七年）第七節『琴曲抄』影印と翻刻。

(103) 上原作和・正道寺康子『日本琴學史』(勉誠出版　二〇一六年)の序言。
(104) 「音楽で使用する音の高さの相互関係を音楽的かつ数学的に確定したものをいう。そして、これに応じて楽器の音高を決定することを調律という。したがって、音律を論じる場合には、まずその時の音楽の音階が基礎になる」。『新訂標準音楽辞典』(音楽之友社　一九九一年)三六三頁。
(105) 『国史大辞典』。
(106) 高野辰之編『日本歌謡集成　近世編』(東京堂　一九五五年)一九二頁。
(107) ①岸部成雄・平野健次『＝共同研究＝筑紫箏調査報告』(一九七〇年)。
②注(102)『韻文学と芸能の往還』四九二頁。
(108) 『箏曲大意抄』(日本音楽社　一九八一年)七一三頁、奥書五九五～六頁。
(109) 注(29)『洋楽事始』「音楽沿革大要」一〇三頁。
(110) ①宮崎まゆみ『筑紫箏音楽史の研究』(同成社　二〇〇三年)四頁、六九頁、六三三頁。
②尾形善郎『肥前様式論叢』「諸田氏系図」(多久市歴史民俗資料館)四〇五頁に「南里正定寺有之賢順持用之琴琵琶秘為寺持」とある。
(111) 『糸竹初心集の研究―近世邦楽史研究序説―』(音楽の友社　一九九二年)六頁、八頁、一三八頁。
(112) ①『広辞苑第五版』、
②山川松園『箏曲要集　上巻』(春和会　二〇一四年)五四頁。
(113) 田辺尚雄『日本の音楽』(中文館書店　一九四七年)二六六頁。
(114) 雅楽に用いられる旋法の一種　『大漢和辞典』。
(115) 田辺尚雄『日本音楽史』(東京電機大学　一九六三年)一七一頁。
(116) ①吉川英史『日本音楽の歴史』(創元社　一九六五年)一七七頁。
②東洋音楽学会『箏曲と地歌』(音楽の友社　一九六七年)吉川英史「六段」と八橋検校一三三頁～一三六頁。平野健次編　地歌・箏曲文献目録三二三頁。

（117）『随筆百花苑』（中央公論社　一九八一年）堤主禮「雨中の伽」四五二頁。

（118）①注（107）『箏曲大意抄』六二一頁。
②平野健次『三味線と箏の組歌—箏曲地歌研究Ⅰ—』（白水社　一九八七年）一七八頁。
③注（116）②東洋音楽学会『箏曲と地歌』平野健次「近世初期における日本の絃器楽曲」七六頁。
④皆川達夫『洋楽渡来考　再論　箏とキリシタンとの出会い』（日本キリスト教団出版局　二〇一四年）久保田敏子「付論《六段の調》解題」。

（119）小林秀雄『新訂　小林秀雄全集』（新潮社　一九七八年）「無常といふ事」。

第二章　肥前鍋島家とキリスト教

一　佐賀藩の創造的動き

佐賀藩は近世初期の文化史上、わが国で最も創造意欲を示したと言える「磁器」と、一般的には不知な「邦楽」という芸術の二つの分野を発展させた。

絵画やオブジェのような視覚による感動はないが、私達の聴覚による一時の感動を与える邦楽の箏という分野を、佐賀藩で育ませた実態と箏曲『六段』の演奏に関わった可能性とその要因は永遠に答えを出し得ないと分りつつも、佐賀藩の創造的成果に私は憑りつかれてしまった。

最初にその判りやすい周知の例として磁器を挙げよう。磁器の場合は中国で創始後に千年という年月を経て、肥前有田というわが国の古陶磁の先進地ではない地域で、為政者の意向を踏まえた焼成が開始された。鍋島氏と同じく主たる明磁器輸入地長崎の奉行に文禄元年（一五九二）に命じられ「折々自身立越、仕置等被申付之」磁器原料産地の天草四万石を慶長五年に加増された[1]唐津の寺澤志摩守は、茶陶の技術から磁器へと進歩させるまでには至らなかった。

さらに佐賀藩は磁器の輸出によって今日的表現を使用するならば外貨を獲得しようとする。オランダによる『十七世紀日蘭交渉史』の慶長十六年（一六一二）の「日本にて買い、利益を博し得る商品」によると、第一次産品に加え「小奇麗な磁器、見事なる漆器は日本人の特意とする処にて如何ほどなりとも求め得らるるも」価格は高い[2]、とある。有田はその後、国内ではほぼ独占的販売をする日本の瓷都となった。色絵磁器にいたっては、一七〇五年のロンドンオークションで清国の製品より高値で落札されるほどの評価を得た[3]。

その結果、有田の磁器生産は経済史的立場から見るとその近代化の一歩は[4]、佐賀藩庫への新規財源になるだけではなく、関わる商人や人々への、経済と、長崎―伊万里を窓口とした情報による新文化の波及効果を齎す基礎を作り得た。

どうして佐賀藩がそのような文化的な技術革新が出来たのか。天正十二年頃には、竜造寺領国の国策としての銃砲入手や戦費などのための資金獲得を可能にする貿易のために中国人や宗教としては受け入れないキリスト教集団への接近可能な隙間時代があった。その過程において竜造寺家や鍋島家の人物にも宗教を通じて西欧文明の影響を与えずにはおられなかった。加えて江戸幕府も前政権に続き禁教に走りだす状況下で、わが国で唯一ドミニコ会がもたらすキリスト教をなぜ鍋島氏が受け入れたのか。関連する中世以来の各種史料に触れてみると、竜造寺家・鍋島家の人たちに対して内外の文化やドミニコ会がもたらした倫理の目覚への克服すべき難問など、いくつかの葛藤が浮かんでくる。

和辻哲郎氏の御教えを拝すると、外来文化の刺激が飛躍の原動力となって一つの社会が急激にその組織を展開し、在来の状態とはっきりおのれを区別するような、画期的な飛躍をすることがある。「そこで固定したものを打破し、背反するものを克服して、人間存在の動的展開をその健全な姿に返そうとする運動が、倫理の根源から押し出されて来る[5]」ように四章三節に後述するドミニコ会士に接した鍋島勝茂やその国の人々が我国古来の真理を振り返り、目覚め、そして真摯に受け止めたのではなかろうか。加えて、佐賀の風土が追随を許さぬ美意識や邦楽への感性を放置せず昇華する姿勢を持っていたからこそ、箏曲の源流を受け止め、信仰上の秘事口伝の暗号の可能性を含む[6]クレドを箏曲の後世への橋渡し役を受容した可能性があった。

先覚の方々によると、戦国時代頃までに箏独奏曲は知られていないが、久留米の善導寺にて雅楽合奏曲などに用いられた箏（楽箏）演奏がなされていた。善導寺の僧であった賢順が、雅楽から転化していった箏の独立歌曲や、北部九州各地に散在していた筑紫楽箏独箏曲を中心に整理した。その手法や奏法を統一した筑紫流箏曲といわれる邦楽が佐賀藩のみに伝わり代々伝統を保った[7]。

『久留米市史第5巻』第5章第一節民俗芸能の部では同主旨を述べている。寛文十年（一六七〇）『久留米藩寺院開基』の善導寺条の所引があり、「一　楽器　笛、琴　尺八、篳篥、羯鼓、太鼓、征鼓」とある。加えて「井上ミナ氏に伝わる伝授の巻物では、この僧賢順をもって、筑紫流箏中興の祖と記してある」と伝え、文化庁の無形文化財保持者の記録を『無形文化財　民俗文化財　要覧』（芸艸堂　一九七七年）から転載している。この井上ミナ氏は、前川レイ氏と共に、両者が保持している音楽その他の無形の文化的所産で我が国にとって歴史上又は芸術的価値の高く、特定の個人や集団が相伝し体得している無形の「技」すなわち芸能が認められ、昭和三十二年に「記録作成等の措置を講ずべきものとして選択された無形文化財」に次のように指定された。

> 筑紫流箏曲は、平安時代末期から北九州地方に流布していた箏曲を僧の賢順が大成したもので、明治のころ、野田聴松が前川レイと井上ミナに伝授した。筑紫流箏曲は、楽箏と俗箏との分岐点に位置し、生田流、山田流の箏曲も筑紫流箏曲をも学んだ八橋検校の流れをくんでいる。
>
> 楽器は雅楽の箏と同形の箏を用い、爪は雅楽の箏の爪よりも、爪先が細長く、帯が狭くできている。筑紫流箏曲は、演奏することによって徳性を涵養しようとするものであり、決して娯楽の具とする者ではないとされてきた。曲目には、雅楽の越天楽の影響を受けている「布貴」を始め、梅が枝、小倉の曲、四季などがある。

筑紫流箏曲は上述のように音楽史上に重要な地位を占めるものであるが現在は非常に衰微しており、これを演奏しうる者は井上ミナ氏のみである。

井上ミナ氏の演奏は、昭和二十九年、NHK佐賀放送局において録音され、現在文化庁に保存されている。村井レイ氏は翌昭和三十三年に亡くなられたが、井上ミナ氏と同じく、義兄の野田聴松（天保四～大正十三年・伊万里出身・筑紫箏の賢順以来、鍋島勝茂庶子徳応などの伝承者系譜になる十一代伝承者）に師事し、大正六年に皆伝を受けられた。その系譜を遡ると、筑紫箏譜唱歌伝者に鍋島本藩五代宗茂の弟主膳直良もいる[8]。

筑紫流箏曲とは田辺尚雄氏によると、賢順という僧によって興され、単に佐賀地方にのみ伝存した地方的な特殊芸術が代々伝統を保ってきた。それ以前の無統制の時代の北九州にあった箏曲を筑紫楽と呼び区別される[9]。

但し、史料確認を要するように、賢順についてはその生没や筑紫箏を習得した年代、『諸田氏系図』による元和九年（一六二三）頃九十歳で没説では、寛永十四年（一六三七）以降に百歳を越えてもなお京の公卿の家で演奏したことなど異説が非常に多い[10]。しかし、久留米の善導寺で演奏された箏曲の演奏技術を佐賀の正定寺経由で佐賀藩に伝えた伝説的人物が誰であろうと佐賀で現代までその命脈を保ち育った。以下、今日までの先行研究を参考にしたい。

佐賀藩関係史料中の肥前・佐賀の「国学」（歴史書）を標榜・叙述した『葉隠』のモチーフに直接つながる部分とされる[11]「焼残反故　三」の「勝茂公御婚礼付筑紫琴之事は、「勝茂公御年譜二」にもその同趣旨がある[12]。一章に挙げた『雨中の伽』[13]にも所引されほぼ同じ内容を伝える。それらによると、佐賀藩主鍋島勝茂廿六歳の後妻として家康の養女とした岡部長盛の娘・後の高源院との婚礼が、慶長十年（一六〇五）五月十八日に伏見で行われた。その時の御待付が、元亀三年（一五七二）生まれの勝茂姉で多久長門守妻室徳寿院が諸田賢順の弟子で筑紫琴・箏の名人ということを後陽成天皇が耳にし、勅命使が伏見屋敷へ来て、御所で演奏するよう要請された。

『諸田氏系図』によると、諸田賢順は天文二年（一五三三）生まれの現在の大牟田市宮部郷を賜った宮部氏姓であった。七歳で久留米の善導寺に入門し、浄土仏寺の琴をよくした。天文二十年（一五五一）大内義隆が滅亡するに及び、宮部氏一族は難を避け豊前英彦山麓に逃れた。ここで賢順は禁中の楽府・琴譜を修める。九州探題の大友義鎮は妻を娶らせ良田二百町を与え、その後に姓を諸田とする。ところが義鎮は切支丹大名の例に漏れず寺社を破壊したので、浄土宗出身の賢順は嫌がり一族ともに佐賀市南里の正定寺に逃れた。元亀二年（一五七一）賢順三十八歳の時、多久の竜造寺長信の招きで加持峯城に移った[14]。

『正定寺由緒録』によると、正定寺は少弐家・竜造寺家、鍋島家の国家安全祈願の浄土宗の寺であった。歴代住持ではないが玄恕の記述がある。「典誉諱ハ玄恕、号経蓮社、姓ハ宮部氏当国ノ人也、天性好学（中略）餘力亦愛ス琴瑟、諸田氏賢遵為学琴師、遵称玄恕カ俊器」とあり、佐賀藩の人で賢順と同じ姓である。宮崎まゆみ氏が指摘されているように、この賢遵を賢順と同一人と見なすと、元亀二年（一五七一）に多久へ行った賢順と慶安二年（一六四九）十一月に四十二歳で寂した玄恕が正定寺において師弟関係になり得ない。玄恕は関東遊学の折、後陽成天皇の第八皇子で徳川家康の養子・良純法親王に召され、箏に関する質問に対し筑流の秘事を答え琴を指南した。その縁で法親王に伴って上洛し参内して琴を弾じた。その演奏に帝が感服し上人の位と名琴を与えた。玄恕の名は京都で知れわたり後世に筑紫流の祖と言われた。帰国後も同門が相議して諫早慶巌寺四代住職とした。玄恕はその後南里の善興寺で没したと伝える[15]。

玄恕の弟子徳応は、勝茂の脇腹で寛永五年（一六二八）生まれで同十三年（一六三六）に出家した後正定寺住職となり、筑紫箏の曲目や内容を体系化し伝授形式を確立し、筑紫箏の伝承体系を確立した[16]。

慶巌寺は浄土宗で諫早二代目領主直高の代に帰依寺となった寺である。諫早家は水ヶ江竜造寺の系譜になる家晴を祖とし、元和五年に竜造寺姓を改め領国伊佐早に因んだ。その伊佐早も「諫早」を名乗った親類同格で佐賀藩「上級家臣団の系譜と知行高の推移」の寛永五年（一六二八）では二番目に位置する。その知行面積は藩内でも上位で、北は藤津郡多良村を領し、西は天領長崎に接し、東は島原半島に接する地域である。[17]

このように、藩主鍋島勝茂時代に磁器誕生期頃、期せずして筑紫箏は佐賀藩内で主として藩上層部やその夫人、武士、儒者、僧も含めた箏曲として特異な存在として伝承され後に八橋検校らにも受継がれたといわれる。そのような経過を生み出した筑紫箏は当道箏曲、[18]さらには日本音楽史上稀な存在で平家琵琶・浄瑠璃などのように大部分が日本語の音楽的表現を本体とした歌謡が中心である中で、純器楽曲「六段」を誕生させる手段を切支丹に提供した可能性がある。『標準琴曲楽譜（別名すぐわかる琴の譜本）生田流・山田流　六段の調（各記号、楽典説明号二』（大日本家庭音楽會發行　一九一三年）の一九六五年（第一七一版）の紹介によると、六段は筑紫琴の内、輪舌（雅楽の管弦の演奏で、楽曲反復の間に方式に従って楽器の種類と数を減じ、箏を活躍させる特殊な演出技法の時に奏する一種の替え手、通常よりも変化に富んだ特別な奏法を多用　広辞苑五版より。段物ともいう）と称し歌詞なくして、演奏し神前に供えた。これは、教授者の冊子であるが、琴という字を使っている。

二　イエズス会が目論んだ日本の宗教的・政治的隙間への浸透

一五七九年（天正七）から一六〇三年（慶長八）まで、三たび「巡察師」の職名を帯びて来日したイエズス会の司祭であるヴァリニャーノが把握した日本理解の一部を次に挙げるが、彼らは岸野久氏も見られたように仏教界を停滞状況と認識していたために、信長の面前における宗論などにおいて優位に立つ確信があった。つまり、イエズス会は来日当初から仏教理解に努め、仏教をはじめ東洋思想・宗教を研究し論争時に優位に立てた。本論編二章一節や四章一節に各種あげるイエズス会による教義書類や、日本の古典文学書を参考にした動きなどロレンソなどの協力振りに見られるようである。これに対して仏教側は、姉崎正治氏によると十六世紀後半から十七世紀初頭のキリスト教布教最盛期においても学問的かつ組織的に研究した形跡は全く見られない。ザビエル以来、ヴァリニャーノらが見た仏教界の状況は次の通りであった。各宗派はその繁栄のために釈迦や阿弥陀が人々に対していかに大いに慈愛を示したかを強調し、人々の救済は容易であり、如何に罪を犯しても釈迦阿弥陀の名を唱えその功徳を確信さえすればその罪は浄められる。仏僧達は外面では霊魂の救済があることを民衆に説きながら、胸中では来世はなく万物はこの世限りと信じている。それでも、彼らは日本人の心中深く入り、全国には数多の特権を有する大寺院を有し、多額の布施や特権を与えられたために、強大な権力を持つに至った。[19]

イエズス会側は、日本人の仏教観は、仏教で説く罰と栄光、地獄と極楽（天国）という来世観と救霊に対して強い願望を抱いていると捉え、仏僧たちが人々に説いていた死生観や地獄・天国観を利用することが一般庶民のキリスト教受容を容易にし布教に有効な方法とした。日本人の死生観について、五野井隆史氏が日本における布教長トルレスが理解したことを次のように一五六五年（永禄八）口ノ津発書簡によって紹介された。学識者である仏僧は、「内心では生と死以外には何もないと信じ、このことを貴人達には黙想（座禅）で教えていながら、一般の人々には罰と栄光がある」と説いている。本論編二章一節に後述のように薩摩における武家の信頼高き禅僧が修業中の僧の醜い心奥をついザビエルに漏らしている。そのためザビエルは、罰と栄光があり善は報いられ悪は罰せられると教える神の教えを一般の人々に理解させることは容易ですと述べた。[20]

一五六四年（永禄七年）ヴィレラの書簡でも、一五五九年に八百ほどの僧院を擁していた比叡山の大学者は、日本の諸宗派は既述のように創造主も霊魂も存在しないことを秘密にしているが、人民の平和と安全のためには創造主の存在と不滅の霊魂に関する説教をする必要があるとガスパルに耳打ちした。[21]

仏教の教説に取り入れられたといわれるバラモン教では、神を喜ばせ満足させるための祭祀祈祷が善であり、この善行によって神は我々に恩恵を与え幸福を授ける、逆に神を怒らせる行為即ち悪により、不幸や災害が齎される、とした。この基準は神を中心としてその意志に反するかどうかである。キリスト教の思想などにも似ている。こうして善因善果、悪因悪果ということが真理となって説かれた。現世の不運・不幸の原因となった因果「過去あるいは前世の悪行」は個人の前世・今世・来世、「親の因果が子に報い」という諺も生まれた[22]。『金剛般若経』一六aにおいても、「立派な若者たちが経典をよく理解し他の人々に説いて聞かせるほどの人物であっても、辱められたりすることがあるかもしれない。これはなぜかというと、こういう人々は前の生涯において、罪の報いに導かれるような幾多の汚れた行為をしていたが、この現在の生存において、辱められることによって前の生涯の不浄な行いの償いをしたことになり、目覚めたひとの覚りを得られるようになるのだ」とある。

イエズス会側は、このように「古来日本に行われて文明の一局を働きたる宗旨は、唯一仏法あるのみ」とあるように、日本は建国以来日本人の体の中に仏教が文明として血となり骨となっていたことへの深慮[23]を忘れ、日本の仏僧を悪魔と称し人類の敵として数多の神社や仏教関連施設など破壊行為を日本人に促し短命に終わった。逆に仏教界は、本論編一章一節に顕現される状況に手を差し伸べ、現実を見ることを忘れ、この新たな侵入者達を悪魔と喧伝した。互いに悪魔呼ばわりしたのである[24]。日本は悪魔の切支丹につけいれられた。

秀吉の全国統一近い戦国時代末期のヴァリニャーノ宛フロイス報告がある。

日本においては、他の我らが発見して知ったほとんどすべての国と違う点が一つある。それは平和な時にはデウスの掟を弘げるのが不可能な国々に、これが良く弘まり受け入れられることで、戦さになった時に、精神的に漁どる業が始まるのである[25]。

本論編にても詳述するが、一日の食も叶わぬ人々をして絶望感を持たされた戦国時代の始まり頃の例を挙げておこう。応仁・文明の乱以前の寛正元年（一四六〇）の京都六条通りの場面が描写されている。既に冷たくなった孫を抱き老婦が泣き声をあげ、その母親は慟哭して倒れている。聞くと、老婦は河内の流浪人で三年来の大旱で不作になり、未納の年貢を代官に責められ刑罰に遭うのを恐れ出国し、流浪の民となり乞食となり命を繋いだが子は餓死したという。寛正二年（一四六一）二月晦日には、四条坊の橋の上から上流を見ると、屍は無数で大きな石の塊りのように流水を塞ぎとめてその腐臭から逃れられない。風説によるとその年の正月以来の京都の死者は八万二千人に達したといわれる。[26]その一方で、花見帰りの貴公子たちは、泥酔状態で飯酒を嘔吐して街頭に横たわっている。禅界の革新者といわれる一休宗純（応永元年〈一三九四〉～文明十三年〈一四八一〉）も寛正元年（一四六〇）年八月二十九日の大風洪水の結果吟詠した詩偈に託す。「寛正二年餓死　三首」の内「寛正の年は、無数の人が死んだ、しかるに、五山の禅僧たちの心は、旧態のまま、憂いに満ちた世の中を巡っている。僧たちは涅槃堂で何の懺悔をすることもなく、以前として、不老長寿の春を祝っている」[27]。人々はこの状態化する情景から生ずる異様な臭いへの嫌悪感さえを無くしてしまったのではないか。「生きんとする意志の根本的要求が宗教心なのである」[28]がゆえに、人々は日本の既存の宗教界がその要求に応じてくれないと感じたに違いない。百年は続く人々の生への恐怖への響きを、イエズス会は捉えたのであろう。

人々の苦悩を引きずっていた時代には、武士も生きる支えを求めた。井手勝美氏も、イエズス会による日本布教の本音を看取されたように、平和な時には不可能な切支丹布教が、全国的統一をした織豊政権が生まれるまでの戦国時代という政治的空白期に可能になった。キリスト教受容の政治的社会的前提条件として比叡山延暦寺や一向宗などの君臨の結果日本史上脱宗教化の時代に入っていた。切支丹は日本人の魂と心を仏教僧侶から奪い取りデウスに渡すための精神的蒐猟を行い始めた。[29]その過程で日本の社会は、宗教・道徳・学芸などの精神的所産としての文化を齎したキリスト教の思考を昇華しようとした信長という人物を出現させた。その引導僧的役割を担うことになったのが既述のロレンソである。[30]彼は同じ日本人に「一寸先の光[31]」へ導くために、その心で訴えたのである。戦国領主層が布教許可権も持ち得た治外法権的な国々が統一される過程で、ロレンソはイエズス会の宣教者に最もふさわしい人物として日本の政治史上の頂点の人物と接し得た限られた時代に出現したのである。

このような精神的蒐猟の矛先はザビエルの方針通り、イエズス会にとって支配層の中で最も救世主かに思えた最高権力者たる信長に向けられた。しかし、フロイスらには、信長はデウスを越えようとしているかに見えた。「栄光の使徒パウロのことばどおり、強き者を辱めんとしてきわめて低く賤しき者を選び、日本における最初のイエズス会士として受け入れることを嘉し給うた」。その後信長らが自らを神体として崇めさせようとすることを、許させない者としてロレンソが「その聖なる福音の宣布者」としての役割を期待され選ばれたのではないか。(32)そこの注(15)でフロイスが引用した『新約聖書』「コリントの信徒への手紙」一の一「神の力、神の知恵であるキリスト」27・28にあるように、地位ある者を無力にしたり辱めるために、引導者として後述のように彼を選んだ。それは、同29にあるように神の前では[以下述べる仮令信長であろうと]誰一人神の前で誇ることを阻むためであった。フロイスの一五八〇年(天正八)の記述にも、信長は、短期間にして三十四ヵ国を入手し、残る諸国は征服の途上にあり、行くところ敵なく「デウスが彼に生命の糸を断つことがなければ、早晩日本国の主となるだろう」と書かれている。そして二年後には、神の前で誇ることを断じた。(33)ロレンソは信長にキリスト教の教えを伝え得た。

信長卒の後二百年後に、人間の精神に最も大きな影響を与えたといわれる著書の中で「全人民を主権者とする直接民主主義」を主張したルソーでさえ認めた「全て権力は神から出ている」ことは信長の思考中になかった。しかも信長は、ルソーのいう「社会秩序はすべての他の権利の基礎となる神聖な権利(34)」を当時の政界・宗教界の支配者が我が物と錯覚した既存の社会秩序の日本史上最大の破壊者となった。

フロイスによると信長は、かつて当国を支配した者には殆ど見られなかった特別な一事があった。それは日本の偶像である神と仏に対する信心を一切無視したことである。[35]加えて信長は仏僧や神、仏の寺社に対して特別の権勢と異常な憎悪を抱いていたことは、彼の治世の間の行動が顕著に物語る通りである。[36]

従って、一五六九年（永禄十二）の二条城と推定される城郭建築現場の六〜七千人の見守る中で、彼はフロイスとロレンソを面前に対比し、仏僧らを欺瞞者と名指しし、民衆を欺き、己を偽り、虚言を好み、傲慢で僭越の程甚だしい故、幾度もすべてを殺戮しようと思っていたが、同情する人民に動揺を与えないために、仏僧らを放任していると述べた。[37]ここにもキリスト教が日本に浸透できた原因のひとつを見取ることができる。彼は本来善き理性と明晰な判断力を有し、神および仏の一切の礼拝、尊崇、ならびにあらゆる異教的占卜や迷信的慣習の軽蔑者であった。形だけは当初法華宗に属しているような態度を示したが、顕位に就いて後は尊大にすべての偶像を見下げ、若干の点、禅宗の見解に従い、霊魂の不滅、来世の賞罰などはないと見なした。[38]従って、信長にとって来世はなく、見える物以外には何も存在しないことを確信していた。[39]そのために信長はデウスに替って仏教界を破壊させる力を発揮出来た。そうして甚だしい偶像の祭祀たちの収入を兵士と貧民たちに分かち与えた。信長は、途方のない狂気と盲目に陥り、自らに勝る宇宙の主なる造物主は存在しないと述べ、信長以外に礼拝に価する者は誰もいないと言うに至った。彼は、自らを日本の絶対君主と称し、諸国でそのように処遇されることだけに満足せず、神的生命を有し、不滅の主であるかのように万人からの礼拝を希望した。[40]

しかし逆に本論編一章五節に挙げるように人情味と慈愛も示した。

フロイスによると信長は、松永久秀らに命を狙われていた足利義輝弟を将軍職に就かせるべく図った和田惟政の依頼を受けた。信長は、弟義昭を天下の最高君主として都に導き、数多くの優れた奉仕を示した。その一つとして「二条の古き御構へ堀をひろげさせられ」た三街の面積の地所を収用し新たな城と広大な華麗な建築の宮殿を造った。その工事のために十三州を含む諸侯及び貴族を動員し、常に二万人前後が従事した。信長は自ら籐杖で作業を采配し、必要な石材が不足した場合には、多数の石像を倒し、頸に縄をつけて工事場に引かしめた。都の住民はこれらの偶像を畏敬していたので、それは彼らに驚嘆と恐怖の念を生ぜしめた。各寺院から毎日一定数の石を搬出させた。人々はもっぱら信長を喜ばせることを欲したので、少しもその意に背くことなく石の祭壇を破壊し、仏を地上に投げ倒し、粉砕したものを運んできた(41)。

そのフロイスの報告の一部の可能性がある『京都市高速鉄道烏丸線内遺跡調査会報告』の二条御所付近石垣の基礎部分の発掘現場の紹介がある。城壁の石垣は、逆さまにした石仏や裏返した墓石、中には石仏の首をクリ石がわりに詰め込んでいた。石仏の多くは阿弥陀仏である。今谷明氏は、フロイス書簡の正確さが改めて確認され、その発掘の報によって京都の人士に大きな衝撃を与えたことは石垣に使用された石地蔵・石仏の殆どが腹部で真っ二つに断ち割られたりしているとして写真を掲載している。信長の仏教に対する毫も仮借なき憎悪感があますことなく露呈されたと述べる(42)。

そのような信長の確信にも拘わらず、度量広き信長の懐深く忍び入り信長と朝廷とのパイプ役も果たした僧躰の「戦争調停業(43)」的機能を果たしていた日乗の信長への意見具申により一五六九年五月六日（永禄十二年四月二十日）に切支丹との宗論の場が持たれた。宗論の中でフロイスに代わるロレンソ修道士はすべての返答を自分自身の考えで行い、すべての人がデウスを讃えるべきという根拠の論理は、信長でさえ、その天下人のプライドを傷つけることもなく彼の支配思考に叶ったのか、その理由はもっともだ、理にかなっていると認めた。ロレンソの論理に信長の居室に集まった仏教徒の多数の諸侯、高貴な殿たち、外の廻廊に座す貴人たち約三百人をして、皆異教徒でデウスの教えに好意を抱いていなかったにもかかわらず、日乗の敗北と認めざるを得なかった。信長の面前で行われた宗論は、フロイスとごく親しい間柄にあった布教長フランシスコ・カブラルによると、来日して六年目のフロイスでさえも異教徒の前では公然と説教することなく切支丹の前でも支障があるくらいである。

才能のあるものでも告白を聞くのに少なくとも六年はかかり、切支丹に説教するためには十五年以上かかる。異教徒に本来の説教というべきものは全然考えられないと述べている。この場の情景はロレンソが主人公であったことが頷ける(44)。

日乗上人は朝廷と信長の間をとりなすほどの力を持っていたが、論戦に負け狂暴になり激昂し(45)、信長を無視し信長の刀を取り上げ、傍らのルイス・フロイスに「しからば予は汝の弟子ロレンソをこの刀で殺してやろう。その時、人間にあると汝が申す霊魂をみせよ」とせまった。さすがに信長に、日乗貴様のなせるは悪行なり。仏僧がなすべきは武器をとることにあらず、根拠を挙げて教法を弁護することではないかと説諭され取り押さえられた(46)。

この信長の処置に対して、十七年後の一五八六年（天正十四）五月四日、関白の居城で通訳のルイス・フロイスを通じて、副管区長ガスパル・コエリョに伴われた司祭、修道士らに同行したロレンソに、関白は、もしあれが自分の世に起きたことなら、あの仏僧は汝らに対してあのような無礼振舞いは、あえてしなかったであろう。もしすれば、すぐ殺すよう命じたであろうと言った。関白のイエズス会へのこの当時の姿勢は、同五月七日に予が今まで知り得たところでは、切支丹の教えの方が禅宗より良いことが良く判った、との発言は、コエリョらは、心のなかでは、イエズス会の教えが少なからず権威を得たとあり関白が敬意も表したとも解釈していた(47)。

一五六九年七月十二日の岐阜城における信長との面会でフロイスと同席したロレンソへの賛辞でも今や汝は日本の長老のようだと述べている(48)。

さらに、下地方経由で岐阜を訪れたザビエル以来最初の日本布教長フランシスコ・カブラルとフロイスやロレンソ修道士が一五七一年（元亀二）に岐阜の信長の政庁を訪れた時のこともロレンソの能力を理解出来る場面である。そこで彼等は特別の歓待を受けた。その対話の中で、信長がロレンソに、日本の神につき伊弉諾、伊弉冉がこの国の最初の住民であるとの説をどう思うかと質問をして得た答えに喜び、続いてロレンソはデウスの正義と慈悲に関し詳細な談義を続けた。他の部屋に待機して拝聴していた夥しい貴人たちはロレンソの説明に非常な喜びを示したが、信長は、これ以上に正当な教えはあり得ない。邪道に走る者がこれを憎悪するわけがよくわかると彼等以上の喜びを示した。また司祭を紹介した林佐渡守に予は伴天連らの教えと予の心はなんら異ならぬことを白山権現の名において誓うとまで発言した。さらに信長の信頼厚い元仏僧の松井友閑は、ロレンソが「日本の諸宗の秘儀をかくも根本的に把握していることは、仏僧らにおいても稀なことで、予はその点で驚きいった」と述べた。(49)

安土城にてのことであろう、信長は切支丹の教えと掟を聞き、それについて議論し、抱いていた疑問を質そうとオルガンティーノとロレンソと共に多くの武将たちの前に呼び、他の家臣たちも聞けるように広間に集めた。そこで世界の情報を把握させようとしたのか、地球儀を再度持参させ、多くの質問をし反論した。当時の船乗りは気象条件を活かした帆船で海上を走った。黒潮の流れの速さもせいぜい時速三〜九ノット（六〜一〇キロ）で冬の日本近海で吹く北〜西よりの強い季節風や、二月頃の東シナ海型といわれる台湾坊主などとの戦いに帆船は立ち向かえず近世日本の千石船つまり一五〇トンの一・五倍あった十六世紀ポルトガル船も絶対的支配を受けた。東シナ海の風向きによって九州と中国大陸との往復も、往路は四〜五月と九〜十月で復路は七月と限られていた。(50)多数の海賊も甚だ残忍を極めた。しかも、インド南西部のゴアと日本との往復だけに要する航海日数でもマラッカで越年せぬものとしても、二年近く要していた。恐怖の航海には、神に頼らざるを得ない。さらにアフリカ周りで東洋に向わねばならない。気が遠くなるような恐怖の航海であった。(51)

この自然の猛威の前の恐怖体験は、永遠に滅びないものはないという実体験を人間に与え、逆はないのかという宗教的回心を呼ぶ覚醒の契機となる。その時手を差し伸べたのが同じ場面に遭遇した神父であった。奇妙なことに、このように生命を賭けてでも日本にやってくる人間には二種類あった。ひとつは莫大な利益を狙う欲望に命を賭けた商人である。そしてもう一つは最初からこの世の命を棄てている神父たちであった。しかし、この二種類の人間たちは、しばしば地獄の底でひとつになったのである。[52]

信長は、西欧より日本への死の恐怖の航程を辿って来日したイエズス会の信念と物理神学的証明などへであろう、手を叩いて感心し、驚嘆の色を見せ、かくも不安全で危険に満ちた旅をあえてするからには、彼らは偉大な勇気と強固な心の持ち主に相違ない。その説くことは重大事に違いないといい、地球儀を見ながら、仏僧就中、禅僧らの「死後の生命とか来世などありえない」との考えゆえに、ロレンソらの論理のデウスや霊魂の存在には常に疑問を持ちながらも、心から満足していると告白した。ここに天下人になるための合理的な思考に耐え、西欧思想を理解可能な人物が登場したのである。本論編一章三節で述べる人間中心主義ルネサンスの思考にも触れた可能性ある信長は、イエズス会の、説く為の勇気と堅固な心に理解を示した。松井友閑と同じく信長もロレンソが仏教の蘊奥にも通じていたと納得していたからこそ、ロレンソが、イエズス会は「日本人の霊魂と心を人類の残酷な教えである悪魔から奪い」デウスの手に返すために遠隔の地からやって来た日本人の心を奪う盗人でありますと信長に言上し得た。[53]

また、高山長房（右近）父子に対する信長の倫理観を後述するように宗教の根本的な部分で切支丹と相入れない信長をして彼らと身近な接触をさせたのは、信長の安土城における質問攻めのように当時日本人で最先端を走るほどのヨーロッパの先進文明に対する吸収意欲の強い信長が当時にあっては日本人ばなれした世界観なり教養の持ち主であったからであった。[54]

このようにフロイスらは、日本人が従来の宗教観の門を外せると確信できた情況の変化がある。西欧人はものの道理を考える以前に洗礼を受けたが、日本人が仏教観などの中で生活してきた後にキリスト教の真なることを認めて受洗するためには、教義につき高度な理解を要した。しかし既存の信仰などは戦国時代を通じてその影響力を弱め、その反動の動きさえみられた。新興武士たちは鎌倉武士のような地獄の責め苦などを恐れたりしなかった。迷信さえも排除するようになった。

信長も絶えず仏僧らの堕落を攻撃し、叡山を焼き討ちすることなどもこの傾向を象徴しよう。この頃の保守的伝統と切支丹排除の動きなどは些細なこととなっていた。信長はフロイスらを保護したが、日乗のキリスト教排斥運動をも禁圧しなかった。信長の確信についていく限り切支丹布教の未来は開くと切支丹は感じた。信長は切支丹布教が引き起こした摩擦が、ただ信仰に関することのみであって、人間関係を支配する法則の領域には及んでないと看たのであろう。また、その信仰故に他の人々の信頼を裏切らないとも。切支丹武士が道義的にしっかりしている例をフロイスは各所に紹介している。[55]その後を襲うた関白秀吉も偶像崇拝の筆頭つまり「今一人の天照大神」になるべく祭上げられ、その名を永久に地上に留くべく図っていた。偶像崇拝の破壊を目指す切支丹の動きとして、フロイスがオルガンティーノの一五八八年書簡を挙げている。つまり、熱狂的なカトリック主義で領土拡張主義者のスペイン王フェリペ二世の恰好の標的に相応しかった。つまり、「マルコ福音書」16の16イエスによる「信じない者は滅びの宣告を受ける」と異教国をカトリック教国が亡ぼし強制的に改宗させることは正当でイエスの「御旨」に沿ったものであり、フェリペ二世が関白に宣戦布告し、蹂躙できる正当な根拠がある、とみなした。[56]結果的に神の前で誇ろうとした信長は家臣に裏切られ、秀吉共々彼らはその権力を我が子に委譲できなかった。

イエズス会は秀吉も、来世の存在せぬということ、並びに霊魂は肉体とともに滅びるということを信じていたと観ていた。[57]秀吉とロレンソの一五八四年（天正十二）の記事がある。過日、秀吉がロレンソと長時間談話に耽った。その対談中、秀吉は冗談半分にロレンソに対し、もし伴天連らが予に多くの女を侍らすことを許可するならば、予は切支丹になるであろう。その点だけが予にはデウスの教えが困難に思えるのだが、と言った。するとロレンソは同様にからかい半分に答え、「殿下、私が許して進ぜましょう。キリシタンにおなり遊ばすがよい。なぜなら殿だけが（キリシタンの教えを守らず）地獄に行かれることになりましても、殿がキリシタンになられることによって、大勢の人がキリシタンになり救われるからでございます。」と言った。秀吉は、ロレンソが他にも比喩を挙げ返事したところ、大声を発して笑い満悦げであった。(58)

これらの報告から、ロレンソは本来彼の出自が琵琶法師という芸によって身を立てていたために最下層の身分に位置づけられていて好意的にみられない情況の者であった人物であるが、二人の歴代最高権力者から、当時の最も痛ましい底辺の人々の心まで掴みえ政治の求心力の動きも視えていたと言える。

三　鍋島家滅亡の危機とクレドを通過させた決断

竜造寺隆信が切支丹を不倶戴天の敵として以来、佐賀藩内外のキリスト教排教に向かう中で、豊臣氏から徳川氏による幕藩体制に収束が図られる時に、一時は死の崖っぷちに立たされた鍋島勝茂がドミニコ会によるキリスト教会設置を容認した(59)倫理観や後の「葉隠」などの武士の道との拘わりからも佐賀藩におけるクレド受容の可能性を探求してみたい。

勝茂には、鍋島佐賀領国成立以来の江戸幕府に対する負い目がある。慶長五年（一六〇〇）の西軍加担と看做された関ヶ原の戦いは、勝茂後嗣・孫の光茂が伝えるように、勝茂が従前の豊臣氏との恩顧関係にもとづき、初めから利害得失・勝敗の帰趨を超えて西軍側に味方する従来の恩顧関係と家安泰との矛盾を、鍋島直茂・勝茂が徳川・豊臣双方に便宜的に分れ従うことによって止揚した。(60)

しかしその代償は、西軍の敗戦を確認後、慶長五年九月十二日、今日の三重県野尻から伊勢路の桑野を経て伊賀路、大和路に懸けて南都を経て同十八日の大坂玉造の鍋島家屋敷に辿り着く恐怖の死の逃避行以来、勝茂自身を含め当時の武将の例に漏れず名誉を重んじ上下七千人切腹と決定したとも伝う[61]。

それでも勝茂の脳裏には、覚悟の「潔よく」と言葉はいいが、戦場に駆り出された家臣を頼る肥前の故郷で、わが子の無事を待ち手を合わせ命乞いを懇願する老婆の顔を思い出すことはなかったのか。西軍加担者にはともすればあり得る彼らの心境をして徳川氏に対する罪悪感と因果応報の恐怖に怯えながらも、わが領国だけは自分だけはと助命を期待する藁にも縋る思いと困難から逃げないとの決意を持ち得たのではなかったろうか。勝茂は覚悟の死に直面して、死は苦であるがなぜ苦を迎えいれなければならないのか、死にまつわる不安や恐怖をいかにして乗り越えられるかなどの煩悩からくる執着を自覚する契機を与えられた。インドの思想は「苦を避ける」「楽を求める」ことに淵源を持つといわれるように、人は本性的に苦を避け、楽、幸せを求めようとする。それを釈迦が、苦の代表であり、最も我々が恐れをなし不安を抱き苦であると捉える死を説いている。それは逆に、我々に生の自覚を与える契機である[62]。

芥川龍之介の『蜘蛛の糸』の典拠とされる仏教的教えからも戒めを学べる。

懺悔せずして死んだ大賊の犍陀多が地獄に堕落して悪魔羅刹に苦しめられ大苦大悩の淵に沈められていた。そこへ現れた仏陀に救いを求めた。輪廻の考えからは「悪因悪果は業報の定理にして悪をなすものは遂に滅びる」が、「一小善」、「仁愛の行」でもあれば、「新しき善の種子ある故」、「万悪を除きて涅槃の域に至る」ことが出来よう、と。如来は犍陀多の生涯の行為を見透すと、一度だけ森の中で見つけた蜘蛛を犍陀多が小虫は何の害も与えないのに踏み殺すのは無残と、慈悲の心に動かされたことがあった。そこで犍陀多へ蜘蛛に一縷の糸を垂らして登らしめよと云った。その情景は、北九州市立美術館の『鴨居玲』展一九八二年の油彩『蜘蛛の糸』に人間の醜さや苦しみ弱さを描かれている。犍陀多が、ふと下方を見ると元の仲間の罪人も蜘蛛の糸に縋ってきていたので、彼らに「去れ去れ此糸はわがものなり」と叫んだとたんに糸は切れた。奈落の底に落ちかけた当時の家臣を抱えた西軍加担者の鍋島勝茂は、釈迦が見守る中、地獄の底から助かりたく、蜘蛛の糸にすがりたく徳川家に対する罪人「犍陀多」の心境を噛みしめなければならなかったことで、仏の世界にも想いを巡らせたことであろう。「死や恐怖」の崖っぷちに直面して、自分の心の弱さを実感できた。

勝茂も戦国当時の通過儀礼をすませたからこそ、その後の迷いを吹っ切れ、後述のドミニコ会士の心意気に感じ、同会だけには教会建設を認めた。

そうした蜘蛛の糸を垂らす役目にも似た人物が、家康側近では学僧・三要元佶であろう。(63) 元佶は佐賀領出身の天正年中足利学校の庠主で、伏見と駿府に円光寺を建て京南禅寺・駿府臨済寺などの住持となり、当時の諸宗派寺院を管し「学校」などと敬称され、徳川家康に認められ、家康の命により経書・兵書を出版した。彼は当時日本仏教界の最高の地位と看做され、全大名のみならず将軍にも自分の父親の如く常に側近として重んじられていた。(64) 元佶による直茂・勝茂への弁護もあり伏見で家康に謝罪し、隣国である特に恨みもなく名分も実りのない筑後柳川藩立花宗茂の追討を命じられ、直茂の指導のもとで家臣の動揺を抑え、勝茂にとっての「死生観」に接し生涯最大の恐怖を乗り切ったが、(65) その後も勝茂の負い目は生涯続く。徳川家への忠誠を証明することに、残る生涯にエネルギーを費やした。もっとも、家康は直茂の忠心を考慮したというより、当時の九州の情勢から鍋島氏をつぶすより恩貸関係による懐柔策をとり鎮撫をすすめたほうが得策と考えたのであろう。(66) 後年隣藩の平戸藩主松浦静山によって文政四年（一八二一）に起稿された『甲子夜話』に記される。

鍋島氏、関原の役に敗れて、やうやうに帰国し、色々にお詫びをせしが、本領安堵なお覚束《おぼつか》なき様子により、足利学校を憑《たの》み、手をつくして陳謝し、久しくして後始めて御憤りを解けたりと也。此忝なさに、円光寺を

〔寺は京にあり。乃《すなわち》足利学校の本寺なり〕、別に佐嘉の城下に新刱《そう》（＝創）し、弟子を請て住職せしめ、今に其侯（鍋島氏）の檀縁第一の寺院たり。（中略）鍋嶋は敗軍の将なる故、止事をえざるともいうべし。其余御家に力を戮《あわ》せたる輩まで恐怖の余りやはりかかることもせしは、当年御勢の雄偉なること、誠に推し知るべく、猛将と聞えし輩にても、諂諛風靡（てんゆふうび＝おもねりへつらい、なびきしたがうこと）の有様は、想いの外なるものにて、人情はいつも変らぬものなるべし[67]。

勝茂は藩内外の人々の御恩を生涯背負い、学校をはじめその恩に報いていた。

　禁教に激変していく中で、鍋島勝茂と父親は一六〇六年（慶長十一）ドミニコ会のメーナに会見を申し出、実現した結果鹿島など鍋島領の主要な都市の土地の提供がなされ、後に教会が出来た。ザビエル来日以来「悪魔」の有する数多の著名な寺院のある有名な市（佐賀）にイエズス会では出来なかったドミニコ会教会の落成式が一六〇八年（慶長十三）春挙行された。大名と当地領主がドミニコ修道士に対し四章に後述するが「かほど容易にこれらの土地を与えた理由は、彼ら自らそれを述べ、さらにたびたび繰り返して言ったのであるが、修道士が捨身（38）のパードレであることである。これは霊魂の救いのことのみを扱い、現世の諸事・仕事にはかかわらないことである」。この意味を『福者アロン・デ・メーサ・P、書簡報告』九五頁注（38）にてフライ・ファン・デ・ルエダO・Pが「私達を捨身のパードレと呼んでいる。これは己の肉体や現世を軽視するパードレという意味である。捨身と我が身を軽視することである[68]」。

　ドミニコ会修道士らの実践活動の一つ、人々の耳を欹てた次の記録が採取されている。一六〇四年（慶長九）来日し、ドミニコ会の長老の指示で肥前に一六一三年（慶長十八）に派遣されていたパードレ・デ・ルエダの実践である。

　肥前鹿島のある橋の下の泥の下に七十歳を超え骨だけの痩せ衰えた老婆が捨てられていた。老婆は犬の餌食となるか、もしくは有明海は干満の差が大きいことで知られていたので満ち潮で溺死するのは目に見えていた。ルエダ師は絶命寸前の老婆に手を添えたうえに改宗させ洗礼を授けた。誰が見ても生きる見込みのないこの老婆は、切支丹になって数時間後に逝った。同神父の行動がさらに紹介される。平戸では最悪の季節に赤痢を病み、ぼろぼろの菰の身を身に着け、裸体に近い盲の乞食を近所の住民は、恐れて家に近づけず足で押しやり海に投げ込もうとした。神父は乞食の傷を温かい酒で洗ってやり、乞食の告解を聴き、洗礼を授けて間もなく魂の救いを得させた。母親が殺害、あるいは川に遺棄しようとした生まれたばかりの幼児への洗礼は数え切れぬほどで類似の事例は多数生じている。(69) 四章六節にも挙げるドミニコ会のメーナ師の信念、ナバレテやルエダの両師の行動は、日本人が手を差し伸べかねていた当章二節や本論編一章一節で挙げる実情や釈迦牟尼世尊などの救いの手の伝えも鍋島氏の脳裏に浮かんだことであろう。

鍋島勝茂の心の内を観るに、家臣を路頭に迷わさぬ覚悟と本論編一章一節や同二節の北条早雲の信念や四章一節に後述する玉虫厨子の中の「捨身飼虎図」の教えや、道元が引用した教えの栄西の「先達の心中」天台宗の真盛の捨身の信念などの教えとの葛藤を心奥に入手出来た可能性がある。それゆえにドミニコ会の思考や行動と教会設置を容認出来たのであろう。また同じキリスト教の、ドミニコ会に対するイエズス会からの布教妨害の渦中にありながらも、日本におけるドミニコ会初代修道院長アロン・デ・メーナらが日本における最も反切支丹と観た佐賀藩を敢えて布教地と選択したことや、その精神性、つまり清貧などの生活姿勢に、鍋島勝茂が前述の死生の倫理を要求された体験からか、よほど感じ入ったのであろう。その勝茂の相談を受け入れた元信が、切支丹に対する最も強大な敵であるにも拘わらず同情し、関ヶ原の危機を脱したばかりの藩内に徳川家康の不興を買うことなく教会を建てる許可を承諾させえた。(70) 佐賀藩の本拠地の佐賀でも、幕府による禁教令近まる慶長十三年（一六〇八）に建設された頃までには、ドミニコ会の教会でも人々はミサを体験しクレドなどのグレゴリオ聖歌を聴くことが出来たのである。この頃の体験者もクレドの唱えの節を筑紫箏に移し替える工程に参加出来たのではないだろうか。

その結果、対する勝茂の対応の評価が『異国往復書簡集』から数例見られる。

三六「千六百九年◯慶長一四年　ルソンの大司教より鍋島勝茂に贈りし書簡　鍋島勝茂考補所載」では、「屋鳥に愛を施すの恵み」の譬えを使い、アロンソ・デ・メーナ等に対する年来の厚遇を謝し、ここでも交易のためではなく「連遠の交」を固めよう、というのである。

三七「千六百十二年◯慶長十七年フィリピン諸島長官より鍋島勝茂に贈りし書簡◯鍋島勝茂譜考補三乾所載」慶長十三年以来の鍋島勝茂の行動なり信念がスペインまで報告されていて、イスパニア国王フェリペ三世（在位一五九八～一六二一年）から命を受けたマニラの長官が、パードレ達へ厚遇を施した鍋島勝茂の要望に対しては何でも応じようという趣旨の書簡を勝茂に渡すまでの信頼をえた。イスパニヤ国王に感動を与えたのがうかがえる。

三八　対する勝茂は、「慶長十七年◯千六百十二年　鍋島勝茂よりイスパニヤ国王に呈せし書簡◯鍋島文書」には、返礼として金屏風を送り、パードレの日本滞留の希望を受け入れ、パードレに対し「恰も旧知の如く、永く和睦の好を期す」と述べている。このように勝茂は、ドミニコ会派の宣教師の保護者として自他ともに許すところであった。慶長十八年（一六一三）末の全国切支丹禁教令公布ぎりぎりまで、勝茂の藩内では同禁制には至っていなかった。(71)

他のほとんどの戦国期末の支配層と違い、後述するように、鍋島勝茂はキリスト教布教による貿易の利などの経済的な理由に依拠せず、物欲によりパードレ達を保護する時代に当時としては珍しい精神性の持ち主であった。(72)

次の四節に述べる「イベリア両国による布教の真の目的」で、切支丹の人種差別から派生し日本もその渦中にあった政策についても、ドミニコ会士の中には一切認めない人物もいた。フランシスコ・デ・ビトリア（一四八六〜一五四六）は、宗教の違い、西欧人とそれ以外の人々の差別を一切認めず全ての人間が人間として有する価値に対する絶対の尊重を基調として、普遍的な人類社会に共通する法と道徳を説いた。これは、十七世紀のグロチウスの四つの基本の掟を持つ自然法に基づく国際法発展の基礎を作った法理論の基礎となった。インディオなどに対する虐待を非難し、その保護をスペイン国王に要請してその保護に関する最初の法律を制定させたドミニコ会士ラス・カサスもそうである。(73)

同じ切支丹でも信仰への指導や思想に違いがあると認識したのが鍋島勝茂ではなかろうか。一六一三、一四年（慶長十八、十九）切支丹迫害全国令による禁教令時にもドミニコ会メーナらには勝茂は、不在になる教会を「武士の約束として」守り、メーナらの再来を期待するなどと約束している。(74)

江戸幕府が教会破棄と切支丹追放令の強化を進めたにも拘らず、一六三七年（寛永十四）当時も二十五年来の切支丹迫害は今なお完全にこれを壊滅出来ていなかった。幕府はオランダはポルトガルの切支丹とは違うとしつつも、一六四〇年（寛永十七）には、平戸において基督生誕の年号を屋上破風に、見ゆるよう記した家は余すところなく破壊すべし、これは切支丹信仰の主の祈り、信仰箇条などと同じである、と佐賀藩隣藩平戸侯邸にて長崎奉行に将軍直命が下命された。(75) クレドの詩はなくともメロディを耳にされたら危険が予知される。

そのような経過を辿る中で、日本国内で最後のぎりぎりまでドミニコ会の教会活動を公的にも認めさせ、偶然にも佐賀藩で箏曲が育成されたというような条件が整ったことで、箏曲の中にそのクレドのメロディを加えて、命脈を保つためのバトンタッチをした可能性もある。

そのバトンを渡す役割が出来た人物達もいた。カトリックの中でも、ここで挙げたドミニコ会の人々の信仰におけるクライマックス殉教の場面における強烈な死の場面でクレドが唱えられた事例の報告が多い。殉教が多かった長崎では、四章六節で後述するようにドミニコ会など各種修道会を含めたカトリック教徒が一同に会し情報交換する場も出来た。長崎で死を迎えた本来琵琶法師で音の表現手段に覚えがあったロレンソらが、クレドに信仰の命を託すための残す方法の模索の遺言に近い意志を各地の切支丹に伝播させた可能性つまり序論編一章注(49)の手段を考える。四章にて見るように、その意志を引き継ぎ得たドミニコ会の指導層の人物達は、禁教令が深まるなかで自らが各地に宣教して回った。

四章四節、五節に詳述するように箏が演奏されていた久留米の善導寺から約一キロメートルの今日の善導寺大字木塚には、有力者であるドミニコ会の裕福な農業者パブロ・坂井太郎兵衛がいた。彼はロレンソと同じく終章三節に皆川達夫氏の賢察を紹介するように「何分にも歌い慣れない外来のラテン語聖歌のメロディのことである。それを正しく歌うためには、聖歌のメロディを楽器が伴奏して支え、補強する必要」を痛切に感じた一人であろうし、善導寺の箏演奏者に接触した可能性もある。彼らの唱えるクレドも目前の善導寺の箏を演奏可能な人物達にも感動を与えることが出来た。勝茂と同じくメーナ師とも会い文通していた太郎兵衛は日本におけるドミニコ会本拠地たる佐賀藩の鹿島へ往復し、箏による演奏表現を佐賀藩の切支丹に伝えることが出来た。そこでは一章四節でみた鹿島の隣に位置する伊佐早（諫早）出身の楽徒を含め八良尾で音楽修練を積んだ人々との情報交換の場も当然あり得よう。

勝茂にとって生涯最大の危機を乗り切ったあと慶長九年（一六〇四）と推定される『佐史十一』鍋島勝茂書状二二三四（慶長九年ヵ）に「毎年　公儀調料七千五百石」（貢物）とある。その後同鍋島勝茂書状二八五（慶長十五年ヵ）では、緞子・北絹・皿・茶碗などの進物品手配や徳川家への負い目から奉仕として駿府城の手伝い普請以降毎年のように続き、藩財政は決定的打撃を受ける。慶長十年（一六〇五）以降、勝茂は鍋島生三宛てに弱気の書状を発する。選んだこととはいえ手伝い普請もここまで来れば同（慶長十五年）二七七・二七八「なに共令迷惑候」。積もる借銀に藩財政の窮乏は「自滅眼前候」と危機感を持つに至る。ついには明暦三年（一六五七）に襲封した二代藩主光茂の参勤の際に『佐九』多久茂矩書状五二七によると、参勤のために伏見から大津へと上府中の佐賀藩大名行列に待ち伏せしていた金貸商人たちが大勢押しかけるなどなど惨めな恥晒しの極みに至るまでになる。

かくて奉仕の一環として自前の物とすべく挑戦したのが冒頭の製品であり、献上品として唐物に代わり得る高度なデザインと様式で完成させたのが鍋島佐賀藩の御道具山製品である。この製品は例年幕府に内覧・承認を得て献上されるようになった。山本周五郎『樅の木は残った』に象徴された存亡の危機に瀕した後の伊達家の茶文化の淵源も、元を辿ればドミニコ会への教会の土地提供の約束など布教援助を約束した伊達政宗(76)の度量から来たのかもしれない。藩内外における藩存続の緊張から解放し、動揺を抑え家臣と民心の生活を保障するのが藩士の勤めで、幕府との緊張関係の強弱によりそれぞれの展開される政策の違いとなってくるわけであるが、佐賀藩も、筑紫箏という分野の文化的動きも選択肢の一つとしたのであろう。

ユダヤ教では、旧約聖書は朗詠するものという。声をあげて朗詠すると、過去はたちまち現在に、そして現在は過去へと繋がって、時代をこえた人と人との対話が始まる。私の理解はわずかであるが内容があまりに現在に通じるのに驚く。本論編二章や終章にて分析するが、恐らくクレドの朗詠は一時的には信仰の神髄をメロデイとして佐賀藩で演奏され、さらに藩内外の箏演奏者らに受け継がれ、心の奥底で現代に伝える駅伝の襷の役割を果たし得たのだろう(77)。

今日に至っても地味な風土を持つ佐賀藩の文化的先達は、私達の置かれている情況を草葉の陰からなんと思っているであろうか。私達はそのような時代の人の思考に戻ることは出来ないが学ぶことは出来る。彼らの葛藤は今日との拘りにおいて如何なる意義を見い出し得るか。新たな文化を目指していた。

そのような視座から歴史を繙き、可能性薄き史料を消去してみたい。

但し、次の四節でも触れていることであるが、宣教師たちの言動を参考にするに当たり、高瀬弘一郎氏の賢察を念頭におかねばならない。切支丹布教が一面霊的活動であり、その心の救済のために、見放されていた武士層や被支配層の人々の貧困と病気の救済にも向かっていた。これらの私たちが国内史料から窺い知れないものを、宣教師たちが布教地からローマに書き送った文書から造られた教会史のみに求め一方的史料だけで過去の歴史を決めつける危険性を忘れてはならない。本来それらの文書には、発信する時点で教会の色彩が付着するのみでなく政治や経済など極めて世俗的なことに密着して活動する宣教師の赤裸々な人間性が記録されている。この度の私の無謀な取り組みは、イベリア両植民帝国の国家事業の一翼を担っていたために制約されていた教会活動の教会側の史料を引用させてもらうが、結果的に禁教から鎖国に向かうわが国の選択にも関係があったことも理解しておかなければならない。単なる文化的一部の動きを模索するにも、その底の動きを忘れてはならない。(78)

四　イベリア両国による布教の真の目的

ジパングはマルコ・ポーロの『東方見聞録』以来西欧に知られた。そのターゲットにされた可能性を持つきっかけとなるローマ教皇と地理学者の認める香料諸島などをめぐり、一四九四年のトリデシリャス条約が結ばれた。一五二九年にスペイン王カルロス一世とポルトガル国王ドン・ジョアン三世との間で結ばれ効力を有する協定によって、日本全土がポルトガル管区に入るからである。その内容には、所有する行動権、支配権、所有権、領土権、準領土権、航行、通商、貿易のあらゆる権利を、モルッカに接する海面において線引きする領有権が含まれ、金銭の対価を以て売買できる、とした。こうして地球をわが物の如く支配出来ると確信した当時のポルトガルとスペイン両国が、共にその起点を大西洋のほぼ真ん中のアゾレス諸島とアフリカ西岸近くのベルデ岬を結ぶ線から西方一〇〇レグア（五六〇キロメートル）の地点から南北両極に向けて分割線を引き、今後発見されるこの線以西をスペイン、以東をポルトガルの領有と、谷口正次氏によるとあたかも地球を西瓜のように縦に輪切する観念的な分割線・デマルカシオンと称される如き植民地争奪戦が始まった[79]。

ハワード・グッドウエル氏によると、ヨーロッパの一四五〇～一六五〇年頃を「懺悔の時代」と銘打っている。教会の偏見に満ちた思想に皆が支配されていた。国家主導のテロや戦争が絶えなかった結果、人々が犠牲になったことは歴史の示すとおりであり、キリスト教布教とその国力の勢力拡大に際しては大量殺人が行われた。インドを目指したスペイン女王イザベルの援助を受けたコロンブスは中米、中央アメリカに一五〇二年に到着した。その後、教会承認の上での虐殺を含め進出したスペインによるメキシコのアステカの場合、一五一九年から五十年間に死んだ人々の数は千万人を超すとも言われる[80]。

その延長線として、インド洋からフィリピンの次に日本が危機に瀕していたとしたら、どうであろう。即ち、スペイン勢力はアメリカ大陸を経て十六世紀半ばすぎに、フイリピンに達し、そこを足場にシナを始めとする極東地域に貿易と布教の面だけでなく、早速征服計画もたてられたのである。日本もポルトガル国（民）やスペインの征服に属するといった表現は、当時のカトリック宣教師や貿易商人や植民者が煩雑に用いた常套の表現であった[81]。

その後、ヴァリニャーノが第一次日本巡察に来た時、日本におけるイエズス会の次の姿勢を批判している。つまり日本人修道士は鋭い理解力を持ち精神的には優れていても、ヨーロッパ人修道士のように敬せられず、二流の会士として下位に置かれ、同僚というよりむしろ従僕として扱われた。ヨーロッパ人の会話や秘密が悟られないように、とラテン語やポルトガル語は教授されなかった。ラテン語も習わせないのは、日本人に学問をさせず、当初は彼らの中から司祭を出させない為でもあった。一五七〇年～一五八一年半ばまで日本布教長であったフランシスコ・カブラルの態度についても、第一次日本巡察を回顧したヴァリニャーノが述べている。日本人修道士を「黒人で低級な国民」と呼んだり、結局のところ、お前たちは日本人であると、言うのが常であった。当時の征服者側の世界観によると、当然の行為であったことがわかる[82]。

しかもローマ教皇は中世キリスト教世界の首長として絶対的な影響力を持ち、その決定はヨーロッパのキリスト教国王すべてにとって精神的拘束力があり、国際法的意味すら持っていた。十五・六世紀のポルトガル、スペイン両国に於ける大航海事業は、その教皇文書を一種の法的淵源としてきたからである。その内容は、十五世紀ポルトガル王室に向け発布されたものからみると次のように要約出来る。高瀬弘一郎氏の指摘のように、アフリカからインドに至る征服事業に関する一切の行為の保護独占権を認め助長し、その領域内の原住民を奴隷化出来、新発見地での布教保護権制度の定めなどであった。一五八〇年にスペインがポルトガルを併合するまで、日本は両国がそれぞれ自国の征服に属すると確信していた史料を散見する。その征服の意味は、既述の通りで、日本人を奴隷化することは当然の権利でありその売買もなされた[83]。日本は彼らにとって先述の谷口正次氏提唱の有資源国の一つにすぎなかったのである。

一五四九年の鹿児島発ザビエル書簡でも、日本へ宣教すればポルトガル国王に現世的物質的利益として今日の為替操作紛いをする、そのために三万クルサド以上の財産ある商人がいる日本商業の中心地であった堺に、ポルトガル商館を設ける提案をし、持ち込む胡椒量を抑え需給操作の指示をした[84]。

その論理を正当化するために、本論編一章で挙げる中世日本の実態をみて、布教の手段として中世の日本人をして現実世界が虐げられたと実感させるようにキリスト教国をユートピア化させる危険もあった。イエズス会は一五五五年（弘治元）豊後における動きにみるように、布教当初より一般庶民から慣らしている。切支丹になった人々に対して採っている手立ては、毎日行うミサの際に修道院が溢れるほどの参れる者に対して、ポルトガル国王とその領国、並びに航海者に対して、且つまた教会の国と豊後地方の発展のためにパーテル・ノステルとアヴェ・マリアを三度唱えさせていた[85]。その象徴として、本論編一章二節で詳述するルネッサンスの中心思想であった人文主義の人物のエラスムスの友人トマス・モアが描いた、根底にルネッサンスの人文主義精神があるような流れが日本にも漂ったのか、大友義鎮は次のような厭世感を持ち支配地にユートピアを実現しようとしたと思われる。

義鎮の家庭内の難問として、イエズス会員が義鎮の夫人奈多氏に対して、イスラエル王の妃で、異教神を崇拝し、預言者エリアスを追放した悪名高く、夫に対して悪影響を及ぼす妻の典型の、イザベルと綽名したほどの奈多氏は切支丹に対しても憎悪が増幅していく一方であった。イザベルは悪魔の手先として振舞い、そのために義鎮は嫌悪と不快の思いに苛まれ、苦悩のあまり病に臥すほどであった。一時は、妻への嫌悪と苦痛から、隠居後は息子の義母となった受洗名ジュリアを新奥方として伴い、臼杵城から五味浦へ現実逃避した。この当時義鎮は日向守護職にあり、南下を考えていた天正六年（一五七八）四月〜十一月にかけ、一時的には日向の土持氏要害を攻め落としていた。その際大友氏は、その地の僧院や神や仏の寺社を焼却破壊せしめた[86]。

義鎮は土持に豊後から洗礼を受けさせた三百名の家臣を連れて新たな都市を築くべき計画をフランシスコ・カブラルに左の如く述べた。日向の地は、「従来の日本のものとは異なった新しい法律と制度によって統治されねばならず」、その融和のために人民は皆切支丹になり、兄弟的な愛と一致の内に生きるべきだ、とキリスト教国を夢見た。ローマにまでその名を馳せるほどの切支丹宗団を形成する決意でいた。ヨーロッパの法と習慣を採用した政治に日向の習慣を合わせるべく目論んでいた。その土持では城を築くよりも教会を建て、イエズス会パードレの生活を保障する禄も与えた。島津との戦いが成功裏に進展している時までは、義鎮と宣教師は九州全土が切支丹になるという夢もあった。[87]

義鎮の島津家対策には手抜かりもあったのであろう。その夢は同年十二月二日の決戦で義鎮にとってあり得ざる事態が発生し、耳川が逆流するが如く打ち砕かれた。大友家の次の当主義統の軍勢の破滅と崩壊は、異教徒の目には神や仏の懲罰と映じた。それでも義鎮の眼にはデウスの偉大な知恵がなし給うた特別の定めと見えた。即ち、合戦によって反切支丹という旗印で団結していた最強の、かつ主立った重臣たちが戦死したために、逆に義鎮は自国の豊後国内で改宗が極めて大きい成果を齎すと期待した。[88] かくて布教の中心は肥前に移される。

まず有馬氏の動きを一五七九年（天正七）書簡で、ヴァリニャーノがいう「真の門」からの入信ではないが、ローマの総長宛ての報告などから見よう。

肥前の第二の管轄地と分類された有馬氏は一五七〇年（元亀元）以来、有馬義直に対する諸領主の謀反で高来を領するだけになった。その領主有馬義直（貞）は三年前に家臣一万二千名と共に受洗し宣教が順調と見えたが、癌による死は、その嗣子に当る未受洗の鎮貴の家臣らによる新改宗者に激しい迫害を齎した。一方では鎮貴は水面下で入信交渉も行っていた。

その頃、鎮貴は竜造寺隆信と与した反乱に遭い、その領内で最も堅固な城を取られた。悪化した情勢回復のために、鎮貴は叔父の純忠や教会と組んだ。対する祖父の晴純（仙巌）ら有力親族は、竜造寺氏と組んでまで鎮貴を包囲した。鎮貴は自らの洗礼実現と領民教化のために、ヴァリニャーノに支援を要請した。ヴァリニャーノもその城内に司祭がいれば領内の洗脳にプラスになると考えた。鎮貴もそうなれば教会からの援助を受け得ると計算した結果、司祭の駐在と多量の食糧支援を得た。五ヵ月に及ぶ籠城支援のために一五七九年（天正七）には交易中心の長崎以外の口ノ津にヴァリニャーノが便乗した定期船も入港したのである。有馬鎮貴がヴァリニャーノに請うた結果、落ちた諸城にも糧食のほかに金子、弾薬、火薬が供給された。それらの額は日本銀六貫文に匹敵する六百ドカードに達する。有馬鎮貴は他にも反切支丹の仏教徒からの反発もあり一族殆ど離反し、滅亡の危機に瀕していた。有馬鎮貴はこの内外の敵からの苦難を逃れるために切支丹から食料と武器の援助を受けたのである。有馬氏にとっては交易の利を受けるという程度を超え、自己存廃の根本に関する必須的なものであった。これが彼の受洗の主な動機であるとイエズエ会は見做していた。有馬鎮貴は領土と共に命拾いした。

イエズス会の期待通り、封建領主を現世的利益をもって改宗に導き、大衆を強制して教会に入らせることに成功し始めた。感謝した有馬氏はヴァリニャーノが有馬領口ノ津に滞在していた三ヵ月間で、その援助に報いるに有馬氏は約束通り大小四十におよぶ領内の仏閣を焼き払い、仏僧たちは総てキリスト教になるか、領内から追放された。迫害時に離散していた七千人以上の信徒を帰らせ、四千人に受洗させた。従って彼は「真の門」からではなく、貿易の利益と経済的、軍事的援助を期待して「上から下へ」、すなわち封建領主を現世的利益をもって改宗させ、その支配下の民衆の受洗を強制させた。

この鎮貴の劇的で瞬時な迫害とキリスト教化には、切支丹側も奇異に感じた報告をしている。この管轄地は高来と称せられ肥前国の中で、イエズス会にとり最も主要な国であり、全く大友氏・大村氏にならい日本キリスト教の柱石となった。その領地の二万人が教徒である。なによりの効果は、竜造寺隆信にとり、天正七年（一五七九）前後二、三ヵ年各地の合戦において功を立て、二心ないと信じていた柳川領主蒲池鎮並がいよいよ籠城し始めたことに対して、その波及を恐れた。以後竜造寺隆信は有馬氏と休戦交渉を始める効果を挙げた。その口ノ津入港など有馬氏側のポルトガル貿易効果の波及を恐れたのか、本論編三章一節に述べるが、大村純忠は翌一五八〇年四月二七日付でイエズス会に長崎を寄進した。この動きは、日本のキリシタン布教に大きな足跡を残したヴァリニャーノが一五八〇年六月に作った日本の上長のための規則――当時はコエリョが従うべき規則にキリスト教会の利益に関わる場合、例えば切支丹の領主が侵犯されたり窮地に立った場合、長崎や茂木を要塞化さ

せるべく弾薬武器・大砲その他必要なものを配備することが重要であるとの思考による。(89)

慶長十四（一六〇九）、五年頃、博多あたりで成った日本側の排耶思想の簇生に影響を与えた『伴天連記』の結びあたりにも「きりしたんのむかしより國をとる事をよくしりたる故に、ぜすきりしとのはかり事（中略）日本に度々諸勢をむけたる道理など、いとこまやかにかたりければ、（中略）かほどまで悪行を廻らす輩を信ぜし事こそくやしけれ（後略）」「吉利支丹繁昌の時分なるが、所のしゅごの名を黒田甲斐」と実在の人物名をあげて当時の認識が記されている。(90)

高瀬弘一郎氏は切支丹の霊的救済を目指すべき布教事業が、当節の動機によるもので、当時の布教事業は本質的にスペイン・ポルトガル王室による武力征服事業と平行して進められていく性格のものであり、事実日本や中国に対して、そのために手っ取り早いカトリック信仰の宣布が一部宣教師の間で主張されていたことを、バテレン側の文書の紹介により実証している。(91) 確かに当時の日本の為政者にとって行われた熾烈な切支丹弾圧に屈せず、殉教を覚悟の上あくまでわが国にとどまって信仰の根を絶やさないように努めた宣教師達の宗教的情熱には強く心打たれ貴いものに思われる反面、その同じ宣教師が日本を征服、統治し、交易を行いキリスト教への改宗を進めるのはイベリア両国の権限に属するという観念を持っていた。(92)

イエズス会による布教が順調に歩んでいたと思われた時、その終焉を告げる出来事たる秀吉による「伴天連追放令」が一五八七年七月二十四日に出された。同年六月十日に秀吉が博多の廃墟の跡を視察しようと、箱崎宮あたりから出立し、フスタ船に乗船した。(93) 秀吉の嗅覚が、博多箱崎沖でイエズス会日本副管区長ガスパル・コエリョ率いるフスタ船上からの大砲発射の威力に日本を武力征服から回避させる危機意識をもっても不思議ではない。岡本良知氏が同船について、一五八七年十月四日付のフランチェスコ・パッシオの書簡を挙げるように、日本の一艦隊に抵抗し得るポルトガル船を博多湾へ廻航したかのごとき防備完全な船は、秀吉に疑惧と嫉妬の心を抱かせた。一五八七年（天正十五）春に完成した聚楽第を司祭達やポルトガル人に参観させるように命じた。当時、フロイスが看過したように、この城は大砲を装備しない日本においては最も堅固なはずであったが、西欧の城に比べると脆弱で、大砲四門を以ってすれば半日ですべてを破壊、またたく間に灰燼に帰することが出来る危険を孕んでいた。(94)

その前の一五八五年（天正十三）三月三日付で肥前有馬からイエズス会日本準管区長コエリョが、フィリピンイエズス会の布教長に、日本で二年間は戦える兵隊・弾薬・大砲・食料などのと金を充分搭載したフラガータ船を求めた書簡を送っている。それはキリスト教徒の領主を支援するためである。その結果、他の切支丹大名も連合し、その地域海岸全体を支配出来、服従しない敵に脅威を与え得ようというのである。本論編三章二節に後述する一五八四年（天正十二）までの毎年の竜造寺氏の圧迫による危機による日本のキリスト教の盛衰への打撃があるにも拘らず要塞化する長崎市民はその危機に対峙できた。それらの動きに呼応した日本人の動きとして、一五八六年五～六月のことであるが、岡本良知氏が長崎市民軍的動きと見られた。さらなる積極的行動をみる。その大村純忠の支配なる長崎住民の十一人のキリスト教徒がイエズス会管区長コエリョの書をフィリピンに携行した。それには日本イエズス会がキリスト教徒たる諸侯を援助するために、スペイン軍の来援を求めていた。ヴァリニャーノは、コエリョの書簡発送の行動をインドで耳にし、その無謀な行動はイエズス会での決議違反として厳重な訓告を出した。にも拘らず、コエリョは秀吉による「伴天連追放令」が出された前後には、再度、先の軍事援助に加え、さらにヨーロッパからも軍事援助を受けようと在日宣教師モウラを海外に派遣していたのである。ヴァリニャーノはこれを危険極まる妄想と考え、その動きに処置を断固として取るべく、一五九〇年（天正十九）七月に長崎に上陸した。(95)

一五八七年（天正十五）に、フィリピンからイスパニア本国へ派遣されたイエズス会のアロンソ・サンチェスがマドリードで国王に捧呈した覚書中の、フイリピン周辺との関係を語った中にコエリョ戦術の書簡であろうか「若しかの〔國の〕キリスト教徒が、同じい日本の異教徒たる敵より圧迫されてゐるとすれば、フイリピンよりする以外に救援を得ることがないが、それは今より二年前に人を送って兵と砲と食糧とを載せた四艘のフラガタを大いに懇請した如きである。そうして若し我が諸島に於いて彼等の請ふ如くに彼等を助け、若しくは日本のキリスト教諸王と吾人が聯合する力があったならば、かの〔日本〕を悉く鎮定し改宗させてしまひ、〔中略〕陛下が御命令あり刑罰を科せるために入國したことであろう」。すなわち、イエズス会のねらいはコエリョが述べた「もしも国王陛下の援助で日本六十六ヵ国凡てが改宗するに至れば、フェリペ国王は日本人のように好戦的で怜悧な兵隊をえて、一層容易にシナを征服することが出来るであろう」と植民地化計画の一端を担わせる計画であった(96)。

さらに「伴天連追放令」発令の要因の一つに日本人売買が挙げられよう。彼らは「日本仁を数百男女によらず黒船へかい取手足に鐵のくさりを付け、舟底へ追入、地獄の呵責にもすくれ、」とある(97)。南蛮屏風で馴染の、例えば豊臣家隆盛期に活躍した狩野内膳系筆の六曲一双に描かれているようにの裸足の黒人奴隷図例は多い(98)。切支丹でも、日本と東南アジアの貿易で巨富を積み得たメンデス・ピントのように、入信後奴隷を解放し、彼等に以後は神を主と命じた例や文禄・慶長の役頃の朝鮮人俘虜・孤児等の奴隷買戻しやそれら奴隷売買業者の破門や教会の最厳罰の科など「世界最初の奴隷解放運動」といわれる動きもある(99)。画面に描かれるほどの連行された黒人を見聞していた秀吉の嗅覚がなかったら、日本人にも危険性があった。秀吉の「大唐・南蛮・高麗江、日本仁を売遣候事曲事付、日本ニおゐて人之売買停止之事」となる(100)。

豊臣秀吉の伴天連追放令下、切支丹の狙いが水泡に帰す危険が近づいた。宣教上、水が乾燥砂に染み入るように論理的説諭可能だった上級武士層の受信には秀吉の許可を要し、公然の活動に圧力を受けたであろう。政権中枢に接したロレンソらは、慶長十八年（一六一二）の一般民衆に及ぶ全面禁教へ向かう恐怖を持った可能性がある。対する次の緊急会議が行われた。その結果、宣教師らは地下にもぐり民衆の間に布教を行うことになった結果、一章一節でも述べたように切支丹の教勢はかえって伸張するという皮肉な現象を呈した(101)。

一五九〇年（天正十八）年八月十三日から二十五日まで、島原半島の加津佐において日本イエズス会巡察師アレッサンドロ・ヴァリニャーノによって次の第二回総協議会が行われた。総協議会において、宣教師達は下教区に司祭二五名が召集された。豊後教区長、都教区長、下地区長、有家在住の府内コレジオ院長、大村在住臼杵修練院長、肥前各地のカサの上長、レジデンシアの上長、セミナリオの上長、日本準管区会計係、準管区長の同僚ルイス・フロイス、日本人イルマン・修道士たちの意見も重要とのことで老ロレンソを含めた一〇名の日本人修道士も参会した。元々、ヴァリニャーノは第一次巡察において日本人イルマンらの助言を求め、彼らと「常に相談せよ」と上長に命じていた。席上、現下の情勢にいかに対処すべきかという緊急な問題が論じられた(102)。

かくて、第二回総協議会の諮問十四までの議事録中、諮問第三　日本人領主の間に絶えず行われている戦争問題に介入せず、しかもなおキリスト教界の利益と保持に対する我々の義務を遂行するために取らねばならぬ方法について、協議された結果、経験則から、介入することはイエズス会に取って重大な損失を受ける、との結論で一致した。ここに至って、切支丹という宗教の名の元に侵略と拡大政策が日本では現実的でない、と噛みしめたに違いない。その諮問第三　戦争問題に関する裁決。何らかの情報を提供せざるを得ない時にいかに行動すべきかなどという裁決の中に、「完全に秘密を守ると思われる人物に対してこの情報を提供し得る上長あるいはイエズス会パードレだけに提供すること。このような情報は暗号で書くこと」とある(103)。

今回の研究はヨーロッパに発送された各書簡を参考にしているが、①井口正俊氏が、日本人は漢文化吸収以来、翻訳技術そのものについても困難を極めており、現代の翻訳が名訳とは限らない。翻訳に必須である和辻のいう異国の風土さえ理解納得するのは容易ではないと言われる。②H・チースリク氏も慎重を期されたように、ザビエルによる日本布教の開始以来三十年間にわたって必ずしも日本の実情を正しく報告せず、混乱と誤謬を含み、その動きを在日イエズス会がローマへの報告文書にも布教を正当化するためには不都合なことを故意に避けた危険性を持っていたと見做されていたことも念頭におかねばならない。[104] ③高瀬弘一郎氏もヴァリニャーノの記録は日本イエズス会の利害を慮ったり、その個人的な思惑により記述に作為を加えた事例は数多くあり、彼の記録のみではなく日本側の記録の伝える内容も考慮しての判断を要すると言われる。[105] 私は当時の西欧人の眼に見え・耳にした日本の様相として論理構成上参考にするが、この三師の誡めを箴言とせねばならない。

注

（1）①『通航一覧』四七頁。
②松下志朗「寺澤・唐津藩領の石高」『西南地域の史的展開　近世編』（思文閣出版　一九八八年）
（2）当該部分の翻訳書や、ドイツ語の原文とその解釈の詳細は、拙著『増訂古伊万里の誕生　古九谷論争の再検討』（吉川弘文館　二〇〇六年）第五章の3　文献史料に見る初期伊万里の創出　一九九～二〇二頁に詳述。
（3）注（2）第五章3の4。
（4）井垣春雄　フォルカー著「磁器とオランダ東印度会社」について『陶説』三一二号（日本陶磁協会　一九七九年）。
（5）和辻哲郎『日本倫理思想史（一）』（岩波書店　二〇一一年）三三～三四頁。
（6）序論編一章注（49）にて例証を挙げた。
（7）①田辺尚雄『日本音楽史』（東京電機大学出版局　一九六三年）一六七～一七四頁。

②岸部成雄・平野健次『共同研究　筑紫箏調査報告』（一九七〇年）。

（8）①注（7）①。
②『佐賀県近世史料　第一編第六巻』付録佐賀藩歴代藩主略系図（鍋島家蔵「大宰少弐鍋島系図」による）。

（9）田辺尚雄『日本音楽史』（東京電機大学出版局　一九六三年）一七二～三頁。

（10）①尾形善郎『肥前様式論叢』（一九九一年）四〇六頁に、馬渕卯三郎氏の賢順は法水に加上されたと虚構説を紹介。関連記事は序論編第一章四節及び終章二節。

（11）『佐賀県近世史料第八編三巻』高野信治「解題」三四～三九頁。小川俊方が七十九歳の時享保九年（一七二四）に著したとされる。

（12）『佐賀県近世史料第八編第三巻』「焼残反故三」六二三～五頁。そこには、六二五頁右六行目以下に、「右、（中略）徳寿院殿ハ賢順之弟子にて秘曲を被伝候、後賢順還俗して多久家を頼て来ル、扶持之諸田子孫多久ニ有り」。この「右」の意味するところは、丸山雍成氏によると、「按ずるに」である。

（13）『随筆百花苑　第十五巻』（中央公論社　一九八一年）文化九年（一八一二）著。序言及び同四五一頁以下の関係記事を挙げる。
箏《ソウ》（左　注「サウノコト」）今の十三絃の琴也。（中略）筑後善導寺の住僧賢順上人相伝ふ。後還俗して諸田何がしと言う。此弟子に肥前慶巌寺浄土玄如、法水と云僧両人ニ相伝ふに、法水は器量過、自分の働きを加えける故、極意を伝へず。（中略）法水上方へ赴き一流弾替て、其流儀を八橋検校に伝ふ。世に八橋流と云。法水元祖也。（中略）八橋筑紫琴を潤色して、多くの秘曲を述作せしより世に弘まりぬ。貞享二年（一六八五）七十余歳死す。黒谷ニ墓有り。（中略）貝原篤信和漢事始ニは、善道寺法水とあり。此僧江戸へ行諸家に往来し、箏を弾ず。（中略）八橋検校に是を伝ふと有り。その余は本文に少しも替る事なし。玄如は流儀の至極を伝えて、其後超誉上人に伝ふ。後は注（12）の徳寿院の記事に同じ。

（14）①選者　深江順房　校訂　多久古文書の村・秀村選三・細川章『丹邱邑誌』（文献出版　一九九三年）「〇元亀元年九月十五日、天理府君杙峰御入城、供奉七十五人」の「後日参候輩」に「諸田賢順斉　諸田三家祖」とある。

②（『佐賀県近世史料八編第三巻』「焼残反故二」五八九頁。
③尾形善郎『肥前様式論叢』（一九九一年）三九三頁、四〇五頁。
(15) ①（『佐賀県近世史料八編第三巻』正定寺由緒録及び本山掟書。
②宮崎まゆみ『筑紫箏音楽史の研究』（同成社　二〇〇三年）七〇～七二頁、
(16)（注（15）②『筑紫箏音楽史の研究』七〇～七二頁、七九～八〇頁。『佐賀県近世史料第一編第六巻』付録佐賀藩歴代藩主略系図（鍋島家蔵「太宰小弐鍋島系図」による）。
(17)『諫早市史　第一巻』（一九五五年）二三九頁。『同　第二巻』（一九五五年）一五八頁。『佐賀藩の総合研究』（吉川弘文館　一九八一年）五四〇頁。
(18) ①当道とは、盲人の官位、即ち琵琶・管弦、および按摩・鍼治などを業とした盲人に与えられた官位を保護する組織。
②箏曲の種類は、組歌、段物、地歌系箏曲、幕末新箏曲、山田流、明治新曲、新日本音楽となる。（イ）組歌とは、筑紫箏曲から生まれた箏伴奏による弾き歌いの歌曲で、最初の当道箏曲のスタイルである。一曲の構成は、短い歌詞の歌を集めて使っているので、歌が組み合わされているという意味から呼ばれた。（ロ）段物―まれにみる独奏曲、段、即ち短い楽章がいくつかあるので、曲名はその段の数を取って、六つの段があれば《六段》と呼ばれた。独奏曲なので「しらべ」という言葉をつけて、《六段の調べ（調子）》ともいわれたため「調べもの」とも称する。宮崎まゆみ『箏と箏曲を知る事典』（東京堂出版　二〇〇九年）二一～五頁。同二二一頁。
(19) ①岸野久『ザビエルと日本―キリシタン開教期の研究―』（吉川弘文館　一九九八年）二三〇頁。
②姉崎正治『切支丹宗教文学』（同文館　一九三二年）七～八頁。
③松田毅一他訳『日本巡察記』（平凡社　一九七三年）「第三章　日本人の宗教とその諸宗派」。
(20) 五野井隆史『日本キリシタン史の研究』（吉川弘文館　二〇〇二年）一二〇頁。
(21) 松田毅一監訳『十六・七世紀イエズス会日本報告集第Ⅲ期第2巻』（同朋舎　一九九八年）一八二頁。
(22) ①水野弘元『仏教の基礎知識』（春秋社　一九七一年）七一～七二頁。

(23) ②岩本裕『日常仏教語』(中央公論社　一九七二年)二五頁。
(24) 福沢諭吉『文明の概略』(岩波書店　一九三一年)一九五〜一九七頁。
(25) 訳者　松田毅一　川崎桃多『フロイス日本史3』(平凡社　一九七八年)九一頁。
(26) 注(21)『十六・七世紀イエズス会日本報告集第Ⅲ期第7巻』(同朋舎出版　一九九四年)一四六頁。
(27) 『碧山日録』寛正元年三月一六日条。寛正二年(一四六一)二月晦日条。
(28) 石井恭二『一休和尚大全』上(河出書房新社　二〇〇八年)一四四頁、一四七〜八頁。
(29) 西田幾多郎『哲学概論』(岩波書店　一九五三年)三六頁。
(30) 井手勝美『キリシタン思想史研究序説』(ペリカン社　一九九五年)「十六世紀日本におけるキリスト教の受容」一五五頁。
(31) 序論編一章三節一八頁。注(63)。
(32) やなせたかし『絶望の隣は希望です!』(小学館　二〇一一年)八頁。
(33) 『フロイス日本史6』松田毅一・川崎桃太訳(中央公論社　一九七八年)第四章六三〜六四頁。
(34) 注(32)『フロイス日本史5』十一頁。注(34)ルソー『社会契約論』桑原武夫・前川貞次郎訳(岩波書店　一九五四年)「前書き」一五頁、二〇頁。
(35) 注(32)『フロイス日本史5』五五章一三三頁。
(36) 注(32)『フロイス日本史4』三二章(第一部八三章)一一二頁。
(37) 注(32)『フロイス日本史4』三五章一五四頁
(38) 注(32)『フロイス日本史4』第三二章(第一部八三章)一〇三〜四頁。
(39) 注(32)『フロイス日本史4』三八章(第一部八九章)二一五頁。
(40) 注(32)『フロイス日本史5』五五章(第二部四〇章)一三二〜四頁 注(6)。
(41) ①桑田忠親校訂『新訂信長公記』(新人物往来社　一九九七年)「公方御構へ御普請の事」九六頁。
②注(32)『フロイス日本史4』第三二章「公方様の復位」。および注(16)。

(42) 今谷明『言継卿記公家社会と町衆文化の接点』(そしえて　一九八〇年)　二七九～二八二頁。
(43) 林家辰三郎『日本の歴史12』(中央公論社　一九六六年)　一四二～三頁。
(44) 注(32)『フロイス日本史4』三六章。同一八六頁の 注(15)。
(45) 注(32)『フロイス日本史4』一〇四頁。
(46) ①注(32)『フロイス日本史4』三六章一八三頁。
②水野弘元氏の説を次にあげる。現象の奥に存在するとされる本体や実体の問題は、心(霊魂)であるか物(肉体)であるか、その両者であるかである。仏教以外のインドの宗教や哲学では、すべての不生不滅にして永遠に存在するといわれる本体を問題として、種々の学説を立てていたが、仏陀釈尊は、それらの本体はそれが「ある」とも「ない」とも、認識し判断することのできないものとして、これを問題とすることを禁ぜられた。もし、本体の世界が解決されたとしても、それは苦悩の解決を問題とする宗教や経に説かれた。何となれば、その本体といわれるものは、時間を超えたものであり、我々がその存在を認識し、それについて研究考察できる現実の時間・空間に生滅変化して存在する現象世界とは別個の存在である。その時空を超えた本体の世界は、知覚・感覚などの経験によっては、これを認識し判断することは出来ない。もしこれを問題とするとすれば、それを実証出来ないものを論ずることになる故、独断論となる。注(22)①水野弘元『仏教の基礎知識』(春秋社　一九七一年)　二六～三〇頁。
(47) 注(25)『十六・七世紀イエズス会日本報告集第Ⅲ期第7巻』一二九～一三二頁。
(48) 注(32)『フロイス日本史4』三八章二二三頁。
(49) 注(32)『フロイス日本史4』二八〇～二八一頁。
(50) 石井謙治『復元　日本大観4　船』(世界文化社　一九九八年)「東シナ海の季節風の風向き」。
(51) 岡本良知『十六世紀日欧交通史の研究』(原書房　一九四二年)　二〇二、二〇九頁。
(52) 若桑みどり『クアトロ・ラガッツイ　天正少年使節と世界帝国　上』(集英社　二〇〇八年)　三一頁。
(53) 注(32)『フロイス日本史5』第四八章二九～三〇頁。
(54) 本論編二章一節。

（55）①和辻哲郎『日本倫理思想史（三）』（岩波書店　二〇一一年）一五六～九頁。
②本論編一章二節に詳述。
（56）注（32）『フロイス日本史5』第六三章二五〇頁。
（57）『レオン・パジェス　日本切支丹宗門史上』（岩波書店　一九三八年）三三二頁。
（58）注（32）『フロイス日本史1』一二九～一三〇頁。
（59）編者ホセ・デルガード・ガルシーア『福者アロン・デ・メーサ・P、書簡報告』（キリシタン文化研究会一九八二年）。六七、九二頁、鍋島氏は隣接する有馬氏など切支丹大名にとって不倶戴天の敵である竜造寺氏の後継者であった。五三～四頁、慶長十二年（一六〇七）頃、佐賀藩の存続にとって緊張していた時期にも拘わらず、佐賀、鹿島、鹿島の浜町などにドミニコ会の教会設立を許可した。
（60）①「勝茂公譜考補」二〇八～二一一頁。
②『佐賀藩の綜合研究』「幕藩関係」丸山雍成、九四二～三頁。
③『佐賀県近世史料第一編第三巻』「光茂公譜考　補地取　二」長崎御番大意御意。二七三頁～。
（61）「勝茂公御年譜」二二一～七頁。
（62）①田中典彦「インドの思想・仏教にみられる死生」『東西の死生観をめぐって』（四恩社　一九九五年）。
②鈴木大拙『禅と日本文化』（岩波書店　一九四〇年）第三章　禅と武士。
（63）注（①『丹邱邑誌』七四頁。今日の佐賀県武雄市「北方町椛島村野辺田氏子、一説小城郡晴気村野田氏子」部落、北方駅前方の六角川を隔つ南の島状山塊。
（64）①『当代記』巻四　慶長十二年二月十三日条に「當足利学校近代の知者な」り、大御所、『吾妻鏡』、此已前兌長老並元学校於京都直されしを、今披見して、文字違之由在てかきなおさる、、」とある。
②注（59）『福者アロン・デ・メーサ・P、書簡報告』の二六頁、2及び3特に六八、九二頁。
（65）『佐賀県近世史料第一編第二巻』1鍋島勝茂の略歴。
（66）注（60）①丸山雍成『佐賀藩の総合研究』九四二～三頁。

(67) 鍋島家の隣国肥前平戸の藩主松浦静山著。文政四年（一八二一）一月一七日甲子の夜より寄稿。大名・旗本の逸話などの見聞を筆録。五巻八二頁。
(68) 注（59）『福者アロン・デ・メーサ・P、書簡報告』第一章五三～五六頁。第十一章　我が修業士が肥前国に入ったこと。六六～七四頁。
(69) 井手勝美訳J・D・ガルシア　注『オルファネール　日本キリシタン教会史　1602―1620』（雄松堂書店　一九七六年）第十二章。八四頁（5）にて「肥前国鹿島のこと」と記す。
(70) ①『丹邱邑誌』七四頁。
②注（59）『福者アロン・デ・メーサ・P、書簡・報告』二五～六頁、2の一六〇八年（慶長十三）肥前発信書簡五二～六頁、3の一六〇九年（慶長九）書簡第十一章及びその注（26）。
(71) ①『佐賀藩の総合研究』四〇〇頁以降。
②杉谷昭「肥前国鍋島領におけるキリスト教」鍋島勝茂の外交文書『肥前史研究』（肥前史研究刊行会一九八五年）。
③村上直次郎　訳注『異国往復書簡集』（雄松堂書店　一九七五年）。
(72) 注（71）②「肥前国鍋島領におけるキリスト教」一二一頁。
(73) ①注（69）『オルファネール　日本キリシタン教会史』三三七～八頁。
②『ブリタニカ国際百科辞典5』（ティービーエスブリタニカ　一九九五年）。
(74) 四章五節二六八頁に『福者アロンソ・デ・メーナop・書簡・報告』五三～五四頁、二七〇～六頁の内容を挙げる。
(75) 富永牧太訳『十七世紀日蘭交渉史』（天理大学出版部　一九五六年）一八七～一八八頁。
(76) ①『将軍家への献上　鍋島―日本磁器の最高峰―』九頁。
②注（69）『オルファネール　日本キリシタン教会史』三四頁。
(77) 並木浩一・勝村弘也訳『旧約聖書　ヨブ記　箴言』（岩波書店　二〇〇四年）「はしがき」より。
(78) 高瀬弘一郎『キリシタン時代の研究』（岩波書店　一九七七年）三九～四〇頁。

(79)　①河野純徳訳『聖フランシスコ・ザビエル全生涯』（平凡社　一九八八年）一二四頁。
②松田毅一『秀吉の南蛮外交―サン・フェリーペ号事件―』（新人物往来社　一九七二年）二二一～三頁。
③『スペイン・ポルトガルを知る事典』（平凡社）二三〇頁。『世界大百科辞典』五二七頁。
④谷口正次『メタル・ウオーズ』（東洋経済新報社　二〇〇八年）二〇九頁。
(80)　ハワード・グッドウエル・訳夏目大『音楽の進化史』（河出書房新社　二〇一四年）六一頁。
(81)　注（78）『キリシタン時代の研究』第三章「キリシタン宣教師の軍事計画」、第一章「大航海時代イベリア両国の世界二分割征服論と日本」。
(82)　①翻訳者　松田毅一　佐久間正『東西交渉旅行記全集　日本巡察記　ヴァリニャーノ』（桃源社　一九六五年）三、日本人の第一印象。
②注（32）『フロイス日本史1』（中央公論社　一九七七年）二三〇頁。
③『ジョアン・ロドリーゲス日本教会史下』（岩波書店　一九七〇年）三五八頁（3）。
(83)　注（83）『キリシタン時代の研究』第一部第一章。三～一〇頁。
(84)　河野純徳訳『聖フランシスコ・ザビエル全書簡』（平凡社　一九八五年）書簡第九三、五一〇～五一一頁。
(85)　注（21）『十六・七世紀イエズス会日本報告集第Ⅲ期第Ⅰ巻』（同朋舎　一九九七年）一八二頁。
(86)　①注（32）『フロイス日本史7』第三三章八八頁（17）。第三七章。
②木村忠夫「耳川決戦と大友政権」。『戦国大名論集七　九州大名の研究』（吉川弘文館　一九八三年）。
③注（30）「十　薩摩の進行と退却。大友宗麟」。
(87)　注（32）『フロイス日本史7』第三七章、第四〇章。
(88)　注（32）『フロイス日本史7』第四五～四六章。
(89)　①注（19）③『日本巡察記』三二～八頁。同解題Ⅱ　五　有馬鎮貴の改宗と長崎の譲渡。三一六頁～。
②岡本良知『十六世紀日欧交通史の研究』（原書房　一九四二年）五七八～五八三頁。
③注（78）第三章「キリシタン宣教師の軍事計画」一二一～二頁。

④注（32）『フロイス日本史10』第三八章（第二部一九章）。
(90)『続々群書類従』第十二（続群書類従完成会　一九七〇年）』第十二、五八六頁、五八八頁、国史大辞典。
(91) 注（78）第三章　キリシタン宣教師の軍事計画七五頁。
(92) 注（78）第一章大航海時代イベリア両国の世界二分割論と日本六～七頁。
(93)『宗湛日記』（淡交社　一九五六年）二二七頁。
(94) ①注（32）『フロイス日本史1』第一五章（第二部九六章）および一六章（第二部九七章）、『フロイス日本史2』一二一～二頁。
(95) ①注（94）②『桃山時代のキリスト教文化』「天正末に於ける耶蘇会の軍備問題」一二二一～一二九頁。
②岡本良知『桃山時代のキリスト教文化』（東洋堂　一九四八年）八三～八七頁。
②（19）③『日本巡察記』二六六～七頁。
③注（83）『キリシタン時代の研究』高瀬論一〇〇～一〇一頁、一一六頁。
(96) ①注（99）②岡本良知『桃山時代のキリスト教文化』一二六頁。
②注（78）高瀬弘一郎『キリシタン時代の研究』一〇一頁。
(97) 九州史料刊行会編『九州史料叢書　近世初頭　九州紀行記集』（一九六七年）「九州御動座記」尊経閣文庫所蔵八九～九〇頁。
(98) ①奥平俊六『洛中洛外図と南蛮屏風』（小学館　一九九一年）神戸市立博物館本一一八～九頁。
②『国史大辞典』。
(99) ①東京大学史料編纂所『日本関係海外史料　イエズス会日本書簡集　訳文編之二（上）』（一九九八年）一四〇頁。
②注（59）『日本切支丹宗門史　上』一七八頁。
③海老沢有道「キリシタン宗門の伝来」『日本思想体系25キリシタン書排耶書』（岩波書店　一九七〇年）五四一頁。
(100) 歴史学研究会編『日本史史料〔3〕』（岩波書店　二〇〇六年）四二頁。

(101) 校注　宮崎道生『新訂　西洋紀聞』(平凡社　一九六八年)一〇〇頁注五、一六八頁注一八七、一七〇頁注一九四頁。

(102) ①注(32)『フロイス日本史11』三五六頁、三六一頁。
②「日本イエズス会第二回総協議会議事録と裁決(一五九〇年)Jose Luis Alvarez Taladriz編　注。キリシタン文化協会　柳谷武夫『キリシタン研究第十六輯』(吉川弘文館　一九七六年)二六一頁注(一三)。

(103) 注(102)②『キリシタン研究　第十六輯』二七〇頁。

(104) 翻訳・解説　Hubert Cicslike S. J.『毛利秀包時代のイエズス会年報・書簡』(久留米市郷土研究会　一九八〇年)解説。

(105) 注(78)『キリシタン時代の研究』「キリシタン教会の経済基盤を巡る内部の論議」四一八〜四二八頁。

本論編

第一章　キリスト教受容の時代的背景

一　切支丹に魅入られた空虚な社会情勢と求道への萌芽

いつの時代にあっても、貧富の差の縮小と人心の安寧秩序なくしては為政者の身の保証もありえない。人々は自らの身上と米国の富豪との比較をするのではなく、身近な隣人や権力と金の支配者の生活振りを比較して、我が身の哀れさを噛みしめるのである。それは万葉の時代より今日に至るまでもなく永遠の課題であることがわかる。石門心学を家学としてその薫陶を受けた近代の南画家である富岡鉄斎が古典的な題材を求めて明治二十八年（一八九五）にも見えた社会の状況への戒めとして描いたのか。山上憶良が筑前国司のころの「見聞にもとづいて創作された貧者と窮者との問答を通じて、俗世間を生きていくことの辛さ、切なさを歌った」万葉集巻五、神亀五年（七二八）〜天平二年（七三〇）頃の「貧窮問答の歌一首并に短歌」の一部を題材にしている。

寒くしあれば　麻ぶすま　引き被り　布肩衣　有りのことごと　著襲へども　寒き夜すらを　吾よりも　貧しき人の　父母は　飢え寒からむ　妻子どもは　乞ひて泣くらむ　この時は　いかにしつつか　汝が世は渡る(1)。

そこで食と心の最後のよりどころである宗教界の様相を振り返ってみてみよう。辻善之助氏は戦国時代の宗教界は「他の社会と同じ様に其光は漸く暗黒の裏に蔽はれ」ていて「暗黒時代」と述べた(2)。

フランシスコ・ザビエルはそのような時代に、人々の救いを求める心に応えるべき空虚な社会情勢をみた。つまり、既述のポリュビオスの史観にあるような、ローマの覇権拡大が完結しその世界支配を揺るがす敵不在と見た慢心からくるローマ人の放逸と奢侈の風潮が蔓延し、少年愛と美食への耽溺へ走って行った時の権力者の末路に見たに違いない。(3)

その例を想起したのか一五五二年一月二十九日付、コーチンからヨーロッパのイエズス会員宛書簡に日本の宗教界の迷走振りの報告を挙げてみよう。

昔は、五戒「殺すべからず、盗むべからず、不貞をすべからず、救いのない事柄に執着すべからず、侮辱を許すべからず」(4)を守らない坊主達や尼僧達をその地の領主達は殺害し首を切ったが、現在では彼等の間ではその戒は腐敗している。つまり、彼等は公然と酒を飲み、隠れて魚を食べ、その言葉には真実はなく、公然と姦淫を行っても少しも恥と思わず、少年を抱え男色を罪悪視しない、しかもこれらの行状を認め、罪ではない、と言っている。世俗の人々は坊主と同じことをするという。寺院には下僕の妻と称する大勢の女性がいて、四六時中お互いに行き来して交わっている。(5)

一五四九年の二九と三三の複数の書簡でザビエルは次の報告をしている。

日本人は今まではキリスト教徒になることを奇異とせず、彼等は道理を重んじている。日本人の多くは道理に叶った事柄を聴くことを喜び、彼らの間で悪習や罪悪が行われた時、彼等に道理を示しそれは悪であると指摘すると、彼らは道理が禁じることを良しと考える。俗人は彼らが坊主と呼んでいる人々より、罪は少なく道理に叶っている。この事実明白なるに拘わらず彼らを尊敬するは驚くべきことなり。坊主らの間にはほかにも謬見（間違った考え）および罪悪多く、最も博識なるものは一層甚だしい。(6)

一五五一年九月二十九日（天文二十年八月二十九日）付、山口発、コメス・トルレスのインドにあるイエズス会員宛書簡がある。

ザビエルは山口に向う際に行動を開始するに当たり、イエズス会指示により、重量物であるが布教に不可欠な三節に後述する珍奇な贈物などを持って行った。大内義隆から布教の快諾を得るや、日本人の新奇な宗教への好奇心と、キリスト教に付入る隙を見つけたい仏僧たちが集まった。仏僧らは切支丹で禁じている仏僧の悪癖である男色への強い性慾は罪ではないと広言しているために、カトリック信仰の弘布を甚だ不愉快に思っている。禅宗の偉大な瞑想家のある人々は、無から造られたものは無に帰すと言われているために「霊魂は存在せず人が死ねば一切が死ぬ」と言っている。禅宗では「他に人びとが言っていることは、霊魂は常に存在していたであろうということ、そして肉体が死んだ時には、四大（○地、水、火、風の四元素。）がそれぞれの自分の所に戻っていくように、霊魂もまた同じようにその肉体に生命を与える以前にいた所に帰っていくと言うことです。また他の人々は、霊魂は肉体の死亡後に再び別人の肉体に入り、霊魂は永久に生まれ、また死んでいる」と述べる。また、仏僧らの多くの教えは、俗人より金銭を引出すために、現世の今、多額の金銭を奉納すればあの世において報われるので、その事を証明する御札を持ってあの世へ赴けば、仏道を妨げる悪魔は無事に通過させてくれる、と説いた。また僧侶は現世で崇拝させ、尊敬させるために、公に肉類も魚類も食しないことになっているが、ばれたら領主から寺より引き出され罰せられるので密かに食べている。(7)

フロイスも一五六七年（永禄十）の状況を報告した。

大坂の領主である石山本願寺の光佐顕如上人は日本では比肩する者がないほど、華麗で裕福で壮大な生活を営んでいた。一方で日本の婦人の堕胎はきわめて煩雑である。それは、貧困のため、多くの娘を持つことを厭うため、はしためである女であることなどから、十分な奉仕が続けられないからである。この事に対して、誰も不思議に思わない。そのための婦人達が取る方法は、出産後赤児の首に足を乗せて窒息せしめたり、薬草をのみ堕胎に導くのである。天正年間の言葉で堕胎のことを「産み流す」と簡単に使い、二十回も堕した実例まで挙げた。当然捨て子も多い、当堺の市は大きく人口が稠密なので、母親は海岸では完全に殺すために満潮時に捨てるか濠に投げる。いく度となくそこらに捨てられている泣き叫ぶ子供たちを見られる。通常それらの子供の泣き声を聞きつけた犬の群れが馳せつけ子供達を食べるのである。[8]

江戸時代まで、その流れは続いたのか。天草一揆宗門破滅に至るまでの宗門に関する事件を略述した『吉利支丹物語　上』に江戸時代の寛永頃も「日本の出家衆をきりしたん共さげしむ事」とある。[9] その一部を見よう。

右日本のしゅつけ衆は、なんばんの風俗にちがひ、旦那をへつらい、名利にふけり、重欲をかまへ、慈悲なく慳貪にして、高座の上にては欲を捨てよといひて、あとより拾わんとの心根、（中略）先出家に似合わぬ公事ずきをし、茶の湯数寄連歌、あるひは乱舞、鞠、揚弓、花見さかもり無益の事、学問疎くして、仏法をとへば、俗人にはるかをとれり、

海老沢有道氏はこの物語は反切支丹のための書でありながら、その目的を忘れたように「仏僧の腐敗を描写」していて、仏教界が元和偃武を経過しても天下太平の微温湯に浸かったままであることも示す、と述べられた。[10]

加えて為政者の側でも、周防の国山口の戦国大名の大内氏は、明国との勘合貿易の覇権を最後に制し、明・朝鮮との貿易で巨利を得て、後述するように、九州経営に当ることが多かった盛見の代であろうか、[11] 李氏朝鮮から「大蔵経」などの文物を求め、大内版を開版し公家を保護し都の文化を再現出来た山口ですら、一五五四年（天文二十三）にザビエルと共に来日したイエズス会員トルレスが見かねて手を差し伸べざるを得ない様相の報告の一部がある。[12]

相次ぐ戦争は、人々に極度の食料不足と飢饉の再現の苦しみを与えた。男女・子供とも地上に見られるものといえば死の光景と死を思わすものばかりであった。（中略）草の根を手にしたまま死んで入る者も見受け

られた。（中略）子供や乳児が父親や母親の着物にしがみついて食物をせがんで叫んだり泣いてるしている有様は、目撃者に断腸の思いをさせる（後略）。

若桑みどり氏が人間が地獄に行くか天国に行くかを裁く「最後の審判」についてキリストが話したときのことを取り上げられたように(13)、イエズス会には山口の住民の状況を救えなかった大内義隆のように、目は足元に向けず都に向け、マタイ伝(14)に示唆される如く「永遠の罰を受け」たと思われたかもしれない。

イエズス会の宣教師が為政者の目から見放された貧窮者や病人たちに救いの手を差し伸べ布教拡大のチャンスは拡大した。その一方で、人々を導き救済すべき立場でありながら、イエズス会曰く悪魔と見なした日本でも民衆仏僧の中心的宗派の例を挙げている。人々は一向宗の頭を大いに崇敬しているので、彼を目にするだけで多くの涙を流し、自分達の罪を免じてくれるように請う。人々の布施が甚だ多いために、日本の富の大部分は彼の元にある。毎年彼のための盛大なな儀式が行われるための参集者があまりにも多く、開門時には殺到するために多数の死者が出る。このための参集者の死は至福と思っており、そのために門内で故意に倒れる者もいる(15)。

埋葬方法についても、日本人には驚きの眼で見られた。

そこでイエズス会は行動する。先の山口における一五五四年の報告がある。

キリスト教徒達は、毎月一度、貧者達に厚い慈悲の心を以て食事を与えた。食前には彼らに十戒の講話をした。彼らが亡くなったときには、埋葬のために美しい墓石を置いた。最も身分の高い者たちが大変熱心に死者のために参列していて、日本のキリスト教徒達は全ての慈善事業は大変よいと考えている(16)。

異教徒等はわが死者を葬る方法を見て大変啓発されている。我等が初めて死者を葬りし時、三千人以上の人々が来会した。それは埋葬が盛大なるがためにあらず、（中略）さらに死にかけている場合、家の中で死なないように坊主でさえ、その病人を家の外に置いている。切支丹などが最も貧窮なる者に対しても、富者に対すると同一の敬意を表わすのを見て、その博愛と友情とを認め、我等がかくのごとくして葬儀を行うがゆえに、日本の人々とは大いに感化を受けている。我等の主キリストの教えに勝るものないと彼等は言っている。(17)

そこで一五五四年の報告で切支丹の行動と共に危機感をもった府内の仏僧達は、宗教上の法難者として、伴天連たちは人肉を食うのみならず、密かに死人を掘り出して食い尽くすとの風説の流布を図った。その証拠と人々に気付かせるために、仏僧たちは犬を屠殺し、夜中にその血を司祭館の戸口のあたりにぶちまけ、子供の屍体の手を投げ込んだ。(18)

その妨害にも拘らず切支丹信仰が僅かの年代の間に、たちまち階級の上下を問わず広く行われるようになったのは、その信仰に伴う奇蹟と見えたこと、その奇蹟を期待する心理と新文化吸収意欲も重要な要素であったろう。その頃の日本人の理解からすれば、ザビエルが天竺人と呼ばれ、切支丹は世界の果てである天竺または南蛮国から来たものと信じられていたようである。彼等の質の違う文化を持っていた異邦人が何か超人的な能力を持つと考えたことは洋の東西を問わなかったようである。世界に先駆けた先進国中国人は中東以西でも、神秘的力を振るうものと考えられ、逆に西域から来た胡人が妖術を行うと信じられたのもその当時の時代の思考であろう。加えて、彼らが商人と行動を共にして、先進的火器、優れた航海術、医術のような実質的に高い文化を振りまわしたのであれば、日本人の彼らに対する超自然的な能力にたいする期待は異常に高まり、彼らの説く新しい神の教えは、事実上社会の混乱や不安を救済出来なかった日本の神や仏の教えに比べて、現実的な御利益の多い教えとして受け入れられた。その教えの上に、神の奇蹟を強調したためにその奇蹟を期待し神の力に縋って社会の不安から抜け出したいと思う心理は一層高まり期待されたのであろう。元々日本でも加持祈祷に類する行為が横行していたために切支丹の教えもその延長線に信仰を集めたと考えられる。(19)

そのような時に日本の宗教界の様相は当節冒頭に例示したように分析され、治世・風俗を治すべき時とイエズス会は見たのであろう。仏教は本来インドにあった階級制度や差別を否定したはずである。尊敬に値するひとは、その生まれではなく行為にある、という。つまり四姓の一つでその最高の地位にある司祭者階級のバラモンは、彼のうまれ、あるいは彼の属する氏姓の故に一般人よりもすぐれたものと見なされるべきではない。徳行がすぐれているならば、そこで初めて尊敬を受けるに値すると主張した。さらに、人間の間に存在する階級的身分的区別なるものは全然無意義である、と主張していたはずである。[20] 一方プラトンやアリストテレスの時代にあったギリシャ人の国家は「奴隷は生きた財産である」とした。[21] 奴隷制の上に成立していた時代のことである。しかるに、前三〇〇年にシリア王からインドに派遣された大使のギリシャ人が教団に関する限り、仏教の主張した社会思想の平等の原則に立った宗教教団の存在を驚異の念を以って報告している。このように仏教は本質的には平等主義であったが、古代の普遍宗教でも現実には階級制度を除去できなかった。[22] 政治・宗教界ともに、釈迦の心を思い起こすことはなかったのか。

日本には忘れていた指導層が多かった。例えば、キリストの言葉の内と同様、他人に対してさえ奉仕の言葉があった。釈迦牟尼世尊の時代に或る修行僧が病気になり、仲間から捨てられたまま大小便の中に埋もれて臥していた。そのまま死んでしまうことが当然予測される。そこで沙尊は水を持ってこさせてこの病僧を入浴させて身体を洗ってやった。そうして言った、「修行僧らよ。われに仕えようと思うものは、病者を看護せよ」[23]。

そのような状況下、為政者の側でも求道者のような動きがあった。小田原の戦国大名早雲（一四三二〜一五一九年）の作になるとの伝承ある家訓がある。家中の武士への二十一条教訓の一部であるが、要点を挙げよう。平易な文章で家臣の日常生活と主君への奉公の心得を説く。当二節に後述するダンザンラブジャーの詩や終章最後に後述する覚鑁の懺悔文の誡めのようである。そのような価値観を共有出来た人物の出現こそが、日本人の心に想到させ得た。

第一条、　仏神を信じ申すべきこと。
第二条、　早起きせず遅く起きれば召使う者まで油断し使えず。その挙句主君にも見限られる。
第五条、　神・仏を拝むことが身の行いである。正直・公平にして上を敬い下を憐れみ、あるをばあるとし、無きをば無きとし、有りのままの心持ちが神・仏のおぼしめしである。
第十四条、上下万人に対し、一言半句にても虚言を申すべからず。かりそめにも有のままたるべし。
第十五条、歌道ない人は、何のとりえもなく無能と賤しまれる。
第二十一条、文武両道を用いて天下を治めるべし。

こうして民心を把握した(24)。その支配の方式は次の代へと引き継がれた。その子北条氏綱の治世下のことである。

「私なく民を撫しかは。恵みに懐つき移家。津々浦々の町人。西国。北国より群来。(中略)店を張。買売数を尽しけり。山海の珍味琴碁書画の細工に至迄無不盡。異国唐物未及聞未及見目物。幾等と云事なし。積置たる交易売買の利潤は。京四条五条の辻にも過たり。民の竈も豊饒して。東西の業繁昌せり(25)」。

戦国時代末期におけるキリスト教による救いの手は、救われる見込みのない一般民衆にとって御仏から手を差し伸べられたことと同じであった。その後生まれる織田信長、豊臣秀吉、徳川家康などにより絶対的封建体制へと固まって往く過程にあっては、現実追求、権力と黄金万能、精神世界の混沌という、民心安定にはほどまだ遠い百年であった。

戦国時代も下がるにつれ、仏教界も新局面に迎合、世俗に参画し、将軍家に阿り、政治と結び、または自ら兵を擁し戦乱の渦中に投ずる。蓮如の一向一揆に続く一世紀にわたる胎動は本論編一章四節に述べるように、天正八年(一五八〇)織田信長が介入するまでその支配が続くことに象徴される。

その頃の宗教界には、現実に目を向けた人物がいる。

室町時代以降、戦国時代までの仏教界における第一に挙ぐべき偉人として、辻善之助氏は東山時代に一異彩を放った天台の真盛上人（文安二年〈一四四五〉生まれ、その没年は明応四年〈一四九五〉）を紹介している。上人は天台の門において、一方では戒律を守り、一方では念仏を奨励した。その実践によって初めて本当の往生が出来ると唱え、近江の西教寺を中興した(26)。

牧野信之助氏は①～③のような真盛上人の信念を紹介している(27)。

①眞盛は出家者の生活規律として、仏前の勤行を定め、とくに睡眠と争論を制した。道場の建立は厳に施主任せとし公界の勧進を厳禁、無縁者の布施は受け取らず、寺領田畠の寄付は公事闘争の要因になるとして用いず。衣食は托鉢と檀家の布施に依らしめ、務めの飯は一汁一菜一果を過ごさず、病気旅行のほか非時食を禁じ、食後雑談して念仏の時間を費やすことを戒め、睡眠時もなお帯を解かず脱衣せず、口論者は両者共に退けるなどした。この内部に対する戒行は眞盛以前からあったが空文になり勝ちな行為を厳重に守り、肉食を絶った。

②武家へ要求したのは、当時の悪政の象徴であった関の廃止である。京都四方の境と七街道の関所は国に禁制発布や非常事態発生の防御機能を持つが、関所が関銭を独占するので商売が不便になり年貢の往来にも支障をきたした。寛正三年（一四六二）の例では、淀川がもっとも甚だしく「河上諸關三八十箇所之。仍洛中衰微(28)」した。眞盛はその関役、橋船賃を停止させた。信長の政治的主張に先だつ約百年前の「先見の明」であった。

③修道のためには欲望と貯蓄は無用であった。八代将軍足利義政の贈与をも身に着けなかった。その言動は、権門に対しても峻厳仮借することがなかった。伊勢の北畠氏が文明十八年（一四八六）に外宮の社頭を焼いたり、明応二年（一四九三）斎宮を汚した際に、眞盛はその神宮の尊厳を犯すべからずと説き陣を引かせている。仏者としての立場で踏み込み行動し日本人の国民性に従い、神宮を尊重したのである。

それでも守護大名など為政者層の仏教への関心もずっと深かったのではないかと思える事象が『朝鮮王朝実

録』に次のように見られた。太祖四年巻七（一三九五）四月戊子条の伊集院太守藤原頼久のように「称臣奉献礼物」、「献土物」などと、朝鮮王へ臣下の礼をとった。管見する一四事例から一部を挙げよう。

太宗　巻十九　十五年（一四一五）日本大内殿遣使来献土物、使者求大蔵経

世宗　巻二三　六年（一四二四）日本国王所求大般若経板。

世宗　巻四一　十年（一四二八）九州少弐藤満貞遣人件献土物求大般若経[29]。

一見反逆的な面を持ちながらも幕府や朝廷の権威を捨て切れない実力者の変遷の過程で、応仁の乱以来傀儡と分かりつつも頭にいただく伝統的権威の対象とされた歴代将軍の殆どが、働き盛りの年齢で死んだり殺されており、室町御所の畳の上で満足に昇天出来た将軍は一人もいない。将軍は政争の具とされていたのである。従って杉山博氏は天文の初めから信長上洛にいたるころの日本統治の中心部は、十六世紀の三〇〜六〇年代はまったくの空位の時代といわれる。この空白の時代の畿内に一つの焦点があるとすれば、それは長慶でもなく、久秀でもなく、むしろ石山本願寺であったと、いわれる[30]。

応仁の乱以降室町幕府崩壊により全国的統制はなくなった。守護大名たちが自己の実力によって政治的経済的に独立し得た。律令制度以来始めてわが国に制度としてではなく小国家が出現せざるを得なかった。すなわち当時の大名たちはその領国に関する限り、本来国家の権力に属していた立法、司法、行政、外交すべての権力を掌握したのである。その力は、初めての武家政権として成立した鎌倉幕府の将軍より大きな権力となっていった。大名の領国が政治的経済的に独立したことは、将軍と大名との関係における下克上の現象が行き着いたのである。また応仁の乱以来八十年経過した天文十八年（一五四九）薩摩に来たザビエルらには、足利将軍は服従せずとも尊敬されており、その上の天皇も同じで権力も経済力もないが、西欧人には理解し難いような不思議な力をもっているように見えた。それでも日本人は実質的には小国家群に分裂・独立していた日本国を同じ一つの国家と感

じていた。しかしその国家の独立は最終的には認められず、戦国時代の英雄による国家的統一へ進んだのである。和辻哲郎氏によるとその当事者は中世末期には、大名とその被官との関係における中層部による下克上という言葉を使用し徹底したとみる。その例に越前守護斯波氏↑その被官朝倉氏↑斯波氏被官の清洲織田氏の家臣であった信長。少弐氏↑その被官竜造寺氏↑その家臣鍋島氏。この上下の入れ替えは、応仁の乱によって武士階級の不統一を見透かされた一揆のなかに農民大衆の下克上も出現した。農村からでた青年が後に関白になる現象となったと言われる(31)。

しかもこの時代の各地の領主層は、自己の宗教観や利害打算において切支丹受容の許可権を持っていた。その結果、井手勝美氏も次のように論じている。

ザビエル以来、日本の当時の封建社会という縦社会では、まず領主の好意を獲得して布教活動の自由を保障する許可を得、家臣と民衆に対する説教の聴聞を義務づけ「現存する最上の宣教者は領主と殿である」と上からの布教方法を積極的に採用したのである。信仰の自主性などあり得ず、別に強制改宗が行われた。その進展に伴い日本人が反キリスト教感情をいだくようになった主な原因となった神社・仏閣の破壊行為が伴った(32)。

中華以外の西欧文明を齎す切支丹信仰が日本の国土に浸透できる条件が整っていた。そのような時代に竜造寺家や鍋島家が世に出た。

各種一揆が頻発する時代が示しているのは民衆の力であり、武士階級の力に拮抗するまでに発展したことが解るが、打倒できたわけでもない。しかしその過程において最後に勝利を得たのは民衆の中から出た新しい武士たちであり、下剋上は止揚できたといえる。表面上、上を破壊した下は民衆ではなく武士の姿をとって現われ、社会構造上に変革出来なかったように見えるが、これらの変化の過程で生まれた力が、新しい時代を作り出す原動力であったといわれる(33)。

このような時代の動きをみると、我々も次の同じ過ちを犯し身に覚えがある一篇の詩に心を向けざるを得ない。金岡秀郎氏が心を読むＮＨＫシリーズ『文学・美術に見る仏教の死生観』において紹介された。それは、ダンザンラブジャーという「幾多の法難を乗り越え今に伝わったゴビの活仏」で一八〇三年生まれ、同五六年に清朝政府に毒を盛られ暗殺された人物の詩である。日本人は李氏朝鮮王朝に臣下の礼をとってまで請うた『大蔵経』を生み出し得なかった。しかしモンゴルは同じ頃、四百年の歳月をかけて情熱と苦闘をもって、すべての仏典の集成であるモンゴル語の『大蔵経』を木版印刷で出版した国である。そのようなモンゴルは、チベットから仏典の翻訳と研究以外に、活仏の思想と制度も受け入れ、「ゴビのノホン・ホクトという活仏の名跡の第五世」ダンザンラブジャーという人物を世出したのである。彼は広漠たる砂漠の地南ゴビで他の先進地域に劣らぬ優れた精神文化を残した。ラブジャーは、彼の父を始めとし日本人も含め数多く育成した。当時見過ごされた女性教育にも熱意を注ぎ、多くの識字女性を誕生させた。文化は経済力や気象条件などの好環境条件がなくとも、その担い手次第で育つことを彼は証明した。その膨大な業績の中で特に著名なのが『恥ずかしや、恥ずかしや』という詩で、世界のどの時代、どの地域でも当て嵌まる普遍性を以て我々の心を浄化する。十八項目にわたる頭韻を踏んだ韻文によって世の中の恥ずべき人々を列挙した。数例を挙げる(34)。

イ、ああ、またも徳行を積まずして年を取りし老人たち、恥ずかしや
ロ、ああ、またも仏法に心を合わせざりし学匠たち、恥ずかしや
ハ、ああ、またも表で敬虔にして裏で食する弟子たち、恥ずかしや
ニ、ああ、またも家来を差別する貴族たち、恥ずかしや
ホ、ああ、またも権力を濫用する役人、恥ずかしや
ヘ、ああ、またも治療を考えず料金を考える医者たち、恥ずかしや

ト、ああ、またも他人の家庭を訪ねてはその妻らにせがむ夫たち、恥ずかしや
チ、ああ、またもしもこれらの罪が我にあるならば、衆生の中で我ひとり恥ずかしや、と最後は自戒を込めてラブジャー自身を恥ずかしい者とする。

このように日本人が恥を忘れる極め付けの時代になったことと、イエズス会が日本の宗教界を悪魔と喧然したことも相俟って、信長のような従来の宗教による縛りの鎖を破壊させる人物の登場を待たねば解決できなかった。ここで、日本人の心に宗教哲学的発想が生まれたのである。人々の心は釈迦の心の原点を見失い、人々の心深くキリストに救いを求める動きが発進したが、信長の死はその動きを止めた。その布教が危機に瀕する過程で、クレドのメロディを日本人向けに演奏する手段として箏を選択する動きのきっかけを創出したと考える。

二　中世西欧再生への動きと日本への波及

日本人は国体草創期頃から身近な唐物文物に憧れ、東アジア文化圏に組み込まれていった。十四世紀前半には吉田兼好が、日本人が不要のものまで買い漁る唐物流行を皮肉っている[35]。

日本人の未知との遭遇といえば、西欧人の日本に関する見聞録の嚆矢である文書が、ポルトガル船が一五四三年種子島に漂着して四年後に日本の国情をまとめザビエルに報告され、西欧各語に翻訳され各国に流布された。その中に日本人は「西欧の国々の国情をひどく知りたがる[36]」と知識欲旺盛だった。

ザビエルも鹿児島に着いての報告の書簡の冒頭に「この国の人びとは今まで接触した国民の中で最高であり、日本人より優れている人びとは、異教徒のあいだでは見つけられないでしょう」「日本人は独自の高い文化と精神生活を身につけている国民で、西欧文化と接触し融合することが出来る」と市井の人びととの性状まで把握して

いる。(37)

その日本人が知りたがった中世西欧社会の文化は、キリスト教が全ヨーロッパに普及することによって育成された文化である。その文化はルネッサンス以後の神中心主義の他主的文化を乗り越えた人間中心主義の自主的文化であった。(38)

日本へはそのような自然科学や哲学が、まったく異質な中国文化の伝統の中で長い年月かけて発展してきた日本社会に流入し、一部に知的衝撃を与えた。(39)

ここで、アメリカの哲学者・教育学者ジョン・デューイ（一八五九〜一九五二年）の当時の西欧の学問についての考えの一部から次に学んでみたい。

エリザベス朝のフランシス・ベーコン（一五六一〜一六二六年）は、その金言を「知識は力なり」とし、その時代の学問の全体系を役に立たない似非の知識とし、華奢な空想的学問であり怠惰とまで断定した。彼は当時の人文主義の動きを把握しその動きを鼓舞したのではなかろうか。ルネサンスの知的生活に重要な古代の言語や文芸などの古典に通じていた故の主張であった。そのように力を与えなかった学問とした内で、最も問題視したのは古代からスコラ哲学を経て歪んできたとする伝統的学問であった。これらの学問は万人共通の利益のために自然力を支配する力ではなく、ある階級、宗派、個人の利益のために他の人びとを支配する力を目指した。それはギリシャの科学に問題があるのではなく、些末な理屈、神学者たちの論争に勝つための詭弁やトリックによる十四世紀のスコラ哲学の堕落した遺産の責任であった。ベーコンの新しい方法は、古い論理学が目指した既知の事柄を教えるためのものではなく、これから獲得すべき発見の論理学であった。その道は唯一つ、自然の表面からは見出し得なかった科学的な原理や法則を追究することであった。ベーコンの批判によれば、古典的論理学の罪は不可避的に真理は既知のものであるという考えで精神を慣らし、過去の知的業績に満足し、これを批判的検討なしに受け入れるようにしてしまったことだと言う。古代を知識の黄金時代として回顧する傾向は、聖書を基礎とする中世の人ばかりでなく、非宗教的な文書を基礎とするルネサンスの人にもあった。

したがって未来に気を配る発見の論理学は、科学と同じく既知の事柄を論理的型式で繰り返すことではなく、未知のものを攻略することであった。その例として、十字軍、古代の現世的学問の復活、回教徒の進歩した学問との接触、伝統的な信仰の束縛を緩め調査征服すべき新しい世界の生き生きした感覚を生み、製造、貿易、金融、財政の新方法を生み出し、さらに発明を刺激したり実証的な観察と積極的実験を学問の元に導入した、レンズ、コンパス、火薬の導入、南北アメリカ—新世界—の発見と開拓などがある。こうした外的事実によって真理の変化と産業の変化が同時に起きた。これらによって政治的重心が変化し、個人は階級や慣習の束縛から解き放たれ、高い権威よりは自発的選択によることが多い政治組織が生まれることになる。かくて生まれる近代国家は神の作ったものと言うより人間が作ったものと考えられるようになる。(40)

したがって信仰への新しい態度も科学・哲学・美術など各方面と平行して、宗教生活の中世から近世への進展である。神を中心とする思考から人間を中心に据えることになる。その世界観は左記に述べるように、一五・六世紀において古代ギリシャ・ローマ文化の復興に伴う人文主義を生じ、また人間個人の人格価値をいっそう強調させることになる。(41)

かくしてめざましく発達したヨーロッパの諸都市には、封建社会の殻を破ろうとする自由な空気があふれた。すなわち中世権威を代表する教皇または教会の権力などの宗教上の権力による教権主義が、十字軍以降急速に衰微した。商工市民階級がカトリック教会およびこれと結ぶ封建諸侯に対抗して、都市の交流とともに次第に台頭し再生・復興を意味するルネッサンス運動が起こった。ルネッサンス文化の研究によって文化史に新生面を開き、また歴史哲学的考察に深遠な洞察力を示したスイスの文化史家ブルックハルト（一八一八〜九七年）によると「自然と人間とに目覚めた」ところに起こった[42]。

このように十六世紀イタリアのルネッサンスが最盛期を迎えた頃、ドイツでは教皇の権威を否定し聖書に基づく信仰を主張する宗教改革となって現れ、フランス人カルヴァンその他も含めて新教＝プロテスタントと呼ばれ各国に拡大した。逆にそれがカトリック教会には打撃となり、政治的権力毀損となったものの宗教的には損失より覚醒の得を齎し、対抗改革といえるカトリック精神の勃興を喚起した。元々その改革機運は後述するように十三世紀頃から修養と慈善を目的とするフランシスコ会や、学問と説教を事業とするドミニコ教団などの運動が芽生えていた。加えて反宗教改革といえる動きの先鋒にスペインのイグナチウス・ロヨラ（一四九一～一五五六年）が入る。彼は青年期に戦場で臨終になり死の恐怖を体感したこともあり、宗教的ドンキホーテとも称され、フランシスコ・ザビエル（一五〇六～五二年）らとイエズス会を一五四〇年に創立した。イエズス会の伝道精神は、自己を正し人類救済を目指し異端を征伐し厳格な軍隊式組織と布教活動により異教徒を感化するように改編していき、プロテスタントに対抗する以上に積極的勢力となった。同じ頃十五世紀末から拡張し始めた探検通商に伴って、イエズス会がまず新大陸や東洋に布教を始め、他の会も揃って日本にやって来た。イエズス会の対抗改革の効果が表れる頃が日本における伝道の最盛期であった[43]。

以上のような中世日本にとっての、文化の発信源たる西欧社会の変遷はカトリックも含まれる位階秩序の世界の壁が破壊され無限宇宙が出現する情景であった。だがそれはもはや宇宙霊魂の生気づける生ける自然ではなく、力学法則の支配する巨大な機械であった。思考の枠組みの完全な変化、いわゆる科学革命である。それは自然観、人間観、国家観、社会観、さらには人々の生活を根本的に変える[44]。

その思考上の革命的変遷の動きが十六世紀中頃にあり、その動きの波が、日本にも押し寄せ、地球儀を見ながら理性的な分析し得た信長を頂点とする戦国時代末期にかけ西欧文明が凝縮されて注入されるや下降し、日本人の思想形成上、一時的ではあるが新世界を夢見みて砂に吸い込まれる水のように影響し日本でも結実するかに見えた。

第一節で述べた日本の状況下、日本国内の十六世紀の三〇～六〇年代は中央政治空白の時代であり、政局は信長の進出を待たねば解決されなかった[45]。

西欧におけるキリスト教文化の変動を日本社会が受け入れ可能と確信し、中世社会を収束するのに中心的役割を演じる人物像を生み出す必然性が生じた。切支丹文化を許容出来、その吸収意欲が強かった信長やロレンソに象徴される人物を生み出した時代でもあった。一方イエズス会側は西欧文化を人参に錯覚させ国政の頂点の人物達を宣教しようと図った。その宣教を容認しようとした信長は一五六九年（永禄十二）四月、都における布教許可状発布に当って、フロイスらが和田惟政を通じて、当時の人々が飛びつきたがる珍品や金銀を提供しようとしたことに対して、信長は名誉を重んじていたらしく、その贈与を受け取るならば、予の品位は落ち、汝は予がそのように粗野で非人情に伴天連を遇すれば、インドや彼の出身地の諸国で予の名がよく聞こえるか、と当時の日本の為政者層にはない突出したグローバルな視野でものを言い、むしろ無償で和田氏にイエズス会が気に入るような允許状を作成させ、それでいいか伴天連に問い合わせさせている[46]。

石田一良氏が思想史の立場から、みられるように信長がイエズス会を保護した理由は「キリスト教が信長に代表的に現れた新時代の精神的要求にこたえるものをもっていたと考えられる[47]」。信長のような人物の存在こそが、イエズス会がつけ入り、当初僅か数人で始められた筈の動きを飛躍的に拡大するに当り、トップダウンを図る戦術を取った成功の原因と見得るだろう。

元々新宗教を受け入れる側の日本人の宗教観をみると、鈴木大拙禅師によれば、「日本に次の言ひ表し」がある。「天台は宮家、真言は公卿、禅は武家、浄土は平民」と。天台と真言の儀礼、儀式が華麗豪奢でその嗜好に投じ、浄土はその信仰と教義が単純ゆえに平民の望みに合い、禅では究極の信仰に到達するために、最も直接的方法を選び、その遂行に武人に必要である異常な意志の力と直覚を要求していた(48)。

そこで中世末期頃の日本における為政者の思考を考察してみると、序論編二章や本論編一章でみるように切支丹の考えに同意できる思考が芽生えつつあった時代である。その為政者の思考の中核となりつつあった武士の道とは何か、武士の道の倫理化と宗教について、武士階級が切支丹に同意出来ていったかの要因の一つを、以下和辻哲郎氏の考え方に以下学んでみたい。

鎌倉時代の仏教界のもっとも大きな業績として、武士階級の勃興と時を同じくして武士の社会に献身の道徳が創りだされたのと相応じて、新しい信仰運動が起こり、普遍的な慈悲の道徳が挙揚され、日本人自らの宗教的体験によって仏教を消化し、この時代の人心を支配したということである。この鎌倉仏教は世界的宗教として実現せられた三つの類型を、人と絶対者の関係に着目し武士の主従関係のような狭い人倫関係に閉じ籠ることなく、仏教の地盤の中から次のように刻みだしている。

法然、親鸞の念仏宗は、慈悲を絶対者とする絶対帰依の信仰であり、愛の神への絶対帰依たるキリスト教と類型を同じくする。

栄西、道元に始まる禅宗は絶対空（「心」あるいは「「我」とも呼ばれる）の諦観（明らかに真理を観察すること）の上にたつ実践的認識の宗教であって「悟り」を中核とする「覚者の教え」即ち仏教を一つの類型として純粋化したもの。

日蓮の法華宗は、経典への絶対信頼と、その信仰の意思的実行的な表現とにおいて、コランへの絶対信頼と端的な征服とを特徴とする絶対服従（イスラム）の宗教と同じ類型に属している。

これらの宗教の形成は武者の習いの新鮮な活気が渦巻いている中からなされたと次のように見られる。日蓮宗は武士的な意力《ママ》、武士的な知的単純性、武士的な信頼の情、特に武士的な献身の道徳と関係がある。禅宗もまた武士の気風と相通ずる。有力な帰依者が武士であり、鎌倉において最も重んぜられたのが禅宗であって、身命を放擲して専心打座するという烈しい気組みにおいて、武士の献身の道徳と極めてよく似ている。

念仏宗を法然が掲げたときには、社会の主導的な役目が武士に移っていた。初めに平知盛に仕え、のち源頼朝に降り、平家追討に功をなし、のち仏門に入り法然に師事した熊谷直実などのように、武士的な絶対信頼や献身の情が絶対帰依の信仰を助けていた。『平家物語』巻九第八六句の難所の戦いの悲痛な決断以降、もはや直実は報奨や功名から心は離れ、武勲に輝く軍歴を捨てたことも機縁で出家した。余生を念仏行脚に捧げ、太陽が一日の休息を求める憩いの場所である西方の極楽浄土を乞い願った。作り話的ではあるが、優しさ、憐憫、慈愛が武士のもっとも血なまぐさい武勇を物語る特質であることを示している[49]。

これらの信仰の立場を大成した親鸞は、武士の習いが最初に形成された関東から興ったとさえ言われる。しかし、仏教は初めから「出家」を説くことによって宗教の立場を要求したゆえ道徳の立場とは違うのである。その出家はただ家の生活からの超脱のみならず、一般的な主従関係というような人倫関係からの超脱を意味した。それでも、その徹底から得られた境地は一般の人倫的な生活を土壌としているのである。キリストや釈迦を初め古来の宗教家は、個人の立場から直接に人倫的全体を通ずることなく、絶対者の中に還ることを教えたのではない。一般民衆にとっては仏教が精神的食料として欠かせないもの故、彼らは人倫的組織のただ中に帰って、そこに「新しき人倫」を説き、あるいは模範的な人倫組織としての僧伽を形成した。かく見れば、優れた宗教は個人の立場から直接に絶対者に関係することを教えたのではなくして、有限な人倫的全体を通じてのみ絶対者に行くことを教える。その成員には慈悲の行いを徹底することが要求された。実際にはその理想は未達成に終り、僧団も数世紀に亘り腐敗化した。しかし民衆の期待は膨れ上がるばかりであり、念仏の流行、慈悲の宗教への憧憬として民衆の信仰への要求が芽生え、武士社会に武者の習いが成立していくのに連動して新しい信仰運動が高まり連動し鎌倉仏教を押し出した。一方ではその絶対者を絶対の真理として理解するにしろ絶対帰依の態度は阿弥陀佛も武士の主君への完全な献身の態度にも通じるものがある。(50)

三　日本人の新世界への目覚めと反応

旧来の主従関係による鎌倉武士の全国的統制が崩れるきっかけの一つとなった後醍醐天皇の皇子護良親王や楠木正成達の蜂起は、全国の武士階級の間に反幕府運動に火をつけ、「鎌倉又たいらぎぬ。符契を合する事もなかりしに。筑紫の国々陸奥出羽の奥までも同じ月にぞ静まりにける。六七千里の間一時に起りあいにしに。時のいたり運の極りぬるはかかる事にこそと不思議にも侍りしものかな」。こうして全国的主従関係が崩壊し、熟した柿のように元弘三年（一三三三）鎌倉が落ちた。武士団体の本質である主従関係と、国民的統一を表現する天皇への服従関係とが原理的に異なっていた。全国的主従関係はたんなる形式化し名目上もきっかけとしての権威も得ることを得ず崩壊していった。社会革命たり得ず国民的組織の復活でもなかった。かえって個々の武士団体はその勢力を強めた。彼らは依然として主従関係を基礎とはしていたが、主君の資格としては、伝統よりむしろ武力、財力、胆力、政治的手腕を包含する実力が重んじられたようで、武士団体相互の戦いは、その実力を持った者がのし上がっていき統一への動きとなったのである。(51)

かつての守護大名はせいぜい領国内の在地領主層を被官として臣従させ得ただけで、農民の直接支配の貧弱さゆえに台頭する国人・地侍・宗教を含む一揆の前にあえなく屈服する例も少なくなかった。戦国大名は同じ過ちをくりかえすことは命とりになる。その結果が、ヴァリニヤーノらの目に写った情景であろう。(52)

そのような戦国時代は、地方の守護が幕府の制御に従わず、群雄割拠の状態となり彼らは政治体制を整え民政に尽くす政治を生み、さらに絶大な政治精神、自己権力の拡大を目指した。従って欧州本国類似の「王」に近い治外法権を持つ小国家の成立に類似した状況を作った。加えて、時代は兵備軍役に傾斜した軍国的、武断主義的指向に輪をかけていった。かつ地方民の領主への服従は、古代氏族制度にみた家長への服従への変移形態ともいわれる。[53] 九州にあっても大友氏、島津氏、竜造寺氏しかりである。戦国時代には、多額の経費が夫役として賦課され、領内の不満が上下にみなぎり、大内義隆が天文二十年（一五五一）四十五歳で陶高房の謀反で切腹した時には、山口在住の公卿も一人残らず殺害された。大内義隆は東シナ海に君臨し五島や平戸を本拠地とした後期倭寇の頭目王直と交渉を持ったり、主導権を持っていたが、明との勘合貿易もこの頃に終った。[54] このような動きから成長してきた武士の道は、武士が守るべきものとして要求され、教育を受ける道徳的徳目の作法として作り上げられたそれは口伝によるか、家臣および民衆の支配に腐心した支配層から生まれることが多い。それだけに実際の行動に当っては、強力な拘束を伴い人々に掟を自覚させてきた。何百年にも亘る武士の生き方の有機的産物であった。[55]

死に向かい合う武士が新世界を求め始めたのではないか。

次に述べるキリスト教の教えを心の癒しと感じることもあったろう。

その新世界への伝道者ザビエルが一五四〇年にローマ教皇パウルス三世の公認を得て、教育を布教のための最も効果的武器とし、青年者並びに未信者にたいする教育を日本で仕掛けるためにイエズス会創立九年の後の一五四九年（天文十八）に鹿児島に到達した。他の教団も相次ぎ、日本へやってきた。[56]

キリスト教受容時代になると、武士の思考性に新たな発芽を見る。フェルナンデスとザビエルが大内義隆領で毎日街頭に立ち説教をしていると、身分ある武士達がその教えの内容を正すために、自宅に二人を呼んだ。そして、もし二人の教えが自分達の教えより優れているならば、それに帰依すると応えた。ザビエルらは宗論において、各々異なった教義をもつ九つの宗派を論破出来るような信仰の内容を正確に説明出来ていた。しかもどの宗派を選択するかは、人々・家族がそれぞれ選択自由であり強要しないような状況を把握し報告していた。当時の武士が外来宗教を受け入れるか否かの分析時における合理的思考をしている姿が把握されている。従って、山口におけるキリスト教徒になった人々の多くは武士であって、書き盡せないほどザビエルとフェルナンデスは親しい友人関係になった[57]。

来日したザビエルの在日期間は三年三ヵ月間であるが、薩摩で伝道を始めるや滞在十ヵ月にして上層武家を始め百五十名ほどに受洗させ、既述のように豊後では大友宗麟の尊崇を受けた[58]。山口の大内義隆領でも国主らの厚遇を得、成果を挙げた。ザビエルが鹿児島から一五四九年に出した「書簡第九〇」が述べる。京都や奈良の詳細な寺院情報のほかに坂東には、仏教徒がそれぞれの宗派について学ぶための、日本で最大の、下野の足利学校と呼ばれる大学がある。足利学校では十五世紀以降禅僧の指導にあって、漢籍や儒教の学究の中心となった、日本の書籍を学び、仏教の教義や倫理、天文学や医学をも学んだ。山口にはこの足利学校で長年学んだ町一番の学者と評判の学者がおり、日本の宗教は真理でないとして僧侶をやめていたが「この世を創造した御者を常に礼拝していた[59]」。いわゆる知識人が洗礼を受けている。

日本の仏教者の本質について、イエズス会側は序論編二章のように既に把握していたが、教義によると、地獄に落ちてもその宗派の創始者の名を唱えれば地獄から救われる故、キリシタンの教えでは、救われないのは悪い事ゆえ仏教の宗派の方が慈悲に富んでいると言っている。そこでこのような場合の重要な疑問に対して、ザビエルらの説明では、「主なる神の恩恵のお助けによって、罪の償いができる」と説明したら彼らは満足した。このような理性的な理解の仕方は、日本以外の人びとでは見られなかったことであった。日本人は好奇心が強く知識欲が旺盛で、限りなくザビエルらに質問し、その答えに対しての彼らの論じ合いは尽きない。日本人は足利学校で一部の学僧とはいえ天体のことなども学んでいるはずであるが、地球が円いことも太陽の軌道のことにも不知であった。従って流星、稲妻、降雨や雪などの天文学や気象に関しての質問も絶えず、知識欲の旺盛さに璧壁しているがそれに対する返答に大変喜び、ザビエルらを学識ある者と理解したようであった。この事は、宣教上からも日本人の共感を得るのに容易であった[60]。

しかも、ザビエルらに対する日本人の質問攻めの執拗さには、聖務日課を誦える時間を欠き、諸公事や睡眠の時間さえ不足するほど参っていた。日本仏僧との宗論における返答のためには、深淵な哲学者で、弁証法に通じないと、日本人の矛盾をつけないと記す[61]。

その傾向は続く。一六〇五年（慶長十年）に至っても、大名達は京都に上ると、公方様にならって、神父達を訪問し、中には教義を聴く者もあり、また科学、殊に数学や天文のことを談じ、仏僧達の無知を笑う者もあった。彼らは遊星の運行を説明するように出来ている機械を示されて、科学的の証明に感服し神のこと、救済にまつわる事も亦信ずるに足るだろうと推定した[62]。

わずか数人の宣教師による宗教運動として始められたはずの切支丹の運動は、八十年の間に日本の歴史展開の方向を左右した。その文化や思想の交流の媒介するもの最も重要なものは「言葉」である。切支丹が理解させたい神的啓示を中心とする言葉には哲学・神学的問題が含まれている。つまり人間に与えられた啓示ゆえ、神の言葉を人間の言葉で表現するばかりでなく、異教徒の日本人を宣教するには新たに日本語とその文化、その思想と信仰の違いを乗り越えて、時には仏教徒の場合にはその思考を媒介として、日本人を切支丹化させた[63]。

そのためには中世末期当時の日本にはない日本人が欲しがる珍奇な品々など、新しい文化や商取引による利益誘導や軍事を含めた情報を齎すことも手段となった。ポルトガル人達切支丹にとっては布教活動の費用捻出にも役立った。第一節で見てきたような停滞状況の日本の支配層もその流れに競って乗り、桃山文化を生み出す日本で再現されるルネサンスに相応しい状況を迎える。

守護大名大内義隆がいたずらに学問・芸能にふけり、経費を厭わず公卿らを厚遇し、その位階も天文十七年（一五四八）に将軍以外では望むべくもない従二位に上がっていた。その頃キリシタン側は、義隆の歓心を買うべく、一五五一年（天文二十）四月に訪問し、珍奇な歯車時計・燧石銃・緞子・老眼鏡、望遠鏡などを贈っている。「天竺仁ノ送物様々ノ其中ニ。十二時ヲ司ルニ夜昼ノ長短ヲ違えず響鐘ノ聲ト十三ノ琴ノヒカザルニ五調子十二調子ヲ吟ズルト老眼ノ鮮ヤカニミユル鏡ノ影ナレバ。程遠キケレドモクモリナキ鏡モ二面候エバ。カカル不思議ナ重宝ヲ五サマ送ケルトカヤ(64)」。

ザビエル来訪以来切支丹の歴史が始まり、日本国民は始めて西洋思想に接した。その伝道は神の他に貿易にも頼った。ポルトガル国王の保護下にあった宣教師は日本の不安定な政治状況を把握できる立場にあり、同国商人は宣教師の指示下で動かざるを得なかった。当時布教は封建諸侯の一存にかかっていたということもあり、南蛮貿易は歓迎しても切支丹宗門には拒絶し始める松浦氏や島津氏も出現した(65)。宣教師は貿易の利益で諸侯を引き付ける策をとった。

キリスト教の宗教性だけでなくその文化の流れが忍び寄ってくるのを最も敏感に感じ取った日本人の一人が織田信長であり、彼はその流れを受け入れたのである。既述のような救いを求める民衆が為政者及び慈悲を説く宗教界から見放されたとの自覚の状況に、西洋の宗教が手を差し伸べたことも大きな要因であろう。その結果、改宗した日本人の多くはきわめて熱心な信者になった。

ザビエルは一五五二年一月二十九日（天文二十一年一月四日）鹿児島に滞在中、ザビエルはヨーロッパのイエズス会員宛て書簡にて、キリスト教徒に教理を教え、日本語を習い、神の教えに関する多くの事柄を大変苦労して日本語に翻訳することに専念している。さらにそれをローマ字で書いていると報ず(66)。

他方、切支丹の信仰はカトリックの伝統を受けている。これによって信仰の源泉および基準は固定した言葉で書かれた聖書と常に教会の中に生きる信仰の流れである聖伝からなっている。二千年近く前に固定した言葉である聖書は、いわゆる神感（インスピレーション）によって書かれた神の御言葉である。キリスト自身は教理書を作成したことはなく、専ら説教に重点を置いた。弟子達にも万民に福音を宣べ伝えさせたので、十二使徒や初代の宣教師も説教を中心に宣教した。この教理説教が信者の生活全体の基準になるために信仰箇条の編成がなされた。最も古いものの一つは序論編で既述の使徒信教であった(67)。

このような切支丹教会が直面する用語問題として、その概念を伝えるための思想的・宗教的用語は仏教語を利用した。日本人は当初から仏教を介してキリスト教を理解したのである(68)。庶民層が切支丹への駆け込みが出来たのもその結果であろう。反面、その教理的理解過程における誤解・誤認は避けられなかった。両宗教の崇拝の混淆・折衷、または異なる教義・儀礼の添加などの転訛もそうした理解にも一因があった。しかし、創造的主宰の絶対神Dsという根本教理を、当初「大日」とした大失敗を始め、押し寄せる仏教僧との宗論における苦い体験も避けられなかった。当時ザビエルのローマのイグナチウス・ロヨラ宛て書簡にて、天地創造やキリストの生涯に関する玄義の全てについて言及した一冊の教理書を日本語で作った、とある(69)。

しかし、翻訳する困難さからイエズス会士らは、本質的教理に関するものはポルトガル語やラテン語Deusのように原語で示すなどして一五五五年（弘治元年）には日本教会用語の基礎を確立し、仏教と対決しつつ教理の移植を図った。

その要因は切支丹が日本の人々の安らぎに対する願望に仏教などが応え得ていないことを感じていたために、仏教語を媒介として教理・信仰の伝達を図り、贖罪信仰への昇華を導く切欠となった。そのような条件下、日本の神儒仏それぞれの特質を持ちながらも、三教一致的に共存する宗教社会にキリスト教も接触した。特に仏教とは対蹠的（正反対）哲学を持つ二大宗教の直接交渉は、日本においてのみ見られる。かつ精神史的には日本浄土教の阿弥陀信仰と、衆生の悉皆成仏（一切の命あるものは成仏する。）という救済信仰の上にキリスト教が伝えられた。それは、わざと仏教の真似をしてごまかそうとしたものではなく、伝える者も伝えられる側においても自然の成り行きであった。宗教・哲学的概念の媒介には既存の仏教語しかなかった。印度の仏教を受け入れた中国人も、仏教受け入れの際の格義仏教の過程を踏んでいた。ロドリゲスの数寄の世界の報告にも見られるように、イエズス会士らは日本文化を詳細に分析し、順応を目指した。教会をわざと寺とも称し、位階も禅の僧階を該当させ、仏教界と対等の宗教的権威と服装をもって日本社会に接した(70)。

このような動きの中でのH・チースリク氏はキリスト教の日本思想との出会い、もしくは日本同化の場は、むしろ切支丹の信心に現れて来る。キリスト教は教理自体、普遍的なものであるのに反して、信心つまり実生活に現れる信仰の態度は、時代・風土・民族・男女の別、個人の性格などと種々の心理的条件によって大いに異なってくると言われる。その信心生活の形成に役立った要素として、同氏が挙げている「新しい信心」とは、当本論編に挙げるように新しい信仰態度であり、教義上の問題より、宗教心理学として捉える(71)。

その過程で、東西異文化とキリスト教と日本宗教の違いからくる信念に基づき、既成概念の破壊と切支丹によって紹介されたヨーロッパの近世文明の知識に飢え吸収意欲の強い為政者なかんずくトップの織田信長や宗教界などとの仲介役に立ち得た日本人初のイエズス会士ロレンソによる動きを模索することになる。ロレンソの天才的な語学解釈力と思考力には、両宗教観や東西文化の異同を把握し、対する人々を理解納得させるものがあった。加えて、そのような人物こそが布教活動の最も重要な手段として、当時の琵琶法師の演奏曲目の平家琵琶などによって人々の心に訴えた表現力をグレゴリオ聖歌により人々を宣教するために活かせた可能性がある。その手段の楽器として、箏が佐賀藩で演奏された過程でその演奏者の手で伝存された可能性がある。少なくとも彼のような能力と意欲を持つ人物がその橋渡しの過程に介在出来る可能性を持つ。

四　期待される人物像の登場

室町時代はその武家社会の秩序が徹底的に崩壊した。新たな統率者としての資格は、腕力や武芸の力だけではなく、人々を心服せしめ、統率し、集団を意のままに動かし得るような人格の力、意志の力を持ち得ることであった。かくて彼は伝統や権威を圧倒し得た。その候補は都出身であることを要しなかった。応仁後の一世紀はわが国の社会組織が根本的に解体され、政治的統一は失われ、伝統的束縛も打破し、皇室とそれを中心とする伝統以外は消し去られた。反面その動きが近世と云う時代を迎え得た地盤であった。長期にわたる沈殿と腐敗をも消し去った。その反作用として振り子は統一への絶えざる闘争の現象を生み、大小の領主層は実質的にその治外法権的権力を持ち貿易も宗教的統制もなしうる独立国の様相を呈した者もあった。こうした争闘はかえって人々を内心の平和への希求に追い立てた。だからこそ混乱と破壊との中から積極的能動的に創造活動が燃え上がった。つまり、農民の団結による武士への圧迫、町人の活力による都市の発展と海外への飛躍が、イタリアのルネッサンスのように安土桃山の文化を開花させた[72]。

そこから茶の湯と同じく宗教音楽の文化も生まれ得た。その頃西欧文化が押し寄せた[73]。右のような社会秩序を作り変え得た典型的人物群の中に、和辻哲郎氏が見られたような例の中から第一節に既述の北条早雲を挙げ得よう。

戦国時代に傑出して社会体制を手にするための基本的条件を考えてみよう。既述のようなルソーの教訓を忘れてはならぬ。その中でも信長は、前述したように自らを生き神との自意識をもち、キリスト教を保護しデウスとの一体感に近い意識を持ったように理解出来る。戦国大名の中に後年キリスト教の倫理性を主従道徳に当て嵌める理解が生じた[74]。

鎌倉時代の「貞永式目」第一・二条では、敬神崇仏を成文化したが、秀吉は『松浦文書』の「伴天連追放令」にもあるように、日本は神国である故、邪法（キリスト教）を布教することは悪い、大名が支配下の者を門徒にし、神社仏閣を破壊しているが前代未聞のことである。と触れたように国家思想として皇室奉戴による統一を目指した。江戸時代初期にも西川如見が我国のことを「神国の儀にして、神明を敬信すること、異邦に勝れるあり」と述べたように[75]、日本の中世においても、人々や時の権力者にはその権力は天から与えられたものという信仰的な確信により、政治的権力が生み出され、民衆もそれが正当な権力と思い従った確信的な信長の統一過程では見ることができる。井手勝美氏がいわれた社会体制が変革する時に、それを維持する最低二つの基本的前提条件の一つ「社会的原理」に信長の洞察力が他の戦国大名より一歩深く近づいたであろう[76]。

大友宗麟のような「王」たちの支配体制は大名領国制と呼ばれる。民衆たちは、その大名たちと服従せられずしてしかも尊敬せられている上位の帝王を二重に認めていた。民衆自身は支配者たる武士階級だけの独立した大名の国民たることを欲せず、あくまで日本国民たろうとしていた。そのような国民的統一の意識をあらわしていたのが、当時の伊勢参宮の現象であろう。本来、伊勢神宮は皇室の祖先神である天照大神を祀り、天皇の直接奉祀の神宮であった。しかし和辻哲郎氏が庶民も鎌倉時代には参詣したことは間違いないとして挙げられた承平四年（九三五）九月「参宮人十方貴賤ヲ論ゼズ[77]」の記録も残る[78]。

一条兼良『樵談治要』の冒頭に「一　神をうやまうべき事　我国は神国也。（中略）又君臣上下。をのをの神の苗裔にあらずということなし」「天子は百神の主也と申せば。日本国の神祇は。皆一人に掌り給う」などと南北朝のころから言い出した。鎌倉・室町と続くにつれ、朝廷が著しく衰微してくると朝廷からの伊勢大神宮への支えも覚束なくなる。本来、一般人民の参拝は許されなかったが、神宮の維持策として伊勢へ参詣する講などが考えられた。朝廷からの保護の代わりに一般の人民の信仰を可能とさせ、保護を受け参詣も認め維持しようとした。民衆は道路の荒廃に加え、いくつもの政治的対立圏を掻い潜ってはるばる伊勢へと向かった。そのためにかえって一種の神秘的な天皇を敬う尊王心の人民への拡大となった。「その後の日本の尊王心の歴史から申しても、この間に一般人民の胸裡に染み込んだ敬神の念とともに養われた尊王心は非常なものである」[79]。

それで一時朝廷が衰えても、その根本の精神的動きには影響なくその普及は下降していった。歴史的事象の動きから、民俗学でも言われるように中央貴族の文化と生活風習は、時を経て地方の民衆の憧れと模倣をもたらした。このような伊勢神宮崇敬の動きは、謡曲や物語と同様の文化的産物には同じ意識がある。したがって民衆の意識的動きには、領国体制の拡散にみられるような政治上にみられるような分裂は見られなかった[80]。

その意識拡大の発端は、過去に恐怖感をもたらした蒙古軍の襲来時の動きにも見えよう。しかし古来「神風」と呼ばれた大風雨の文永十一年（一二七四）の役と弘安四年（一二八一）にはうまい具合に自然の嵐に元軍が壊滅した[81]。

国家存立への危機意識、それは為政者層だけのものではなく、流言飛語も広がってくるのは「ひいてはわが身に及ぶ」と、民衆が身を守るための情報収集手段でもある。伊勢神宮への祈願も国民の関心ごととなった。神風が蒙古軍を殲滅したという解釈は、伊勢神宮に祈願した国民にとってありがたかった。

弘安の役後さらに同参宮現象の隆盛が見られる。伊勢まで行けない民衆の間にも伊勢神宮参宮をお守りを持つような意識が広まったのではなかろうか。和辻哲郎氏が曰く「恐らく誇張ではあるまい。ちょうどその頃に伊勢神道が勃興してきた」[82]。そのような記事が「稀代之珍事（中略）凡遠分万邦之参宮人、不知幾千万之間（中略）弘

安十年（一二八七）九月十八日」とある。(83)

天正三年（一五七五）に至っては、九州の最南端の領国主島津家久までもが伊勢参りをする。(84)

既述した天台宗の真盛上人の伊勢神宮の尊厳を冒させないような動きも人々の心に影響をあたえずにはいられなかったであろう。その役を演じたのが自ら諸地方に廻り民衆の参詣代理人といえる神宮の神人たる御師たちである。農民も地方の片田舎に居ながらにして伊勢神宮に初穂を捧げえるようになった。こうして、民衆の間には同じ信仰意識を持つ仲間意識から成長して、伊勢神宮を中心とする同じ国民という統一的気持ちが芽生えたことも考えられる。同じ頃から日本の国家は独立性を帯びたような諸大名の勃興や分裂によって、「皇室の式微が絶頂に達した(85)」と内藤湖南氏がいわれたように、庶民の中から頂点に躍り上がれる可能性を生み出したのである。

こうして当時の諸英雄達が日本の統一という意識を持つのも自然の成り行きであった。その競争原理のなかで、信長を始め伊勢神宮に近い濃尾の平原から出たのである。しかも戦国時代を通じて新しく支配階級としておのれを現してきた武士達は、民衆からその優越性を承認せられたがゆえに支配者となり得た。応仁の乱後の京都の政治的求心力は地に落ちていたが、それでもなお、そこには服従せられずしてしかも尊敬せられている帝王が都〔みやこ〕にいた。その尊敬は国民的統一の意識と結びついている。(86)

信長は疲弊した人々が期待する戦乱という密林を切り開き、日本の分裂を除去し始めた最初の人であって、日本のほぼ半ばを平定したのである。その結果「他の地方も彼を恐れて正に全面的に降服しようとする状態にした(87)」。

後年の一六九〇年（元禄三）に来日し、日本の情勢を分析したドイツ人ケンペルによって分析された、日本人が認識している天皇観も同じである。徳川氏は朝廷とは全然別箇の自己の権力を占有して、最高の君主権の完全分離を実現した。しかし徳川氏は家系が若いので、自らは絶対に皇位に就くことは望み得なかったが、この先祖伝来の神聖な皇室から俗界政治の全権力を取り上げ、兵馬の権を完全に自己の手中に収めた。ただし教界に属する事柄については、一切の権力を少しも損なわずにこれを天皇に保留し、天皇は現にその権限を享有し神々の正当な後継者として認められ、現つ神として国民から尊敬されている。しかし、国家権力の強奪者は天皇から俗界統治の象徴である宝冠を剥ぎ取ったものの、これを自らかぶるわけにもいかなかった[88]。

宗教においても権力闘争においても、伝統を破壊するのに躊躇いをもたなかった織田信長がこの古い伝統に対してのみ従順であったのは、伊勢神宮崇拝の現象が身近であったことと、父信秀が『史料綜覧　十巻』天文九年（一五四〇）六月六日条に「尾張織田信秀、豊受大神宮假殿造替ノ資ヲ度同宮ニ寄進ス」とあるように勤皇家として知られるほどであったこと。『多聞院日記』天文十二年（一五四三）二月十四日条に、内裏築地四面の屋根の修理料として四千貫文を献上し「於事実者不思儀ノ大栄歟」と京の人々を驚かしたことなどから、そういう中央工作も怠らないことを学んでいた[89]。父信秀が朝廷の許可を得て下向する京の公卿を大事に祀り上げた行動の一つに、山科言継らを高名な文化人としてひたすら賓客として扱っていた。信秀は自ら津島社まで迎えて、馬に乗せ、自らは徒歩という鄭重さであった。山科言継は多くの織田家家臣団と和歌・鞠道の門弟関係を結び、相当な額の束脩をせしめ得た[90]。

この認識を生まれながらにして身に着けていた信長の際立った行動や考えは、若年時から計算ずくであったことが推測可能な逸話が多い[91]。

その後、信長も朝廷と関わりを持つ場面が生まれた。享禄元年（一五二八）生まれと推定され、永禄五年（一五六二）に禁裏御倉職を拝した立入宗継の織田家の家臣道家尾張守との縁故による交流を宗継孫の直頼の記録などに見よう。

立入宗継は永禄七年（一五六四）十月に信長に面会した。面会の場にて宗継は禁裏御料所が三好・松永など武士の専横により横領せられて朝家の衰微甚だしき事態に至り、退転の公家相続、御領所、修理のことなどの綸旨を信長に伝えた。信長これを奉じ、花押を押し「両三年にして聖旨に副いえんことを誓った」。その綸旨下付の過程で、信長が、「天下之王様へ従、是こそ御礼可申上に御道服頂戴冥加至極難有仕合、此御威光を以、兇徒致退治、追付罷上御禮、随分御馳走可申上候」と述べたと直頼が書き残した。永禄十年（一五六七）尾張・美濃二ヵ国を領した同年十一月、信長は「天下布武」すなわち政治信条として武力による天下の統一・支配の意思を表明し生涯使用する印文を持つ朱印を使い始めた。正親町天皇からは、これらの成功に対して朝廷の折り紙といえる綸旨が届けられ、尾張・美濃にある御料地の回復を委嘱し、信長のことを「古今無双の名将」とある。[92]

かくして信長は永禄七年（一五六四）と比定される[92]「越後上杉景虎宛書状」に用いたように天下と云う言葉を用いるようになる。[93]

信長を頼って入京した足利義昭は永禄十一年（一五六八）十月十八日に室町幕府最後の十五代将軍に据えられた。義昭は当初は信長に感謝した。永禄十一年十月廿五日に「信長御感状御頂戴の事」とあり、その文言に「武勇天下一」「弥々国家の安治」「御父織田弾正忠殿」と最大の敬意を払い賞賛した感状を送っている。[94] 義昭は恩賞として信長に畿内河内五ヵ国を望み次第知行させようとしたが、皆公方家の忠臣に与え、先の地頭に安堵させた。その時泉州堺と江州の大津・草津を直轄領として代官を置くことを望んだ。これらの地域は交通の要所であり貿易と軍需産業の拠点であり商業の中心である。信長のこの時期には、すでに将軍になれた義昭が恩賞として提示した朝廷の官職も副将軍や管領も固辞し、もはや領国の知行の上に立つ構想があった。[95] 信長は将軍義昭の部下になったわけではなく共に朝臣であり、皇室を奉載することにより彼は将軍より上にたつことができたのである。[96]

信長は永禄十二年（一五六九）には、「伊勢山田に至って御参宮」し、『禁中御廃頽正体なきに付』、既述の朝山日乗と京都所司代の村井貞勝を御奉行として禁中修理をさせた。[97]「抑今年御修理悉く成就す。紫宸殿、清涼殿、内侍所、昭陽舎、局々に至るまで残る所なく造立てらる、主上上皇叡厳あり」とある。また公領として知行所を進上しても、誰かれなく切り取られ、土民の一揆や盗賊に襲われるのが落ちである故、思案したのが、末代まで御調物絶えぬ様、洛中町人達に過分の属宅を貸置かれ、利足を毎月調物として献上させた。フロイスもそのような動きを記述している。(98) 永禄十一年当時の信長の武力は統一への道には遠く、ようやく美濃より京都への通路を確保したに過ぎない。にもかかわらず、このことを実行した姿勢は彼の皇室への関心が単なる名目的ではなかったことを示す。(99)

信長は、宗教門徒の一揆が南北朝時代以降、郷村の各種入会権保守のための惣的な構造を持つヨコの連帯を持ち、大名のタテの支配とは競合し一揆の上に立つ門主は戦国大名より強力に宗教的統制力により民衆のすがる心理を利用し現世も来世も支配した故、大名支配力に抵抗する組織として徹底的に叩きつぶし縦に系列化始めた新しい支配者である。(100)

その動きの初源と推定される動きとして、脇田晴子氏が天文十八年（一五四九）の楽市の初見史料として挙げられた六角氏の観音寺城の城下にある観音寺山麓、現在の石寺集落に左記のように石寺新市が立てられた。そこは、織田信長の城下町であった岐阜と同様の構造を持ち、山城、城下町、その構え口外に新市があるという構造をもつ。(101)〔堀日吉神社文書〕天文十八年（一五四九）十二月十一日近江国守護奉行人連署奉書に「紙商売の事、石寺新市の儀は楽市たるの条、是非に及ぶべからず」と六角氏が城下の石寺新市は楽市故座の独占権は認めないことが示されている。(102)

信長は安土城下から西隣の二キロメートル弱の六角氏観音寺城の動きと同様、安土城下ではフロイスの報告にもあるように家臣および諸大名の定住化は徹底している。商工業者も集中させたのである。その仕事振りは六角氏とは格段の違いがあった。(103) 信長としては、統一目指す過程で先駆的動きも取り入れたのである。

元亀元年（一五七〇）、信長が北近江の浅井氏と越前の朝倉氏との連合軍を近江の姉川に破る勢力伸張や包囲網の渦中にあった頃、大坂本願寺の顕如は九月に近江中郡門徒衆に対し蜂起を促した。寺内町に新興商工業者を集め、防備施設を強化し戦国大名と対抗しえる一大領主勢力化し、信長へさえもその伸張を阻もうとした。奈良興福寺大乗院の尋憲も『尋憲記』元亀元年九月十二日に「世上の説、大坂より諸国へ悉く一き《蜂起》をこり候へと申ふれ候(104)」と風聞を書く。

その初めに信長は本願寺の蜂起に呼応して、朝倉・浅井軍が京へ動く気配「近年朝倉義景と有内通、特に去年越前衆彼山に屯陣を」を察知して信長は比叡山の敵対をふせぎせめて中立を保つべく旧山門領を安堵するなどの意向を示したが、それに応じなかった山門へは、元亀二年九月、敵対の本願寺・一向一揆への見せしめとして山門の焼き討ちを決行する。比叡山は桓武天皇、延暦年中に伝教大師と心を合わせ、建立されて以来、八百年に及ぶまで嗷訴を用いないことはない。いかに末世とはいいながら、かかる不思議なことは前代未聞のことである。信長はこの寺は我が滅ぼすのではなく自業自得であると言われた(105)。信長勢は、『言継卿記』元亀二年九月十二日条に「僧俗男女三四千人伐捨」「仏法破滅」とある。助けを求める老若男女も悪僧同様容赦なく「一々に頸を打ち落とされ、目も当てられぬ有様なり」と記し、信長は積年の鬱憤をはらした(106)。

天正二年にも「河内長島一篇に仰せ付せらるゝの事」と記す。山々や余多の河川を要害とした交通の要所に配置された節所として著名な長島にはかねて本願寺を崇敬する佞人兇徒を含め集まっている。「学文無智の故、栄華を誇り、朝夕乱舞に日を暮らし、俗義を構え、数ヶ所端城を拵え、国方の儀を蔑処に持扱ひ、御法度に背き、御国にて御折檻の輩をも能隠家と抱へ置き」。よって信長は尾州と勢州からそれぞれ大船数百艘で海上隙間なく、取り囲み大鉄砲をもって城々を打ち壊し、一向宗徒が「御赦免の御詫言申すと雖も、迚も程あるべからずの条、佞人懲らしめのため、干殺になされ、年来の緩怠・狼藉、御鬱憤を散ぜらる」によって籠城の男女千人余を切り

捨てた。(107)

信長は弱者に対する憐憫の情と手を差し伸べる一面も記されている。『当代記』元亀四年（一五七三）七月朔の条に、足利義昭重て御謀反故「洛中洛外邊土百八里、民屋堂社仏閣、一宇も不残放火」し炎上したので、「不便思給可還住之旨曰、被下條目書」として信長は衆知の「定」発布後、『当代記』は、信長が「百姓等撫育し給」うための命令を下したことを記す。天正三年「山中の猿御憐憫のこと」では、京都で身体障害者や乞食の集団が過去の過ちによる因果応報と伝えるも、信長も現実に目の当たりするにつけ、事情を聴き、町屋の人々が餓死せぬように麦や米を定期的に配布し、食や衣類の下付をさせ有難さで人々は涙を流した。と記す。天正三年（一五七四）のことである。(108)天正七年「人うりのこと」では、八〇人に及ぶ女をかどわかし売っていた京都下京の役人の女房を成敗した。(109)天正七年（一五七九）二月に信長上洛の際に、老いた父に仕えこの上ない孝行なること後漢の古事にある孝が篤かった人物にも劣らぬ町人の情報を得、早速その人物と対面し、米を百石下し、諸役免許の札を与えた。同町人は「弥孝をぞ尽しける。誠に天の福哉とて尊卑老若感じあえりけり」(110)。日本人でも、仏教を見下す人物でも、それ以上の慈悲の心を持ち得ると伝える。

天正三年頃も御所は悲惨な様子であったのか、江村宗具が記憶していた。「信長知行なとつけられ、造作など寄進ありし故に、少し禁中の居なじ能なりたり、是によって信長を御崇敬ありて、高官にも進めらる」(111)。

信長の神宮に対する態度と皇室奉戴の態度とは相通じ、神宮のための財も惜しまなかった。天正十年（一五八二）には、信長は伊勢太神宮の三百年以上途絶えていた正遷宮を執り行うのに必要な三千貫を寄進しほかにも入用しだい与えるなど、(112)前後して天正九年（一五八一）正月二六日以降信長の直参となった太田道灌の子道誉とその子梶原政景宛て朱印状（一〇〇六）がある。

向後直参の事、尤も以て神妙、之に依り、目付として滝川左近在国の間、彼等と相い談ぜしめ、別して粉骨、併せしながら天下に対し大忠たるべし、万一違背の族に於ては、即ち朝敵に補せらるべし、（後略）。信長は目付の滝川一益と相談して身を砕くほど力を尽くすことが天下への大忠であり、万一背けば、朝敵とし「節」を守るという倫理を要求した。「反逆之輩」を「王民」と為し得るべく王権忠勤の功労者たらんとしている。(113)

注

（1）『生誕一五〇年記念　富岡鉄斎展　目録』（京都新聞社　一九八五年）四八頁40図「貧窮問答歌一首短歌　筑前国司山上憶良」。
（2）『日本仏教史之研究』（金港堂書籍株式会社　一九一九年）五七一頁。
（3）城江良和訳『ポリュビオス　歴史2』（京都大学学術出版会　二〇〇七年）解説。
（4）編纂東京大学史料編纂所『日本関係海外史料　イエズス会日本書簡集　訳文編之一（上）』（東京大学　一九九一年）四六頁。
（5）注（4）『日本関係海外史料　イエズス会日本書簡集　訳文編之一（下）』（一九九四年）一〇〇頁〜。
（6）注（4）『訳文編之一（上）』一八九〜一九二、一四二頁。
（7）注（5）『訳文編之一（下）』十一頁、十五〜七頁。
（8）①『フロイス日本史4』松田毅一・川崎桃太訳（中央公論社　一九七八年）四九〜五〇頁。
②『日本巡察記』（平凡社　一九七三年）十九頁。
③　岡田章雄訳『ヨーロッパ文化と日本文化ルイス・フロイス著』（岩波書店　二〇一一年）五〇〜五一頁。
（9）『続々群書類従』第十二（続群書類従完成会　一九七〇年）五三五頁。
（10）海老沢有道『日本思想大系25キリシタン書　排耶書』（岩波書店　一九七〇年）「キリシタン宗門の伝来」。
（11）『国史大辞典』。

(12)『フロイス日本史6　豊後編1』第一部第一一章（中央公論社　一九七八年）一二一～三頁。
(13)若桑みどり『クアトロ・ラガッティ』（集英社　二〇〇八年）上六〇頁。
(14)「マタイに依る福音書」25　41～46。
(15)監訳　松田毅一『十六・七世紀イエズス会日本報告集第Ⅲ期第Ⅰ巻』（同朋舎　一九九七年）「一五六一年八月十七日付、ガスパル・ヴィレラ師が日本の堺の市より、インドのイエズス会の修道士らに宛てた書簡」四〇三頁。
(16)注（4）『日本関係海外史料　イエズス会日本書簡集　訳文編之一（上）』（一九八〇年）一三五頁。
(17)注（4）『訳文編之二（下）』（二〇〇〇年）五四～五五頁。
(18)注（8）①『フロイス日本史6』第一一章一二九頁。
(19)岡田章雄「封建社会とキリシタン信仰」『表現』七月号（角川書店　一九四九年）第二巻六号。
(20)執筆代表三枝充悳『講座仏教思想　第4巻』（理想社　一九七五年）中村元　第一章仏教における人間論一「第一部人間論」四頁、二五頁。
(21)『総合新世界史図説』（帝国書院　一九九〇年）十二頁。
(22)注（20）『講座仏教思想』中村元「第一部人間論」三三～四頁。
(23)注（20）『講座仏教思想』中村元「第一部人間論」五五～六頁。
(24)『中世思想史　上』（岩波書店　一九七二年）「早雲寺殿廿一箇条」及び解題。
(25)『続群書類従』第二十一輯上巻第六百九上末「北条記二」四百四十六頁。
(26)『日本仏教史の研究』（金港堂書籍　一九一九年）五五七頁。
(27)①牧野信ノ助『武家時代社会の研究』（刀江書院　一九二八年）室町時代の境界と蓮如及眞盛。②『信長公記』永禄十一年（一五六八）十月廿二日。
(28)『蔭凉軒日録』寛正三年（一四六二）十二月八日条。
(29)『佐賀藩の総合研究』（吉川弘文館　一九八一年）三五頁応永十一年（一四〇四）家督とある少弐氏十代。
(30)『日本の歴史11』（中央公論社　一九六五年）「混迷する畿内」。

(31) 和辻哲郎『日本倫理思想史（二）』（岩波書店　二〇一一年）二四二～五頁。
(32) 井手勝美4キリシタン宗門『キリシタン思想史研究序説』（ぺりかん社　一九九五年）一七四頁。
(33) 注（31）『日本倫理思想史二』二五三頁。
(34) 金岡秀郎『モンゴルを知るための65章』（明石書店　二〇〇〇年）。
(35) 『徒然草』（角川書店　一九五一年）八二頁。
(36) 河野純徳訳『聖フランシスコ・ザビエル全生涯』（平凡社　一九八五年）一四五頁）
(37) 注（36）『聖フランシスコ・ザビエル全生涯』「3、知りたがりやの日本人」。
(38) 恵谷隆戒『東洋文化史序説』（佛教大学通信教育部　一九五六年）五頁。
(39) 梶田叡一『不干斎ハビアンの思想』（創元社　二〇一四年）四～五頁。
(40) ジョン・デューウィ著　清水幾太郎　清水禮子訳『哲学の改造』（岩波書店　一九六八年）第二章「哲学の再構成における幾つかの歴史的要因」。
(41) 注（10）海老沢有道「排耶書の展開」六〇〇頁。『キリシタン書　排耶書』（岩波書店　一九七〇年）「キリシタン書とその思想」H・チースリク五七八頁。
(42) ①竹内敏夫編『美学事典　増補版』（弘文堂　一九六一年）二八六頁。②『広辞苑第五版』
(43) ①姉崎正治『切支丹伝道の興廃』（同文館　一九三〇年）一四～九頁。
②『詳説世界史』（山川出版社　一九九三年）一六六～一七〇頁。
(44) 飯塚勝久・水野建雄『ヨーロッパ精神史』（北樹出版　一九八六年）七五～六頁。
(45) 杉山　博『戦国大名』（中央公論社　一九六五年）二八〇頁。
(46) 注（8）①『フロイス日本史4』第三五章一五八～九頁。
(47) 石田一良「織田信長とキリスト教」（『東北大学　日本思想史研究　第九号』）。
(48) 鈴木大拙訳　北川桃雄『禅と日本文化』（岩波書店　一九四〇年）三八頁。
(49) 奈良本辰也訳　新渡戸稲造『武士道』（三笠書房　一九九七年）五二頁。

(50) 注(31)『日本倫理思想史(二)』第三編「初期武家時代における倫理思想」第5章「慈悲の道徳」。
(51) ①神皇正統記　『群書類従』第三輯一一頁。
②注(31)『日本倫理思想史(二)』二二四～九頁。
(52) 注(45)『日本の歴史11』「大名と農民」二二一頁。
(53) 西田直二郎『日本文化史序説』(改造社　一九三二年)安土桃山時代の精神。
(54) 脇田晴子『大系日本の歴史⑦戦国大名』(小学館　一九九三年)三三〇頁。
(55) 奈良本辰也訳　新渡戸稲造『武士道』(三笠書房　一九九七年)一七～八頁。
(56) ①『詳説世界史』(山川出版社　一九九三年)一六六～七〇頁。
②姉崎正治『切支丹伝道の興廃』(同文館　一九三〇年)十四～九頁。
(57) ①注(5)『日本関係海外史料　訳文編之一(下)』一五五二年一月二十九日付、ザビエルのヨーロッパイエズス会宛て書簡　八〇頁、八八頁、同九二頁。
②注(8)①『フロイス日本史6』第三章　薩摩から山口に向かう際ザビエルがジョアン・フェルナンデスと共にしている。
(58) 注(8)①『フロイス日本史6』(平凡社　一九七八年)第二章四四頁。
(59) 訳者　河野純徳『聖フランシスコ・ザビエル全書簡』(平凡社　一九八五年)。一五四九年十一月五日付書簡第九〇の四九二頁及び(注四〇)。一五五二年一月二十九日付書簡第九六の42の五四一頁。〔日本の教育〕同44〔山口における学者の洗礼〕。
(60) 注(59)『聖フランシスコ・ザビエル全書簡』一五五二年(天文二ザビエル書簡九六の21〔日本人は知識を切望し、質問は限りない〕五三二頁。同一一〇の6六二九頁。
(61) 注(5)『訳文編之一(下)』(一九九四年)四八　ザビエルのローマ・イグナチウス・ロヨラ宛て一二二頁。
(62) クリセル神父校閲　吉田小五郎訳『レオン・パジェス　日本切支丹宗門史上』(岩波書店　一九三八年)一六七～八頁。

(63)『キリシタン書　排耶書』(岩波書店　一九七〇年) H・チースリク「キリシタン書とその思想」五五四頁。
(64) ①『群書類従』巻三九四「大内義隆記」四一一頁。②ジョアン・ロドリーゲス『日本教会史』下 (岩波書店　一九七〇年) 第一七章四四七頁。
(65) 松田毅一『親和文庫六号　日葡交渉史』(教文館　一九六三年) 一四頁。
(66) 注 (5)『訳文編之一 (下)』八五～七頁。
(67) 注 (63) H・チースリク「キリシタン書とその思想」。
(68) 注 (17)『訳文編之二 (下)』一〇一頁。
(69) 注 (5)『訳文編之一 (下)』一二七～九頁。
(70) 注 (10) 海老沢有道「排耶書の展開」六〇〇頁。
(71) 注 (10) H・チースリク「キリシタン信心の特徴」五七七頁。
(72) 注 (31)『日本倫理思想史 (三)』第一章「武士的社会の再建」一五～一七頁。
(73) 注 (31)『日本倫理思想史 (三)』第一章「武士的社会の再建」二二頁～。
(74) 石田一良「織田信長とキリスト教」『東北大学日本思想史研究』第九号 (東北大学文学部日本思想史研究室　一九七七年)。
(75)『日本水土考』(岩波書店　一九四四年) 二二頁。
(76) 井手勝美『キリシタン思想史研究序説』(ぺりかん社　一九九五年) 一五五頁。
(77) 編纂者　塙保己一『群書類従・第一輯　神祇部』巻第三「大神宮諸雑事記第一」(続群書類従完成会　一九三二年) 九四頁
(78) 注 (31)『日本倫理思想史 (三)』三〇～三一頁。
(79) 内藤湖南『東洋文化史』(中央公論新社　二〇〇四年)「応仁の乱について」。
(80) 注 (78)『日本倫理思想史 (三)』三六頁。
(81) 黒田俊雄『日本の歴史8　蒙古襲来』九五頁。

(82) 注(78)『日本倫理思想史(三)』三二頁。
(83) 『増補「史料大成」勘仲記二』(臨川書店 一九六五年)二四三頁。
(84) 『九州史料叢書 近世初頭九州紀行記集』(九州史料刊行会 一九六七年)「中書 家久公御上京日記 ○旧島津家蔵」。
(85) 注(31)『日本倫理思想史(三)』二九〜三七頁。
(86) 注(31)『日本倫理思想史(三)』二〇〜二一頁、二九〜三七頁。
(87) 『ロドリゲス日本基督教会史 上』(岩波書店 一九六七年)三一三頁。
(88) 訳編者 今井正『エンゲルベルト・ケンペル 日本誌《下巻》』(霞が関出版社 一九八九年)付録四五〇〜一頁。
(89) 注(31)『日本倫理思想史(三)』三八頁。
(90) 今谷明『言継卿記 公家社会と町衆文化の接点』(そしえて 一九八〇年)二〇四〜六頁、。
(91) ①『改定史籍集覧 第十冊纂録第三十九「老人雑話 正徳三年」』九〜十頁。
②桑田忠親校『新訂信長公記』(新人物往来社 一九九七年)「斉藤道三と信長参会の事」。
(92) ①『國民精神文化文献一三 立入宗繼文書・川端道喜文書』(國民精神文化研究所一九三七年)柴田實『立入宗継文書』解説「立入宗継文書について」十八頁、二四〜二六頁。(六) 廣橋國光施行状 永禄五年十二月廿八日九〇頁。六 直頼朝臣筆家系略記観音縁起抄禁裏様御廃壊之時上御倉立入左京進入道立左信長公へ再興之儀申達事一四六頁。一三 立入宗繼文書・川端道喜文書』『一二道家祖看記』「寛永廿年十二月十六日」付。道家尾張守の末子が祖看。(七) 正親町天皇綸旨案 九〇頁。
②林家辰三郎『日本の歴史12』(中央公論社 一九六六年)九二頁、一〇五頁。
(93) 奥野高広『織田信長文書の研究 上巻』(吉川弘文館 一九六九年)一六九〜一七〇頁。
(94) 桑田忠親校 注『新訂信長公記』(新人物往来社 一九九七年)九二頁。
(95) 池上裕子『織豊政権と江戸幕府』(講談社 二〇〇九年)二二一〜三頁。
(96) 注(31)『日本倫理思想史(三)』三八頁。

(97) 桑田忠親校 注『新訂信長公記』（新人物往来社　一九九七年）九七～一二五頁。
(98) 注（8）①『フロイス日本史4』一一一頁。
(99) 注（31）『日本倫理思想史（三）』七一頁。
(100) 脇田晴子『大系日本の歴史⑦戦国大名』（小学館　一九九三年）四一四頁～。
(101) 注（100）『大系日本の歴史⑦戦国大名』一九二頁。
(102) 歴史学研究会『日本史史料[2]中世』（岩波書店　一九九八年）三七九頁。
(103) 注（101）『大系日本の歴史⑦戦国大名』一九四～五頁。
(104)『大日本史料』四　八五六～七頁。
(105) 神郡周校 注『信長公記　上』（文栄社　一九八一年）一五一頁。
(106) 注（91）②『新訂信長公記』一二三～四頁。
(107) 注（91）②『新訂信長公記』一六三～六頁。
(108) 注（91）②『新訂信長公記』一七六～七頁。
(109) 注（106）『新訂信長公記』一七六～七頁、二七一頁。
(110) 神郡周校注『信長記下』（現代思潮社　一九八一年）三三三頁。
(111) 編輯　近藤瓶城『改定史籍集覧　第一〇冊　纂録類　自第36至第43』（近藤活版所　一九〇一年）「老人雑話下」二九頁。
(112) 注（91）②『新訂信長公記』三五一頁。
(113) 奥野高広『織田信長文書の研究　下巻』（吉川弘文館　一九七〇年）七二〇～二頁。

第二章　クレド受容への途

一　イエズス会による教理受容への土壌造り

日本の既存の宗教に対する信長の根本からの否定も切支丹に対する包容力の大なることも、既述の信長の度量からきているといわれる。日本におけるキリスト教布教にとって、戦国時代末期の空白の時代を埋める天下人として最大の功労者といえる織田信長の登場による日本での布教拡大への動きを見よう。

信長が切支丹に理解好意を示したという情報は地方へ拡散し、その伝道と普及をスムーズにさせた大きな要因の一つであろう。新しい武器と商的利益を獲得しするための下地方を中心に動いた大名が切支丹を受け入れ始める。

一方一五六九年（永禄十二）六月中旬、日乗上人たちは信長の名を使い、切支丹とその教えは壊滅されるとの噂を市中に広めたり風評被害を与えるに至った。しかし、岐阜城においてフロイス等に、信長は次の保護の保証をした。「内裏が綸旨をもって、伴天連を都から追放するか殺すがよい、と述べたのははなはだ遺憾である。伴天連たちがいる諸国はどこでも直ちに破壊される、と人は想像するが、予はこれほど滑稽な話はこの世にないと思う、（中略）追放されはしない」かくて信長は、再度公方様にあっては伴天連を保護されたいとの趣意で書を、日乗と公方の信頼厚く非常に尊敬され「信長が信頼する」和田惟政に宛てた。惟政には後の十五代足利義昭が細川藤孝らと共に頼り、永禄八年七月に室町幕府再興宣言がなされた近江甲賀の土豪であった和田館の主であったが、一五六八年（永禄十二）東摂を信長から賜り、高槻城及び芥川城を本拠としていた[1]。本論編一章二節等に既述のように、この過程における和田氏が陰の力になったイエズス会に対する助言は、信長がすでに自らを日本を代表する者として異国世界を意識して発言していたことを踏まえてなされたものであった。「信長の異国世界への関心は特に政治形態や政治及び為政者の在り方にあったであろう[2]」。

織田信長の切支丹への違和感なしの姿勢は、永禄十二年（一五六九）にフロイスを引見して以来一五八二年に本能寺で殪れるまでの十四年間に、少なくとも、京都で十五回、安土で十二回、岐阜で四回、合計三十一回も逢っていることでも理解できる。ことに卒去する前二年間は月に二度会うこともありしばしば面談している。ポルトガル人のフロイスの場合、日本の各界で議論した内でも、信長が面談に応じた中で、一五六九年に入京して一五八二年に本能寺で斃れるまでに最高の十七回と多い人物で日本の実情に詳しかった。ほかにも、面会メンバーはイタリア人、スペイン人などである。その間、信長は彼らと深夜まで歓談し、教会を訪ねて西洋音楽を聴き、地水火風の性質、日月星辰、寒地と暖地、諸国の風俗などに就いての話を聞きだし、当時にあっては、日本人ばなれした世界観なり教養の持ち主であった[3]。

一方で、和辻哲郎氏は当時のイエズス会の啓蒙用キリスト教文献への親炙に浴した日本人の思考能力が高度であったと推定される。当時の日本の切支丹は、深く「西洋中世の信仰心や神学思想」および「近世初頭の自然科学的な発見」と共にある「近世の精神」たる「ルネサンス以後の人間性の解放」などの情報の一端を入手し得た。それらの情報にいち早く接し得た信長も、イエズス会がもたらす新しい信仰を一顧だにしなかったわけではなかった。すなわち信長のような武士達が要求していたのは、こういう「宗教的体験からの離脱である信仰の束縛を離れて人間性の自然を伸ばすこと」であった。その結果が信長の切支丹に対する違和感の消却と、さらに昇華してその信仰の利用と流れに乗ったことにより、デウス信仰を人民に対し権力を正当化するために自身を神に擬えさせようとした。こうして既存の日本人の仏なり神に締め付けられ、胸に閂をかけられた信仰心を解放させる作用が各地に伝播した。切支丹の伝導はもはや地方的現象ではなく、日本の中枢における現象となり、信長が暗殺されてもその現象が続き、切支丹大名が繁栄した五年間と前後約二十年の間は、キリスト教伝道が最も積極的な意義を発揮していた時期だといってよい。これは信長の、切支丹にならずとも包容力の大きさによるのである(4)。

信長が、日本人として切支丹との最大の対話時間を持った中で小耳にはさんだ可能性があるバベルの塔にも匹敵させようとしたのか安土城や後述の総見寺を完成させようとした。当時ブリュウゲルも描いたが、フランス西部の聖サヴィアン聖堂の十二世紀の大壁画中の一場面に、ノアの洪水後バビロンの人々が築き始めた高塔の未完成「バベルの塔の建設」がある。それは『旧約聖書創世記一一章』の「さあ、天まで届く塔のある町を建て、有名になろう。そして全地に散らされることのないようにしよう」との情景を表出したのであろう(5)。

信長の強い意志を挙げたが、彼には仏教界関連の人々・事物を破壊する風格、ないし影響力を持っていたので「デウスは、それらの寺院と偶像を破壊するために、彼を仏僧たちに対する鞭として用い給うた」とフロイスは見なした。信長はフロイスらに述べる。布教のための施策に反対者の陰謀も多く、自分にさえ、煩雑にそのための偽証をする者があるが、自分は伴天連たちの行状を承知しており、その教えが善良で真実であることを弁えている故、それを保証する、と。フロイスによると「彼には、超人的な何者かがあり、また人々はそのように喧伝し、彼がその業においてますます繁栄していくのを見ていた」。そのために信長は自らを日本の絶対君主と称し、その冒涜的欲望実現のために自邸近くに摠見寺を建立し、信長の誕生日を聖日とし、参詣を命じ、拝し大なる信心と尊敬を寄せれば、世俗的利益を勝ち取り、不信心の邪悪の徒は現世においても来世においても滅亡する、と喧伝した。日本においては神の宮には神の心または本質を標榜する神体と称する石があるが、安土山の寺院にはそれはなく、信長は自らが神体であり生きたる神仏であり寺を尊崇する者への霊験を次のように顕した。功徳の第一に、富者はますます富み、貧者は富者となれる。子なき者は後継者を得る。第二に、命は伸びて八十歳に到り、疾病は直に癒え、希望、健康、平安と安楽を得べし。これによって己を崇拝させるためであった。参詣のために諸国より集まった人数の多さは殆ど信じられないほどであった(6)。

朝廷側は天正十年（一五八二）三月、信長が安土に凱旋すると同四月には在京の公家達が赴き戦捷を祝賀した。山科言経も勅使の資格で臨むほどであった。同五月には、朝廷は信長の天下静謐は古今比類なきことで際限なき満足故、信長にいか様の官にでも任じよう。と伝えた。さらに本能寺の変の一ヵ月前頃か、勧修寺晴豊と考証される日記から朝廷の意志は信長を「太政大臣か、関白か、将軍か」に推挙することに決定したと伝える(7)。

ここで信長は、中世そのものといえる、朝廷が中世までの東国平定↓征夷大将軍という類型化された発想を無視した。信長は中世的権威を否定する純粋封建制確立への途を切り開いた。その切り開く途中であったからこそ、ロレンソのような人物が能力を発揮できる余地があったのであろう。右にフロイスも看過したように、信長が頂点に登る過程では利用価値があった朝廷が中世から目覚めず、下す人参を信長が唯々諾々と請けるようでは中世そのものというほかかない。この時期、伝統的位階制度を自己のヘゲモニーの下におくことなしに、仮令形式的とはいえそれに従属する気持ちはなかった。遂に狂気の沙汰をデウスから遣わされたロレンソも防ぎ得なかった。その象徴が総見寺であった。娑婆即寂光土(8)を説く法華宗からの借り物とも見られる信長の現世利益への誘導は、商・手工業者と一致し一向宗が厭離穢土の考えのもとに彼岸的な極楽往生を説き来世の利益を説いたことへの対抗意識を顕現している。伊勢・越前などの一向一揆参加者の現世での末路を人々に印象付け、来世においても救われないことを宣告した。信長の誕生日を聖日として参詣を強制する件も八代将軍足利義政に前例はあるが、世俗の統一権力者を絶対的な宗教的権威で装う方法はキリスト教の考え方の受容であろう。こうして信長は、宗教を方便としながら神仏にも己を崇拝させる形をとった。信長は一般の戦国大名と違い、一向一揆とも徹底的に戦い王法だけでなく仏法とも戦ったのである。[9]

しかし信長でも運命には逆らえなかった。よく知られる明智光秀の百韻連歌会が張行された。その発句に、「ときは今天が下しる五月哉　光秀」があり、仄めかしたとする決意につき伝聞は多い「明智光秀張行連歌」といわれる。[10]

ザビエルがかつて描いた、全国の支配者である王に会って「上から下へ」の伝道の象徴は、その後もイエズス会の基本方針となっていたが、枯野の彼方にある日本という新世界におけるキリスト教布教の約三十年間駆け巡った夢は、信長の死により覚醒しなかった。[11]

その前後影響を受けた切支丹大名の中で、フロイスの書簡に特記された高山飛騨守・右近父子の信徒としての業績は模範に相応しく描かれ、『日本史』として挙げられるには若干の曲折もあるが期待される切支丹武士の理想的姿が分かる。[12] その宗教的・思想的純粋性は杉山博氏があえて「死」という篩にかけられたが、[13] ロレンソの薫陶を受けた高山氏がそれに最も相応しいのではなかろうか。

一五六四年（永禄七年）六月頃、ロレンソは活動の過程で大和の沢城に派遣され、ダリヨの教名を受けた高山図書飛騨守やその嗣子右近を含めた家族や家臣らに授洗した。[14] 翌一五六五年、ルイス・アルメイダが描く人物像がある。ダリオは、日本人の間では甚だ勇敢で強者と見なされて武器の扱いに巧みで戦術に長け、騎馬も巧みで、弦楽にも長じていた。日本の宗派のことにも精通していた。[15]

イエズス会は日本において、切支丹たる者は何びともその主君に背くべからずと説教していた。[16] 摂津国は信長の部将の荒木村重の領国であるが、一五七一年（元亀二）高槻の城には、和田惟政の息子惟長がおり、その配下として賢明で戦いの経験豊かで勇敢なダリオと右近がいた。その後高槻は天正二年（一五七四）、高山図書隠居後その子右近領となった[17]。

一五七八年（天正六）十月、荒木村重は叛旗を翻し、信長の敵である石山本願寺や山口の王・毛利輝元と結んだが、次第に配下の城が落ちた。信長は高山右近が荒木村重に人質を取られた際に同心せざるを得ない心境を見つつも、オルガンティーノに対して依頼している。右近は予の家臣であるにもかかわらず予の敵となったが（中略）予の好意と予への忠誠を減ずるようなことは、貴師たち（イエズス会）の掟と法により為すべきではなく、本来の主君（信長）を差し置いて荒木村重に結託するが如きは許されぬことである、と右近に伝えてくれるよう願うと述べた。さらにそうなれば、右近が望むだけの領地と金子を与えよう、と付け加えた。対するオルガンティーノは、右近が人質を失なえば日本人が生命より大事にしている名誉を失うゆえ信長の提案する金と地位は必要ない、と答えたが[18]、『当代記』天正六年十一月三日の条によると、信長が荒木氏を討つために出馬し、「十一日高山右近屬味方、黄金三百両小袖三重被下」とある。そこでオルガンティーノは、信長は右近が降参しなければ五畿内の切支丹を亡ぼすと憂慮した。

右の動きを見せたイエズス会側は、宣教への強かさの腹心と言うべきか、次に報告している。期待される「右近が信長の味方となる事によって一大改宗が日本で惹起し得る」と[19]。右近は俗世を隠退し髪を切り、教会への奉仕に赴き、現世の領土を捨てることにより右近の子の人質を救い、五畿内の全切支丹宗門が救出される、とオルガンティーノに述べた[20]。右近は自己の身内を犠牲にしてまで支配下の切支丹の命を選び信頼を裏切らなかった。信長も、結果的に見聞した当時の人々も、切支丹となった武士たちが主君への忠誠を裏切らなかった、むしろ道義的に仏僧たちの堕落よりしっかりしていることを例示している、と見做したであろう。切支丹宣教の摩擦は信仰に関することのみであって、人間関係を支配する法則の領域には及ばなかった。切支丹となった者もその信仰ゆえに他の人々の信頼の念を傷つけることもなく、切支丹武士の方が主君への忠誠心も道義的には、しっかりしているとなど信長は見做したのであろう[21]。

フロイスは、ダリオの熱意、献身、敬虔、善良さについて知ることはデウス賛美の証拠になるとして、高槻城で示した模範や活動を挙げている[22]。

①戦い後、多数の戦死者が出るとその分寡婦や孤児が出るが、異教徒の間では、その際に保護することは稀である。しかし図書は貧者に対し同情を有し我らの主に奉仕することを欲するために、その介護を徹底した。

②日本では、貧窮な兵士や保護者無き人が死んだ際には、聖と称せられる賎業の人たちに遺骸を与え焼かせる習慣にして、彼らは通常軽蔑されるが、図書父子は、聖の役を自ら引き受け手厚く死者を葬った。それは、日本人の高邁不遜な性格に鑑みて珍しい模範であった。

③ダリオは、切支丹の貧しい者には、衣服やあらゆる食物を与え、彼らが望むままに幾日も扶養した。また寒気厳しき折の城内見回り中、城内で尊敬を集めていた貧しい兵士が寒そうにしているのを知ると、彼の家に入り、新しい衣服を着用していても置いてきた。

④ダリオは支配下に居住している異教徒の老僧を招かせ、切支丹への道を説き、応じさせた後は十名近くが洗礼を受け、生活の道が立つよう計らい，他にも賤しからぬ老人、貧民，病者、困窮者にも同様の手を差し伸べた。

⑤高山右近の信仰姿勢もフロイスの一五七四年（天正二）「デウスの教えが高槻で弘まり始めた次第」により描かれている。ジュスト右近は、非常に活発で明晰な知性と極めて稀に見る天賦の才を有する若者であった。異教徒への教理説教や、疑問に対する司祭たちの答弁をものにして、顕著な進歩を遂げ、その後は父ダリオと同様卓抜な説教者となった。その志操も相俟って、今や都地方の全切支丹の柱となった。彼のデウスについての語らいには、異教徒でさえ驚嘆した。その高槻城内外での模範的行動として、記録は父と同様に残る。

さらにイエズス会側の観察であるが、信長の信義感を示す記録を残す。

安土の城中に常に主君に随行する馬廻衆の隊長を務める高位の武将が切支丹になったのに、肉欲からその妻を捨てて他の情婦と同棲したことについて、信長はその武士に、汝は切支丹なのにどうしてそのようなことをしたのか、伴天連達はその不行跡を咎めたかどうかと質した。これに対し、仏教徒のある武士は当然パードレは責めるが、彼はよい切支丹ではないのでパードレの誡めは効かないと答えた。この武士は、信長に本妻と同居するべく命じられ、従うと言ったにも拘らず情婦から離れ得なかったので、信長に封禄を没収、追放された。彼は身分が高いために信仰心が薄れ、人々が憂いて眉をしかめたにも拘らず、教会が彼を恐れて罰し得なかったので信長の処罰は幸せであり、切支丹武士達は、この処置によりデウスの教えを一層注意して守るようになった。信長の倫理観として、切支丹ならその戒めに従うべきで、高位者ならなお自覚を要すべきとの誡めであったろう。正妻以外に複数の夫人を持って違和感がなかった時代において、『旧約聖書』「出エジプト記」の20十戒中の「隣人の妻、男女の奴隷を欲してはならない」などは切支丹布教の障礙であったろう。信長にとり、追放した武士の例のように、切支丹信仰の有無を問わず、彼の嗣子であろうと、倫理上の二重人格は許されなかった。配下の武士の切支丹信仰は咎めずとも、その信義に反してはならなかったのである。[23]

信長は、ザビエルを信頼した禅僧との対話などからつい洩らされた次の禅宗の恥部も同じく見抜いていたのではないか。一五四九年（天文十八）ザビエルが薩摩に上陸し滞在していた頃のことである。島津家に属し国主およびすべての殿から最高の尊敬を受け、薩摩の国では最も格式高き禅宗寺院の仏照大円禅師という号を賜った忍室との対話がある。禅宗では「この世には、生と死以外には何もなく、来世なるものは存在しない。現世における悪行に対する懲罰もなければ善行に対する報償もない。さらに宇宙を支配する創造主も存在しないと信じている」と教えていた。ザビエルが修行者の座禅の姿を見て、忍室に彼等は何をしているのかの尋ねに対して、忍室が「微笑して」答えた。「ある連中は、過去数カ月に、信徒たちからどれだけの収入を得たかを数えており、ほかの連中は、どこに（行けば）自分達のためによりよい衣服や待遇が得られようかと思いめぐらしている（中略）、何か有意義なことを（黙想）しているような者は一人もいないのだ[24]」。

既述の『恥ずかしや、恥ずかしや』の詩の本質に対峙するように、石田一良氏は明らかに安土桃山時代にかけて武士の倫理性の成立にキリスト教が積極的影響を与え、時代の欲求が認められると指摘される[25]。

序論編二章四節に挙げた時代の動きは『日本巡察記』の緒言で使われた「キリシタン世紀」の名称を生んだ十六世紀後半から十七世紀前半にかけてほぼ重複する世紀であるが、我国の各領主も日本古来の宗教上の縛りから脱出出来た。

しかも、ザビエルが天文十八年（一五四九）に鹿児島にキリスト教を伝えた頃からザビエルの書簡などでも本論編一章三節にて既述のように日本人の能力について侮れないことを感じたらしく、イグナチウス＝ロヨラあてに日本人の新文化吸収意欲から布教に当る宣教師に要求される資質を挙げている。

しかも終章三節にも述べる桃山文化謳歌への人々の貪欲さは宗教そのものを南蛮趣味と同格化させる。その時代の日本の被支配層までも巻き込む動きには、ルネッサンスの勢いを引き継ぐ文化的エネルギーの影響があった。物的にも霊的にも新奇を好む日本人の心を収穫し、カトリックは貧者や病人らに対する仁慈な行為、「とくに壮麗な礼拝儀式によって」大衆の人気を博し、「かれらは天国にむさぶりついた」のである[26]。聖歌の受け入れも自然な反応であった。

そのように状況下、ザビエルは日本人の社会的レベルを高いと認識し、手っ取り早くミヤコへ入り、全国の支配者である「王」と宮廷人に会い、「上から下へ」の伝道を図ったが、「王」には会えなかったので有力な戦国武将たちに働きかけた。その過程では宗論の経験や元仏僧であったイルマンや、ロレンソから得た仏教知識による啓発が多かったといわれている。その後、パードレ・カブラルが来日し、日本人も含めて詳しい公教要理を著し異教徒の宗派にも反論を加えた。これらザビエルらの努力が日本における切支丹文学の発端であり、東西両文化の交流にとり画期的なものであった[27]。

その啓蒙対策が取られた。日本の伝統社会を支配していた思想史の立場からすれば、信長が切支丹を排斥しなかったことにより一変した。しかもキリスト教は信長に代表される新時代の精神的欲求に応えるものを持っていた[28]。その情報は九州地方にもいち早く伝わったのであろう。キリスト教布教の国家的保障を求めた結果、将軍、実質的権力者、ついには信長を納得させた動きはその過程で布教の波打ち際の領主層の一人であった竜造寺家などにも影響を与えた。

民族的資質も全く違い、長年東洋思想や宗教に塩漬けされていた思考をもつ日本人に新思想を理解納得させるためには、日本事情を踏まえた標準的なキリスト教の教義解説書またはこれについての説教、カテキズモ、公教要理の編纂が望まれた。日本事情への理解も進みさらに布教拡大が進む。巡察師ヴァリニャーノの宣教政策として、日本語の組織的研究を進めるには、宣教地の言語・風習に習熟し文化を尊重するための手段として、セミナリヨ・コレジョ等の教育の際に、日本語・歴史のテキストとして日本古典類が用いられた。テキストの編集に際しては、仏教語、雅俗・卑語から俚言・方言に至るまで採取し、源氏物語から貞永式目のようなものまで文例として用い解説を加えている[29]。

その後、序論編二章の動きに見たように一五九〇年（天正十八）排教の危機意識から八月十三日から二十五日まで、島原半島の加津佐において緊急の第二回総協議会が行われた。ヴァリニャーノが招来した印刷機によって、そこでは配下のルイス・フロイス、日本人修道士を含めた協議会で、ローマ字本のみならず日本字本の出版が企画された。ヨーロッパから日本字活字とその二千個の字母を持ち込んだのではなく、それらは直ちに日本で製作された。日本人のこの活字製作技術について、天才にして、手先の器用な日本人の優秀さを示す、と述べている[30]。

総協議会の成果の一つが、「日本イエズス会版」などとともいわれる日本字活字が直ちに製作され日本字本が十月には印刷が始まった。危機感に伴う啓蒙書としてのクレド関係を含む出版事業である。(31)

加津佐では、一五九一年に『サントスの御作業』(オックスフォード大学所蔵)のローマ字本と『ドチリイナーキリシタン』の国字本(ローマ、ヴァチカン図書館蔵)、信者間に配布するための種々の主禱文、天使祝詞、使徒信教を収載した一葉などのパンフレットも出版され各種出版がなされた。(32)これらの書は教義を意味しカトリック教会で従来「公教要理」「カトリック要理」と呼ばれており、信徒になるためには必修の書であり、キリシタン思想・文学の原点となる基本的な書である。なお、教理の要約書としては、マルティン・ルターらにより採用され問答体とは違って、『ドチリナ』では弟子が質問し教師が解答した。すべての切支丹が必読の書として、多くは暗誦していた。その信仰思想を知るための根本史料と言われる。(33)

クレドは一五九〇年印刷の「おらしょ断簡」(34)や「おらしょの翻訳」(『耶蘇教叢書』所収本)同書一七九～一八〇頁。『オラシヨ雑纂断簡』(水戸藩没収文書)同書二三八頁。『切支丹心得書』(水戸藩没収文書)同書二五二頁。「どちりいなーきりしたん」などにて説明され印刷され流布された。

以上のような日本人への教育成果は布教当初から確実に出ていた。一五六二年(永禄五)書簡で豊後の大友宗麟義鎮が重臣数名と五歳になる子息を伴って修道院へ来訪したときのことである。和・洋両種の食事中、十一歳の少年を含む白い服を着たキリシタン少年達はその貴人たちの前で少しも臆することなくヴィオラを四回演奏し喜ばせた。同じ頃の府内の子供たちの教育風景の紹介がある。学び始めて八ヵ月後には、キリスト教の教義をラテン語及び日本語で覚えている。その日課の中には、ミサを聞いた後に、教義の中心になるもの、すなわち父の御名において、主禱文、天使祝詞、使徒信教などがある。(35)

一五六五年(永禄八)の佐賀領国隣接地平戸でも、フェルナンデスは、押しかけてくる切支丹の告白を聴かせるために必要な日本語を二人の司祭に教えたり、毎日洗礼志願者に達に、日曜日にはキリシタン達に説教したり、子供達には教理を教えたりした。子供達はそれらを合唱して歌いながら暗誦した。

「パーテル・ノステル」、「アヴェ・マリア」、「クレド」、「サルヴェ・レジーナ」を彼らはラテン語で、その他のすべてを母国語で唱えた。

その場には大勢の人々が連日、夜分まで来て参加し、唱え、説教を聞いた。[36]

二　音楽から受ける精神的効用

音楽に用いられる音は、人の声帯や楽器などの音源の振動の発生と伝播という音響学的過程、それが耳に振動として受容する生理学的過程、その受動的印象と能動的な意味における評価という過程をへて把捉される。その音楽の要素の内リズムは最も根元的で「運動の秩序」「時間的秩序」「継起的な音運動現象の時間的進行における秩序」と云われる。佐藤真紀氏によると、このリズムは例えばショパンのピアノ作品にみられるような、左手による時計の規則的なチックタックと数えられ無意識に複製される拍子の伴奏を踏まえつつ右手が自由なリズム構造に基づき奏する。この時の「リズムは、無意識な体験の生命現象、すなわち自然の律動」であり、「永続的な創造と絶え間ない再生である」。例えば、光と闇、潮の満ち干、月相、季節、昼と夜などが挙げられると言われる、自然界から感知するあらゆる事象を心の中で映像化するのであろう。さらにブルレの「グレゴリオ聖歌のリズムは、声の身振り（身体が時間的魂に変わる境界を動いている声の動きと説明される）から直接生じた純粋なフレージングであり、音楽的リズムの本質は先述の拍子ではなく時間の秩序である」と挙げられ、十七世紀に音楽史上登場した拍子以前から存在したグレゴリオ聖歌は、拍子を知らない純粋なリズムであると言われる。リズムのうちに自由リズムは、定量的単位を持たない自由な歴時（時の経過）を用いるリズムで、東洋音楽や十九〜二十世紀におけるグレゴリオ聖歌復興の中心地であるフランスのソレーム修道院で実践されたソレーム派の説くグレゴリオ聖歌のリズムなどに認められるとも云われる(37)。

次にメロディは旋律または節といわれ、その上昇が緊張を、下降は弛緩を、大音程は表出の強調、小音程はその減少を表し、メロディにおいてアクセントを与えられたリズムは興奮を、逆に均等化され平静になる。しかも旋律は音楽的に最も直接的に感情に訴え、楽曲編成において中心的になる。その内モノフォニィは奏者の数にも拘らず単一のメロディが奏される純粋に旋律的な要素からなり、自由なリズムを持ちうる。グレゴリオ聖歌とは、しばしばすべての単旋律聖歌を指す呼称として用いられる。この聖歌は、当時のキリスト教聖歌を、統一した形に組織立てることに貢献したローマ教皇グレゴリウス一世（在位五九〇〜六〇四年）の名に由来する凡そ千年に亘る西欧文化の中心となり基礎となった音楽である。この聖歌が、西ヨーロッパのすべての単旋律聖歌を支配する中心的な聖歌となった。

単旋律聖歌の特性として一般的なものを挙げよう。(1)モノフォニィ（単性音楽〔和音なし〕または単旋律音楽）。(2)教会旋法。(3)普通ア・カペラで歌われる。(4)拍子記号や小節線を用いない。(5)自由な、柔軟性のある散文のリズムを用いる。(6)跳躍進行は稀で、殆どが順次進行の形をとる。(7)音域（旋律の最高音から最低音までの範囲）は限られている。(8)ラテン語で歌われていた。一五四五〜六三年の「反宗教改革」のためのトレント公会議では、グレゴリウス一世への回帰を目指し、ミサの一層の統一化と画一化が行われた使用する言語もラテン語だけに限られた(38)。モノフォニィは歴史上最古の音楽形態で古代ギリシャ音楽、初期の教会音楽（グレゴリオ聖歌、ビザンツ聖歌など）などの音楽では、楽器の伴奏を伴うことがあっても、歌唱旋律の忠実な重複であるか、あるいは即興的な装飾に限られていた。なお東洋の自然民族音楽には、モノフォニィの形態をとるものが多い(39)。

右の佐藤真紀氏のリズム観や伴奏の部分は、平家における琵琶の役割を考える上で水原一氏の説明を考えると表現感覚を共にするのではと愚考する。盲目琵琶法師の伴奏は語りに伴う音楽という意味で広義の伴奏ではあるが、常識的に想起するような純然たる伴奏ではない。即ち語りの口調に合わせて曲節を奏でるものではなく、効果音を弾くものでもない。極めて稀な例外を除いては、語りの節奏に対する和音を弾ずるものでもない。「音楽は必ずしも文学に積極的に協力してはいない」、通念の伴奏とは違う。語る声に合わせて同じ旋律を弾くのでのない。和音を弾くのでもなく効果音でもない。言葉の切れ目に物語りの感情表現とは無関係だが、まるで相槌を打つように打弦されているのである。私たちが伴奏に期待する情景描写とか、感情の表現とか象徴性とかすべてを無視している。平曲を聞く心は梵鐘の余韻を聞くようなものである。揺れて消えゆく余韻の果てに耳を傾け無限の闇を見る心である。[40]もと琵琶法師ロレンソなどは、グレゴリオ聖歌に溶け込み易かったのではなかろうか。

そのように評価される音楽は、芸術の中でも我々の心奥深く感動を与えるし、そのことに羞恥を覚える必要はない、とニーチェも述べている。[41]

『般若心経』や『金剛般若経』を仏壇の前で音読する者は、自分の精神を整え治して戒めを頂戴できる覚えがあろう。しかし、同じくニーチェの『ツァラトゥストゥラ』手塚富雄訳から齋藤孝氏は、私共に次のように導いてくれる。キリスト教や仏教の示す真理は読めば理解できるしおもしろいとは感じるだろう。だがなおも宗教の真理からわれわれ凡人を「さあ、きょうも張り切って行こう」と気持ちを振るい立たせることは難しい。対するニーチェの戒めとなる短い句は「仕事の活力を生むドリンク剤」のような存在である。として次のように頷かしてくれる。音楽、とりわけ歌というものが本質的に持つパワーには人の生命力を揺り動かすものがあると考えていたと思う。きれいに仕上がった音楽に浄化されるような体験もあるだろうが、歌はそれとやや趣が異なる。人の声がある種の波動をもって訴えかけてきたときに、その揺さぶりが身体に届けば、身心は変容を起こすのである[42]。

「音楽は知られうる限りの最古から、人びとの間でのコミニュケーションの一手段として、詩、劇、宗教的文書のような文学と、密接なつながりを持ちながら今日に至っている」。人類共通というか、洋の東西も問わなかった[43]。

イエス誕生前に書かれたユダヤ教の聖典でキリスト教徒によって受け継がれた旧約聖書のサムエル記上16「ダビデ、サウルに仕える」には、悪霊に取り憑かれ苛まれるサウルという王が、羊番で竪琴の名手であるダビデという少年に奏でさせることによって心が安まって、気分がよくなり悪霊は離れたとする。

キリスト教の母胎となったユダヤ教においても、旧約聖書の「出エジプト記」14・15（海の歌）には、追撃するエジプト王の手を逃れて無事に渡海出来たモーゼらが、まず行ったこととして、主を賛美して歌を歌い小太鼓を持ち音頭を取って歌った情景が描かれている[44]。

東洋でも『論語』にも「音楽は人情を陶冶するに大切なものであるから、あの善を尽し美を尽したといわれる舜の韶の舞楽を用いるがよい」とある[45]。

周から漢代までの古礼に関する規定とその精神を記述した『礼記』の「楽記第十九」が音楽の生まれについて述べる「およそ音楽の起こりを考えれば、それは人の心の動きによって生ずるのであり、そして心の動きは周囲の物事が原因になっている」。「人びとを互いに親しませ、憂いや悲しみを忘れさせるのが、音楽の性能であり、人を喜び楽しませるのが、音楽の作用である」[46]。

日本神話の世界でもコトを宗教的用途で使っていた。その場では法悦感を与えていたのであろう。日本人のこの歌好きは揺さ振られ感をエネルギーにして自分の明日のパワーに変えたいという本能的な欲求なのかもしれない[47]。

『万葉集』十三巻三二五四にも「しき島の日本の國は言霊のさきはふ（たすくる）國（後略）」と、古代以来音から来る不思議な霊威や力が働いて言葉通りの事象が働くと信じられているだけに言葉が音になると心理的影響も大きくなる。音楽に魅入られるのは人類共通の本能ではなかったか。

本論編一章にて理解できた精神的状況に対したイエズス会の布教当事者だけでなく、これまでの例のような音楽の精神療法的力により、今日の日本人の心の安らぎにも必要なことを推奨されるアメリカ合衆国で行われている医学上の音楽の力の効果を日野原重明氏が紹介される。その一部を例示する。

四．過去の人生から持ち越した問題を解決する手がかりを与えてくれる。

五、対話とコミュニュケーションの糸が解れ、思いがけない心の交流を生む。

六、和声は、患者の精神的な動揺を鎮め、内的な調和を取り戻す助けとなる。

七、音楽は時間を超越しているため、永遠性への希望を与えてくれる。

シュタイナーの教育理論も挙げている。人間が健やかに生きるためには、知性と感情と意思のバランスの取れた教育法が必要である。その音楽療法として音楽には三つの要素があり、その第一のメロディは頭脳にいちばん作用する。第二のハーモニーは呼吸に作用し、第三リズムは手足の運動や血液の循環、物質代謝を左右する。この三要素の乱調の改善するために対応する音楽の要素を、それに最も適した楽器を演奏して病人に聞かせる。または病人自身に奏でさせることによって、乱れた身体の調子を治す。(48)

イエズス会は布教戦略に音楽の効用を利用し、各種日本文学を参考資料にした中で『うつほ物語』にて「覚醒」を伴う琴が演奏されている効用の「胡茄の声」にも気付いた可能性もある。つまり序論で述べたコロンブス以来のスペイン人が一五三二年にペルーの奥地で発見した「胡茄」の葉の効用、それは『日本大百科全書』によれば麻薬と同じ、日本の場合、悪魔の宗教の迷いからの病人の目を覚まさせる琴の演奏による「覚醒」をも狙ったのではないか[49]。

このような海外の文化人類学的な手法による古代文化の調査・研究以来の成果は、次の日本における西欧キリスト教音楽と日本の弦楽器による演奏の発展過程の推論を進めていく上で重要な示唆を与えてくれる。

既述した我国の精神的葛藤期は、一面精神的には治療を要する不安定な状況ではなかったか。このように精神医療的効果をもたらす可能性ある音楽として、グレゴリオ聖歌や日本の箏曲に虹の光を見つけ心の救いを求めたのではないか。グレゴリオ聖歌は日本人にとって本来異質なはずであったが、このクレドなどの聖歌を、キリスト教宣教師が日本において布教を創めると共に、殉教の場などに居合わせた日本人の心の琴線に触れ救いを求める人には特に感動を与えたと思われる。第一章で実感できたように、長期の戦乱と統治者や既存仏教の伝道者から見放されかねないと感じた中世の人々の中にシュナイダーのいう病人の胸奥に、明日に向って生きていこうと言う小さな決心を、ろうそくの灯火の芯から生み出したのではないだろうか[50]。

救いを求めた人々の空間は周囲から切り離され隔絶された特権的な空間となる。それは単に音響的な意味でそうなったに留まらなかった。ここにおける聴衆は極めて個人的な体験となる。聴衆は、少なくとも演奏中は社会的なしがらみ、つまり日常の社会的抑圧や主従関係から切り離されて、一個人として音事象に向き合えた。このことは、われわれを取り巻く音事象の中から、そのテーマ理解に関与的なものだけを集中的に聴き取り、体全体で吸収しようとしてそれ以外のものを可能な限り排他しようとする禁欲的な聴き方「集中的聴取」が時代を問わず教会では可能であろう[51]。

こうしてクレドに取り込まれた日本人が生まれたのであろう。しかも、日本人はクレドの言葉はなくても共通の理解可能なメロディを残し伝えた。

佐藤真紀氏は、「心の中で歌う」という行為は音楽にとってごく自然な行為であると同時に「音楽的な演奏」

を実現するために不可欠である。実際に音楽教育では先生が生徒にフレーズを歌ってみせ、生徒自身に歌わせる。さらにフランスの音楽美学者『音楽的時間』においてジゼール・ブルレはある旋律を聴くことは、「聴くと同時に旋律を再創造すること」である、と紹介している。[52]
しかも、「芸術は、たんなる抽象から生まれることはない、それは創造者自身に内在するものである」。[53]
箏の演奏者はその歌声の共鳴に引き込まれたのであろう。今日の声楽家もいわれるように、その歌つまりここではクレドを、自分の声を楽器に置き換え、歌った人があったのであろう。

三　日本の宗教音楽

心の救いを求める人々の耳にはいる伝道の言葉や音楽、グレゴリオ聖歌が何故日本人の心にも、浸み入れたかを考えてみよう。その言葉や詩に宿る不思議な霊威として力強く人々の魂に浸透し人々も歌い唱えたことが想像される。建久九年（一一九八）に撰述された法然の『選択本願念仏集』に説かれた心も今に通ずる。つまり「（三）弥陀如来、余行をもって往生の本願としたまはず。ただ念仏をもって往生の本願としたまへるの文」に「声はこれ念なり、念は則ちこれ声なり」念とは唱えることであると説いている。[54] キリスト教の宣教師は、会派にとらわれずに、信仰へ導くために心のそこから声を湧き出させ歌い上げさせたのである。法然と同じように通じる導き方のようである。
ニーチェは「音楽のうちにある宗教――」に続き、（中略）あらゆる宗教的欲求の満足がなんとおびただしくあることか！　なんとおびただしい祈禱、徳、塗油、「処女性」、「救済」」（後略）とまで述べている。[55]
切支丹が人々を救った報告の例中、以下に数例挙げる病の治癒を願い救われた人々があるが、日本にも人々の心を癒そうと決意出来た者がいる。横田庄一郎氏は次のように述べられる。西洋音楽を受け入れる側の日本人の中にあって大きな役割を果たしたとみられるのはロレンソのような人物である。ロレンソはその前歴から弁が立ち、かつ音楽的才能があったことは頷けることである。当時の琵琶法師が各地を巡歴し、戦国の世に、祇園精舎の鐘の音、所行無常の響きあり　沙羅双樹の花の色、正邪必衰の理をあらわすと、平家の興亡を主題とした一大叙事詩として仏教的無常観を音楽性豊かな名文によって多彩な人生絵巻の平家物語を巧に語ることにより人々の心を広げていたことに加え、西洋音楽の響きを背景に永遠の天国に人々を導いたことが考えられる。奇しくも来日切支丹が当初奏でた楽器は琵琶と起源を同じくするヴィオラだった(56)。

ここで西欧のキリスト教音楽を受け入れた当時の日本の宗教音楽はいかなるものか見ると、音楽は日本の文化、とくにその宗教的側面で重要な機能を果たしてきた。神話時代につながる長い音楽の伝統があった。その資料は、キリスト教布教を確信できる地盤が、日本人の心の中に、ある種の形式ですでに準備されていたことを示す(57)。

そのような音楽の源流を観ると、中には他の文化と同じく大陸経由で輸入された本格的宗教音楽がある。その一つがインドのバラモン教で行われた学問の一種の主として経文の発音に関する学問で、日本へは養老四年（七二〇）頃には伝来し、日本では仏教の経文を歌唱する音楽、すなわち仏教経典音楽をさすようになったのが声明である。もうひとつがインド起源とされる盲僧琵琶で、仏教では釈迦が弟子の盲目を憐れみ、琵琶を伴奏にして地神陀羅尼経を唱え、土地の法を行うよう勧めた伝説が起源になっている。日本への伝来は、奈良朝以前と推定されている(58)。

声明とは「仏教音楽で用いられる声楽」のことで、荘厳な仏殿などにおいて仏を礼拝、賛美し、自己の懺悔・告白を行い仏に祈り、ほとけの教えを聞くための音楽である。近代邦楽の琵琶・謡曲・浄瑠璃・小唄・地唄・長唄などは全て仏教音楽である声明から導きだされたものである。田辺尚雄氏によると、声明は近代邦楽研究のためには欠かせないものである。なぜならば声明は声楽として極めて高度の芸術性を持っており、経典を歌唱する技法はインドでバラモンや仏教徒が発声理論について研究、修練された今日に至っているだけに声楽の理論として最高の位置を占める。(59)

声明について、瀬戸内寂聴氏が述べている。日本のあらゆる音楽の原点に声明が位置することが知られてきた。この仏教音楽はキリスト教に讃美歌があり、聖歌隊がいるように仏教にも仏を賛美して、お経に節をつけて歌い、その専門の僧侶がいた。元来、祈りと云うのは心からの声を発して、神仏という宇宙の大いなる声明に向かって力弱い人間が呼び掛けるものである。感動のあまりその祈りに節が付き、歌になっていったのが日本音楽の原点であろう。ジャズも、グレゴリオ聖歌も、人間の切なる祈りの心の叫びの声である。(60)

後世日本の音楽には、平曲、謡曲を始め旋律型による作曲が多いが、これらの先駆をなすのがこの声明である。特に講式（仏・菩薩・高僧などの功徳を讃え節をつけて読む。一種の語り物で中世歌謡への影響大）や論議（師と弟子が教理について問答するもの）のような日本製の声明の曲節（移り変り）は、殆どそのまま平曲や謡曲に取り入れられさらに浄瑠璃の中に吸収されている。(61)

「声明」という音楽的前身の普及による琵琶を伴奏とする盲目法師の語り物も同じく発達した。中世軍記は主としてそういう芸能の方法に乗せられ語られ、軍記の文学的生態の特色ともなった。琵琶法師が「四部の合戦状」と呼び誇るべき演目の中で王朝文学の抒情美の伝統も備え、仏教的色彩を帯びた武士の文学として誕生した「平家物語」が最もよく語られていた。「平家物語」は、芸能としての名を「平家琵琶」と呼び、後に「平曲」とも言った。従って「平曲」を語る者の内には、修業の過程でこのような成立上の意味を理解納得して、語る相手を感動させる仏教上の信念および武士道の神髄を演出出来る能力をもっていても不思議ではない。彼等は中世の乱逆の事件を取り上げその乱世に生き、死んだ人々を取り上げるために、見聞の経験者によって語られるに足る話題の人物群の話題、つまり人間の造型を語った。[62]

琵琶法師と宗教との結びつきを見ると、踊り念仏に参集し興奮の坩堝と化している場に寄りつく琵琶法師主従などは、一遍上人の動きにも付随して登場する。[63] 恰も一遍の諸国遊行に従うかのように見え隠れする琵琶法師の姿を、絵師がなぜ描いたのか。一遍による非人救済と同じ対象であった。室町期頃、琵琶法師はその障害の故をもって非人視され、彼らに救済の手を差し伸べたのが、時宗や大和西大寺律宗教団であった。[64]

時代は下るが、弾き語りをする人々の中に、一六〇七年（慶長十二）の頃の描写であるが、武士の中にも公家の子弟らに読み書きと楽器の演奏や謡を教えることを職業としていた仏教徒がいた。彼はその弟子の中の切支丹からその教えをよく理解しその息子と共に入信した。元の檀那寺や仏教徒は全力を挙げて退信させようとしたが、日本の宗教はどれも救いをもたらさず、救いは切支丹の教えのみである故、自分はその教えの下で死のうと思う。と言ったというので記録として残ったのであろう。[65]

ロレンソが昔物語を琵琶で弾き朗吟して人々を楽しませて生業としていたとあっても、平曲を語っていたとの文言はないので、併せてその微証を辿りたい。

『碧山日録』寛正三年（一四六二）三月三十日条に当時京都に居住して平氏曲を演奏する盲目の琵琶法師は五、六百人とある。無学で文字を読めない民衆の耳を欹て、その享受浸透力はかって津波のような波及効果でビートルズを迎え熱狂した現代日本人の信奉者拡大と同じ効果であったと思われる。

なぜ平家なのか。京都東山の光明山鑑勝寺境内の池ノ坊不断光院住持であった良季により、室町時代初期に筆写されたと推定の『普通唱導集』「正和五年（一三一六）九月廿五日夜及五更於燈下書写之畢、此一冊者東大寺蓮乗院清秀是承　寛永十一申戌稔三月吉祥日実箅」には、仏教界の民衆への啓蒙が察知できる。その村山修一氏の解説によると、僧侶が世俗の人々を集めて行う布教のためには様々な方法を採った。つまり、木魚を叩くだけに頼らず一般聴衆の興味を惹き飽きられない工夫をし、音楽的要素を取り上げて法味豊かな雰囲気を演出し、漫談風の弁舌も駆使し窮屈さを除き、さらには文学的・詩的に優雅も情緒演出するなど趣向をこらした。これは中世にかけて民衆仏教が拡がる頃、盛んに民衆の社会教育・啓蒙の一環となり、他方では娯楽的催しの発展にも寄与した。その序文では、法事の際などに、内外典籍の濫蓄はなく弁舌も拙劣では、聴聞衆は興味喪失嘲笑、あくび、居眠り、そのあげくには中座退出することになり、亡霊尊霊の穢土厭離・浄土往生は望めないので、最も大切な唱導の範例集を略記した。内容は仏徳讃嘆の文や密教の儀軌や顕教の経論を選んである。その一部を挙げよう。

琵琶法師　伏惟　過去聖霊勾当　平治保元平家之物語　何　皆諳而無滞、音声気色容儀之体骨　共是麗而有興。[66]

とある。

琵琶法師の職掌のひとつは、平治保元平家之物語をいずれも皆諳記して滞りなく語るところにあった。新村出氏がいわれるように、鎌倉・室町時代には『平家』が都鄙を問わず、僧俗を問わず、瞽師すなわち広く盲人の音楽師により語られたことを夥多の載籍の例が示す。[67]

人々の記憶力を含め優れた行動の手掛かりが西欧でも紹介されている。グレゴリオ聖歌が伝承された流れについても、ハワード・グッドウエル氏の示唆がある。楽譜が生まれ普及する以前には、すべての聖歌を修道士、修道女が自分の頭に記憶していた。何世紀にもわたり教会や修道院で四世紀から歌い続けられた聖歌もあるように口承により伝承されてきた。その中の一つが西方教会で受け継がれてきた聖歌で、単旋律聖歌、グレゴリオ聖歌である。美しく神秘的で古色蒼然とし非常に複雑で、これを楽譜によらず、人間の記憶だけで長く伝承してきたというのは、驚異である。と言われる。[68] 日本でもそのような能力は、分野は違うが、塙保己一の例を挙げれば頷けるであろう。「六段」などの段物と呼ぶ器楽曲は、一般に楽譜に書かず暗譜で教習したと推定される。[69]

砂川博氏によると、琵琶法師はなぜ幽明境を異にする人々の物語を「滞りなく紡ぎだせたのか」。彼らは「物語」を諳んじていたせいである。洋の東西を問わず、琵琶法師を含めた盲人は人並み外れた暗記力の持ち主であった、盲目と吟遊詩人との執拗な繋がりとして、荒木博之氏のグスラー学者の研究成果等を紹介される。そこには古代ギリシャ『オデュセイア』の作者とされるホメロス自身も盲目の吟遊詩人であったといわれ、その三千年を隔てたのちも、ユーゴスラビアの南スラブ語族の地域にグスラーと呼ばれる今にホメロスを吟唱する盲目の吟遊詩人の一団がある。その二十五年に及ぶグスラー研究の成果は「物語の歌い手」の中でグスラー達の抜群の記憶力について、その記憶力の源泉となる物は、彼らの「文盲性」にあると結論する。グスラーの中には「自分は初めて聞いた物語を一時間後には一字一句の間違いもなく再現できる」と豪語出来る人もある。彼らは単語において考えるのではなく、音の集合において考えるのである。ここに文盲性と記憶力との、文字人間の理解を超えた親和力の秘密があると言われる[70]。

イエズス会士がその能力を評価した本来琵琶で糊口を凌いでいたロレンソも既述の一遍上人に諸国遊行に付随したような『平家』をも含む吟遊詩人性を備え昔物語を朗吟出来るような優れた能力を持っていた一人であったろう。彼は中世の絵巻物の状況を再現出来たであろう。それがザビエルの慧眼により、西方教会の修道士のような能力も引き出せた。しかも盲目の琵琶法師の聖としての呪術的影響力と彼らが弾奏する『平家』など日本文学を修道院における教材にするなど、教会の典礼に琵琶法師の謡が導入しやすかった。切支丹になった琵琶法師が琵琶伴奏で調子を取って教理を謳っても不思議ではない。盲人にはロレンソのように視力の不足を補って、優れた記憶力と、琵琶の音色と声を用いて他人と意志疎通する能力を持つ人もあった。信者になった以上は、自発的にその歌や音楽の能力を教会で発揮するよう促された[71]。

市古貞次氏によると、「平家を聞きながら、古代の英雄を思い、世も末になった今、己の力では到底及ばないと嘆いている。常に武勇を忘れず、かつ我が身に引き比べているところに、戦国武将の平曲の受け取り方があった」。『群書類従』、『続群書類従』の合戦の部には、古代から江戸時代初期までの合戦は一九一編あるが、十余編を除けば、全て室町時代から江戸初期の軍記である。その中でも『平家物語』などの軍記物語ほど肩を並べる物はなく、他の軍記物に与える影響も大きいが、平家のように新しい表現で強い感動を与えるものはない。「平家」は室町時代の人々、公家・武家だけではなく広く大衆に喜ばれた。『平家物語』は読まれることもあったが、一般的には盲人法師が琵琶と共に語る平曲あった。これを業とする平曲者は京都のみならず、地方の大名・豪族を頼って長く滞留して平曲を行い種々の情報を齎した。それは都などの貴重な情報源であり、他の芸能人や文化人と同じく文化交流の発信源ともなり得た。(72)

ロレンソも活躍していた時期、薩摩領国の戦国武将自身が「平家」を嗜む例を挙げよう。『上井覚兼日記』の、天正十一年二月七日には、法華獄寺塔頭落慶の祝宴の席には、覚兼同席の元常沢という座頭が「平家」を語っている。同年四月二日には、覚兼は始良郡浜市における寛いだ席では、平家琵琶を聞いている。天正十三年（一五八五）三月廿日、覚兼外舅の大隅敷根領主の敷禰頼賀のために「平家物語　四ノ巻」を読むなど「平家座頭」に語らせている例が多い。時代が下がっても、加賀藩で寛永六年（一六二九）十一月二十二日付で、「九、平家語候者御穿鑿」として座頭の中で平家を語る者に、十句・二十句ほど覚えた座頭一両人があるが、その声は悪く、その上平家の正しい意義を知らない、とある。(73) このように「平家」は地方においても時代を超えても教養人の嗜みでもあり、琵琶法師は平家を語ることが普通であったことが分る。

この語るということについて、高木市野助氏は次のように述べられた。従来行われていた琵琶楽器を利用して、半ば音曲風に歌い、半ば説話風に朗読することで、この中間的な性質がうたうでもなければ読むでもない即ち「語る」ともいえる。しかし、中世的な「語り」を文学自体の中に持ち込んだところに平家物語という文学の複雑微妙な中世的性格がある、と。(74)

平曲は琵琶で調子を取り、その物語の全篇を貫くものは当時の指導精神であり、取り巻く精神的環境でもあった諸行無常、厭離穢土、欣求浄土の仏教思想ではあった。しかし、登場人物の苦悩にみる仏教の生き方との矛盾に見える、人をして真実に哀れを催さしめた所に、人々を引きつけて離さぬドラマをみた[75]。

平曲は、当三節冒頭に挙げた法然の唱える「念」と同じ感覚的作用かも知れない。西田幾多郎氏引用の「宗教とは、我々の耳に鳴り響く宇宙の基調音である[76]」。音楽的感性と宗教心が一致していい歌ゆえに歌い継がれた可能性ある。そのように愚考すると、日本人にとって切支丹信仰への過熱期を創出していた頃のロレンソはクレドの伝承にとり有力な先導者の可能性がある。彼の優秀さを多数の人物が報告していることから、ロレンソのように、仏教から昇華出来て、クレドを通してキリシタン信仰の基調音を媒介出来たのではなかろうか。声明などを土壌にした琵琶演奏を体得出来たロレンソなどの琵琶法師は信仰への信念がなせる業で琵琶の演奏を活かしクレドなどの唱和を音読させ仏の言葉を心に植えつけ、日本の楽器に活かしことは自然の成り行きである。彼は糊口を汚していたという思いで、琵琶による演奏に代わりデウスに命を捧げ奉仕する手段として各種聖歌を和楽器で伴奏する日本人としての橋渡しの役を演じることが出来、管見によると史料に唯一残り得る有力候補である。

四　西洋音楽の受容

日本人はどうしてグレゴリオ聖歌等を手中の物としていったのか。

教会音楽については一九六二年の第二ヴァチカン公会議の典礼と教会音楽112を序論編一章に挙げたが、その116には「教会は、グレゴリオ聖歌をローマ典礼に固有な歌として認める」、とある[77]。新約聖書「コロサイの信徒への手紙」16にても誡めた。

キリストの言葉があなたがたの内に豊かに宿るようにしなさい。知恵を尽くして互いに教え、諭し合い、詩編と賛歌と霊的な歌により、感謝して心から神をほめたたえなさい。

とある。そこには、聖なるローマ教会より教え給うおらしよを教えるべし、ともある。その「おらしよ」とは、「どちりいなーきりしたん」中、師匠と弟子の問答体の第三にぱあてるーなうすてる「天にまします我らが父・・・」で始まる祈り。キリスト自身が教えた祈りとして主禱文とも言われ、古代から特別に重要視された[78]「我らが念を天に通じ、御主でうすに申上望みをかなえ玉ふ道、橋なり」である。次にまた信じ奉るべき条々と勤めるべき所作をも現わすべきなり。これすなわち主の祈り、アベマリヤ、サルベレジナ、ケレド、十ヶ条（十戒）の掟と聖なる教会の戒律にこもるなり。これらみな揺るがせなくしてひたすらに信じ勤めるべきなり。として弟子のクレドの意味の尋ねに師匠が答えるのである。切支丹にとって必ず覚え信じなければならなかった。その事例は序論以降挙げた。「第六　けれど、ならびにひいですのあるちいごの事」において弟子が「たしかに信じ奉る道を示し給へ」との問いに師匠が使徒時代にさかのぼるケレドすなわち使徒信教にこもる信仰箇条を知ることである。今これを教えよう、と続く[79]。

信徒は典礼の執行を受け身ではなく、信徒たちが積極的に参加すべきものであること、それによって教会という共同体が形成されることを示す。かくて教会音楽は長い歴史的伝統を持ち典礼の精神的支柱となって維持されてきた[80]。一九六二年の『第二ヴァチカン公会議　典礼憲章』においても、「信者の行動的参加」という項目に義務化されている。その推進のために、会衆の応唱、答唱、詩篇唱和、交唱、聖歌など習慣的行事が規範化される[81]。

グレゴリオ聖歌のメロディは一般にやさしいもので、わずかの種目でこと足りる[82]。その内のクレドの言葉は、教理書が変遷していったように違いもある。例えば、最も新しい卑近な例では二〇〇四年二月十八日、日本カトリック司教協議会認可の場合、冒頭部は「使徒信条」「天地の創造主、全能の父である神を信じます。父のひとり子、私の主イエス・キリストを信じます。（後略）」と進行していく。ここでは、皆川達夫氏の「歌詞対訳」を挙げよう[83]。

（先唱）われは信ず、唯一の神、
（合唱）全能の父、天と地、
見ゆるもの、見えざるものすべての造り主を。
われは信ず、唯一の主、神の御ひとり子イエス・キリストを。
主は、よろず世のさきに、父より生まれ、
神よりの神、光よりの光、まことの神よりのまことの神。
造られずして生まれ、父と一体なり、すべては主によりて造られたり。
主はわれら人類のため、またわれらの救いのために天よりくだり、
聖霊によりて、おとめマリアより御体を受け、人となりたまえり。
ポンシィ《ママ》オ・ピラトのもとにて、われらのために十字架につけられ、
苦しみを受け、葬られたまえり。

聖書にありしごとく、三日目によみがえり、
天に昇りて、父の右に座したもう。
主は栄光もうちにふたたび来たり、生ける人と死せる人を裁きたもう、
主の国は終わることなし。
われは信ず、主なる聖霊、生命の与え主を、聖霊は父と子とよりいで、

父と子とともに拝みあがめられ、
また預言者によりて語りたまえり。
われは一・聖・公・使徒継承の教会を信じ、
罪のゆるしのためなる唯一の洗礼を認め、
死者のよみがえりと
来世の生命とを待ち望む。アーメン。（カトリック教会式文）

先ず司祭が最初の一行目を先唱し以下合唱される。前半部は、創造主である父なる全能の神と、人間の姿で誕生して十字架上に、ユダヤおよびサマリアのローマ総督ポンテオ・ピラト（在任二六〜三六年）により受難したイエス・キリストへの信仰を歌う、後半部は、キリストの復活、父と子と三位一体である聖霊への信心などを歌っていく二部構成を取り、最後にアーメンで結ばれる(84)。

一六〇〇年頃のバロック以降のミサ曲では、クレドの作曲手法に伝統的な約束ごとのようなものがある。例えば冒頭のCredo以降は緩徐なテンポで荘重なフォルテでしかも力強さをもって一歩一歩踏みしめるようなアレグロのテンポで始まり、「天よりくだり」の部分では下降旋律を、「天にのぼり」では上昇旋律を用いる(85)。

相良憲昭氏はグレゴリオ聖歌について述べる。単旋律であるから和声は持たない。ゆえに合唱の場合は当然複数の人が同じ旋律で歌う。近代音楽の持つ調性やリズムや拍子は持たない。音の強弱やテンポの緩急も存在せず、音域も極めて限られている。半音は存在するが半音階は用いられない。また無伴奏で歌われる。これほど単純素朴であるのに、神秘的、荘厳、繊細、さらに豪放とさえ言い得る。そして、一五六三年のトレント公会議はグレゴリオ聖歌の発展の可能性を押さえ、むしろ原点に戻ろうとした(86)。

皆川達夫氏によると、同聖歌はローマ・カトリック教会の典礼音楽である。短期間に特定の人物によって整えられたものではなく、古代末期から中世全般という長い年月をかけて広い地域の諸々の音楽的要素を同化し融合しつつ、徐々に形成されていった結晶体なのである。ラテン語の典礼に基づく単線律聖歌で，十世紀頃から、同じ高さの音符を同じ線上に揃えて記し、十三世紀頃には四本線つきの角形ネウマが使用され現在も記譜されている[87]。

これらを日本人が受容した断片を見よう。

山口における一五五三年（天文二十二）十二月午前零時に始まる降誕祭最初のミサで歌ミサが挙げられた時のことである。コスメ・デ・トルレスがミサを立て、パードレ・バルテザール・ガーゴが福音書と書簡を朗読し、フェルナンデス、シルヴァ、アルカソヴァは歌って応誦した。「日本人達は、私達が歌うことは不快であると言っているけれども、私はキリスト教徒たちが神の事柄に抱いている敬愛の念が、私達の歌を彼らに気にいらせていた」、と判断していた[88]。

この異質に感じる両音楽の接触において、文化的な融合の役を果たしたのがロレンソや日本で新たにイエズス会が設置した組織の同宿らであろう。彼らは仏教典礼に劣らぬような努力をした。こうして、グレゴリオ聖歌の持つ単純性、東洋的旋律、そして自由なリズムなどが日本人に比較的容易に親しみを与え、理解を早めたと思われる。いわゆる民謡・流行歌についても、その作曲者は切支丹の葬儀の行列その他の場合におけるグレゴリア聖歌の印象を受けて、その調子が自然的にそれにくみ取られていると言い得ると言われる[89]。

来日したザビエルにより日本人の西洋音楽体験化への動きの様子を見よう。

ザビエルと共に反宗教改革のために全身全霊を捧げ命を掛けて行動を起こそうとしたイグナチウス・ロヨラが、「典礼音楽」によって宗教的に未知な人々を「一層強くデウスの礼拝へ誘うため」のものとして容認したように、教会音楽が初期イエズス会士の最も独自の活動の中で最も重要な地位を占めていた[90]。

当時ヨーロッパでは多声楽の流行期であったが、日本教会は伝統的にグレゴリオ聖歌を用いた。それは東洋的単音と短音階の旋律とが日本人に適していたと言われる。聖歌隊の合唱や器楽演奏に少年らはたちまち上達し、ポルトガル人より巧みであると報じられるほどであった。演劇は能・狂言しかないこの時代にあって、キリシタンは降誕・受難・復活などの大祭日に聖書に取材したミステリヨ劇を公開上演したが、コレジヨ劇とともに一種の楽劇で、邦人信者の創作も早く行われ、日本で通常歌う短文の形式でお国ぶりの今様・小唄、または琵琶歌のようなものが採り入れられ、その主題歌は街行く人々も口ずさむほどであったという[91]。

ルイス・メディナ氏によると、もともと教会が琵琶法師を重用したのは、琵琶法師の音楽家としての側面と聖としての二面性を採用した。キリスト教の信者となった琵琶法師は馴染みやすかった琵琶に合わせてキリスト教の教理を謡っている。カトリック教会における典礼において重要な要素であった音楽に、琵琶法師の謡いが導入された。宣教師にとってもその音楽が他の日本音楽より受け入れやすかった。琵琶法師の側にも宿神としての信仰が備わっていてキリスト教を受け入れたからであろうと思慮される[92]。

一五五二年、ザビエルのヨーロッパにあるイエズス会員宛て書簡によると、日本人は甚だ知識欲が旺盛故に「父と子と聖霊の御名によりて」の意味などのしぐさについて質問に説明したら、彼らは大いに慰めを感じた。このあと、

「キリエ・エレイソン（主よ、あわれみたまえ。）、クリステ・エレイソン（キリストよ、あわれみたまえ）、キリエ・エレイソン」と唱えると、彼等はすぐにこれらの言葉の意味を尋ねます。このあと、彼等はロザリオ（数珠）を操って、一つの珠ごとに「イエズス、マリア（の御名）」を唱えます。主の祈り（主禱文。）、アヴェ・マリア及びクレド（使徒信教）は書いて少しずつ覚えていきます[93]。

こうして日本人は当初から、このようにクレドを信仰上の血に浸していった。

一五五五年九月十日付豊後発、ダ・シルヴァのインドにあるイエズス会員宛書簡がある。大友義鎮領下のある修道院には、日本の文字と言葉にて記された書物がありそこで夜はアベ・マリヤの後、一同はパーテル・ノステルとアベ・マリヤ、クレドならびにサルベ・レジナの祈りすべてを行うとある。(94)

一五六二（永禄五）年、ジョアン・フェルナンデス修道士は平戸近在の生月島と度島に居り、それぞれの教会には教理を聴き禱りを習いに来る人々で溢れた。修道士は使徒信教を教えた。(95)

一五六四（永禄七）年、司祭フロイスと修道士フェルナンデスが約一年滞在した肥前平戸からの報告がある。平戸から約八キロメールに隣接する今日三つの集落を営み人口約八百人で、漁業を主な生業とし、三・四五平方キロメートルの度島では、当時農民の家族が極貧の貧しさから飢えないように朝から晩まで牛を使い畑を耕し疲れて働く。そこの十三～十五歳の子供たちは親の手伝いをしながら、毎日朝と正午にミサに来て、教会では修道士を思わせるような謙虚な態度で教理を暗唱した。少年たちはミサ答えを心得ており、パーテル・ノステル、アベ・マリア、クレド、サルヴェ・レジーナ、デウスの十戒と教会の掟、諸聖人の連祷、聖母マリアの連祷、詩篇、精霊と聖体の秘蹟の賛美歌、ミサの玄義の要約、御受難の出来事を暗記していたとある。(96)

一五六五年十一月に平戸にて教会が落成した。キリシタン達は多年の念願叶って最初のミサに与ろうと各方面から参集した。その喜びのあまり、歔欷・流涕する者夥しく「その有様はあたかも彼らが奴隷の境遇から免れ出たかのようであった」。そこに住んでいる二人の司祭はキリシタン達が押しかけてきて告白するので、ジョアン・フェルナンデス修道士指導による日本語の学習に忙しかった。彼は「毎日、子供たちに教理を教えたりした。子供たちはそれらを合唱して歌いながら暗誦した。パーテル・ノステル、アヴェ・マリア、クレド、サルヴェ・レジーナを彼らはラテン語で、その他のすべてを母国語で唱えた。彼らはミサ答えもできた(97)」。

これらの場所は竜造寺隆信が天正五年以降の下松浦侵攻以来侵略していった領国地域に近くの信仰の熱気を伝

える動きであり、平戸や生月島、島原には終章二節に述べる竜造寺隆信の本拠地に伝承した須古踊りが今日までなされていることから、逆に、竜造寺氏配下の軍勢もクレドとその噂を耳に出来た。

注

(1) ①訳松田毅一・川崎桃太『フロイス日本史4』(中央公論社　一九七八年)二一四～五頁。一三九頁及び注(11)。②『日本の歴史12天下一統』(中央公論社　一九六六年)九五頁。
(2) 五野井隆史『日本キリシタン史の研究』(吉川弘文館)二四八～九頁。
(3) 松田毅一『秀吉の南蛮外交―サン・フェリーペ号事件―』(新人物往来社　一九七二年)一七～一八頁。
(4) 和辻哲郎『日本倫理思想史(三)』(岩波書店　二〇一一年)第五編第三章一六　八～九頁、三五八頁、四十八頁。
(5) H・ジャンソン&カウフマン著/木村重信・辻成史訳『美術の歴史』(創元社　一九八〇年)「バベルの塔の建設」一〇七頁。
(6) 注(1)①『フロイス日本史5』五五章一三二～五頁及び注(4)・(5)。
(7) 岩沢愿彦「本能寺の変拾遺」―『日々記』所収天正十年夏記について―」『歴史地理』九一巻四号、一九六八年。
(8) 苦難に満ちたこの娑婆世界が、すなわちこの上ない寂光浄土である。『広説仏教語大辞典』(東京書籍　二〇〇一年)。
(9) 朝尾直弘『将軍権力の創出』(岩波書店　一九九四年)「将軍権力」の創出。
(10) ①校注　島津忠夫『新潮日本古典集成』(新潮社　一九七九年)「賦何人連歌　天正十年五月廿四日　於愛宕山威徳院」三一七頁。
②連歌総目録編纂委員会『連歌総目録』(明治書院　一九九七年)五三三～四頁。
(11) 海老沢有道　H・チースリク『キリシタン書　排耶書』(岩波書店　一九七〇年)H・チースリク「キリシタン

書とその思想」解説　五五二頁。
(12) 注（1）①『フロイス日本史3』一八二頁。
(13)『日本の歴史』⑪（中央公論社　一九六五年）三七三頁。
(14) 注（1）①『フロイス日本史3』第一四章の一八三頁注（8）。
(15) 注（1）①『フロイス日本史3』第二二章。
(16) 注（1）①『フロイス日本史5』第四九章三七頁。
(17) 注（1）①『フロイス日本史4』第四二章、第四五章三三二頁（3）。
(18) 注（1）①『フロイス日本史5』第四九章三八頁。
(19) 注（1）①『フロイス日本史5』第四九章四〇頁。
(20) 注（1）①『フロイス日本史5』第四九章五〇頁。
(21) 注（4）『日本倫理思想史（三）』一五九頁。
(22) 注（1）①『フロイス日本史4』第四五章。
(23) ①注（1）①『フロイス日本史5』第四八章。
②石田一良「織田信長とキリスト教」。東北大学『日本思想史研究』第九号（東北大学文学部日本思想史研究室　一九七七年）。
(24) 注（1）①『フロイス日本史6』第二章四四～四五頁。
(25) 注（23）②石田一良「織田信長とキリスト教」。
(26) ①訳編者今井正『ユンゲルベルト・ケンペル　日本誌《下巻》』（霞ヶ関出版社　一九八九年）第五章五六頁。
②『原色日本の美術　第25巻　南蛮美術と洋風画』（小学館　一九七〇年）七　南蛮趣味の交流。
(27) ①『ジョアンロドリーゲス日本教会史　下』（岩波書店　一九七〇年）三六六頁。
②注（11）『キリシタン書　排耶書』H・チーリスク「キリシタン書とその思想」一ザビエルのビジョン。海老沢有道「キリシタン門の伝来」三カテキズモの編纂。

(28) 注（23）②石田一良「織田信長とキリスト教」。
(29) 海老沢有道『キリシタン南蛮文学入門』（教文館　一九九一年）二三七頁。
(30) 『ヴァリニャーノ　日本巡察記』（平凡社　一九七三年）二六七頁。
(31) 注（11）『キリシタン書　排耶書』（岩波書店　一九七〇年）六〇八頁。
(32) 注（11）『キリシタン書　排耶書』収載書目解題「どちりいな〔教理のこと〕―きりしたん」六〇七～八頁。
(33) 注（11）『キリシタン書　排耶書』「収載書目解題」六〇九～六一〇頁。
(34) 梶原悟『きりしたんのおらしょ』（教文館　二〇〇六年）四四頁。
(35) ルイス・デ・メディナ『イエズス会士とキリシタン布教』（岩田書院　二〇〇三年）一五～二〇頁。
(36) 注（1）①『フロイス日本史9』一九八頁。
(37) ①佐藤真紀「ジゼール・ブルレにおける「内的歌―音楽の時間的本質との関連において―」
②『美学事典』（弘文堂　一九六一年）「音楽の要素」三二四頁、三二七～八頁。
③「ソレーム唱」ソレームA・モクロウがが確立したリズム論（岩波キリスト教辞典）。
(38) M・ミラー『新音楽史』（東海大学出版会　一九七七年）3章。
(39) ①『標準音楽辞典』（音楽の友社　一九六六年）一九九六頁。
②注（37）『美学事典』「音楽の要素」三二八～九頁。
(40) ①水原一NHK古典講読平家物語78回平家琵琶鑑賞。
②水原一『平家物語』上巻「小督の事」（角川書店　一九五九年）。
(41) 訳者代表　原佑『世界の大思想　ニーチェ　権力への意思』（河出書房新社　二〇〇五年）三六二頁　八四〇
「音楽のうちにある宗教」。
(42) 齋藤孝『座右のニーチェ突破力が身につく本』（光文社　二〇〇八年）八頁、九頁、一七八頁。
(43) H・M・ミラー『新音楽史』（東海大学出版会　一九七七年）一章。
(44) 皆川達夫『中世・ルネサンスの音楽』（講談社　二〇〇九年）二八～二九頁。

(45) 吉田賢抗『論語』(明治書院　一九六〇年) 衛霊公第十五389。
(46) 竹内照夫『礼記　中』(明治書院　一九七七年)。
(47) 注(42)『座右のニーチェ突破力が身につく本』「身体の内側から感動する力」。
(48) 日野原重明『音楽の癒しのちから』(春秋社　一九九六年) 一九〜二八頁。
(49) 編著　上原作和・正道寺靖子『日本琴學史』(勉誠出版　二〇一六年) 第五章　覚醒としての〈楽〉―『うつほ物語』。
(50) 注(48)『音楽の癒しのちから』「シュナイダーの音楽療法」。
(51) 渡辺裕『聴衆の誕生』(春秋社　一九八九年) 六二頁。
(52) 佐藤真紀「ジゼール・ブルレにおける「内的歌 (chant interieur)」―音楽の時間的本質との関連において―」de arte 20 (九州芸術学会　二〇〇四年)。
(53) ジゼール・ブルレ、海老沢敏・笹渕恭子訳『音楽創造の美学』(音楽の友社　一九六九年) 一七三頁。
(54) 法然『選択本願念仏集』(岩波書店　一九九七年)。
(55) 訳代表　原佑『ニーチェ　権力への意思』(河出書房新社　二〇〇五年) 三六二頁。
(56) 横田庄一郎『キリシタンと西洋音楽』(朔北社　二〇〇〇年) 一一四〜五頁。
(57) Jesus Lopez Gay, S. J.「キリシタン音楽―日本洋楽史序説―」十二頁。
(58) 吉川英史『日本音楽の歴史』(創元社　一九六五年) 第二章　五　宗教音楽の輸入」。
(59) 大栗道栄『よく分る声明入門』(国書刊行会　二〇〇一年)「はじめに」。
(60) 天納伝中『天台声明と五台山念仏へのいざない声明』(春秋社　一九九九年) 序。
(61) 注(58)『日本音楽の歴史』五六〜一〇〇頁。
(62) 水原一　校注『平家物語』上(新潮社　一九七九年)「軍記の流れ」。
(63) 小松茂美編『一遍上人絵伝』(中央公論社　一九七八年)。
(64) 砂川博『平家物語の形成と琵琶法師』(おうふう　二〇〇一年) 三六七頁〜。

(65) 注（35）「キリシタン布教における琵琶法師の役割について」『イエズス会士とキリシタン布教』一三二頁。
(66) 村山修一『普通唱導集』（法蔵館　二〇〇六年）二二頁、四三頁、一九一頁、一九二頁、解説。
(67) 新村出『新村出全集第五巻』（筑摩書房　一九七一年）「天草切支丹版の平家物語抜書及び其編者」一三二頁。
(68) ハワード・グッドウエル『音楽の進化史』（河出書房出版社　二〇一四年）二九頁。
(69) 『箏曲と地歌』（音楽の友社　一九六七年）一三〇頁。
(70) 荒木博之「盲目の吟遊詩人たち」・・ホメロスから盲僧まで・・『月刊百科』7―1980の214（平凡社　一九八〇年）。
(71) 注（35）『イエズス会士とキリシタン布教』（岩田書院　二〇〇三年）一四一頁、一五六頁、一五七頁。
(72) ①『フロイス日本史5』五畿内篇（一九七八年）。第三部九章「都地方に関すること、ならびにその状態について」二七四～五頁。
②大津雄一・田口寛訳『戦国武将逸話集』（勉誠出版　二〇一〇年）解説。
③鈴木棠三校注『常山紀談』（角川書店　一九六六年）巻之一。
④館山漸之進『平家音楽史』（芸林舎　一九七四年）。
⑤校注市古貞治『平家物語②』、（小学館　一九九四年「戦国武将の「平家」享受」
(73) 『国事雑抄上編』（石川県図書館協会　一九三二年）四四～五頁。
(74) 『日本文学研究資料叢書　平家物語』（有精堂出版株式会社　一九六九年）高木市之助「平家物語の論」。
(75) 『平家物語講座第一巻』（創元社　一九五四年）井出恒雄「平家物語と佛教」。
(76) 西田幾多郎『哲学概論』（岩波書店　一九五三年）三八頁。
(77) 日本司教団秘書局訳『典礼憲章』（南窓社　一九六五年）。
(78) 注（11）『キリシタン書　排耶書』二五頁注。
(79) 注（11）『キリシタン書　排耶書』H・チースリク　土井忠生　大塚光信　校注「どちりいなーきりしたん」二二五～二三五頁。

(80) 海老原有道『洋楽伝来史　キリシタン時代から幕末まで』(日本基督教団出版局　一九八三年) 二六頁。
(81) 日本司教団秘書局訳『第二バチカン公会議　典礼憲章』(南窓社　一九六五年) 二二頁。
(82) 西田孝訳『ミサの歴史』(A・デル・コール　一九五九年) 六三頁。
(83) 皆川達夫『洋楽渡来考　再論　箏とキリシタンとの出会い』(日本キリスト教団出版局　二〇一四年) 一三三頁。
(84) 注 (27) ②『キリシタン書　排耶書』三六頁。
(85) 相良憲章『音楽史の中のミサ曲』(音楽之友社　一九九三年) 七二～六頁。
(86) 注 (85)『音楽史の中のミサ曲』九二頁以降「単旋律ミサ曲の時代」。
(87) 皆川達夫『中世・ルネサンスの音楽』(講談社　二〇〇九年) 四三～四四、二二七～二三〇頁。
(88) 東京大学史料編纂所編纂『日本関係海外史料イエズス会日本書簡集』譯文編之二 (上)』(東京大学史料編纂所、一九九八年) 二三三頁。
(89) 注 (80)『洋楽伝来史　キリシタン時代から幕末まで』「終わりに―邦楽との交渉」。
(90) 注 (57)「キリシタン音楽―日本洋楽史序説―」四頁。
(91) 注 (11)『キリシタン書　排耶書』老沢有道「キリシタン宗門の伝来」五四二頁。
(92) 注 (35)『イエズス会士とキリシタン布教』一五六～一五七頁。
(93) 注 (88)『訳文編之一 (下)』(一九九四年) 一一二頁。
(94) 注 (88)『訳文編之二 (下)』(二〇〇〇年) 五八頁。
(95) 注 (1) ①『フロイス日本史9』二一頁。
(96)『完訳フロイス　日本史9』ルイス・フロイス著　松田毅一／川崎桃太訳 (中央公論社　二〇〇〇年) 一五六～八頁。
(97) 注 (1) ①『フロイス日本史9』一九七～八頁。

第三章　鍋島佐賀藩誕生と新文明の学習

一　竜造寺氏侵攻対イエズス会の本音

鍋島氏が竜造寺隆信に臣従する過程で、日本の海外文明を各地で受け入れていた時代から、その窓口が長崎に絞られていく情勢を学習し、本論編一章二節で見たような切支丹文明流入に領主として接する機会が増えた。かなりの大名がキリスト教に心をよせ、ポルトガル船の自領内の港への入港は歓迎したが、当時の日本人特有の新奇な物や、銃砲、貿易の利を求めたからであろう。しかし現世の利と信仰に関わる複雑な関係を生じた(1)。

竜造寺隆信も同じく、貿易船のもたらす貨物・武器などによって、領国強化を目指し、領内の港がその窓口となることを欲した。

九州の諸侯は競って南蛮船を自分の領内に誘致しようとする。大村純忠の例のように、物質的な現世の利益を示され信仰を迫られたのであろう。日本におけるイエズス会布教の方法は日本人の諸宗派の誤謬や虚偽、並びに人の霊魂に賞罰を与える唯一の神の存在を示すことなどを説明する(2)。

大村純忠を取り巻く状況もイエズス会側に幸いした。婚姻関係から来る利害打算が怨念を生み、イエズス会には好スタートの遠因となった。『大村記』によると大村家十七代大村純前は、島原半島を領した原城主有馬晴純（仙岩）の次男で五歳純忠（母は純前の姉妹）を養子とし家を譲った。天文三年（一五三四）生まれで純忠の一歳年長の大村貴明は晴純肝煎にて天文十四年（一五四五）に十二歳の時に、子なき武雄十八代後藤純明の養子となった。貴明は、後藤純明の娘・瑠璃を室とし天文二十二年に後藤家の家督を継承した。[3]

貴明の初めの妻の早世により、伊佐早の伊福氏の女・西郷純堯の弟で長崎港入口を押さえる深堀城主純賢兄弟の姉を迎えた。[4]大村純忠の正妻は、伊佐早の西郷純久の女で純堯の妹で改宗後マグダレナの教名を受けた。[5]後藤貴明は子が幼少のために平戸松浦鎮信の三男を養子・惟明を惣領とした。[6]

以上の相続事情も怨念を生み、後藤・大村両氏の不和を醸成し、『大村記』が大村家においては貴明の処遇に「純前実子貴明家督不譲に付、親類中迄純忠不和也」と伝える。その結果、純忠は家督を継いだとは名ばかりで、親類中が村々を分けて知行し純忠の蔵入りの村は僅か数ヵ村に過ぎない、とある。大村純忠を取り巻く情勢下、後藤貴明は永禄五年（一五六二）に竜造寺隆信軍が後の佐賀藩西部地域に当る部分を支配していた有馬軍を敗走させた際に祝儀を述べて以来、翌永禄六年以降大村純忠氏への執拗な攻撃が始まった。[7]

外山幹夫氏は純忠に対する永禄六年（一五六三）から天正十四年（一五八六）にわたる各種謀反二十一件を挙げられた。前期から中期にかけては、後藤貴明との内通による純忠老臣の謀反などが大半を占め、後期にあっては、竜造寺隆信、及び松浦隆信・鎮信親子と内通して起きた件がほとんどである。[8]

その統制に苦慮した純忠の取りうる道は、イエズス会側の利益誘導に乗り、いち早く受洗し、開港した港にポルトガル船を引きこむことによる先進軍事力と財政基盤の拡大を図る事であった。この貿易の利権争いは留まることを知らずその独占を目指した。同じ目的で外国貿易船を取り込みたい隣接諸領主層との対立は元亀・天正に至るまで激化するのである。

しかし平戸の松浦氏は切支丹を好まず、一五六〇年（永禄三）から迫害が始まり、翌一五六一年（永禄四）にはポルトガル人と日本商人との間で争いが起こった。[9]その結果、ポルトガル人をして選ばしめた港が、佐世保と相対する大村純忠領の横瀬浦である。純忠受洗の経緯にイエズス会の本音が見られる。一五六一年（永禄四）にルイス・アルメイダらは、横瀬浦がポルトガル船が入港するに適する水深があることが判り、純忠への説得口上を打ち合わせた。純忠には切支丹になりその領地で布教を許可すれば「精神的にも物質的にも大きな利益があろう」と告げよう、と現世の利をちらつかせた。結果的に一五六二年（永禄五）には純忠は横瀬浦の港そのものをイエズス会に授与し、翌年受洗し布教長カブラルが最も頼みの綱としたのである。デウスの教えを広めるためイルマンの派遣を依頼し、教会を建ててもらい、切支丹町を造り、商人の宿泊施設を造り、商船来航が保障されたら、十年間すべての税を免除しようと提案するなどの特権を付与された日本初の理想的な自由港であった[10]。

横瀬浦にはポルトガル船が齎す絹の買付けのために当時豊後の裕福な商人たちが来ていた。その独占を許す訳にはいかない隣接諸大名の攻撃は避けられなかった。中でも先述の大村純忠への三竦みのような怨念からか、永禄六年には後藤貴明が大村家反純忠派家臣と呼応して純忠軍を攻撃し、商人達の財貨を奪い横瀬浦は開港後一年にして焼失全滅した[11]。

久田松和則氏が外山幹夫『中世九州社会史の研究』付録の純忠受洗の翌永禄七年（一五六四）五月二日と解釈された福田文書　一四七号文書「◯宛名ヲ欠ク」大村純忠発給文書がある。横瀬浦の壊滅によって南蛮船が横瀬浦と平戸の間に着岸すれば、敵対する諫早の西郷氏・武雄の後藤氏と豊後の大友氏が結託し、手火箭（鉄砲）・石火矢（大砲）等を入手され高来と我らのためにならぬ。それを阻止するために、才覚を以て南蛮船を彼杵郡福田・長崎の戸町・高来郡口ノ津辺に着岸させるように頭を使え。キリスト教及びその宣教師の「噂も難申事候へ共」つまり実体は悪評だが、南蛮船誘致のためには一段と気を使いたい。この趣について純忠は、実家の高来有馬氏に「巨細口上ニ申候間、不能重筆候」つまり文書など記録に残すまじ。と伝える。従ってイエズス会側の捉えた純忠像においては、彼らの布教を好意的に思っていることとは違う姿勢が見えるが、南蛮貿易の根幹をなす銃砲類入手への期待の比重は大きかった[12]。

加えて、純忠自身の心の内を図る史料を久田松和則氏が挙げられた。永禄年間（一五五八～一五七〇年）伊勢大麻（御札）の配布がキリスト教流入により減少していく中で、純忠が同四年、十年、十一年と配札を受け続けている。他の宗教から発せられた御札を受けるこの純忠の行為は、唯一の神のみの信仰を説くキリスト教の戒律に明らかに違反している[13]。

信長を始め一般人の伊勢神宮への憧れと信仰は時代と共に高まり、本論編に既述のように直接の参拝・奉納が不可能ならば、伊勢神宮に関わる神主、伊勢御師を下向させ介して檀家衆に伊勢の御札を配り信仰を実現するという気運が生じて大村地方も例外ではなかった。しかも純忠は、永年にわたり神社仏閣を支えてきた下地方の領主としての立場や目上の有馬本家の兄・義貞は異教徒であり、直ちに領内のすべての神社仏閣や僧院を破却出来ない[14]。しかし純忠はコスメ・デ・トルレス司祭に、一五六二年（永禄五）、僧院には援助しない故彼らは自滅するであろう、と述べたと記す[15]。

その後『大村記』によると「元亀三年七月晦日、親類中逆心、諫早方と内通、諫早軍勢を引入る」と、純忠は境を接する伊佐早の西郷、武雄の後藤、平戸の松浦、高来の有馬氏の共謀による三城攻めと有馬・西郷両氏による純忠殺害計画により危機に瀕した[16]。その危機を救ったのが、純忠も明らかに認めたことは、デウスのまったく特別な御援助と御寵愛なくしては起り得なかったということと、切支丹の数が少ないにも拘らず、自分が最大の苦境にあった時に彼らだけが忠誠を保ってくれたということであった。三城城内で純忠が危機に瀕したときに、デウスのいとも簡単な救いの手として、切支丹の善良な兵士が二時間のうちに城内に二五人集まり、城外の敵を責めて苦境を救ったと記した。フロイスの解釈したデウスへと領主への忠誠心との一致を見たキリストの教えに通じる。ガスパル・コエリョが下地区長として切支丹の世話をするようになって一年経過した一五七三年（天正元）になっても、純忠の大村地方の切支丹の数はわずかであった。コエリョは純忠の恩義に報いる心情に付け込んだのか、説得を重ねた後、一五七四年（天正二）の重要会談の席上司祭は純忠に告げる。あなたは、このデウスの恩に報いるに多大の義務を負うている、と。さらにそのための感謝の奉仕には、大村領内のあらゆる偶像礼拝と崇拝を根絶するに優る者はない、と。そして純忠が領内では一人の異教徒もなくすべきである、とも。[17]

その結果であろうか『大村郷村記』では、純忠は、天正二年（一五七四）に、「伝曰、純忠興耶蘇徒、焼寺社殺僧徒」の他に神社仏閣を灰燼に帰したと記す。

天正二申戌年大村丹後守純忠　純前男、実有馬晴純二男　及臣民陥溺南蛮之妖教崇信耶蘇宗門而焼亡神社・仏閣、且殺害僧徒

久田松和則氏によると、同年に一斉に勃発した焼き討ち・破壊された社寺は、近世大村藩の記録である『郷村記』に十七社・三十五寺を数える。[18]

松田毅一氏もフロイスは大村純忠が改宗直後から自らの信仰により寺社の破壊を始めたとしたが、事実とは違うとする史料を挙げる。その後有馬鎮貴と共に、一五七九年（天正七）に来日したヴァリニャーノに左記のように語った。

教会側の態度の誤りを指摘し、宣教師達の幾多の日本人に対する無礼や気の利かぬことを語り、神社仏閣の破壊は、司祭達が（キリスト教の）教理に反するというので不本意に行ったに過ぎない。彼らは『我らの国（日本）に住んでいる司祭達が、日本人の美しい習慣や高尚な態度を学ぶように殆ど努力せぬことは全く無知に思われる』と語り、取るべき手段を示した。私は日本人の大いなる天稟の才に驚嘆してこれを認めた。

来日し日本国を見て直感したがゆえに両名の言葉を重く観られたヴァリニャーノから見たら序論編で挙げた切支丹の蔑視観及び布教長カブラルの見解に基づく日本人観などに苦慮するところがあったのであろう。その彼が

一五七九年（天正七）七月二十五日乗船の不定期船が日本への劇的な第一歩を印した地は、序論編で既述の、意外にも一五七〇年（元亀元）以来イエズス会が定住し、ポルトガル船が入港するのを常としていた貿易の利があった長崎でなく、有馬領の島原半島南端の口ノ津であった。当時は、長崎が深堀氏による攻撃を受け、入港が危険であったとはいえ、キリスト教徒の大村純忠に大きい衝動を与えた[19]。

この有馬氏と大村氏領国の間には異教徒の西郷純堯が領する伊佐早がある。ヴァリニャーノによると、下における一五八三年（天正十一）当時のイエズス会布教拡大上の問題を挙げている。有馬晴信の父義直の義兄弟である国主西郷純尭は、イエズス会および彼らの信仰の大敵であった。しかも前の純忠や晴信は、竜造寺隆信に臣従したようになっている。イエズス会の動きにとり、竜造寺隆信の意図は全肥前の支配者となり、全領土の絶対的支配者となるための方法を探していることが明白であるゆえ危険に晒されている[20]。

前述の横瀬浦や福田後の港としてポルトガル船は、大村純忠領内で布教が保障され安全に定住できる港を求め、長崎の水深などを図った結果、既に一五七一年（元亀二）開港していた[21]。

日本人側が把握した長崎の様相は西川如見が著している。元亀元年（一五七〇）に、南蛮の黒船が来航し深い江の長崎の湊を見て南蛮人が是こそ世界一の湊よと悦び、翌年よりの来船を約束した。翌年には領主大村家の家臣が高来・大村・平戸の商人を始め諸国商人の旅宿建築のための地割をし、集まり五六町になった。早速亜媽港（広東省マカオ）より黒船二十三艘、数千貫目の商い物を持ってきた。毎年五、七艘または十艘来ない年はない。町は拡大し栄えた[22]。

長崎などの領地引き渡しの過程を高瀬弘一郎氏が見られた。日本の教会が精神的にではなく経済的に日本国内での収入に依存していき経済的・行政的独立をめざす過程を中心に見てみる。序論編二章で述べた目的からすれば竜造寺隆信の軍事的脅威を切支丹側から見ることが出来よう。ヴァリニャーノの一五八〇年（天正八）八月一五日付長崎発、総会長宛て書簡を紹介される。その主旨は、ヴァリニャーノが大村領の純忠を訪れた際に、彼がこの長崎港を教会のために受納せんことを切に要望した。[23]それは、異教徒の竜造寺氏がこの港を大村純忠に要求することを大いに怖がっていたからである。もしこの港を竜造寺に与えたならばポルトガル船により得ていた停泊料は取れなくなり、その貿易の利益が失われることになる。一方竜造寺の要求を拒絶すれば、大変な戦いになる。もしこの港を受納してもらい教会領化してもらえば、竜造寺氏に敗北しても、大村氏は長崎へ避難できる可能性がある。このように純忠自身の利害関係に端を発していた。

しかしその内容は永久に長崎と茂木の土地および田畑を残らず贈与し、爾後その所有権をイエズス会が所有するし、イエズス会は自由に役人を任命・解任出来、彼らに死刑執行の権利、彼らの法に依る治安維持権も与える。ポルトガル船停泊税も永久に付与する。但しその関税は保留するなどとなっている。本来これらの司法権はイエズス会の禁止事項に違反するがゆえに、ヴァリニャーノは一年近い検討期間を経て大村父子の譲渡状を受理した。[24]日本側の記録にも「天文年中、純忠公竜造寺隆信に掠られ、親族等も別心し、四方に敵を受け、勇猛智謀の純忠公も、軍用不足、自主の功成難きニ依て、石火矢鐵砲玉薬金銀米銭乞請、城壁を経営し、軍器を設け、外的防戦の助成の為、一旦彼徒に與し、耶蘇の望を応諾し、銀百貫目借財」して長崎・浦上など隣村の年貢で割賦返済するとある。[25]

他にもヴァリニャーノ側の記述がある。日本国内の戦いの折、キリスト教の領主には莫大な費用をかけて援助しないと切支丹側も領主とともに滅びてしまう危険が生ずる。大村純忠や有馬の領主に対して屡々行ったように財政的援助をするべきである。但しヴァリニャーノの記述も、序論編二章四節で述べたようにその解釈には既述のように慎重を期す。すなわち彼は長崎統治には日本布教にとりいかに大きな位置を占めていたかが次に述べるように熱心であった。長崎はもちろん切支丹の中心地大村と高来を結ぶ要地の寄進された茂木についても、長崎と同じく弾薬・武器・大砲などを配備し充分堅固にしなければならない。そのための必要な経費は惜しまず外からの攻撃に備えて武装を強化し、特に長崎についてはポルトガルの住民を増やして城壁が出来たらその要塞内に住まわせ防備の中核とせよ。また全員に、各自の身分と能力に応じて武器を持たせ、あらゆる反逆などの事態に備えよ、と述べた。このようなイエズス会の日本国土の領有は一五八四年の浦上など他にも例があった。最後にローマのイエズス会総会長の一五八三年十一月二五日付で、インド管区長ヴァリニャーノ宛て指令には「日本国内の安定した所で土地の増加を図るべきだ」という見解を表明した。[26]

かくして大村純忠は、イエズエ会に長崎など土地とともに船の停泊税を贈与した。当時、長崎には、各地の仏教徒の領主に迫害されたキリスト教徒の四百軒の家屋から成る海浜が造られていた。ポルトガル船の入港により、船の停泊税として、二修院の生活をさせるほどの収入になり、ポルトガル金貨一千クルザート(イタリア・ドカード)に達する。[27]

その結果、一五七一年(元亀二)以降「この港は、当代における殆ど唯一の常設対外貿易地となった」この長崎には、周囲がほとんど全部海に囲まれており海に突き出ている高い岬があるのでよく保護されている。陸地に続く方面は要塞と堀によって強化され、この岬の先端に町から離れた修院があり、要塞のようになっている。[28]

肥前を巡る切支丹関連情勢について、ヴァリニャーノが一五八二年(天正十)に第一次日本巡察を終えての政情分析をしている。大村純忠殿は、何年も前に、非常に強力な竜造寺との信義によって、彼と同盟するの止む無きに至った。さもなくば、やがて敗北する運命にあった。そこで竜造寺隆信は有馬と戦っていたので、有馬と大村との間にも戦争と隔絶が生じるに至った。[29] 一五八一年(天正九)の頃の隆信の勢は肥前、筑後、肥後を制していたので、ヴァリニャーノはガスパル・コエリョを派遣して、その好意を得ようとしたら、隆信はポルトガル船が自領に入ることを条件として切望した。[30] 領地近接の隆信は肥前を中心に領土拡張のために、その資金と銃砲の入手に努めていた。[31] そのためにイエズス会は隆信が自滅するまでその防備対策に振り回されていた。

そのような時代の渦中に竜造寺家の存在が渦の動きを左右し始め、竜造寺氏に臣従する鍋島氏がイエズス会からも意識され始めた。直茂が最初の長崎代官になった頃には、肥前は全体がキリスト教布教の坩堝の中にあり、海外の情報をいち早く入手できる地理的・政治的条件を兼ね備えていた。

先の傾向を秀吉は危険視した可能性があり、鍋島直茂も注目したであろう。

ポルトガルの商船はマカオから長崎に向ったが、その絶頂期は十六世紀の最後の二十五年である。その隆盛の様相はエリザベス朝（一五五八年から四五年間）の冒険家ラルフ・フィッチが伝える。ポルトガル人が、中国から多量の生糸、金、麝香、磁器などを日本に持ち込み、日本からは年間銀二千貫、一二〇万クルザトスを持ち出す。その後の長崎における豊臣秀吉の生絲買占め額も二〇万クルサードで天正大判四六五〇枚、銀にして二〇〇〇貫目にあたる[32]。

さらに竜造寺隆信の侵食の手は筑前・筑後にも伸びる。対する大友義鎮とも軋轢を生む。大友義鑑の嫡子義鎮・宗麟の治世は、天文十九年（一五五〇）から天正四年（一五七六）に至る二六年間である。名実共に九州の覇者となった戦国大名大友家全盛期の領主・屋形であった。一方、宗麟は典雅な文化に憧れをもつ貴族趣味の性格で異国文化を吸収した。ところが、一五八〇年（天正八）三月頃になると、竜造寺隆信の勢いは豊後国に動揺を与えた。豊後の家臣たちは隆信との戦いを終結するためには、宗麟の出陣が不可欠と認めた。宗麟はイエズス会側にしばしば語ったことによれば、デウスの摂理により、筑前・筑後にも信仰を弘めるために出陣を決意した[33]。四章に後述のように、一五七六年（天正四）に筑後には切支丹信仰の受け皿が置かれていた。そのためにも宗麟の出陣が必要との決意であったからであろう。

この頃から鍋島直茂らが隆信臣従の下、切支丹の動向を含め筑後の国人領主層の思考など情報を入手した状況を見よう。『九州治乱記』に記される。天正六年（一五七八）常夏、竜造寺軍は島津の内意を得て、日州にて島津と対峙している筑後国へ出陣した。しかし竜造寺氏が筑後一国十郡を従え、鍋島直茂を筑後酒見の城に置いて守らせた頃、蒲池鎮並が天正八年（一五八〇）竜造寺氏に対し籠城した。鎮並は天正六年十月廿四日に、柳川から直線距離にして一五〇キロメートルほどの九州山地を迂回して日州の戦いに父宗雪とともに三千の兵を引連れ参陣したが、落馬して気色悪しとて途中で柳川に引き返した。宗雪は「年来大友の重恵を請け、斯かる先途を見届けず、其上六十に余る親の戦場へ赴くを見捨てて、已れ一人家に帰るという法やある。必ず汝、天の罰を蒙るべしとぞ恨みける」「鎮並三年の内に家名を失いけり」と流涙して歎いたとある。(34)

イエズス会長崎発信「一五八一年度日本年報」にも報じられたが、天正九年五月二十九日惨殺された蒲池鎮漣一族はこの二〜三年、隆信の肥後・筑後合戦において功をたて二心なく見えた。鎮並の伯父で筑後国鷹尾城主田尻鑑種の内通により、天正八年十一月に和平するも島津と通じた情報が入手され、鎮並が竜造寺に野心を挟むことを確信しその籠城を隆信側に内通した。そこで鍋島直茂は蒲池攻めのために柳川へ赴き、十一月に至り鎮並は要害堅固な城への籠城三百余日になり、田尻鑑種に相談し一時和平になった。

翌九年（一五八一）再び鎮並が島津氏にすり寄る気配を、その家臣が竜造寺氏に漏らし、隆信は惨殺すべく図り須古高城の新館にて催す猿楽興行のために猿楽の役者も同行を促すなどして佐嘉へ呼び寄せた。隆信は和平後の鎮並からの礼も受けていないゆえ、佐嘉に参勤すべし、その際には隆信居城の須古の新館で猿楽を興行するよう持ちかけた。次の三節に述べる動きから、イエズス会側は竜造寺氏が蒲池殿の勢力を大いに恐れていたので、鎮並を欺こうとして大村純忠に多大の名誉を与え、何食わぬ態度を装い蒲池氏を安心させようと企んだとする動きを観た可能性がある。事実蒲池氏は純忠の歓待され無事だったのを見て油断したのであろう。明日の行方知らずな時代にあっても、単なる紙切れに終わった隆信の神文に惑わされ、その誘いに乗り猿楽上手な鎮並は佐嘉の宴席では錦木の謡を諷い舞曲をなした。天正九年五月末にやすやすと家来百七十人が討ち取られ、鎮並は切腹し果てた。同年六月にはその残党まで誅殺された。その残党狩りで鍋島直茂らが田尻氏らと組み双方入り乱れ、兄弟・伯父、甥と刺し違え、三年前の老父への親不孝が齎した因果応報から逃れられないことを『九州治乱記』の著者は諭す。こうして、蒲池氏は天正九～十年と二年がかりで執念を以って惨殺された。[35]

天正十二年（一五八四）三月、島原にて島津軍指揮の有馬方との戦いにての隆信戦死後、竜造寺方は和睦のために島津方へ人質を出した。竜造寺政家は佐嘉城に帰城し、信生（直茂）は柳川城に在城したが、国家静謐のためにと請われて佐賀に戻り蓮池の城に移り、柳川の城には、天正七年十一月に肥後の高瀬を守備し、同十一年（一五八三）十月南関を守備していた竜造寺家晴を招いた。[36] 家晴は竜造寺水ヶ江竜造寺家兼（剛忠）の孫である鑑兼の嫡男である。[37]

ところが、天正十五年五月、関白秀吉は立花統虎を立花城から柳川城に移し新地として筑後国内三郡、山門・三妻・下妻を与えた。一方で、竜造寺政家の妹婿に当る肥前国伊佐早城主の有馬系西郷純尭信尚が島津征伐に参陣せず、秀吉に御礼を失した咎で、領知を召仕上げられ、竜造寺政家に預けの身になった。同じ頃、竜造寺家晴は科なくして居所（柳川城）を失ったとして関白に訴えた。その結果であろうか、天正十五年竜造寺家晴が西郷氏の伊佐早領を与えられた。しかし、天正十五年、隈部親永氏を中心に佐々成政に対する一揆が起った。その鎮圧の助勢として竜造寺家晴も八月に隈本に出陣したが、隙を突かれて同十月に西郷氏が伊佐早の諸城を取り戻した。家晴がそれを再度戦い取った。[38]

二　竜造寺氏の西部肥前への介入と鍋島氏の学習

九州におけるキリスト教布教と各諸侯の反応を振り返り、鍋島氏が領主層と共にキリスト教に接した情況を見てみよう。

イエズス会は日本における切支丹布教の拡大策の頂点として宣教戦略上、政治文化の中心地であるみやこ教区を最も重視した。しかもみやこの諸領主は、イエズス会から何等利益を得る目的無く純粋に信仰を信じた。異教徒の領主でさえ交換条件を出さなかった。それに対して下、および豊後教区の諸領主は自領の港に入るポルトガル船に関連して、常にイエズス会から収めうる利益に着眼している。そのために同船が自国領に入港することを希望した。そして切支丹関係者が領内に居れば自領の港に最大の利益が齎されるであろうと考えその存在を承引した。(39)

統一権力が定まらない頃、九州の諸侯は物質上の利益を優先することが存続及び突出するための絶対的条件である以上、精神上のことを忽せにすることを看取したイエズス会士やポルトガル商人にしても同国王の保護下にあるイエズス会士が日本の国情に詳しく、その動きに乗る方が賢明であったために入港地の選定も宣教しやすい港が選ばれた。(40)

天文十二年(一五四三)ポルトガル船により鉄砲が種子島に伝来したが、同年肥前にも、と伝えるほど、切支丹大名や有力者に贈答品として届けられた大砲や銃にも戦国時代の日本人は異常な関心をよせた。(41)天正十四年(一五八六)九月になっても、島津家久は平戸に来航した南蛮船からの弾薬購入を上井覺兼に促したが、備蓄があるからその必要はないと応えている。(42)

竜造寺隆信もこれら銃砲の入手と貿易による財貨獲得を目指した。かくして隆信は「自給のきかない塩硝(硝石)の調達の際には費えている銀のことは気にせず南蛮船に求めよ」と弟長信に書状を宛てている。その戦力の微証もある。芸州吉川元春・小早川隆景らが永禄十二年来筑前立花城を攻撃中に、元春書状によると一ヵ月後の改元なる元亀元年(一五七〇)四月二十三日「竜造寺衆取懸哉」、「竜造寺衆得勝利」「同廿八日豊州衆寄近陣候之処、竜造寺衆鉄砲数百丁にて射伏」、その後の戦いでも「竜造寺衆無比類行候」と伝える。[43]

このように当時の支配層が欲しいそのような戦略物資を扱う中国商人から輸入を妨げる要因があった。信長の場合「六十六ヵ国の絶対君主となった暁には、一大艦隊を編成してシナを武力で征服し自らの子息たちに分け与える考えであった」[44]。その夢は秀吉へと引き継がれ、続く大陸制覇と朝鮮侵略の意欲の情報には、明として対抗措置を取らざるを得ない。黒色火薬の原料である煙硝は中国やインドが、火薬はシャムが産出多い国であったが、日本商人は明国から直接輸入は出来ない。

倭寇と称せられた武装商人團の出没に脅威を感じた元朝が、一三〇三年（大徳七）に中国人の官許以外の私貿易を厳禁し始めて以来、明朝の海禁政策も引き継ぎ、一貫性はないが、制限が続いた。従って、喉から手を出したくなる中国産品の磁器、火薬、絹と変遷しても入手困難であった。周知のように文禄・慶長の役による日本側からの侵略により、明国は日本との通交禁止策を万暦二十一年（一五九三）に続き、同二十五年『神宗実録』十一月二十三日の条では海禁は緩和されたが、日本通商の禁止は続いた。しかし万暦二十一年（一五九三）、巡撫の職にあった許孚遠が、薩摩から、中国の政令の及ばぬシナ以外の第三地たるルソン・交趾など各地へ毎年向った商船と明の密商との出会貿易の実態を掴みこれは明の海禁令では阻止できない、と報告している[45]。そのような情勢でも取引が出来た例であろう竜造寺隆信以来関係を持ち、女房が武雄後藤家信の異父同母の妹という鍋島家御用豪商の平吉家が生糸三十三キログラム、煙硝を四五六万キログラムと天正十八・十九年（一五九一）に呈上する動きもあった[46]。従って領主層は宣教と取引きがセットであってもそれに目を瞑った。しかも領主層は、そこの住民の信仰の選択への影響力もある。

竜造寺隆信は、そのためにその顔を天正二年二月頃から長崎へと向けるための足元固めのために佐賀から約三〇キロメートルの杵島郡須古高城主で平井経治と武雄の後藤貴明との連合軍を足下に置くべく攻めた。直茂らの策略などが功を奏し、天正二年末に高城を落とした後、隆信弟信周に守備させた[47]。

天正三年（一五七五）末頃四十七歳の竜造寺隆信は須古高城に移り普請を成就し、嫡子鎮賢に家督を譲った。高城は隠居城ではなく、西肥前における竜造寺氏の支配体制を強化し長崎港を奪取する目的があったのであろう[48]。

竜造寺隆信は天正三年（一五七五）から天正五年（一五七七）にかけて、藤津郡各領を安堵した。次いで同五年六月彼杵郡へ向かい、一陣には鍋島直茂を置き発向し大村領に迫った。対する有馬仙岩の子であった大村純忠は、竜造寺に藤津のルートを切られ有馬の高来の援軍適わず、河内の要害や扨本城を固め攻防戦となったが、落去した。ついで竜造寺軍は六月下旬に伊佐早高城の西郷純堯を攻めるべく二陣に鍋島直茂を置き討ち入る。ここで大村純忠の陣代や純堯実弟深堀純賢も参陣する。最終的に純堯の子純尚を隆信の婿に契約し、隆信の諱の一字を受けて信尚と改名し純堯は隠居した。一方竜造寺隆信は天正五年（一五七七）十二月頃の下高来郡の有力者たる有馬鎮貴の息がかかる下高来への有明渡海時に、島原半島最短の神代へ二万余騎をもって着船すとある。着船した竜造寺隆信に、「此所の領主神代兵部大輔貴茂、隆信を請じて様々奔走す」、とある。切支丹信奉深まる神代と佐賀との関係はここに始まる。次に隆信は有馬仙岩の末子で天正少年使節千々岩ミゲルの父でもある千々岩領主千々石直員を攻めたが、有馬晴信の支援もあり五年末には、隆信軍佐賀に引き揚げる。翌六年高来の安徳氏・安富氏・嫡子を入質した島原純豊氏ら高来の城持ち達も竜造寺に従うようになり、竜造寺隆信嫡子鎮賢（後の政家）を有馬鎮貴の妹婿とに約束した[49]。

一五八四年（天正十二）までの毎年の年報に連年報じられていたのが、特に大村氏と有馬氏などのキリスト教諸侯が頻りに竜造寺氏の圧迫を受けて屡々危険に陥り、イエズス会がそれらの諸侯の存亡を以て日本のキリストの盛衰に関わると危機意識を持っていた。にも拘らずそのための軍事援助の要請はなされていなかった。しかも、天正十二年竜造寺隆信が敗死しているのに、序論編二章四節で述べたような、コエリョの動き、つまりイエズス会には戦える兵力の保有が許されていて、そのために強敵を圧倒できれば、それを実行する可能性が多かったと推察されている。(50)

後にドミニコ会との関わりを深める深堀氏は、一五七四年（天正二）以来、水陸よりの悲惨な長崎攻撃を始めていた。満潮時を見計らいキリスト教徒がたて籠もる砦下に、六〇艘の船で着岸し長崎氏の城も悉く焼いたが、キリスト教徒の陸上からの深堀氏領下への逆襲に深堀氏は海路退却した。深堀氏の長崎攻撃あるも、地理的城塞の如き条件に加え、序論編二章で挙げた長崎側の防御策の内、『唐物長崎記』より見て長崎市民軍と言える動きは耐えた。記すところによると長崎市民は、宣教師の指揮で海上から迫った深堀勢をフスタ船という軍船の大筒つまり大砲により撃ち散らしたというのである。天正六年（一五七八）には、深堀純賢が竜造寺氏に呼応して大村氏と戦い長崎を攻めたのでキリスト教徒がこれを守ったが、その翌年にも襲撃を繰り返した。隆信が戦死する天正十二年にも、深堀方が攻めたが、長崎領主純景のキリスト軍には一度も勝利しえなかったという竜造寺勢にとって苦い経験があった。長崎がキリスト教徒の都市として屢々近隣の敵から侵害されてなお破滅の運命を免れたのは、一にはこのフスタ船の威力によることと推定されている。すなわち武備の主力の大砲の威力において当時の日本船に優るもので、領主層にとり垂涎の的であった。(51)

一五八八年（天正十六）、イエズス会側は、布教基盤を揺るがす次の長崎情勢急変を「下において生じた他の苦労と新たな不安について」として挙げた。そこから台頭する鍋島直茂の海外に目を向けた幾多の動きを読み取れる。

彼らが見た暴君（関白秀吉）が都、大坂、堺にあったイエズス会の教会と修道院を破壊させた後、大村純忠がイエズス会に与えていた長崎付近の浦上の収入までも、有馬晴信の大敵である竜造寺政家の家老、鍋島直茂に引き渡すように命じた。その裏には直茂の巧みな工作もあった。直茂は莫大な賄賂の金子と彼らが表現した献金をして、わざわざ暴君にその計画を願い出て、長崎に来航するシナ（マカオ）からの定期船からの巨額の利益を得ようとした[52]。

次の直茂への関白の任命も単なる上からの指図だけでなく、直茂の意志が動いていたのであるとイエズス会は睨んでいた。

天正十六年（一五八八）は鍋島直茂が竜造寺政家から政治の実権を譲られた年であった。同年四月、秀吉は西欧文明の有力な窓口長崎を直接支配するために鍋島直茂を代官に任命した。貿易に関してはイエズス会が隠然とした力を持つその長崎の地の代官職は、その気になれば出入りする文物の情報入手にすぐれた職務であった。その職権は①物成などの上納、②秀吉御用物の購入、③長崎および近隣地域の警備と貿易の取締り、であり、毛利吉成とともに奉行した。②の取引の主な内容には次のようなものがある。ポルトガル船やスペイン船がもたらした生糸の独占購入を目指し、島津氏へのルソン壷の自由売買の禁令、軍備拡張のための輸入鉛購入にもその特権を振り回した。ここでの長崎代官鍋島直茂が入手する情報にて学習したことは、茶陶に支払われるような異常に高価な代価の実態であろう。当時熱狂した茶の湯の世界を反映し『小浜・敦賀・三国湊史料』によると船持ち豪商の文禄三年（一五九四）長崎奉行宛の「組屋甚四郎壷売却覚」による一例を見ると茶道具に使われるルソン壷七箇のうち六箇を各一箇金子四枚九両であった。かくして隆信以来の南蛮船など内外に関する情報は、鍋島直茂が長崎代官職の獲得による深みを増した[53]。

天正十九年（一五九一）十二月に、秀吉は関白職を秀次に譲り自ら太閤の称を用い、天下の政権を秀次に委ねて力を外征に注ごうとした。その前年に関白秀吉は、仲秋に朝鮮国王に次の書を奉った。

既に天下大いに治まり、百姓を撫育し、孤独を憐憫す。故に民富み財足り、土貢千古に萬倍せり。本朝開闢以来　朝廷の盛事、洛陽の壮観此日に如くは莫し、夫れ人世に生まるるや、長生を歴ると雖も古来百年に満たず。鬱々久しく此れに居る。国家の山海の遠きに隔つるを屑とせず。一超直ちに大明国に入り、吾朝の風俗を四百余州に易へ、帝都の政化を億萬期年に施すは方寸に在り。貴国先ず駆って入朝すべし。(54)

天正二十年、秀吉は関白秀次に二五ヵ条の覚書をだした。秀吉の構想は中国・南蛮・インドを征服し北京に遷都し、天皇を迎えて周辺一〇ヵ国を進上し諸公家衆や大名に所領を配分するという夢想的ともいえる巨大化したものであった。(55)

『佐賀藩の総合研究』の「鍋島直茂の長崎管理と貿易理念」の中で、国立公文書館内閣文庫『韓陣文書巻一』六〇頁の六月廿四日付長束正家・増田長盛宛て加藤清正書状「鍋島請封唐国」の内容を紹介している。大唐や高麗への転封を強く希望し、朝鮮陣の同じ二番隊で秀吉の側近でもあった清正に執拗に頼んでいる。転封は直茂個人の思い付きではなく、旧竜造寺与力衆も同じ意向である旨を清正が記している。しかも直茂自身本拠地を松浦とする後期倭寇の王直以来の領内の海寇的性格を強く認識していた。肥前の浦々の多くの者は明に赴き、それによって生活の道を得ていることを述べ、実現すれば下々の者まで喜んで渡明するであろう、とも記されている。(56)直茂の場合、深堀氏も含め住民の中に、現実に海外貿易に密で、海外との交流に抵抗感がない人々の実態があったためグローバルな思考を持っていたのであろう。

同じ頃の文禄元年（一五九二）、鍋島直茂は明国進攻に関する風聞を把握するや、国元へ明国入りの仕度を命じている。(57)

かように日本の政情が収束されていく過程で、朝鮮攻略の際も鍋島氏は加藤清正とともに先頭に立ち前進した経験も踏まえ海外の情報を吸収できた。深堀氏は終章にて述べる鍋島勝茂とドミニコ会との遭遇に欠かせない存在となった。

深堀氏は、文保二年（一三一八）和与の結果、所領は鹿尾・切抗・椨浦・貝木・高浜・杉浦の三分の一から経て領主制を固めていった。[58]

既述のように、その新港選定以前から伊佐早の西郷氏・その弟深堀氏は、大村氏と争っており、大村氏の家臣長崎氏を攻め以後キリスト教徒の敵となっていた。従って長崎は絶えず近隣の強敵の迫害の危機に曝されていた。それ以降、大村領と高来領間の伊佐早殿と呼ばれた西郷純堯は、大村純忠を切支丹であることを以て憎悪し、壊滅させその信仰を破棄させるために大村領を獲得しようとした。その際に西郷純堯は、純忠の肉親の兄である有馬義貞を一家臣のように掌握していたために、その謀に巻き込もうとしたので、異教徒義貞は弟の純忠に排教することを説得したが、純忠はたとい命を失っても信仰を続けるとの決意であった。一五七三年（天正元）、西郷純堯はその計略失敗後に、シナ・日本航海の総指揮者たる日本イエズス会を維持し、支えるべき資金を賄う定期船が沈没し、大村純忠の資金力低下を見計り、深堀氏と共に純忠の家臣や仏僧らを巻き込み既述の三城攻めといわれる再三の殆ど壊滅に殆する攻撃を始めた。イエズス会側でもそれらの情勢を把握していた。[59]

その長崎湾入り口南側に長崎から約二里の西端に位置している後の鍋島家にとって伊万里と同じく貴重な港を持てることになる深堀氏の支配領域にある海峡の関門を通らねば長崎港には入港出来なかった。「古は深江浦」と称したように、長崎の首根っこを押さえる立地の深堀を本拠地に高浜・野母から川原地方に至る長崎半島を勢力下に抑え半島一円に勢力を持っていたのである。そこの領主純賢は伊佐早の国人領主西郷尚善の養嗣子純久の長男で、反切支丹の西郷純堯の弟でもあり、天文十六年（一五四七）生まれの深堀氏第十八代となる。[60]

竜造寺隆信の天正五年（一五七七）伊佐早高城の城主西郷石見守純堯への攻撃の際には、深堀純賢が参陣するなど[61]有馬と大村の二大勢力に対して、深堀と竜造寺との同盟関係へと進んだために長崎半島の情勢を複雑化させていた。

イエズス会士らが豊後などへ行くためには、深堀領を隠密裏に抜けねばならない。[62]深堀勢は充分な弾薬や小銃などで銃撃戦に備え二四時間臨戦体制を取っていたために、カブラルが長崎から豊後に赴こうとしても船が長崎から出港通過できず困難を極めた[63]。純賢へのイエズス会の認識では、異教徒でデウスの教えの凶悪な敵であり、極めて貪欲で、海上で船舶を捕獲する大海賊であると考えた。しかも純賢らは日本人だけでなく、本来、日本での自由に商取引する特許を持つジャンク船を商船として来航する貧しいシナ人まで捕獲する。貪欲により彼らを海上で待ち伏せ、略奪殺害しその船を没収する。深堀氏は性甚だ貪欲で公然たる海賊行為をし、長崎往還船が増加すると共に妨害を始め、長崎へ入港する商船などから、深堀氏領海通過時には礼物を徴収していた[64]。

深堀は中世以来の伝統的な非合法的貿易海寇的動きを可能にするなどすぐれて地理的条件にも恵まれていて、後の佐賀藩にとっても、外国船の停泊港として伊万里とともに情報収集港となる[65]。

ついに、一五八七年（天正十五）、関白が博多に滞在中に伴天連から報告された中に、深堀（純賢）という大海賊が略奪を働き長崎の住民に多大の害を及ぼしている、と上方商人や副管区長ガスパル・コエリョが秀吉へ訴えでキリスト教の大敵であった深堀氏は改易、領地没収され蟄居させられた。関白は知行のことは竜造寺（カ）に下さるべく候と伝えた。かくて翌年改易された。天正十六年、鍋島直茂が深堀城請取りに当たっての問い合わせたことに対し、朱印地は検地のやり直しの必要はないゆえ城の破却のみでよく、「依之深堀ハ直茂公の御支配となり」とある[66]。

天正十五年頃の動きであろう、嘉瀬に蟄居させられていた間も深堀氏は、ひたすら恭順の意を示し、隆信以来の御懇篤も忘れることなく、咎めもなくなり本領安堵下されば、公儀に願い直茂の家臣に加えられるよう願った。直茂もその意を汲み、毎々御城へ呼んだ[67]。その後、天正二十年（一五九二）四月、鍋島直茂の朝鮮渡海に当っては、深堀中務大輔純賢として従軍している[68]。同年、朝鮮在陣中深堀氏は直茂公に属して、拝領の領地も小さく、公儀の御下知にも制約ありとのことで、直茂も理解し名前を鍋嶋左馬助と改名し、鍋島家の家人になることを公儀に届けた[69]。

鍋島本藩の家臣団に編入された以後重臣となった深堀家は、四十五歳の純賢が妻と子を早くに亡くしていたので鍋島直茂が媒して、鍋島家の重臣石井安芸守の後室と次男孫六、後の七左衛門茂賢母子をむかえて深堀家十九代嗣として家督を譲った。両家の扶助を安芸守嗣子平五郎が受けた[70]。これより孫六は七左衛門と改名し、天正二十年十月十日咸興の戦いでは「石井孫六殿もよき敵分取被成候[71]」との活躍に続き、慶長二年（一五九七）朝鮮再渡海の際には二十七歳深堀鍋島家祖となった茂賢はこれに従った[72]。こうして鍋嶋家は入手出来る海外情報の質も量も厚みを増す。このように竜造寺家や鍋島家の配下に加わった深堀家の人々には、中世末期から西欧と朝鮮・中国文化の最新の影響を受けていた。深堀家は十九代の情勢になると、表だった反切支丹の行動をとるには、関白からの手痛い処罰の深手の記憶生々しく、その変節も御恩を蒙った後の国主鍋島家の影響もあったのではなかろうか。

三　鍋島氏の領主としての資質を生ましめた要因

竜造寺氏の領国の体制を継承した佐賀藩の場合、既述のように鍋島氏の眼は常に海外に向いていた。近世に入っても地理的には鎖国日本の門戸であった長崎に近く、長崎港警備の任務を負わされていたこともあり時代の先端をいくようなところがあった[73]。しかも鍋島氏は龍造寺隆信没後の大名権力保持と、中世の治外法権的国家体制から豊臣政権後の近世の幕藩体制へ向わされる時、関ヶ原以来の危機の乗り越え国家体制を固めねばならなかった。その竜造寺隆信や鍋島直茂の人物像の一例を見よう。

高良山衆の一で、現山川町神代に館を構え、天正年間久留米城主麟主（良寛座主）の弟に仕えその主君に従って北上した島津軍の旗下に属し、岩屋城の戦いなどに参加した神代弥左衛門の寛永十五年（一六三八）に書かれた「遺戒書」[74]の時勢評価によると、次の如きものであった。

一　肥前隆信、豊前・筑前・筑後・肥後五ヶ国ノ御大将ニて其節之威勢ニまかせ、嶋原へ肥前一国之御自分にて御着陣ニて候処ニ、薩摩ノ衆と一戦被成、肥前陣被懸負、御大将之隆信御腹被成、家中ノ大名・小名我も我もと勇ノ兵皆悉討死被成、肥前かた無残所御仕合。

逆に、鍋島直茂には次のような評価が与えられていた。

一　竜造寺内鍋島飛騨殿、文武二道忠之武士、不其耳武略行之上手（後略）。

隆信の全盛期に達する頃、天正十二年の竜造寺隆信敗戦の要因の一つとして、「薦野家譜」[75]が云わんとするところを挙げる。

肥前國竜造寺山城守隆信は猛勇の大将にて（中略）臨機応変稍節に当ると云共、惜むらくは仁義の心露計もなく、無道の事能多かりければ、上に服するに似たれ共、下には恨み疎む者少なから須、「隆信仁義ノ心なし」と記す。

イエズス会側から見た竜造寺隆信像をフロイスは次のように述べる。神代弥左衛門の「遺戒書」の時勢評価のように、彼は数々の征服に慢心し、己の功績と所領は他のいかなる屋形や君侯にも劣らず、諸侯から恐れられ主君として仰がれていると思い上がり、始末におえぬほどの傲慢さで、下の諸侯とりわけ有馬と大村の切支丹にとり絶対君主となり、イエズス会が多大の苦労をし、危険を冒し費用をかけて育ててきた切支丹宗団を破壊する恐るべき存在となった。[76]

しかし天正十二年（一五八四）に隆信の戦死があった。柳川に在城の鍋島直茂が隆信父子の高来出陣を聞き、隆信の元に赴き諫めたにも拘らず、隆信が三月二十四日に軍略を誤り自滅した。そこでの乱戦において自身の体を持て余すほど「大肥満の大将」隆信を担いでいた、最も国主を守るべき連中は、守備の緩慢なすきをつかれ薩摩軍に攻めかかられ隆信を放置した。そこへ薩摩の武将川上右京が槍で襲いかかると五十六歳の隆信は両手を合わせ、兵士が放置したと見られた程合唱し、その槍を受け首を切取られた。フロイスによると「自ら冒涜し続けた天地の創造主にたいしてではなく、彼ノ偶像への最高の呼称である阿弥陀の名を呼び求めながらそうした」[77]その後同二十七日には佐敷で島津義久により隆信の首実検がなされた。[78]

日本人でも本多正信の思考が酷似すると見做されたルネッサンス期イタリアの政治的混乱期に生きたマキャヴェッリ（一四六九～一五二七年）が著した『君主論』によると、「君主たる者は、おのれの臣民と忠誠心とを保つためならば、冷酷という悪評など意に介してはならない。何故ならば、殺戮と略奪の温床になる無秩序を、過度の慈悲ゆえに、むざむざと放置する者たちよりも、一握りの見せしめの処罰を下すだけで、彼のほうがはるかに慈悲深い存在になる」。当三章の随所にみられるように、イエズス会側の布教の足を引っぱり、下地方の国主群に恐怖感を与え、求心力の中心となった仕掛け人への竜造寺隆信のみせしめの例は「蒲池鎮竝誘殺」に留まらない。マキャヴェッリによると偉業を成し遂げるには信義など無視し、並立つ領主群の頭脳を狡猾に欺くための戦いは、法よりも「野獣の力」も使い分ける踏ん切りを持つべきである。[79]

隆信は悪魔の仲間であり、切支丹にとって恐怖の武将であり、左記のように常に緊張を強いられていた。

司祭たちが、承知しているのは、今度こそ（竜造寺）隆信は、肥前の国からキリシタンの名を悉く消滅させることを狙っているということ、また「勝利を博した暁には、自分が娯楽として最初にすることは、副管区長の伴天連（コエリョ）を早速十字架につけて処刑することだ」と言明していたこと、そしてついで長崎の港を自分の兵士たちに与え、彼等の労苦に報いるため、その港を略奪し破壊することを許すということなどであった。[80]

従って、下地区の上長ガスパル・コエリョは純忠に対して同じく切支丹の甥の有馬鎮純と結んで隆信と戦うように説いていたこともあり、[81]コエリョらにはかねて次のような動きに悪い予感があり、竜造寺隆信の手に大村純忠を委ねることは耐え難く思われた。

天正五年（一五七七）、大村純忠側は大村家秀を入質に出し、[82]「大村記」天正八年（一五八〇）之条に「隆信者理専《（純忠）》和談後下候様に、隆信次男城原家種を理専婿にす、依之理専隆信方に参候様にと申来る」とあり純忠は、一族七五人程を引連れ「もしは伏兵有事もやと用心仕、竜造寺ぇ参なり」[83]。隆信は城中で酒宴し純忠は仕舞をし無事に帰郷した。但し『フロイス日本史10』一七三頁と一八〇頁注（9）にて、当三章一節で既述の天正九年五月末日鎮並惨殺のごくしばらく前ならば純忠が無事に大村に戻れたのは天正九年であるとする。

その動きをイエズス会側は、隆信は大村純忠とその子喜前に対し和平を口実に参勤を強要し、純忠一門と重要家臣を捕捉し、全員殺害を企んでいると恐怖に陥れた。なぜならヴァリニャーノが視たように日本の異教徒の間では、力ずくで目的を遂げ得ない場合には、よく相手を欺くことにより目的を達成するのが当たり前であったからである。蒲池鎮並誘殺の場合と対比し、純忠が隆信を信頼していると思わせる行動、すなわち純忠は、配下を伴い隆信の懐である佐賀の主城に無事に飛び込み、その危機を乗り越えたためだと述べている。純忠が無事であったこともイエズス会側には信じがたいとも付記する。コエリョにとり、純忠抹殺による影響は、その支配下のみならず有馬にも及ぶ結果、当時日本の全切支丹約十五万人の内、下教区の有馬、大村、天草、平戸などにその約八割が集中し日本の教徒の最大の力となっており、数が多いだけでなく纏まっていたために、切支丹宗団破壊を意味する恐怖から無事逃れ得たのである。

一五八四年（天正十二）の頃のフロイスの分析がある。全盛時代には、豊後、豊前、筑前、筑後、日向を支配していた大友宗麟が八万の大軍で竜造寺隆信勢を包囲したにも拘らず、その軍を隆信が退去させた後は筑後の国を没収し、肥後国も相当部分を征服していた。残すは有馬晴信を追いつめている僅か一部分だけとなった。その結果、隆信は思い上がり、始末に負えぬほどの傲慢さでもって、下地方の切支丹宗団を打倒すべく決意した。一五八二年（天正十）から大村純忠の嫡子喜前を人質としていたが、加えて他の二人の息子と純忠の重臣も人質とした。純忠は波佐見の地に蟄居させられた。危機感をもった副管区長ガスパル・コエリョは、積極的にこの混乱に介入し自分流の教会政治的観念から切支丹諸国の連合を形成しようと試みた。この動きの本質は序論編でも述べたとおりである。しかし大村純忠はコエリョとの激しい論争を経ても、コエリョの政治的進言には一切耳を貸さなかった。隆信は純忠子喜前に非道かつ悪辣な異教徒の家来をつけて大村城に入れようとした。大村に出立に当り、若輩且つ未熟な喜前は須古城で竜造寺の家族らに以下のような話を持ちかけた。大村の切支丹入信者をすべて脱退させ、バテレンを追放し、教会を破壊し仏教を復興させよう、というのである。対する隆信は「今しばらくは、キリシタン達に対して、さもない風を装い、伴天連たちにも表向きは鄭重に対処せよ」と言った。それは実は、そういう方法をとらなければ中国から来るポルトガルの定期船による利益を安全に入手することができなかったからである[84]。

天正十二年頃の隆信の軍略についてフロイスは評価を与える[85]。一部抜粋。

その細心の注意と配慮と決断は、ユリアス・カエサルとて、それ以上の迅速さと知恵をもって企て得ないかに思われた。

このように天正七年（一五七九）頃の竜造寺隆信の勢力上昇過程にあっても、足元の肥前において、竜造寺氏が本拠においては竜造寺氏が有力国人領主との養子縁組政策を通じたり、竜造寺・鍋島一門の要所配置を通じて強力な支配権を確立したのに対して、松浦・大村・有馬などの大名領主や伊佐早の西郷の国人領主らには、起請文や人質を取ったにすぎず、大名領主権の否定ないし、後の秀吉のような各個別家臣への所領安堵・知行内渡しに至るわけではなく、和議を通じて、一応、竜造寺への麾下に服しただけで譜代の臣もなかった。[86]

竜造寺氏の頂点を極めたと言える時期の複数の家臣団分限帳である竜造寺氏の天正八年の着到帳は、竜造寺氏が〝五州の太守〟に上昇した最盛期の権力段階を反映しており、その時々の打算により一時的に参陣した在地領主や起請文を交換した大名が含まれており。不安定な基盤の権力構造といわれる。勢いを増した竜造寺隆信の勢力権は分国支配は不安定ながら筑前十五郡のうち西南九郡、豊前の企救・田川・中津三郡を平定し、肥前・筑後・肥後半国を指揮下としたが、万全の支配体制下でなかった。一時は一国支配を実現した筑後でさえも、蒲池鎮並の例が示す有力な国人領主の離叛に遭遇した。[88]

フロイスの時局観によると、[89]同年以降鍋島氏の存在が浮き上がる。鍋島氏は隆信の主要な執政官であり。野戦においては将兵の総大将であった、隆信卒後馬蹄に物を言わせてその戦闘から脱出できた。鍋島氏は隆信の後継者である息子（政家）が頼りなく無能な人物であったので、次第に支配権を握って領主となり、関白からこの鍋島が竜造寺領の総支配者に任命され（中略）本来の領主たるべき竜造寺隆信の子供や孫たちはまだ生きているので、関白が死んだならば肥前国には大いなる反乱が惹起されるものと思われる。

鍋島直茂は、特に元亀元年の今山合戦以来、天正八年にかけて竜造寺領国拡大に顕著な功績を残したが、「隆信公幕下着到」における直茂知行面積は低かった。しかし、終章にて後述するように小早川隆景が五歳年下の鍋島直茂へ教えを乞う『葉隠』「実話逸事篇」からみるに、通じ合う交流もあった可能性がある隆景を頼み、羽柴秀吉を公権と見て直茂は政家と共に槓杆として動揺を抑える動きをしたのであろう。[90]

この時代、家を守っていくには、地下の人々の心の動きも無視できなかった。中世末にかけて、戦いになると領主が民衆から年貢を徴収する代償として保護するという暗黙の契約もある。竜造寺隆信にはそのような自覚はあったろうか。藤木久志氏が小田原城の近隣の村々のすべての地下人・町人が城内に逃げ込む際の「村の城・百

姓　曲輪」のような例も想定している。天正十八年（一五九〇）、秀吉の小田原城攻めの襲来以前に武蔵の松山城（埼玉県の中部）への住民の籠城の情景を次のように再現されている。その三月、松山城主自身は主な家来とともに小田原城詰めが決定していたので、留守になる城の防御措置を心配して、城下で最大の町場であった松山宿（東松山市）住民に対して、籠城を懇請して次のように説いていた。厳しい軍事情勢である故身分の上下を問わず町の人々も、ぜひ松山城に「籠城」して守りに努めて欲しい。長年この松山宿で暮らしを立ててきた「筋目」（義理）があるではないか、と頼んでいる。城主の涙ぐましい避難の籠城というより兵としての活躍を期待した動員要請の裏には、かねて住民には保護をしていたという自負が感じられる。その結果、松山城三の曲輪に近接して設けられた堅固な避難城砦（外郭）としての「外曲輪」の民衆避難所を設置し、雑兵や住民二千人が立て篭もっていた。[91]

鍋島直茂は次の四節に挙げるように慕う竜造寺氏の旧臣を受け入れている。

『九州治乱記』によると、享禄三年（一五三〇）に鍋島直茂の父清久が竜造寺家へ臣従して以来、天正十二年（一五八四）に竜造寺隆信の敗戦と討死までの五三年間に、『九州治乱記』から採取できるその出陣回数記録は、竜造寺家の参戦だけでも、百回程、一年にほぼ二回の戦いに鍋島家は従軍していたのである。竜造寺隆信は戦いにあけくれ五十六歳で島原で切支丹曰く配下に放り出され最期を迎えた。戦いに明け暮れ北部九州の統率を目指した隆信は、思うままに求心力を動かせずそのまま疲弊した。これはリーダー的役割の副作用といえる。それによって当人が潰れるというだけでなく、隆信の後継者であった政家などその範疇のスタッフであった彼の身内の要人たちや民衆の活気がなくなる弊害がでていたのではなかろうか。[92]

そこで登場したのが鍋島直茂である。隆信の首級はその後彼の元に送られてきたが、薩摩軍に返した。『葉隠の神髄』八二によると、他日、決戦の際に肥前の槍先を以て受け取る趣意であった、という。

鍋島直茂にとっては長崎代官となった天正十六年が最初の転換といえよう。

好むと好まざるとにかかわらず、天正十年前後に竜造寺佐賀領国の運命を握っているのは隆信を終始支えていた腹心の直茂ではないかと予測していたのは、竜造寺隆信かもしれない。隆信は享禄三年の竜造寺家勃興のきっかけを作った鍋島清久や天正十二年八月に竜造寺家存亡の危機の際の清久孫信生（直茂）らの格別の戦略をはじめ、数々の戦いを生き抜き勝利へ導き、臣従してきた鍋島家の実力を見抜いていた。フロイスによると隆信の子の兄弟の中で最も優れた才能と明断な判断力の持ち主で、きわめて秀でた騎士であり、稀有の才能によって、隆信がどの息子たちよりも愛していた武雄の後藤家信に「隆信死去の後は直茂に相談すべし」と遺言している。直茂の内外の評価は高まっていた。

また竜造寺体制の軟弱性を補う政策として、鍋島直茂が執った国人領主層に対する政治工作を藤野保氏が挙げている。肥前以外の分国四ヵ国の維持は筑後の経営如何にかかっていたが、天正七年以降に隆信は直茂を筑後の酒見城に配し戦略・分国経営の重要な位置を示させた。加えて直茂は国人領主達に対して、隆信と並行しかつ独自に起請文の受納・発布を行い所領の安堵を認め得る立場になっていた。蒲池鎮竝を始め支配に屈したとの油断が許されない幕下着到という脆い家臣団形成時の分国領主層の取り込み策も直茂は学習した。

一家の結束も齎した。直茂にとっても最大の危機と言える天正十二年（一五八四）隆信軍敗戦時、島原より引き揚げの際には、実子龍姫の婿で供の一員としての鍋島茂里は直茂を守っていた。鍋島主水茂里（幼名石井太郎五郎）は天正六年（一五七八）、直茂四十歳の時、石井信忠長男で永禄九年（一五六六）生まれの十二歳を直茂が才知を見込んでいた。茂里は深堀茂賢の兄である。男児がなかった直茂四十八歳の天正八年（一五八〇）に誕生した勝茂より前に婿養子となっていた。その茂里に外様衆横岳家を相続させて成立したのが横岳家である。横岳家は初期藩政の枢機に参画し、三家・親類・親類同格の次位に位置した家老になる。その後慶長五年、主水茂里は、直茂に信頼を持たれていたのであろう「今度関ヶ原御軍ニ不被差登、御手許江被召置候、内々茂里へ軍之勝利心入之三ヶ条、直茂公御教被成候、」とある。[100]その「茂里譜」天正七年の条では、直茂が国家の長と評価されている。

新しい主人の相続として家臣全員にそれを承認する誓約書を提出させることも、この時代にルール化しつつあった。家臣の総意にもとづき主人が正式に決定されたのである。[101]佐賀領国でも文禄三年（一五九四）、秀吉の朝鮮侵攻上の軍団編成の都合もあったとはいえ、大名世嗣としての処遇・判断に加え、翌慶長元年、鍋島勝茂宛に出された竜造寺一門・重臣の起請文は、直茂―勝茂体制の事実上の承認を意味するゆるぎないものであった。[102]その後、次の四節に述べるように慶長十二年に水ヶ江竜造寺の系譜になる多久安順を中心とする竜造寺家が家臣を代表して鍋島勝茂を江戸幕府に上申したのであった。

このような戦国大名は守護大名と違い、初めて一国内の土地と下克上の嵐の中で立ち上がった人民を一元的に支配した権力であった。[103]

加えて、当時の佐賀鍋島氏は活気づく海外の文化的情報を入手しやすい長崎などに隣接していた。その経済的裏付けをなすのが、天文以降、鉱山開発により画期的に増大した金銀の生産力である。中国人が日本銀を大量に獲得していた様子が『朝鮮王朝実録』明宗八年（一五五三）葵丑七月辛未条に描かれる。

日本国銀子多産。故上国之人交通往来販貿。而或因漂風来泊。作賊我国海辺。

日本人商人も負けてはおられない。相場師としての能力を身に着ける。日本国産銀と朝鮮産銀との相場比較の上、中国南方の相場が有利とみて、過去に朝鮮に売っていた銀と鉄を買い戻し転売しようとする動きをするなど国境なき動きが記録として残されている。[104]

小葉田淳氏によると、金の国と夢見られた時代に続き、世界の銀産出高の一六〇一～二〇年に至る一ヵ年の推定値四二三トンの内、日本銀輸出量は二〇〇トンで、その経済的関係は世界の貴金属史上看過できない力を持っていた。[105]

鍋島勝茂もそれらの情報を活かしたのか。それは地に落ちていく藩財政の救済のためでもある。慶長五年（一六〇〇）頃の長崎における上質金の輸入価格よりも江戸の金相場が高いとみて、蓮池に準備している金を江戸へ急いで送るよう命じている。その六年後頃には、買い置きの生糸を売却させ、京・伏見で「小判壱ツ七〇目」以内なら「小判金子千枚」買うよう指示している。[106]

序論編で述べたように、慶長十六年（一六一一）にはオランダ人関係者との有田磁器輸出をめぐる接触も始まる。川上川や筑後川の冠水防止対策など治水事業や大坂城、名古屋城の普請奉行などで名を馳せた成富兵庫茂安が、鍋島勝茂に時局観として最早天下は静謐な時勢になった故元和元年（一六一五）、「此後ハ金銀ノ入目多カルベシ」と進言する。寛永元年（一六二四）には、家臣大木兵部丞、長崎港ニテ御国用ノ為に一ヶノ蔵を相建セリ、是長崎ニ御蔵タツ始也」とあり長崎買い物の拠点となる。[107] 相場予測は情報収集能力に由る。

このような長崎は商取引のメッカとなり、イエズス会や商船の保護のもとに、家族を伴った切支丹達の堅固な居住地となった。内外の情報授受の坩堝と化していた。隣国の明では『明神宗実録』万暦二十八年（一六〇〇）三月甲辰朔六四三七頁に挙げるように、陶磁関係者が伝染病に侵され、相次ぐ増税による物価高騰により米塩も途絶え亡命者が出ていた。そのような動きを受けて内外の情報が長崎に伝播する。『通航一覧』巻之百三十八は次のように伝える。

天正慶長之頃にいたり、明朝乱れて人民兵革に苦しみ、家財を携へ長崎に逃れ来りて住居を願うもの少なからず、船数も漸く多くなりぬ、長崎の外にては五嶋平戸大村（後略）。

一六〇五年（慶長十）年と翌年のイエズス会年報によると、長崎には中国商船が来航するだけでなく、中国人のキリスト信者も多く住んでいた。一六一〇年（慶長十五）イエズス会年報によると、長崎には多くの朝鮮人信者も住んでいる。一六一二年（慶長十七）イエズス会年報によると、長崎は日本第一の取引の地、港である故、毎年、所々から多くの異教徒がこの地に集まって来る。それはこの港に頻雑に入港する日本や外国の船と取引するためであり、マカオやルソンなどへ行く船に乗船し、利益を得るために取引を行う(108)。

四　竜造寺隆信後の佐賀を牽引する思考

戦国時代の世情下ではあるが、ヴァリニャーノの一五八三年（天正十一）の報告がある。「日本国民」の悪い点は、「その主君に対して、ほとんど忠誠心を欠いていることである。主君の敵方と結託して、都合の良い機会に主君に対し反逆し、自らが主君となる。反転して再びその味方となるかと思うと、さらにまた新たな状況に応じて謀反するという始末である。（中略）したがって血族や味方同士の間で、数多の殺戮と裏切り行為が繰り返される(109)」。

親子・親族間の殺戮の例にも事欠かぬ時代である。武田氏の場合信玄は、『当代記』永禄十一年十二月廿二日条や『信玄家法下』の九十八条(110)の示すとおりである。身近な例では豊後十六代大友政親の嫡子殺しなどのように、大内政弘の妹を夫人にし政親が政弘の女を夫人にしたその嗣子義右を、政弘及びこれに操られた大友氏一族の謀略にかけたなどの例は多い(111)。

そのような状況下、三好不二雄氏の「解題」によると『九州治乱記』は識者がみた武将の姿が窺え、姿勢に対する考え方や思想が窺い知れる。

その中では上に立つものの姿勢についても歴史観から批判している。

永禄六年（一五六三）、豊後の屋形大友義鎮のその国の政治は甚だ暴悪にして、諸人疎み嘲ること大方ならず。入道後も南蛮西洋の耶蘇宗門に傾き、仏神を蔑にし堂塔を破却する。さればその根元を尋ね聞くに、義鎮女色に溺れ、府内の城中に招き集め、深閨の月の前に酒宴を事とし、日夜の不行儀法に過ぎたり。しかも、義鎮三十四歳にて家督を嗣子義統に譲り、大徳寺に参禅し法名を宗麟と号し、その身を臼杵に移す。国中の神社・仏閣を悉く打ち破り。仏像・神体一々焼き捨てた。再度、上に立つ者としてあるまじき姿勢と非難し、筑前岩屋城主の高橋鑑種が宗麟に弓を向けた理由の一に、鑑種の兄・一万田弾正の妻女に宗麟が横恋慕し、邪魔な一万田氏を「易々と毒殺」し、宗麟の受洗不可な十二人の妾の一人としたことと、大友軍が弱く支援力もなく評判も悪かったと伝える。[112]フロイスがローマに報告すれば、天正六年の受洗は不可能であったろう。

このように中世の武将は「今日は敵といえども明日は味方となるも世の常」[113]と、上下関係はもちろん肉親ですら不信の目で見て自己を防衛して戦国時代を生き抜いてきたのが領主層であった。以上のような、状況に立ち向かって決断をせまられる領主層は、序論に挙げた鍋島勝茂のように、常に死という崖淵に立たされていた。鍋島家には仕えた竜造寺家や親への背信や鍋島家に仕え支えてくれた家臣を裏切った記事を見出し得ない。竜造寺家家臣のなかには竜造寺家や鍋島家より有力な領主があったとしても、生き抜いていく間に彼らは両家に征服され、支えてくれたのである。そのような危機的条件を克服するために鍋島直茂が選んだ方法は勝茂の代になっても引き継いだ。鍋島氏は既述の国人領主たちの「連合」にすぎなかったとはいいながら天正八年頃の膨張した竜造寺隆信の最大勢力圏を示す家臣などの負の遺産を切り捨てなかった。竜造寺氏の領国が戦国末期になって俄に縮小しても、旧主を慕う筑前・筑後・肥後の侍を迎え容れている。[114]鍋島氏は、国内では単なる下克上ではなかった。

既述のフロイスらに伝わった政家像であれば鍋島氏への期待感も生まれた。

鍋島直茂は天正十二年以降の竜造寺支配圏の危機に瀕した時に巧みに人心を掌握し導き得る信を得た。竜造寺隆信卒去の翌日二十五日柳川に帰城した信生（直茂）に対して、竜造寺一門は国家の危機を直茂の力量によって維持するために領国政治を直茂に委任した。つまり、同年四月八日付で竜造寺家家老須古家祖竜造寺信周の説得により、早速嫡子竜造寺政家以下一門及び肥前の主だった領主層十一名による起請文が提出された。政家から「国家御政務ノ事弥御頼ミ被成」れ、高度な政治工作の結果、佐賀城を中心とする離反が止められた[115]。

一方、秀吉による中央集権体制へのうねりの余波は肥前にも及ぶ。天正十五年（一五八七）における秀吉による九州への公儀権力の波及は、新たな主従関係を生み出し、幕藩体制が歩み始め竜造寺領国も新しい統一的知行体系に呑み込まれていく。その後動揺する同家の危機を救い慶誾尼（隆信生母・直茂義母）を中心に隆信の嫡男政家を立て肥前の名門として盛り立てていたのが、竜造寺氏武将鍋島氏の天正十七年信生改め直茂[116]であった。天正十六年（一五八八）、そのような政治的動きをみた慶誾尼の主唱と竜造寺一門・重臣らの相談した結果の動きが①〜④の過程に見える[117]。

①直茂は天正十五年、高来郡神代領などをを安堵され、神崎郡の内四万四五〇〇石を宛行われ佐賀領国内の知行高において最高となる加増があった。勝茂には九〇〇〇石を宛行われ相対優位は明白となった。伊佐早の竜造寺家晴は高来郡のうち一万九一八八石、武雄の家信には一万四〇〇〇石、多久の隆信弟長信（安順父）一万七〇石、杵島郡須古（今日の白石町）の隆信末弟信周は五二五〇石、と同様に宛行われている。政家は秀吉の朱印状で天正十八年一月と同程度の所領五〇〇〇石を与えられ、佐賀郡の久保田で隠居させられた。

②当時五十歳の直茂の跡継ぎ・勝茂が九歳で、三十二歳の政家は、自身が病弱のために公儀への奉公なりがたく、竜造寺家断絶の危機の際、小早川隆景に頼み、三歳の嫡子高房を家督と成しえた。しかし幼少病弱のために名代になりえず高房を直茂の養子とし、直茂に竜造寺姓を与えようとした。天正十七年（一五八九）には慶誾尼の計らいで竜造寺家督維持のために、鍋島直茂の跡継ぎである勝茂を神崎旧勢福寺城の江上家種（隆信次男・江

上武種養子）の養子とした。なお、鍋島直茂の生母（華渓）は隆信の叔母にあたる。慶誾尼を中心として、竜造寺隆信戦死以来の最大といえる危機を直茂への国政委任から「御家裁判」にいたる竜造寺一党にとり緊急避難のつもりで、天下人秀吉への絶対服従体制下、家督と支配の分離状態を一体化しようとした。

③天正十八年（一五九〇）には、竜造寺佐賀領国は肥前八郡を有する国として成立した。秀吉の公儀権力はひとまず竜造寺政家に旧領を安堵し、近世大名としての地位が保障された。天正十六年以来、政家と共に上洛していた五歳で京詰の高房を佐賀の国主とし四万一二〇〇石を認め朱印状を与えた。

④公儀権力は竜造寺家臣らに直接個別に知行地を与え、旧族大名である竜造寺領国などの大名領国を解体して、近世大名領国への改変を意図している。

鍋島氏が名実共に佐賀鍋島領国化への途に踏み入れたのは天正二十年（一五九二）三月以降七年にわたり朝鮮出兵の際、佐賀藩の指揮官として鍋島直茂が指名されたことであった。朝鮮海峡を渡海して朝鮮の最奥地帯まで進軍し、後述のように、太閤命令による過重な負担に耐え、竜造寺一門や不本意に臣従する領主層も指揮していく過程で、竜造寺家は勿論譜代の重臣達の深い信頼が醸成されたのであろう。文禄四年（一五九五）、鍋島勝茂は公儀により高房の存在を無視して、秀吉の仲介によってその養女と縁組し、従五位下・信濃守に任じられ大名世継ぎとして認められた。翌年、勝茂宛の竜造寺一門・重臣十五名の起請文は、佐賀領国における直茂―勝茂体制の承認を意味したのである。

かくして竜造寺佐賀領国でも近世への曙が先の視野に入ってくる。その過程で、竜造寺家の屈辱、前節にあげたフロイスの一五九一年（天正十九）頃の情勢の分析のように公儀が佐賀領国において直茂の実質支配を承認せざるを得ないほど、直茂の力量なくしては成り立たないようになっていた。その勢いは家臣であった鍋島家に吸いよせられ、竜造寺高房は苦虫を限りなく噛まされていた。

従って成立期佐賀領国において、公儀権力により国の実質的支配権は鍋島氏に与えられながら、国主としての家督（跡目）は別で竜造寺氏であるという鍋島氏にとっての試練をのりこえなければならなかった。このように大名領国史上の特質をもつ佐賀領国は、戦国時代を象徴する下剋上的な鍋島氏の政権奪取という言葉では片付けられない。すでに竜造寺体制のもとで定着していた竜造寺家の家督と実質的支配権者（鍋島氏）の分離が、公儀権力が追認してのちに国主自体が竜造寺氏から鍋島氏へと生まれ変わっていったものである。

これまで戦国時代以来の時局を動かしてきたエネルギーを見てきた。こうした時代の苦悩の中にも、全国制覇への求心力は衰えることなく絶えず精神的・文化的力は世界史的発展の中で新たな統一政治の建設、総合的日本文化の形成と雄大なへと歩み始めていた。豊臣秀吉にいたっては一五八六年（天正十四）五月四日、大坂城で日本イエズス会副管区長ガスパル・コエリョと通訳のルイス・フロイスに対して、彼の性分からは考えられぬほどの打ち解けた様子で次のように抱負を述べている。予の名声と権勢を死後に伝えたく、日本国を弟の羽柴秀長に譲り、自分は専心して朝鮮とシナ征服に従事したい。その準備のために二千隻の船舶建造用木材を伐採させている。伴天連には対価を支払い充分艤装し熟達の航海士就きの二隻の大型ナウの斡旋を依頼したい、と。もし成功してシナ人が帰服すれば、同地に留まらず、占領もせず唯秀吉の支配下に置き各地に聖堂を建て悉くキリスト教化するべく命じたのち帰国し、日本の大部分もキリスト教化させると述べたとある[118]。

その百年後の元禄三年に、日本を訪れ日本研究のための採訪をしたドイツ人ケンペルの報告の一部を挙げる[119]。

日本の天皇は、四〇〇年にわたって傲慢極まる国内諸侯の権力を抑制しようと百方手を尽くしたが無駄骨折りに終った。（中略）どうにも出来なかった事業を、太閤は五年ないし一〇年の間に実力により智力により、（中略）巧みに成し遂げた。彼は朝鮮と戦い、国内戦でまだ全く弱まっていなかった大名などの力を、祖国から遠く離して海のかなたへ向け、韃靼人の軍勢と戦わせ、その間に太閤は、誰も最早抵抗しない国内で自分の支配体制を整えたのであった。（中略）。諸侯は異国の空の下でいやというほど辛酸を嘗めつくし、資力を使い果たし、勇気も尽き、騒憂を起こす気もなくなり、その後の太閤の死は大陸侵攻しなかった徳川家康の体力（財力・軍事力）温存以上の効果をもたらした。

その過程で佐賀藩は警戒を要する軍事力ありと判断されていたのであろう。他の大名より弱らせられた例を挙げる。天正二十年正月五日付、太閤の黒田甲斐守宛の朱印状による朝鮮出兵の動員令によると、鍋島直茂宛一万二千人、加藤清正一万人、小西行長七千人、大友義統六千人と突出した。この動員に伴う「御膳部大工・鍛冶・中間」の人数も比例し、百艘の船で渡海している。加えて、四月二十八日付で対馬朝鮮間の渡航用として「六端帆二船頭米拾人宛分被下」と用意したがなお「六端帆の図船六十艘」を、毛利友重ら四人にに渡すべく命じられた。[120]これらの建造に伴う費用は藩財政への負担の魁となった。

また出陣地域においては、朝鮮半島最奥の会寧まで進軍した加藤清正の指揮下で、今日でいう北朝鮮の咸鏡南道の最北端の洪原城に成富茂安、咸興城に鍋島直茂、定平城、永興城、高原城に鍋島平五郎・田尻鑑種、文川城に竜造寺六郎二郎、神代二郎、徳源城に後藤善次郎の組などに分かれて在番した。[121]他の諸将に比較して負担は重かったが、視野も拡大した。

江戸幕府による治世を迎えると、序論編で挙げた徳川家への贖罪心からくる相次ぐ手伝い普請などから佐賀藩の借銀は元和五年（一六一九）に銀二六〇〇貫、[122]銀百匁米六石としておよそ米一五万石になる。寛永六年（一六二九）頃は蔵入、家中知行両物成の一年半分に相当するほどの多額になった。[123]

正保三年（一六四六）から数年は、長崎では明末政権を支える将軍や鄭成功による江戸幕府に対する援軍要請の情報入手のために家臣を長崎へ発たせたり、南蛮船二艘入港事件など、福岡藩や佐賀藩にとっては、長崎御番の務めとして港の警備の重荷を背負わされる負担もあった。[124]

佐賀藩は本藩の藩主自らの直轄地からの物成十一万石余の蔵入に対し、借銀は寛永末年に銀一万貫で年収の二倍半、小判にして金二十万両、年利は一割で千貫・金二万両になっていった。加えて戦国時代に膨張した竜造寺隆信以来の領国が末期になって俄に縮小し、先述した旧竜造寺隆信体制下の家臣賄費用の負担は、領国財政の基礎として最も重要な蔵入地の定米が一般的藩領における常識からかけ離れる少なさなどから[125]財政の悪化は留まることを知らず、終いには佐賀藩財政上その後も引きずる。

徳川幕藩体制そのものも、江戸時代十七世紀後半の生産と流通のめざましい発展は、社会全体を商品経済に巻き込んだが、年貢徴収に依存する武士階級を困窮に追い込みはじめた。当時の幕藩体制は、商工時代への展開が幕府諸藩を同一過流に巻き込み推移するにつれ商業資本の手により握られ幕府や諸藩の財政が窮乏化していく末路につながる。江戸時代中期以降に入って、単位耕地面積あたりの土地生産性が上昇してくると、江戸時代初期の検地帳記載の土地生産力の把握と実質的な土地生産力のあいだには非常な乖離を生じた。幕藩権力が石高制の貢租収取基準のあり方を止揚せぬかぎり、大名の取り分は固定化して、豪商や豪農の取り分が増え、参勤交代の費用を少々節減しても大名の困窮はとまらない。領主得分と地主得分の対比は一対一四・八の計算例もある。その結果、従来の領主—農民間の基本矛盾の緩衝手段として、その後商品取引によって活路を見出そうとする動きは各藩を覚醒する。[126]

その例に同じく財政負担過重に喘ぎながらも、次の代の国主勝茂は幕藩政治体制上、鍋島国政を展開するにあたって、竜造寺一門の存在とその意思を無視することができなかった。[127]慶長五年七月二十五日頃、関ヶ原決戦前、高房が毛利輝元の姫との縁組による毛利豊前守の妹婿という縁から、鍋島勝茂がよんどころなく西軍についたと見た「旧記」を伝えているほどである。[128]

慶長八年（一六〇三）、高房は直茂の推挙で直茂や勝茂と同位の従五位下・駿河守に任じられ、徳川秀忠の近習として仕えることになった[129]。

鍋島勝茂は、同年と推定される慶長初年以来鍋島直茂・勝茂を補佐し後世には請役家老とよばれた鍋島生三宛ての書状にて、竜造寺高房殿が江戸から戻られた暁には、竜造寺城あるいは村中城と呼ばれた城の本丸に移られる故、自分は聢二の丸に居ようと述べている[130]。

当時その高房の江戸住まい経費と家督の維持のための財政支出も、当時の佐賀藩にとってかなりの高額で、勝茂には重荷であったろう。高房が江戸詰に不自由なきようにと、客分の士として八千石支給の他に、主家ということもあり、当時江戸におけるそのための経費が、一年間に直茂と勝茂は九十五両に対し高房とその小姓には千二百八十両と、財政負担上看過出来なかった[131]。

慶長十二年（一六〇七）十一月、竜造寺政家が駿河守高房に続き卒去した際に「家康公御上意に、駿河守《高房》へ家督可被仰付ト被思召シ処、早世ノ儀ニ付」、幕府の老中から、佐賀領国の家督の相続者は誰が適任かとの確認の諮問があった。それに対して、政家の従兄弟になる竜造寺家久・同家晴（諫早）・同信昭（須古）ら竜造寺一門の重臣は上意により江戸に参勤して次のように答えた。竜造寺・鍋島両家の血縁関係、直茂の功績により竜造寺家が存続した事情を説明し直茂が家督を相続すべきであるが、高齢のために竜造寺佐賀藩の家督について、彼らがいわく、「駿河守家督信濃守拝領サセラレ」るべきであると主張したことを公儀権力が承認し名実ともに、鍋島佐賀藩が発足し、勝茂を初代、父の直茂を藩祖とした[132]。

さきの竜造寺高房には隠し子があり里子に出され成人して伯庵といった。伯庵の寛永十一年以来同十九年（一六四二）まで四度に亘る執拗な竜造寺再興のための江戸幕府に対する公訴問題は一部家中で同調もあったが、その都度却下され、伯庵は江戸から追放され、竜造寺再興の夢は絶たれた。寛永十五年大老になる土井大炊頭利勝は、家老の多久安順へ御評定衆・御目付衆列席のなかで慶長十二年の老中への竜造寺一門の重臣との決着を引き継ぎ、次のように申し渡した。次に応答の一部を挙げる。

彼伯庵ハ龍造寺ノ惣領ニテ、肥前ヲ可領知者ナリト云トモ、若年ノ頃父ニ離ルニ依テ、国家ヲ鍋島加賀守へ預置（中略）、

対する安順は、次のように申し上げた。

彼者儀ハ下叔腹末々ノ者ニテ、夢々国ヲ可領知者ニテ無御座候、（中略）某親ハ竜造寺長信ト申候テ、隆信一腹一生ノ弟ニテ御座候、然トモ隆信子政家病気ニ付テ、公儀ノ勤不相叶故、加賀守ニ国家ヲ譲リ公儀ヲ勤来リ候、其上加賀守ハ元来隆信ノ従弟ニテ、（中略）隆信トハ、兄弟分ノ者ニテ候、然レハ兄ニ子無キ時ハ、其弟家督ヲ相続仕儀、其例ク有之事ニ候、右ニ付テ加賀守・信濃守・朝鮮以来御当家国役相勤申ス（後略）。

フロイスの予測と同じ危惧を持ったであろう直茂は、天祐寺を建立するなど隆信の御怨霊への安寧対策を怠らなかった。(133)

寛永十三年（一六三六）頃勝茂側近が多久茂辰に対し佐賀の国元において、郷村の農民たちの塗炭の苦しみや法令の改廃多く商人が迷惑しているという噂が京都で流れているか、という問い合わせをしていること(134)やよそ事でない細川忠興の肥後入国頃に、国中に多い隠し田の摘発や一揆に加え、寛永十三年の寺沢家や松倉家においては若者が大勢脱藩している情報も無視できない。(135)

以上のような佐賀藩の産みの苦しみの宿命を背負った勝茂の目には、それらの諸悪の根源は、竜造寺家への信奉を根に持つことと、鍋島佐賀藩誕生以来の宿命的な財政逼迫による、後に佐賀の人が歩いた後には草も生えないと言われたように、そのつけは人民の懐にまでまわりその心を貧困性に追い込んだ結果であり、民心の把握と治世対策怠慢と見えないか幕府にも神経を使う。

山口啓二氏によると、豊臣政権以来戦国大名が足利将軍家とは異質の従属を余儀なくされ、その動員令を全う

し生き伸びるためには、自国領内においても兵農分離をすすめ、大名自身も号令一つで動員できる軍団を編成できるように領主権力の強化を図らねばならなかった。そのために戦国大名は、豊臣政権は徳川氏にはもちろん九州平定以後急速に統一権力としての性格を強める過程で、帰服した大名の知行内容にまで介入された。かくして大名と家中とがその古い支配を保持してきたところの伝来の本領との絆を、大名自身はもちろんその家中の領主層が転封させられ「鉢植え」的存在となっていった。こうして戦国大名は近世大名に転進させられた。竜造寺領国もその荒波から逃れることは出来なかった。先述の天正十五年来、公儀権力が竜造寺家臣らに直接個別に知行地を与え、旧族大名である竜造寺領国などの大名領国を解体して、近世大名領国への改変を意図している。諸大名にとって、この従属により奪われ失うものより奪い獲得するものの方が大きかった。それは強力な中央権力を背景にして家中と領民に対し支配と搾取を強化できた。より根本的には豊臣政権が中央における権力確立過程での戦術戦略、すなわち封建小農自立の動向を是認し、これがもたらす社会的発展の成果を権力の側が先取りして奪い取り得たということである。[136]　鍋島氏は土井大炊頭ら幕藩体制の意志を利用できた。

寛永十二年頃、『佐八』鍋島勝茂書状四五にて九州巡見使に、同勝茂書状二〇六にて諸国巡見使の動向に神経をとがらしている。寛永末の頃には、勝茂は腹心の多久美作や諸岡彦右衛門に対し、隠密の書状には暗号の「相」文字を記入し、お互いに印判を押し授受するものとした。[137]　このように藩内外、幕府などへの情報漏れ対策としての神経消耗戦が続く。

注

（1）　関根文之助『日本人の精神史と宗教』（川島書店　一九七八年）三六頁。

（2）訳　松田毅一他『日本巡察記』（平凡社　一九七三年）七二〜四頁。
（3）①松田毅一・川崎桃太訳『フロイス日本史6』三〇四頁。
②堀本一繁「戦国期肥前の政治状況と後藤氏」『戦国の九州と武雄』（武雄市図書館・歴史史料館　二〇一〇年）。
（4）①肥前史談会『九州治乱記』（青潮社　一九七三年）二八八頁。
②松田毅一『親和文庫六号　日葡交渉史』（教文館　一九六三年）一八八頁。
（5）注（3）①『フロイス日本史9』一〇八〜九頁、三六二頁。
（6）注（4）①『九州治乱記』二八三頁。
（7）①注（4）①『九州治乱記』「隆信有馬残党との事」。
②注（4）②『日葡交渉史』一八八頁。
（8）外山幹夫『中世九州社会史の研究』（吉川弘文館　一九八六年）二〇八頁〜。
（9）注（3）①『フロイス日本史6』第二一章二四一頁・注8。
（10）①注（3）①『フロイス日本史6』第二五章二九三〜四頁。
②注（2）『日本巡察記』第四章。
（11）①注（3）①『フロイス日本史9』第六章（第一部四八章）。
②『大村市史』（一九六二年）二二五頁。
（12）①外山幹夫『中世九州社会史の研究』（吉川弘文館　一九八六年）四一四頁。
②久田松和則『キリシタン伝来地の神社と信仰—肥前国大村領の場合』（富松神社再興四〇〇年事業委員会二〇〇二年）一〇〇〜一〇二、一六二頁。
（13）注（12）②久田松和則著一〇二頁、一一五頁。
（14）注（12）②久田松和則著「はしがき」、五四頁、一一六頁。
（15）注（3）①『フロイス日本史6』三二一頁。
（16）注（4）②『日葡交渉史』二七三〜六頁。

(17) ①注（3）①『フロイス日本史10』九〜一〇頁、二〇〜二一頁。
②注（3）①『フロイス日本史9』三六七頁。
(18) 注（12）②久田松和則著一二四頁。
(19) 翻訳者　松田毅一・佐久間正『東西交渉旅行記全集　日本巡察記　ヴァリニャーノ』（桃源社　一九六五年）五九頁、五三頁。
(20) 注（2）『日本巡察記』日本諸事要録（一五八三年）三七〜八頁。
(21) 注（2）『日本巡察記』三五頁。
(22) 校訂西川忠幸・飯島忠夫『町人嚢・百姓嚢・長崎夜話草』（岩波書店　一九四四年）「○黒船入津始之事」二二一頁。
(23) 注（2）『日本巡察記』二五五頁。
(24) 注（19）『東西交渉旅行記全集　日本巡察記　ヴァリニャーノ』七二〜七四頁。
(25) 国書刊行会『史籍雑纂第二』（一九一一年）「大村家秘録」一六三頁。
(26) 高瀬弘一郎『キリシタン時代の研究』（岩波書店　一九九七年）第四章「キリシタン教会の経済基盤を巡る内部の論議」四一八〜二八頁。
(27) 注（2）『日本巡察記』三四〜三五頁。
(28) ①岡本良知『十六世紀日欧交通史の研究』（原書房　一九四二年）五五八頁。
②注（2）『日本巡察記』三二〜三五頁。
(29) 注（2）『日本巡察記』二〇一頁。
(30) 注（2）『日本巡察記　解題Ⅱ』三五五頁。
(31) 『佐賀藩の総合研究』（吉川弘文館　一九八一年）第四節　藩貿易の展開。
(32) ①若桑みどり『クアトロ・ラガッツィ　天正少年使節と世界帝国　上』（集英社　二〇〇八年）七五頁。
②注（2）『日本巡察記』三一九頁。

(33) ③松田毅一『南蛮のバテレン』(朝文社　一九九一年)七九頁、一五〇頁。
①外山幹夫『大名領国形成過程の研究』第二編第一章三節戦国大名全盛期の動向―義鎮時代―。
②注(3)①『フロイス日本史7』第五三章。
(34) 注(4)①『九州治乱記』巻之廿三。
(35) ①注(4)①『九州治乱記』巻之廿三の三一〇～巻之廿六の三五二頁。
②「直茂公譜三」四六～四九頁。
③(「史料綜覧」十一)の二四三頁。
④『注(3)①フロイス日本史10』第四〇章一七四頁、一八〇頁注(9)。
(36) 注(4)①『九州治乱記』三九五頁、三二七頁三七六頁、三九三頁。
(37) 『諫早市史』第一巻　一二八頁。
(38) 注(4)①『九州治乱記』四四八頁、四六六頁。
(39) 注(2)『日本巡察記』「解題Ⅱ」二八八～九頁。「諸事要録」(一五八三年)第」十一章。
(40) 注(4)②『親和文庫六号　日葡交渉史』十四頁。
(41) ①注(4)①『九州治乱記』一二四頁
②宇田川武久『鉄砲と戦国合戦』(吉川弘文館　二〇〇二年)八四頁。
(42) 東京大学史料編纂所『大日本古記録　上井覺兼日記　下』(岩波書店　一九五七年)一八九頁。
(43) ①『佐賀県史料集成十』以下『佐十』の様に略記、三三四頁二七書状。
②『下関市史』資料編ｖ二八頁。
③注(4)①『九州治乱記』二三九～二四四頁。
(44) 注(3)①『フロイス日本史5』第五五章。
(45) ①佐久間重男「明朝の海禁政策」(『東方学』)六輯　一九五三年)。元史巻九四食貨志市舶の條、二四〇三頁に大徳七年「以禁商下海罷之」とある。

②明、徐孚遠・陳子龍・宋徴璧等編『皇明経世論』（一九六四年）巻之三八五―四〇三敬和堂集巻之24―六三五頁、六二九～六四三頁。
(46)「平吉家文書二三」『佐十七』。
(47)①注（4）①『九州治乱記』二七六～八頁。
②川副博『龍造寺隆信』（人物往来社　一九六七年）二五七～二六四頁。
(48)『大村市史』上巻二五頁。
(49)注（4）①『九州治乱記』二九六頁～三〇二頁。
②「直茂公譜公補二」三六八頁～。
(50)岡本良知『桃山時代のキリスト教文化』（東洋堂　一九四七年）「天正末に於ける耶蘇会の軍備問題」一二七～一三一頁。
(51)注（50）①『桃山時代のキリスト教文化』「長崎のフスタ船」九二～六頁、一〇八～九頁。
②『フロイス日本史9』第二六章。
③岡本良知『十六世紀日欧交通史の研究』五六五頁。
(52)注（3）①『フロイス日本史11』一九八頁及び二〇七頁の注（4）。
(53)注（31）『佐賀藩の総合研究』第四節　藩貿易の展開。
(54)藤田徳太郎編集『日本精神文化大系　第五巻』（日本精神文化大系刊行会　一九三八年）『続善隣国宝記』三四二頁より抜粋。
(55)北島万治『朝鮮日々記・高麗日記』（株式会社そしえて　一九八二年）三　秀吉の朝鮮占領政策とその推移（日本・朝鮮・明、三国統治方針。
(56)注（31）『佐賀藩の総合研究』本論編第一章　第四節　藩貿易の展開。
(57)『佐六』武雄鍋島家文書四六条　後藤家信書状。
(58)注（12）①『中世九州社会史の研究』第二章　肥前深堀氏の領主制。

(59) 注(3)①『フロイス日本史9』第二四章。
(60) 中尾正美編『鍋嶋藩深堀資料集成』(深堀史跡保存会　一九七四年)二八七頁。
(61) 注(4)①『九州治乱記』二九九頁。
(62) 『三和町郷土誌』(一九八六年)七〇三頁。
(63) 注(3)①①『フロイス日本史9』一五七三(天正元)年の項三五四頁。
(64) 注(3)①①『フロイス日本史9』第二六章。
(65) 注(31)『佐賀藩の総合的研究』「領内貿易の展開」三六五〜七頁。
(66) ①注(3)①『フロイス日本史1』第十五章
②中尾正美編『鍋嶋藩深堀資料集成』(深堀史跡保存会　一九七四年)二六〇頁〜『深堀文書』「浅野長吉戸田勝隆連署状」。
③「直茂公譜」百三十一頁。
(67) 「直茂公譜考補」五六三頁。
(68) 「直茂公譜」一五十頁。
(69) 「直茂公譜考補」六四五頁。
(70) 「直茂公譜考補」六四六頁深堀戦功記より。
(71) 北島万次『朝鮮日々記・高麗日記』(そしえて　一九八二年)附　史料田尻鑑種「高麗日記」三八二頁。
(72) 注(66)②『鍋島藩深堀史料集成』二七〇頁、四三四〜四三五頁。
(73) 『佐賀県史』中巻六頁。
(74) 『久留米市史　第7巻　資料編(古代　中世)』三九七頁。
(75) 『大日本史料』立花増能編十一ノ六ノ二八二〜二八三頁。
(76) 注(3)①『フロイス日本史10』二八一〜二頁。一七一頁。
(77) ①注(4)①『九州治乱記』巻廿八。

(78) ②注（3）①『フロイス日本史10』五三章。
『上井覚兼日記　中』（東京大学史料編纂所　一九九一年）三〇頁。
(79) ①河島英明訳『君主論　マキャヴェッリ著』（岩波書店　一九九八年）第一七章、第一八章、
②『三田学会雑誌第十四巻』（一九二〇年）巻　滝本誠一「本佐録とマキャベリズム」。
(80) 注（3）①『フロイス日本史10』二六八頁、三〇一頁。
(81) 注（3）①『フロイス日本史10』一七九頁。
(82) 注（4）①『九州治乱記』二九九頁。
(83) 注（25）「大村記」一五二頁。
(84) ①『完訳フロイス日本史10』（中央公論社　二〇〇〇年）第四九章。
②岡本良知『十六世紀日欧交通史の研究』（原書房　一九四二年）五五九～五六六頁。
③注（2）『日本巡察記』（平凡社　一九七三年）三五～三八頁。
④注（3）①『フロイス日本史9』第一部九八章。
(85) 注（3）①『フロイス日本史10』三〇六～七頁。
(86) ①注（4）①『九州治乱記』巻之二十二。
②注（31）『佐賀藩の総合研究』七三頁、一二二～四頁。
(88) 注（31）『佐賀藩の総合研究』一三八頁、一四八頁。
(89) 注（3）①『フロイス日本史2豊臣秀吉篇Ⅱ』五二頁。
(90) 注（4）①『九州治乱記』四〇〇頁、四二三頁。
(91) 籐木久志『城と隠物の戦国誌』（朝日新聞出版　二〇〇九年）一二一頁。
(92) 齋藤孝『座右のニーチェ』（光文社　二〇〇八年）一五六頁。
(93) 注（84）①『完訳フロイス日本史10』二四一～二頁。
(94) 『佐六』武雄鍋島家文書二二一竜造寺隆信書状。

(95) 注(31)『佐賀藩の総合研究』二〇四～八頁。
(96) 『佐賀県近世史料第八編第二巻』(佐賀県立図書館 二〇〇六年)一九四頁。
(97) 『佐賀県近世史料第八編第二巻』二一六頁。
(98) 『分類注釈葉隠の神髄』(栗原荒野 一九九六年)一〇〇頁。
(99) 注(31)『佐賀藩の総合研究』二四〇頁。
(100) 『佐賀県近世史料第八編第三巻』(佐賀県立図書館 二〇〇七年)「焼残反故三」六二〇頁。
(101) 勝俣鎮太「戦国大名と国家の形成」岩波講座『日本通史10中世四』(岩波書店 一九九四年)。
(102) 注(31)『佐賀藩の総合研究』二三五頁。
(103) 杉山博『日本の歴史11. 戦国大名』(中央公論社 一九六五年)三頁。
(104) 『朝鮮王朝実録』「中宗」三六年(一五四二)辛丑十一月丙丑条。
(105) 小葉田淳『鉱山の歴史』(至文堂 一九六六年)五八～九頁。
(106) ①『佐十二』「坊所鍋島家文書」一九〇号・二六〇号鍋島勝茂書状。
②小泉袈裟勝『単位の歴史辞典』(柏書房 一九八九年)五四頁。
(107) ①「勝茂公譜考補」三坤三二六頁。
②「勝茂公譜公補四」所引大木戦功記 三五七頁。
(108) 純心女子短期大学長崎地方史文化研究所『長崎のコレジヨ』(一九八五年)八一頁、一〇一頁、一四二頁、一七〇頁、一九一頁。
(109) 注(2)『日本巡察記』一七頁。
(110) 『郡書類従』第二十二輯・巻第四〇三の一一九頁。
(111) 外山幹夫『大名領国形成過程の研究』(雄山閣出版 一九九五年)二七二頁。
(112) 注(4)①『九州治乱記』二一一頁、二三二頁。
(113) 注(4)①『九州治乱記』天文二十年(一五五一)の部一五五頁。

(114) 城島正祥「慶長末期の佐賀藩財政」。
(115) ①「直茂公譜考補」五乾。四八九～九〇頁。
②注（31）『佐賀藩の総合研究』鍋島執政体制の成立　二〇九～二一一頁。
(116)（4）①『九州治乱記』四七一頁に「天正十七年正月七日、鍋島飛騨守信生去年より在京、従五位下に叙し、加賀守に任じて改直茂、賜羽柴姓とある。
(117) 注（31）『佐賀藩の総合研究』三　公儀権力と佐賀藩。
(118) 注（3）①『フロイス日本史1』二〇四～五頁。
(119) 約編者今井正訳編『ユンゲルベルト・ケンペル日本誌《下巻》』（霞ヶ関出版　一九八九年）付録四五一～二頁。
(120)『佐三』「鍋島家文書」三五号。
(121) 北島万次『朝鮮日々記・高麗日記』（そしえて　一九八二年）田尻鑑種「高麗日記」天正廿年九月二五日。
(122)『佐十一』二七七・二七八鍋島勝茂書状。
(123) 長野暹『幕藩制社会の財政構造』（大原新生社　一九八〇年）一〇六～七頁。
(124)「勝茂公譜考補」十中。
(125) 城島正祥「慶長元和期の佐賀藩財政」、「寛永後期の佐賀藩財政」「慶安承応前後の佐賀藩財政」。
(126) 丸山雍成『日本歴史叢書　参勤交代』（吉川弘文館　二〇〇七年）第四「参勤交代の費用と藩財政」。
(127) 注（31）『佐賀藩の総合研究』本編第二章第一節二。
(128)「勝茂公譜考補」二一三頁。
(129)「勝茂公譜考補」二四六頁。
(130)『佐十一』坊所鍋島家文書、二一九鍋島勝茂書状。
(131) ①注（31）『佐賀藩の総合研究』二三二頁。
②藤本隆士「近世貨幣流通の実態と計算例」『福岡県地域史研究』No.2（一九八三年）、
③暦の会篇「歴代諸物価一覧」『歴史読本』（新人物往来社　一九七四年）。

（132）「勝茂公譜考補」二六二～三頁、六九五頁伯庵等御預。
（133）「勝茂公譜候補」三七四頁、三八七頁、三九六頁、四〇四頁、六九五頁。
（134）『佐十』「多久家文書」一〇巻七〇九号。中野正利出雲貞恒連署書状。
（135）①『熊本県史料』近世篇一　二六六頁の家老有吉頼母佐宛、四七四頁、細川三斎より忠利宛。
②「勝茂公譜考補」四一四頁、四四〇頁。
（136）山口啓二『幕藩制成立史の研究』（校倉書房　一九七四年）第一部　豊臣政権論。
（137）『佐八』多久家文書二四四号鍋島勝茂覚書「隠密ノ書状ニハ相ノ字ヲ書く」二三八頁。

第四章　佐賀藩におけるキリスト教受容

一　佐賀藩における武士道と切支丹精神との接点

本論編一章において武士層の切支丹との接触から受ける影響を模索したが、鍋島氏の場合も倫理観などにおいて仏教の原点への思索からキリスト教に共感を得るものあり、頷ける心奥を見い出したのだろう。鍋島家を構成する武将らには、国域に捉われない気質があったのであろうか。

第三章二節に挙げた『韓陣文書巻一』にもあったように、倭寇以来の竜造寺家中と共に鍋島氏は海外からの情報へ目を向けていた。深堀氏との情報交換も増えた。それは、領民の動向にも心配っていたからであろう。

鍋島勝茂には序論編二章三節に挙げたスペイン国王フェリペ三世より感謝の意等を伝えられた交流のほかに朱印船の派遣もある。この件でも徳川家康に幕府の対外交渉関係文書も管掌していた家康側近の「学校」の取次により、「異国御朱印帳」の「学校所持本」中その時々の気象条件や現地の商況などによって寄港地選択の幅を持たされていたがマカオと推定される「西洋」の項に、鍋島直茂・勝茂宛ての三隻分の朱印状が下付されている(1)。

鍋島勝茂は戦国時代を生き抜いた父直茂の後に続く近世大名として佐賀藩誕生の基礎を実現し得た。藩士が戦国時代から竜造寺隆信と行動を共にしていた直茂など先人の活き方を学ぼうという姿勢が随所に見られる『葉隠』がある。

知勇兼勝れたる直茂公に教訓されたる家中なれば、是を鍋島家風となしたるべし、決死の場合に分別すぐれば、憖に恥を取るべし、知恵分別は主人を頼切にするが藩風《武道》の堅き《固なる》所なり[2]。

鍋島家は、通常キリスト教に理解を示す国主として取り上げられることは一般には少ないが、その心の内に近づいてみたい。

元々自ら進んで切支丹になろうと決心する人は、武士階級の人が多かった。その要因をH・チースリック氏は個性の強調という点に見ている。戦国武将は家柄よりも個人の良さを重んじ、度重なる身の内・外の戦いを勇敢に切り抜け個性を磨き完成し、支配階級の位置に座れた。鍋島氏もその袖に連なれよう。徳川政権の誕生とともに窒息したが、西欧と同様に日本でも十六世紀後半は個性の発見を見、切支丹宗門の拡大の波と共に打ち寄せた科学精神は近代的な要素であった。その要素は近世の特徴としての人間を中心に見ることにあった。

H・チースリク氏が教義上の問題より宗教心理学として捉えているように、本論編一章三節にも挙げたように新しい信仰態度から生ずる「新しい信心」である。既述のようにそれは中世の神を中心にしていた科学・哲学・美術・社会生活と違って、宗教生活の人間を中心にみる進展であろうか。むしろ見方の焦点の変転を意味して人間個人の人格価値が人の上に立つ者の要素となった。かような思考を持ち得た切支丹の武士にとり、自己の武士としての目指す完成を見出しキリストこそ最高の主君でありすべてを捧げるに値いする生き方であった。武士にとっても神への愛は、「主君の御用に立つべき」愛として武士道の一要素になり得た[3]。佐賀藩士中にもそのような思考の神髄を見出し得る。「一、武士のあり方を一言で言うならば、まず第一に、自分の身命を惜しみなく主君に差上げるということが根本である[4]」。

武士の全生活を主君に捧げる奉公は『葉隠』の随所にみられるが、キリストに捧げる奉公にも繋がり出会いの場ともなった[5]。国の組織を守った切支丹武士のデウスと国主に仕え命を捧げる使命感を鍋島直茂—勝茂も既述の大村純忠の危機に瀕した時の家臣の動きは、肌に感じた事件であったに違いない。
そのような奉公の場としての各国の領地は、その前代・戦国時代以来、領主と家臣の大変な犠牲のもとに戦いとった成果であると認識していた。

それは勝茂公譜公補三乾「岡本大八奸謀」にみる旧領への確執をドミニコ会アロンソ・デ・メーナが、一六一三年（慶長一八）の長崎奉行長谷川「4　左兵衛とイエズス会士の間に起こった紛争と不快な事件」とした切支丹弾圧を齎した徳川家康の駿府・同秀忠の江戸幕府を巻き込む疑獄事件にも見られる(6)。

有馬晴信は永禄六年（一五六三）祖父の敗退以来、竜造寺隆信により奪取された牛津川以西旧領を取り戻したく思っていたが、徳川家康の信任厚く枢機にあずかっていた本多正純秘書パブロ岡本大八が藤津の入手は極めて容易であり、正純から伝えられたと偽り、その口車に乗り大八にまず金銀巻物を与え、銀子弐拾五貫、金子三〇〇枚を大八に渡した。支払ったものの埒があかず、晴信は息子の左衛門佐直純に、密かに本多正純に密かに尋ねてみらせた。正純が何も知らぬと言ったので、大八の魂胆を不当に思った直純は、長谷川左兵衛に話した。大八は、それを知って晴信に貴殿の子息が左兵衛に話してしまった以上は今までの約束について一切責任を持たぬと言った。その結果、晴信は彼の息子にも悪感情を抱くと共に左兵衛に対して激しく怒り、二人を殺すための数々の画策をした。このことを知った家康は、竜造寺氏が過去の戦いで既に獲得していた領地に有馬氏が策を弄した行為を極めて不愉快に思い、ドミニコ会によると、異端英国人ウィリアム・アダムスからの告げ口もあり、切支丹の教えは、父親に罪を科すことになる時に罪のない息子をも罪に巻き込むのである故、悪魔のものだとし、大八の両足を打ち砕き、妻の前で煮釜にて煮殺し、死骸を磔にした。二人を殺し他の子を後継者にする計画が発覚した晴信には斬首の刑を宣告した。一六一二年（慶長十七）以降、この事件を機に最後の徹底した切支丹弾圧が行われ、諸事件に激怒した家康は即刻キリスト教の教会を悉く破壊せよと命じ、諸国の切支丹に転宗を命じ多

数の者が転んだ。(7)

右の疑獄の結末に関係ある鍋島家の動きであるが、慶長十七年三月末の頃、当時鍋島氏の国家老として国政の中枢に参画していた多久家初代長門守安順長門守は、先ず駿河にて当時諸宗派寺院を管し幕府の対外交渉関係文書も管掌していた圓光寺長老に挨拶し、本多佐渡守の病気にて寝所宅まで同道した。(8) 最終の結末で、駿府に参府出仕した本多佐渡守正信との多久長門の賢者同士といえるやりとりがある。そこでのやり取りは「勝茂公譜考補三乾」にあるが、「佐賀新聞」平成十二年一月十四日「さが古文書こぼれ話」15の解説を見よう。

佐渡守が、有馬には牛津川以西が有馬領と云う紛れもない証拠があると申し立てだが、鍋島家にも当然證文ある筈との下問に対して、安順は、はばかりながら

鍋島家には証拠書類はありません。戦国時代は山川隔てて互いに争い、元の領主を討ち取ったりして支配を広げました。それが当時の在り方、暗に、昔の証文によって今の領土を決めるとなるなら、徳川家も三河の小さい大名にもどるのではありませんか、

鍋島家存亡の危機を支えた鍋島家重臣多久安順の腹が据わった話である。

こうして古い家柄で武士道が衰えた人々の批判として「武士の道」が生れた。そこでは合戦については敵味方を問わず少しの偽り飾りなく、ありのまま述べ伝えるべきである。現世の禍福は、ひたすら果報の如何による、武士は他人を誉めることもけなすことも大切である。君子が心がけるべき九つの事柄を実行して発する言葉に過ちがないのが真の武士であるなどと説く。(9)

鍋島勝茂の体内を流れる血の原点も、戦国時代の武士の習いが祖父の清房以来、主家・竜造寺家に臣従する間に培われたと推測する。従って鍋島直茂が常に臣従していた竜造寺隆信の膨張と死去過程とを眺めることにより、戦国時代に世に出た鍋島家が如何なる方策により近世大名の地位確保まで生き延び、恐怖の関ヶ原の役以降いか

にして生き延びたかを理解する手がかりとなろう。

『九州治乱記』にて竜造寺隆信に参勤を強要された蒲池鎮竝と大村純忠を見ると、純忠の場合、既述のように家臣の謀反に翻弄されても純忠はキリスト教徒であった僅かな人数の家臣の忠誠心により劇的な危機脱出が出来た。隆信にとり切支丹大名の先鋒であった純忠の参勤についてはフロイスは隆信の策略で抹殺される危険を予知したにも拘わらず、著者馬渡俊継は語らず純忠は生き延び、人倫に反したとみられた鎮竝は一族みな惨殺を伝える。ここに『葉隠』の原点である「常住死身」になることを忘れ、「孝行」に反する鎮竝の因果応報的最期を紹介している。またそのような鎮竝の指揮下にあっても、鎮竝が隆信の参勤に託けた謀殺の誘いの前に当時の武将の生き延び方に慧眼があったと思われる鎮竝一族の大木兵部は鎮竝に「御邊はそも物に狂い給ふか。当時弓箭の最中なり」と諭した。鎮竝没後、大木兵部が伝手を頼み隆信らに、鎮竝への供をしなかったとして、追善のための切腹を願い出た。「義ある武士と賞美せられ」切腹を止め筑後へ返されたが、後に鍋島氏の臣に加えられたと述べる。つまり己の身の処仕方について「人間誰しも生を望む。生きる方に理屈をつける」中にあって生か死かいずれを一つ選ぶとき、わが首を切って三方に乗せて示すように先ず死を選ぶ。それ以上の意味はない。純忠の家臣の死を覚悟した忠誠心も鍋島家に関わる人々にとって「死の美学」も生き方の支えでもあった。『九州治乱記』には人の上に立つ者は下の者が意欲を委縮させせない戒めなどには、歴史の流れの中にもそのような人々の生き方を示唆する思想が底流に流れている[10]。

加えて、西欧社会の十五・六世紀の人間を中心とする世界観たる人間個人の人格価値を一層強調させた個性を強調する思考が日本に伝わる。そのことも原因したのか、徳川政権後大名の改宗や領民の集団改宗もなくなったが、武士階級の中に自ら進んで切支丹になろうと決心する者があった。戦国時代の武士は信長・秀吉を頂点とする家柄などより個人の良さを重んじ、幾度もの勇敢な戦いによって個性を磨き完成を目指す人物の出現が望まれた。その過程で、切支丹の武士は「新しい信心」の内に自分の武士としての目指す最高の完成を見出した。武士道への根本的な態度は主君への奉仕である。既述のように武士達はキリスト教との出会いを見出した。「地上の主君は、仮令異教徒であっても、この最高の主君の代理である。従って領主にたいする奉公はキリストに対する奉公ともなった」。切支丹の生活は、神への御奉公であるという武士道的な精神であるとし、キリストの無限の「御大切」に応えて、人間も神に対し極力「大切」＝愛を尽くさねばならぬと行動を促した。[11]

『葉隠』によると「奉公人は佛者の念仏の如く常に主君に名号を唱えよ」、「先祖代々御厚恩の儀を浅からぬ事に存じ奉り身心を擲ち、一向に歎き奉るばかりなり。此れの上に智慧・芸能もありて相応々々の御用に立つは直幸なり」。筑後国主田中筑後守の親類に漁師が殺害されたので、祖父が蓑笠をつけて漁師を装い、その仇討ちをしてやった。このことが公儀沙汰となり祖父は切腹したが、直茂がこれを惜しんで厚く葬った。その孫で鍋島勝茂の小姓から光茂の目付になった古川六郎左衛門曰く「あれこれと考えこむことをやめて、ただお役に立ちたいと思っていたらよいのだ」。[12]キリストに奉仕することが、主君に対する武士の道と同じ思考となった。

武士道と切支丹に関して、一五六二年（永禄五）にアルメイダが発信した書簡からその本質を窺える。市来城でのことである。ザビエルに感銘を受け切支丹になった城中の上層武士達の中の一人にアルメイダが質問を発した。『もし殿様が御身を召し出されて、こう申されたらどうなさるか。「その方は予のもの。予が授ける禄を食んで暮らしている。今後はキリシタンたることはまかりならぬ」と』。すると彼は「上様は、私に忠誠を尽くしてお仕えすることをお望みでしょうか。（中略）私が殿に忠実であることをおのぞみでしょうか。私が謙虚で、忍耐強く、またすべてに対して慈悲深くあることをお望みでしょうか。それならば私にキリシタンであれとお命じ下さい。なぜなら私にキリシタンであってはならぬと命ぜられることは、とりもなおさず万事につけ」（今申したことの）反対を命じ給うことになるのですと言いますのは、わたしが申し上げたことを行う者は、キリシタンに違いないからでございます」との対話がある[13]。

盲人の語り部とも称しうる人物の例をフロイスが一五八七年頃の動きの中で、日本人が危機に直面した時に「武士道」（ポルトガル原語ley de cavalaria騎士道）という言葉を発したことを報告している。この盲人は、対峙した武士が武士の道に照らしてふさわしくない。とその上司の代官に論駁出来るほどの教養があった。山口の代官が彼の抜群の器用さと豊富な常識を認めよく召喚した。その際に彼は代官達に日本史の話から始め、ついで話題をデウスの話にうまく持って行ったのである。山口の街で、盲人が奉行側近で大変お気に入りの仏教徒の小姓と行動を共にしていた時の出来事である。二人の間での宗論が刃傷沙汰になりかけた結果奉行所へ連れて行かれた際の盲人の言葉がある。その小姓は自己の過失を隠し多くの偽証を挙げて告訴した。大胆不敵な盲人が奉行の前に罷り出た。奉行は互いのいい分を聞き分けた。盲人は「殿様、お聴き下さい。この若造にはいかなる武士道がありましょうか。いったい自分に言われたことに応答できなかったからとて一介の盲人を殺すために刀剣に手をかけるとは、盲人たる拙者は、わが身を守るために己が手に一本の扇子を持っているにすぎませぬ[14]」。

殉教に関しても、もともと日本における切支丹伝道史は、世界でも有数の迫害史であり、その殉教者の数に於いて、存続年数の比例からいわばローマ帝国の場合より多い。それらの殉教者の事跡に加え、文学としてではなく殉教に関する歓誡や注意書として、実際の悪戦苦闘中に伝わった。血涙の産物として生死の間をくぐった信仰と熱情の文学であった[15]。このように殉教の死が教義の一つとも考えられるようなその意義及びその覚悟について教えたものが多い。この覚悟の模範とすべき聖者伝の翻訳の試みは一五六五年（永禄八）頃からである。それは日本の武士の道にも通じないか。その中には善行の手引きや信心修養などが含められた。文体は平家や謡曲などに学んだと考えられている。

「切支丹時代」には「殉教」が、かなり行われた。僅かな期間にあれほどの「殉教者」が出たということをヨーロッパでは理解出来るわけであるが、日本の場合異質な考えがあったのではないか。むしろ日本の「武士道」的精神が基盤になって、キリスト教の迫害という面にあらわれたとも言われる。(16) この殉教においては、日本独特の武士階級の思想を内包する面はもちろんであるが、キリスト教の伝統的な思潮がその中核をなしていた。その殉教者の数は豊臣秀吉の伴天連追放令に次ぐ江戸幕府の徹底した切支丹根絶対策により四、五万人前後と推定されている。(17)

市井の人々の窮状を救うイエズス会やドミニコ会の身を捨てて人々を救った報告はあるが、切支丹伝道には初めからキリスト自らの死は万人を救うためという意義、世界の創造、人間の運命、別しては世界を支配すべき教会の天職と密接の連絡あることになる。切支丹伝道は、その初めから受難を模範として教え、その歴史を物語る聖者の多数を占める殉教者を模範として示した。それも始めは遠い過去の事例、及びもつかぬ事の様に思えたが、天正十五年（一五八七）の秀吉による突然の伴天連追放令以来殉教が信者自身へ目前の覚悟を迫る。聖者伝は転じて直接殉教の勧めとなった。一般信者の殉教もみな世界的規模計画の一部分一要素となり殉教の事実が実際の教訓となった。新しい日本の切支丹信徒に読み聞かせて彼らが諸聖徒の前例に倣い、確固たる信念を持つべく「覚悟」の本を世に問うた。逆に日本の仏教界には、姉崎正治氏によると啓蒙書が出版されても、それが目に留っても理論的に仏教教理を簡明な説明書による啓蒙を見ない。殉教の激越は少なく生死の境界の教訓書はない。仏教に害あるものとして、反撃を試みるような真摯な人物は見当たらなかったと言われる。(18)

それでも日本人に求められる仏教が武士の道への生き方に与えた源泉として、新渡戸稲造氏は、運命に対する安らかな信頼の感覚、不可避的なものへの静かな服従、危険や災難を目前にしたときの禁欲的な平静さ、生への侮辱、死への親近感などをもたらしたと述べられる。(19) 既述の鍋島勝茂の心の落ち着き先を推察出来ないか。勝茂も同じ思いを永遠の棲家として見出したに違いない。

さらに武士の道への思考の源泉を『太平記』巻第十六から模索しよう。「志士仁人は身を殺して仁をなすといへり」。巻第七。「弓馬の家に生まれたる者は、名をこそ惜しめ、命をば惜しまぬ物を。謂ふ所虚事か実事か戦うて手並みの程を見玉へ」。巻第十四。楠正成兄弟が自害する前の、最後の戦いになると覚悟した正成は十一歳になる嫡子正行に教訓を残した。「一旦の身命を資けんがために、多年の忠烈を失ひて、降参不義の行迹を致す事あるべからず[20]」。

後世の『葉隠の神髄』からも推察すると、「四請願篇」六「敵を討取りたるよりは主君の為に死んだが手柄、（屋島の戦いに義経の身代わりとなり戦死した）「佐藤継信が手本」。「四請願篇」忠節「地獄にも落ちよ神罰にも当れ、主人に志立つるより外はない」。石田一鼎「要鑑抄」の武士道の精神にも相通ずる内容がある。山本常朝「愚見集」の中の一武勇の精神にも相通ずる内容がある。

切支丹側の啓蒙書の内容として、長崎などで出版された各種文献を見よう。

まず「キリストを学び奉る」経として一五九六年（慶長元）長崎で版した和訳本『Contemptus Mundi捨世録』切支丹の捨世とは、徳行の人として知られたドミニコ会のメーナが「捨世のパアドレ」と呼ばれたように、切支丹完徳の一方面を指したもの、キリストの跡を慕ひまつるもので「捨世禁欲の教訓を能く代表した」とされる。内容は、殉教物語と呵責苦患の数々であるがその「第二十三　死するの観念の事」の冒頭の一部を見よう[21]。

この事汝の上に程なく来るべき儀なれば、汝の行跡、何とあるかを思案すべし。今日ある人も明日はなし、目前を離るると共にまた忘れらるゝ事も早し。さても人の心かたくして、愚痴なる事かな。目前の事ばかりを本として未来を期せず。あるほどの所作と念慮にも、やがて死すべき様に覚悟すべきこと也。心の浄きに於ては、いたく死するを恐るゝ事あるべからず。死するを逃げんよりも、科を除かんことはまさるべし。今日不覚悟ならば、明日はなにを覚悟すべきぞ。

イエズス会刊行慶長版『ドチリナ・キリシタン』ローマ字本の「第一　キリシタンといふは何事ぞといふ事」では、弟子の切支丹とは何の事かとの問いに、師匠の返事は御主ゼズキリストの御教へを心中より信仰に受けのみならず、言葉と行状と生活のしかたを以て現す人なり、と。続いて弟子は「何のためにそのことをいうのか」と問う。師匠は答える。「さらに肝要なる時は、死するといふも、言葉にも、行状または生活の仕方にも現すべきとの覚悟ある事もっぱらなり」と述べる。(22)

さらに武士的忠誠心を見よう。その「覚悟」の事例として一五九一年（天正十九）肥前加津佐刊『キリシタン資料集成　サントスの御作業翻字研究篇』（勉誠社　一九七九年）から挙げてみよう。

①良将の名を揚ぐるは、先ず敵を亡ぼし、高運を開き、敵国を従え、その妻子眷属をその難に及ぼせられたることを顕すべき事専要なり、（中略）ヒイデス（信仰）の甲冑を帯し給ひ、世界の戦場に於て、万死一生の戦功を励まし、色身を亡ぼし給ふを以て、残党悉く降参して、隠れなき利運を開き給ふものなり。同二四〇頁。

②御主を尊み奉る道は多きなり、（中略）人によっては難行、苦行のペニテンシヤ（懺悔）をしのぎて、尊み奉らるるもあり、さりながら極頂上の忠節といふは、御主に対し奉りて、一命を捨つることなり。これ又苦患の多き程、その忠勤も亦重きなり。これ即ちデウスを尊み奉る道の以上なり。同二四六頁。

③この合戦のために随分覚悟して、弓馬の家に生まれたる人は主君に対して屍を野景にさらすことを面目とし、危きに臨んで命を致す事は常の法なり、なに況や御主デウスの御官軍となり奉る汝、この君に対し奉りて一命を捨つべきこと更に大忠と申すべき事にはあらず。ことさらこの君は早や先を駆け給ひて、我等がために命をすて給ひたるに、軍兵の身として後陣に控へ一命を惜まん事は生涯の恥辱なれば、相構へて身を惜むこと勿れ。今は早この世に思いおくことなし。同二七九頁。

次に一五九二年訳『平家の物語』については新村出氏が「天草吉利支丹版の平家物語抜書及び其編者」にて紹

介しその表紙を掲載されているのをみよう。

その標題は、ローマ字で以下のようにある。（ ）は筆者挿入。

NIFONNO COTOBATO Historia uo narai xiran to fossvrv fito no tameni xeva ni yavaragvetarv feiqeno monogatari（原書上段六行）

日本の言葉とイストリ（ヒストリヤ・歴史）やを習ひ知らんと欲する人の為に世話（俗語）を和らげたる平家の物語。（同訳）。

右題名の下部に羅馬カトリックで使用されたラテン句の賛がある。『旧約聖書』箴言第十六章三二。

Quidnam tannto suo fortiori en expugnatore urbium

怒を遅くする者は勇士に愈り、自分の心を治むる者は城を攻取る者に愈る。

この表紙の裏面や緒言から天草耶蘇会の学校において教科書として文禄元年に編纂された。「世話」や緒言からも通俗の言葉で雑談するように表現体を執ったものである。編者の緒言には、「不干フヮビアン謹んで書す」とある。(23)

箴言とは『広辞苑第五版』によると「戒めとなる短い句」「格言」とある。

『葉隠』では、右の説く所を想起できるのが、石田一鼎の言葉を挙げる。「善き事をするとは何事ぞといふに、一口にいへば苦痛さこらふる事なり。苦をこらへぬは皆悪しき事なり」と挙げる。「克己忍耐」一「石田一鼎曰く、善き事とは一口にいへば苦痛をこらふる事」。同「一五「殿中の堪忍と言葉の働き、其の場を忍んで後に埒を明けよ」。「直茂公御壁書」の中に「諸事堪忍の事」とあり（恩田一均 注）「堪忍の徳大なる事、古今先達の教え、勝へて計へがたし。身に受容して之をしるべし」とある。この「堪忍」とは、『広辞苑第五版』によると「怒りをこらえて許すこと」とある。(24)

次にイエズス会は、慶長年間に太平記を『太平記抜書』として国字出版した。彼等は当時の日本を動かす武家を頂点とする人物群に近づき布教を広めようとするためには、論戦の場において理解納得させる理論武装が必要であった。その教材では読む切支丹武士信徒などの忠義観念の養成に与って力あったことと思われ、教会の積極的教育態度を示す。前の二三八頁③の母の遺言は「恰も太平記の如き読後感を持たらしめるが、翻訳者の武士的忠誠心なくしては」翻訳が困難であったろう。このような忠誠心は読む武士階級がデウスだけでなく、神が命じた地上の君主への忠誠として発揮され、一命を賭して君主に殉じようとしたことであろう　このような忠誠心は(同書を)読む日本人をして、ただにデウスに対してのみならず、デウスの命ずる御掟たる地上の君主への忠誠としても発揮され、一命を捧げて君に殉ぜんとしたことであろう。またかかる忠誠心の共通した所に恰も禅宗の剛健が武士的魅力であったように、武士をして切支丹に引き付ける役得になった。まさに後世の正徳(一七一一～五)年代頃、佐賀城下より北上三里の地にある黒土原に隠棲中の山本常朝の思想が生み出した『葉隠の神髄』の武士道の二にある「武士道とは死ぬことと見付けたり」の殉教精神に肉薄する。[25]

前述の「覚悟」について、さらに考えてみよう。

ギリシャのヘラクレイトス(前五四〇頃～没年不詳)は、熱と冷、昼と夜、生と死、若と老などのように、本来同一のものが生成変化の過程を通じて反対のものに転化するという現象、すなわち万物は流転するという暗いペシミティックな自然観を抱き論じた。これを我々の感覚の迷いと断定しうるほど、我々の精神は必ずしも強靭ではない。[26]仏教観でも、様々に列挙される人生苦の基調をなすものは、生そのものの苦、すなわち無常苦といい、それは、一般的には琵琶法師が訴えた『平家』の基調をなす「諸行無常」・常ならずによっても衆知されていたと思われる。人が心に叶わない対象に向かう時に感ずる苦や悩みを解消し、不完全なものを完全なものに導いたのが、人の苦しみはなぜ生ずるのか、その苦を減ずるための手段方法を縁起的に説かれたものが「十二縁起」説であり「無常なるが故に苦なり」という自己反省を促し、物に対する執着の心、貪欲の心を捨てさせ、たゆまぬ精進努力を決心させた[27]。

そこで弱者の苦に対して、為政者側はどう対処すべきかとしたか。

①ドミニコ会士コリャード『懺悔録』「七番の御掟について」には、ある大名の代官が年貢を納めることの出来ない百姓らにも、ひどく督促して取り上げたとあり、百姓からゼウスが許さぬほどの年貢を七・八回取り上げた代官が懺悔する場面を描いている[28]。

②『葉隠』「四請願篇　慈悲」の一八「鍋島直茂夫妻寒夜入牢者の人数を調べ、普く粥を施與す」に、「マタイによる福音書」の「すべての民族を裁く」25 41～46にあるような心使いをした。夫妻が炬燵の暖も効かないあまりの寒さを感じた折、炬燵も持てない百姓の身を案じ、それでも何か燃やせば我慢できようが、それ以上に難儀しているのは、入牢者と憐れんだのである。鍋島氏もそのような場面にも困窮する百姓の立場との狭間に立つ家臣の心情を理解出来たであろう。鍋島勝茂も上に立つものとして武士の道を家臣に理解させるために、己がまず信念をもたねばならないとの決意があったに違いない。

③『佐八』二六〇「鍋島勝茂覚書」「領中百姓町人諸律：改事」に、百姓に対し代官・領主・庄屋以下無理非道のことあるべからず、とある。

④既述のようにフロイスによる高山友照・右近父子が支配する民衆への姿勢をあげたが、佐賀藩にもその片鱗がみえる史料があった。『佐八』三七鍋島勝茂書状の勝茂の多久美作らへの指図を見よう。百姓供が困り苦しんでいる「過分の損耗」につき「領内損耗ノタメ家中及び蔵入地百姓ニ銀子を貸与」した。銀子三百貫目無利息。蔵入り地の百姓に対しては銀子四百貫目を元金返済なき覚悟で貸すべしとした。家中下々の者や飢餓者にも同様に配慮せよ、とのことである。ほかにも、『佐九』四〇二条鍋島勝茂書状では西目や白石の百姓を現地で見ると

辛労あるにつき、将来への生産性向上のための「馬買候用」資金であっても、利息安く銀子を貸し与えよ、とある。寛永二十年頃の佐賀藩上層部でさえ窮乏の度合いは借銀の利払いをも困難にしている時であった。同じ頃の島原の乱勃発のときには、幕府の統制違反までして勇み足をした佐賀藩家中の神代鍋島氏の家老であっても鎧の常備も出来ないほど家中も貧困にあえいでいた[29]。

さらに、鍋島勝茂の心に訴えたと思われる精神は、既述の真盛の行跡やそれ以前に次のような仏教の教えではなかろうか。それが江戸幕府の禁教に向う情勢下、危険を冒してまでもドミニコ会の思考を受け入れた理由の一つと理解する。鍋島勝茂はイエズス会への入信と拡大への戦略でもあった領主層が喉から手を出したくなるほど欲しい目先の利益誘導たる貿易と抱き合わせではない身を捨てた信仰姿勢と感じ入り、国主として珍しくドミニコ会の宣教を認めた。

それでは人に尽くす忠義および人を思いやり、実際に手を差し伸べ、何のために死ぬのかの原点は何かを理解するために、日本人の見聞による思考の原点に近いものがあったのではないか。その淵源をみよう。

和辻哲郎氏によると、法然教義の浄土門において極楽を目指すというのは、現世を厭い捨てて極楽に生まれる道、すなわち阿弥陀佛の「ちかひ」なのであり、我々自身の力によるのではない。我々は善悪を択ばずただ仏にひたすら念仏を唱えればよい。この「たのむ」という言葉は、当時の戦記物に使われる用法から、人と人との「ちかひ」を「たのむ」ことによって、すなわち弥陀の本願を信じることによって、彼の土に生まれる。ゆえの間の信頼関係を表わす。武士が主君に従うことは、この主君を「たのむ」のであり、主君が家人を「たのむ」故に養うのである。この主従における相互に信頼が強いほど、相互に身命をかけてでも守るべき強い結合であった。法然はこの情況を仏の世界に準えると「仏への絶対信頼」を言い表した。そこに献身的な主従関係と、絶対慈悲への信頼の関係との間の、相通じるものと看取せられる。「仏」をデウスと同じく「主君」に置き換えればそのまま主従関係に通用した。

栄西が建仁寺の住職であった時、餓死に瀕した貧人が栄西の元に救いを求めた。その時僧房の中には与うべき衣食財物がなかったので、栄西は思案の結果、薬師像の光背の材料用として打ち伸ばしていた銅を自身で丸い束に加工して与えて「これを以て食物と交換して、空腹を満たすがよい」といわれた。栄西の弟子たちは「仏に供養された物を、自分勝手に他に流用する罪はいかがですか」と非難した。対する栄西は、そのとおりだ。ただ仏のお心を思うなら、我が身の肉や手足を切り分けても衆生に施すべきである。今目前に餓死するはずの衆生に対しては、たとい、仏像の全体をくれても、仏の御心に合致するだろう。あるいはまた、わたしが、この犯した罪によって三悪道におちるはずにしても、ただ、衆生の飢えを援けるべきだ、と指導者の心の高さを修行者も考えるべきである(30)。

さらにこの心の淵源は、法隆寺金堂の宝蔵殿にある玉虫厨子の宮殿部を安置する腰高台座の宣字形須弥座の腰板の壁画左側面にある『金光明経』巻第四の「第十七捨身品」に基づくと推定されている捨身飼虎図などの私たちへの問いかけもその一つではなかろうかと愚考する。これらを日本人は自覚出来た芸術意識の所産というより、神や仏のための宗教芸術として吸収した(31)。

捨身飼虎図は釈尊の広大無辺の忍辱と自己犠牲の聖行を讃えるという共通の趣意を有し、そこに仏教の思想内容だけでなく人々の現実生活における苦難の様が映し出されている。その原点と思える北魏二五四窟の南壁中央の薩埵太子本生・摩訶薩埵投身虎異時同図は、表現も餓虎に噛み裂かれる薩埵の容色に生気があり、かつ熟睡しているような安らかな御姿は、恰も一切の残忍さが、自己犠牲の崇高な精神の中に昇華されてしまったかのようである(32)。

『金光明最勝王経』一部を挙げる。薩埵王子の曰く「大非心を懐き、常に利他のために、身を亡ぼして物を濟《すく》ふ」。王子は飢えで弱った虎が食いつく力もないのを察知して竹で自分の首を竹で刺し、血の流れるを見て、飢虎は血を嘗め、肉を喰らう。当時の文字を読めない人々にも判りやすく絵解く絵により大乗仏教の根幹に拘わる部分を説明し啓蒙した。玉虫厨子絵は捨身飼虎に焦点を絞っていることが明らかである。かくして飛鳥時代の人々が大乗仏教の背景のうえに捉え流伝する壁画のみではなく、元々の経典からも説話を採り入れ日本人に判りやすく表現しようとしたのが玉虫厨子ではなかろうか。『金光明最勝王経』に観念的に頭で誰でもが思う「かわいそう」と言うことと、そのために実行する人とでは世界が根本的に違う。己が慈悲心を、身を挺して貫き実行したのが当図の絵解きである。(33)

キリスト教布教過程の中でも鍋島勝茂らはドミニコ会士らが身を捧げる宣教姿勢や活動ぶりの情報を入手していた。もともと鍋島領国指導層にも、当時の救いを求める日本人の心情を理解し、次の『金剛般若経』10・Cの戒めへの認識があったのではないか。ドミニコ会の実践への理解も早かったであろう。

求道者・すぐれた人々は、とらわれない心をおこさなければならない。何ものかにとらわれた心をおこしてはならない。形にとらわれた心をおこしてはならない。声や、香りや、味や、触れられるものや、心の対象、にとらわれた心をおこしてはならない。

「ところで、このような自覚は、人倫的実践においては、慈悲に他ならない。なぜなら、自己における絶対者の自覚は、ただ吾我からの脱却、身心の放擲においてのみ達せられ、その吾我心身の、端的に自他不二の実現となるからである。禅における自力は、自己の本来の面目として自己のうちに主体的な絶対者を見い出すことであって、吾我に執することではない」。「自」は絶対的に捨てなければならない。武士の献身と同じことであった。知覚禅師が地方官吏であった頃、公金を盗み貧民に施した。周囲の者による訴えにより皇帝は驚き不思議がったが、犯した罪は重く死刑と決した。しかし皇帝は臣下と相談し、この家臣は本来才智があり賢明な人物であり、故意に罪をおかしたのであれば深慮がありはしないか、刑場で首を切る時に、悲しみ嘆いている顔つきをしていたらすぐに切ってよい。もしそうでなかったら斬るな、と臣下に指示した。斬首の時の顔つきは悲しむ様子ではなく、かえって喜ぶ顔つきで「今生の命は、一切衆生に施す」、「官職をやめて、命を投げ出し、布施を実行して、衆生と仏縁を結び、次の世には仏教徒に生まれて、ひたむきに仏道を実践したい」との言葉に皇帝は感動して、延寿と名を与え出家させた。

「慈悲」の宗教である浄土門が絶対慈悲をのみ強調して人間の慈悲を顧みないのに対して「さとり」の宗教である禅宗は、寧ろ人間の慈悲を強調する。おのが身肉手足を割いて衆生に施した仏を模範として価値ある目的として掲げ、その行い方に絶対に従おうとする仏徒には絶対的・無条件的にに身命を放擲して衆生を憐れむことが要求される。仏に従うことを決意したい以上は、我執が残存する限り、それを徹底的に破砕しなくてはならない。我執をもったまま絶対境に救われようという虫のいい願いを持ったら仏に従ったものとはいえない。「これを見れば、身命を放擲して慈悲を行ずることが、絶対者を自覚する道であった」。道元は、俗人の嘆賞すべき行為をしばしば説き、俗なほかくの如きし、況や衲子をや、と弟子を激励している。ここに武士の献身と同じく自己の「命を軽んじ身を忘れる」処の慈悲を見い出せる。禅宗が武士の社会の気分と密接な関連をもってきた。[34]

当節では、関ヶ原の戦い後、徳川政権の時代になり、禁教の締め付けの中で、序論編で述べた佐賀藩にキリスト教会建設や布教が認められ、なされた要因を模索してみた。しかし、鍋島勝茂自身はドミニコ会の思想と倫理観に共感し、信義則に基づいて約束を履行したが、配下の領主層のように切支丹信奉者とはならなかった。それでも、ルソンの大司教からのドミニコ会への勝茂の容認的対応への感謝状が出された。そのような佐賀領国主としての勝茂の心の内を形作るに至る仏の心や武士の道とドミニコ会の精神による共感の結果がそのような姿勢になったのであろう。

二　佐賀領国と切支丹との遭遇

鍋島飛騨守（信生・直茂）が天正十年（一五八二）明智光秀を破った羽柴秀吉に、好を通じるとともに南蛮帽子を贈ったことへの返報を秀吉が出している。これは、竜造寺隆信に大村・長崎方面にいた宣教師とその関係者が佐賀に来て面会しているので、鍋島氏が切支丹と西欧の文物に通じ始めた頃であろう(35)。

逆にフロイスの報告によると、竜造寺隆信は切支丹宗団の大敵でその絶頂期にある頃、この宗団の根絶を図ろうとしていた。隆信は既に一五八一年（天正九年）大村純忠の最愛の息子長男喜前を、さらに次男純宣、三男純直たちを人質に取っていた純忠のあとに隆信が据えようとした息子喜前が、隆信の本拠である須古高城から旅立つ前に、隆信の近臣に大村の切支丹全てを棄教させ仏教を再興させるべく相談した。対する隆信は今しばらくは現状のままに対処せよと述べた。それは彼が目論むポルトガルの定期船による貿易による利益滅失を恐れたからでありその本音は変りないと副管区長コエリョらは見抜いていた。この間にコエリョは政治的に積極的に介入しようとした。コエリョ流の「教会政治的観念から、キリシタン諸国の連合を形成しようと試みた」と看過されている。そのようなコエリョの行動に純忠は苦境に立たされていた(36)。

隆信の意に反して、フロイスらによると、暴君隆信の子達の中でもっとも優れた才能と明断な判断力をもった最愛の三男の家信が、在長崎のコエリョに一五八三年（天正十二）使者をして次のように伝えさせた(37)。

①教会と友誼を結び某の今日の佐賀市東与賀町有明湾岸の奥に近い飯盛村の住民をすべて切支丹にしたい。その教えが神聖である故説得することも要らず自らの意志で切支丹になるであろう、

②さらに儒教や仏教観で言えば口に出来ない言葉がある。切支丹の最大の敵である父隆信の母つまり自らの祖母

が亡くなった暁には、もしデウスの教えが某に相応しいものであるならばが喜んで切支丹になろう、と伝えている。

③竜造寺家信はフロイスに対しまるで自ら切支丹であって、我らとは昔から親しく交際していた間柄のように修道士を迎えた。憎き隆信の子であっても家信に対しては別の見方を持っていた。彼の武雄の城中の上階に親しく修道士を案内し、武具など手の内を見せたあと、家信と城中の貴人五〇人に説教をしてもらった。次に切支丹伝道の渦中の地域にある神代地方の動きを見よう。

神代とは高来郡神代郷で現在の瑞穂町西郷、国見町全部を含んだ地域である。三章二節で既述のように竜造寺との関係が天正五年に始まった。天正六年（一五七八）春には神代本城にいた「此時神代兵部大輔貴茂ハ元より佐嘉方にて」とあり、二の丸にいたその配下が変心し有馬氏へ通じ貴茂を討たんとした。その動きを自身が制圧し高来中の領主層幕下への切欠となり「今度竜造寺の武略ニ屈服」となり、さらに神代氏は、別心なし、と記す。天正八年（一五八〇）、竜造寺鎮賢が肥後攻め陣中の高来衆の中にも神代貴茂の名がある[38]。

隆信軍の島原敗戦後天正十二年三月廿六日の記事に、深江の城主安富下野守純泰と供に深江城の加番人神代兵部少輔貴茂は「神代迄退き、僧俗男女主従弐百余人御領地藤津へ押渡る、是皆公を親み思う処にあり」と述べた。また天正十二年四月に「神代兵部少輔」が鍋島直茂宛てに神文を送っている[39]。

フロイスは、神代氏のことを次のように述べる。一五八七年（天正十五）の記事で、有馬晴信領高来の地にて島原半島最北の領主に、高木地方の鍵ともいうべき存在で、幾年も前から伊佐早と結合し同盟関係にある神代殿がいる。神代城が堅固な要所にあったために、有馬氏が攻略したくても出来ずにいた。その城は当地方での高来の鍵といえる存在で、幾年も前から有馬大村両家の敵で下の切支丹宗団の敵である伊佐早の西郷信昌と同盟関係にあった。ところが、三章一節に挙げた竜造寺家晴領となった同年の西郷氏の旧地伊佐早城奪還事件時の混乱に乗じたのか有馬晴信が神代城を攻め取り支配下に置くことが出来た。神代氏は有馬の支配に服した後、「二度にわたって副管区長（コエリョ）師の許に使者を派遣し、彼および彼の家臣が教えを聴聞してキリシタンになるために自領に説教師を遣わしてほしいと願い出た[40]」。

コエリョの高来での改宗進行目的に添い、一五八八年（天正十六）には、下地方の上長司祭ベルショール・デ・モーラが、他の一司祭を伴って有馬晴信の支配下に納めた神代城に赴いた。有馬氏は「自らの敬神への念がいかに大きいか示そうと望んで、島原、三重、神代の城下をすべてわが聖法に改宗させるべく多大の努力を払った」。そこでは、城主と母堂、一人息子と娘、主だった人々百五十人、その地の仏僧たち全員が受洗し、翌年までに同所には異教徒は殆どなくなり千六百八十八人が受洗した[41]。

隣接する有馬の信仰への熱気を伝える一五八八年度年報によると、晴信は危険を顧みず命と領地を投げ出す覚悟を示し、一身を捧げてイエズス会の司祭と修道士の大部分と神学校の避難を自らの有馬の領内に受け容れていた。従って、一五八八年（天正十六）は、晴信の領地全体で信仰熱がおおいに盛り上がり、異教徒の改宗においても切支丹達の教化においても非常な成果が生まれた。それは、「この世の習いだが」あらゆる人民が今や領主の後を歩んでいる。つまり彼はまるで一修道士であるかのように修道院に殆ど常に入りびたりというありさまである。彼に続き家族家臣達も受洗してやまず、彼自らの敬神の念がいかに大きいかを示すべく望み、島原、三重、神代（「これは昨年薩摩の敗北に伴って取り戻したものである」）の城下をすべて改宗させるべく多大の努力を払った。こうして有馬が当時の切支丹活動の中心となった。そして神学校が避難していた。七三名の神学校の少年たちは八良尾へ、副管区長のコエリョは加津佐へ、豊後の学院関係者は千々岩や有家へ、ある司祭と修道士たちは神代の城下や古賀の城へと合計七〇名などと、極めて大きな人間集団といった具合である[42]。

国史史料では、天正十五年（一五八七）五月、薩摩が関白に屈服後伊佐早の西郷信昌が追放された後の領地は竜造寺氏に与えられた。さらに神代領も鍋島直茂に安堵され、それ以来幕末まで佐賀本藩の直轄地となった。その際の地名に東・西神代村、伊古村、古部村とあり直茂の兄信房の所領となっている[43]。

さらに中央政局と鍋島氏に関わる動きをフロイスやドミニコ会の報告を見る。

巡察師ヴァリニャーノが、一五八五年には支那・日本を含む全インドの巡察師に任じられ、一五九〇年（天正十八）七月二十一日にインド副王の使節を兼ねて関白に対する使命を帯びて、関白秀吉に謁見するために来日した。

関白が小田原征伐を発令し小田原へ赴いていた頃、関白は取り巻く重臣の囁きから切支丹の動きに疑念を抱きヴァリニャーノとの面談に躊躇していた。一方、ポルトガル人たちはローマから帰国した天正遣欧少年使節四人の帰朝挨拶を含め二十二人で関白の許に出発することになった。黒田官兵衛や小西行長そのほか切支丹武士らは、巡察師に使節一行にはイエズス会メンバーを減らし、ポルトガル商人の数を多くし、関白の金銭欲をそそり、関白等の警戒心をはぐらかすように巡察師に対して書状を認めた。

この頃、毛利壱岐守（吉成）と鍋島直茂が長崎を管理していたために巡察師を接待する役目を帯びた[44]。しかしそれ以前に鍋島直茂も次の誤解と動きにより、イエズス会士への拒絶反応を持ったと解釈されていた。その一つは、ドミニコ会側の情報では、伊佐早の地の問題解決として、鍋島は戦争によって伊佐早城を占拠し奪還した。しかし神代城は秀吉に要請しても拝領出来なかった。この神代（有馬）事件はイエズス会士が有馬の大名を援助したから生じたと考え、鍋島直茂は激しい憎悪を抱きその恨みは十七世紀初めまで続いていた。それは、直茂もコエリョやヴァリニャーノの本音を見抜いていたからであろう。また鍋島直茂らが長崎代官であったにもかかわらず、イエズス会巡察使ヴァリニヤーノがこの両者を天正少年使節帰朝挨拶の仲介者に選ばなかったことに直茂が立腹し、イエズス会を憎悪しこの一連の事件をイエズス会の有馬援助の故と誤解し、長崎のポルトガル人や長崎、有馬、大村の教会に迫害を加えた経緯があった。従って佐賀は、日本中で一六〇六年（慶長十一）頃まで最もキリスト教を排撃していた土地と見なされていた。[45] しかし前記イエズス会報告のように、鍋島氏に関白のヴァリニャーノ召喚の命令あるや、一転して長崎の役人や巡察師一行が通過する領地の代官に、あらゆる世話をし、厚くもてなし、十分な馬と荷物運搬の人足をあてがうべく、神経を使い、書状をおくり指図した。

ヴァリニャーノが出立した頃、有馬晴信や大村純忠世子喜前に敵対する鍋島直茂は教会とは深い友誼を結ぼうと切に希望しており、教会を通じて望み通りに国を統治するに（必要な）一致と平和が得られるものと信じていた。というのである。長崎の次の行程は、大村領を通過する予定が異教徒である竜造寺家晴の伊佐早殿が巡察師に対し、自領を通過するよう願ってやまなかったのでそうせざるを得なかった。

彼はまず数名の重臣を派遣し、巡察師を迎え、自らも城を出て約半里の地点まで一行を出迎えに行った。家晴は巡察師に対してまるでごく親しい切支丹であるかのように巡察師を歓待し饗宴を催した。その後、家晴は多数の重臣を前にして説教を聞くことを望んだ。関白が伴天連に自由を許した暁には、自らも重臣共々切支丹になろうとも述べた。その証拠として、伊佐早領内すべての地域で福音を説教する許可を与えた。高城がある村での布教を許可し早速一五〇名前後の受洗者が出た。一行が伊佐早城を出立し佐賀まで二里の地点に上陸するや、鍋島家から手厚く持成され、馬その他すべて必要なものを提供された。

一行が一里ほど進んだ所で、鍋島直茂の子息[46]が多数の重臣を率いて出迎え、巡察師を言葉で言い尽くせぬほど尊敬し、到着後も手厚く持成された。一行は佐賀で二日間滞在を余儀なくされたが、その間、鍋島直茂は不在であったがその邸内でその子息と重臣列席の元で饗宴がなされた。巡察師はその領内で領民が切支丹でも、疑いもなくそれ以上不可能なもてなしを受けた。最も肝要なことは、その子息も代官も重臣も希望し求めた説教を、一度は「日本の諸宗派の誤謬や欺瞞、およびデウスが真実であることを説き、一度は霊魂の不滅について語った」。

彼らは説教を聞き、疑問も述べ、大いに驚嘆し満足した。子息も同席した大勢の家臣も関白による迫害による妨げがなくなれば、すぐにも必ず切支丹になるであろうと明白に述べた。そうなればその地で貴重な民の一大漁獲が生じたことであったと確信した。都からの帰途、再度佐賀に立ち寄って欲しい、とも希望された。この頃キリスト教はイエズス会ではあるが、聖なる教えに寄せる傾向と同情は、甚だ大きくかつ顕著になったと感じていた。関白の迫害が増してきてからも、鍋島氏の貴人が切支丹になった。同じ鍋島氏に属する藤津から修道士が招かれ、八日間に百名が受洗した(47)。

その後も、ヴァリニャーノの見解であるが、関白の切支丹迫害の頃、前述の家信も含めたのであろう。一五九二年（文禄元）、現在竜造寺の別名で呼ばれている肥前国には我々の聖なる教えを受け容れる立派な態勢があり、各地で多数のキリスト教徒が生まれている。しかも同国を治めている人は、我々に対して全く驚くべきことを約束しており、もしこの迫害が終われば、彼の大部分がキリスト教化されるに違いないと思われる(48)と切支丹化への期待は大きかった。

伴天連追放令が発布されたり太閤没直後などの政治情勢急変後の一五九九年（慶長四）、イエズス会の宣教師や神父たちは肥前半ヵ国の鍋島直茂や竜造寺家晴領伊佐早を含む九ヵ国の諸侯を歴訪して敬意を表した。皆が宣教師達に対して好意ある態度を示し、同時に領内に宣教師を迎える事を痛く望んでいた。しかし、彼杵郡内と伊佐早庄内と藤津郡内で鹿島に近接していた伊佐早領主は例外的に熱心で既に彼は自ら宣教師のために住宅を提供していたし、領内にはおよそ六千人の切支丹がいた。このように肥前では、改宗者が愈々増加し、新しい改宗者のなかには、多数の武士があり、若干領主の縁戚の者さえあった(49)。

この頃、鍋島勝茂の花押から慶長四年（一五九九）と推定される古田織部の茶会に、織部流を深く学んでいた勝茂は切支丹に対して好意的な黒田如水（官兵衛）と同席しており、長時間の二人切り雑談が出来る合間に、国主として当面の危機の戦況の話題の他に如水からキリスト教の精神を話されても誰も疑わない[50]。

一六〇〇年（慶長五）になると、深堀で伝道が行われて、六〇〇人が改宗した。伊佐早では、領主が天主堂のために土地を寄進した。一向宗僧七二人は自殺直前に改宗し入信した[51]。

一六〇一年（慶長六）には佐賀や筑前や筑後でも伝道が行われ、佐賀の城下町では洗礼を受けた者が二〇〇人あった。筑後には四百人の受洗者があった。田中吉政は異教徒であったが土地を提供して、伝道所と天主堂に宛てた[52]。

一六〇五年（慶長十）イエズス会年報の内「長崎のコレジヨに属する深堀、外目と内目のレジデンシアについて」による抜粋を次に見てみよう。

当年洗礼を受けた大人は四百四十三人であった。今後も増えると報告している。宣教師に対する異教徒の殿と、その家来の好意と尊敬の典型的例を挙げている。イエズス会にとり重要な伊佐早領内の教会とその付属カーザがある町で火事が起こった。そこの宣教師の親友で領主竜造寺家晴の親戚の郷士らの異教徒が助けに来てくれた。その消火にも異教徒やいろんな階層の人々が当たってくれたが、家財も小さな物も何一つ盗られなかった。その二週間ほど前に洗礼を受けた商人はその火事ですべての財産を失っても、教会の無事を祝った[53]。

長崎に近い深堀の場合、義父純賢と違う思考を持ち得、深堀鍋島家祖となった茂賢は切支丹の動きにたいしてその最先端の、反応が次のように見える。

一六〇六年（慶長一一）イエズス会年報の内、深堀氏の態度を報告によると、深堀氏はキリスト教の要理を理解し信者になりたいだけでなく、その家臣の信心は黙認した。厳しい禁教へ辿る下、他の同藩領主層もキリスト教を禁じだした。深堀で入信者が増加すると、藩主が深堀氏にその傾向を誡める。

これは天下の命令にも、私の命令にも背いたもので、天下に知れ渡っている。これは非常に遺憾なことであり、早く戒め、信者になったものは早く背教するようにと命じた。確かに自分の領地に幾人かキリスト教信者が出た。改宗する前にそれについて相談されたが、深堀の地区は小さくその住民が信者になったとしても、天下に知れ渡る事もないだろう。信者になりたい人はなっても良いと許し、それを認めたのである。深堀殿としても今更約束を違え、キリスト教信者を排教させることは出来ないのである。従って深堀殿はその命令を出さなかった。（中略）深堀殿は自分が人間を救いに導くことを認めた。（中略・従って殿は）命も領地も危険に晒した。(54)

一六〇七年（慶長十二）イエズス会年報の内「長崎のコレジヨに属する伊佐早、古賀、深堀、浦上、不動山のレジデンシア」による報告の抜粋を挙げよう。その内の不動山とは二〇一七年時点では佐賀県嬉野市大字不動山とある。濱名志松氏が姉崎正治氏の調査や伝承を挙げられた。不動山川河岸の大船集落内の大船天満宮、馬場集落や大刀洗川沿いの太刀洗、垣内などである。(55)

不動山に住んでいる信者のなかでも特に熱心な信仰深い人々のために、一六〇六年に新しくレジデンシヨが建てられた。その険しい山道を遠くから八十歳の老いも若きも登ってくるのである。人々は、霊的な恵みのために長い道行を苦しみとは思わない。その熱心さに応える神父も時を問わず一〇里も巡回する。その神父の訪問の目的は異教徒でも目が見えず苦しんでいる人にキリストの教えを知らせたり、信者を助け、救いの道へ導くためである。そのために新しく須古というところに新しい教会を建てた。伊佐早殿は領内居住の司祭や信者に対して好意的であり、家臣の洗礼を咎めることもなかった。伊佐早殿の長子もキリスト教に深い関心をもっていた。その小姓たちに救いはどの宗教にあるか下問したら、各仏教との返事であった。すると伊佐早殿は、「それはいけない。その宗派から救いを得ることは出来ない」と言い、さらにキリスト教は立派な教えであり、救いがあることを教えている。キリスト教は疑えない次の三つの根本的なことを教えてくれると言った。第一に、天地はひとりでに生じたのではなく、創造主によって造られたのである。第二に、不滅の霊魂があること。第三に、審判があって、そのとき現世で行った善行や悪行のすべての責任を取らなければならないことである。(56)

一六〇八（慶長十三）年の長崎のコレジオに属する伊佐早、深堀、浦上、内海、不動山の六レジデンシアについてのイエズス会年報を見よう。

レジデンシア付属の教会改築にしても、信者の寄付により殆どまかなわれ、異教徒ですらその教えを受け入れ可能な当時の余裕ある情勢が保たれているのは、神父居住の地域の領主が布教されている教えに好意をもっているからである。一般的に言って、神父に対してもその布教にも好意的で寛大である。最も協力し援助したのは広い領地を持っている伊佐早殿である。今までも報告している通り、殿により布教自由が保障されているだけではなかった。つまり、殿はなんらかの状況変化で増えた所有地を全部教会領として寄進しただけでなく、寛大に教会を助けた。さらに布教は自分の領内でどこでも自由に行ってよいと許し、信者になりたい者は自由だ、と言い、その協力は主だった家臣の前で行われたので、神父やキリスト信者に対して殿が好意をもち協力的であることを示すことにした。その結果、身の回りの仏教関係器物を教会に持ち寄り燃やされた。(57)竜造寺氏は受洗こそしていないが、以下の報告からもキリスト教布教拡大への積極的関与と領地の寄進も含めてキリスト教への純粋さがみられる。

レオン・パジェスの情報も一六〇九年と一六一〇年における佐賀藩に関係ある教会の情勢情報に同じような切支丹に対する信頼がある。伊佐早氏は切支丹兵士達を保護し、宣教師を訪問して敬意を表し、礼拝堂の中で跪いたと記す。(58)

一六〇九年（慶長十四）イエズス会同報告を見よう。

伊佐早殿と須古殿と呼ばれる二人の殿は信者であるかのように行動した。二人は信濃殿の家臣であるが、彼らの領内には教会も信者もよいレジデンシアもできた。二人にはとりわけ伊佐早殿は有力であり、信濃殿に対しても力があった。伊佐早殿は従って背教も迫らず保護者の姿勢であった。信濃殿の心を和らげ、迫害を続けないよう、特に自分の配下の信者に及ばないよう努力したのであろうか。そのような他の例をイエズス会の報告から見よう。

まず佐賀藩の上層部の仏教に信心深い夫人の不屈の精神を示すものを挙げる。本論編四章一節にて挙げた『サントス（聖者）の御作業』「聖者傳」和訳③は、母の遺言であるが、同様な諭を鍋島家上層部の夫人が左記の如く息子に与えた。

伊佐早氏の重臣で鍋島勝茂の家臣にも知られていた熱心な切支丹がいた。彼を信者として大事にしていた伊佐早氏は形式的に背教したように見せさせ、保護していたために彼の評判はさらに高くなった。彼の兄弟は当時の情勢下このままでは家が滅びると心配した。しかし仏教徒の彼の母親は殿を始め周囲が背教を迫ろうと、そなたの不屈の一貫した姿勢を理解しているとしてその息子に次のように諭した。今こそ弱気をだすべきでない。頑張れ。そして殿に、信者の生き方を赦して下さるようにくれぐれも願え。決して背教するべきでない。夫は殿への忠誠では一度も卑劣なことをしていない。我が家は、それぞれ仏教の各宗派に属し、自分の救いの道を探している。もし背教しないことが認められなかったことで、息子が殺されたとしても、母親として涕は流さない、と諭した。この母親の忠誠は主君へもデウスへも同じ姿勢である。

次に藩祖直茂にも覚悟を迫る例がある。禁教へと向かい始める頃には、締め付けは上下を問わず始まるが、一家臣の妻でさえ夫は信仰の為には死が幸せを呼ぶし神の愛のために流刑になっても神は救われると述べた。迫害を最も進める立場の直茂はその姪へも背教を迫るが、同様の下級家臣の決意と同じく姪曰く、夫は信者になって死んだが、自分が信者でなかったら共に死を選んだ。しかし信者になったいま自殺は禁じられている。今や永遠の命を得たので、永遠の救いを失うより命を無くす覚悟であるからと叔父直茂に次の如くいう。

この世の命についてはどのように決められてもよいが、どのような場合でも信仰は捨てない。

この断言に直茂も呆気にとられ感心して何も言わず、彼女の強固な決心を見て、勝利を得た彼女を帰宅させた。[59]

このように鍋島本家の苦悩が窺い知れる。

一六一〇年（慶長十五）の同報告を見よう。

肥前国首都である竜造寺に起こる迫害は昨年来一層激しくなり国全体に及んできた。再三報告される伊佐早殿は勝茂に対する権威が高かった故、伊佐早領土内における迫害も拒み得、教会にも行為を示せたというのである。そのご恩は大きくなる一方であった。信者にたいする殿の熱心な信者であるかのような態度に変わりはなかった。しかも、伊佐早殿は信濃殿に対して神父の訪問を受け入れるように努め実現させた。佐賀領国に教会が建てられたのも伊佐早殿のお蔭である。その成果その会見の成功と伊佐早殿の好意から両殿の信者の家臣達は皆一方ならない喜びで元気づけられた。伊佐早殿の熱意に打たれた信濃殿の許可があり実現新築なった教会へ早速その領土の五人の総代官の一人伊佐早殿が訪れた。その訪問はキリスト教に権威を与え、領内の貴人達が競って殿の承認と認可による教会を訪れた。殿がそこの聖母マリア像に感動した。伊佐早殿は、教会の教えの霊魂の救いに対する切支丹の熱心さにも称賛し、救霊のためであれば私達は費用も労苦も厭わないが、このようなことは仏僧の間には見られないと述べた。[60]ということは彼らはそこで演奏されるクレドを含むバックミュウジックにも反応したことであろう。

ところが一六一二年（慶長十七）イエズス会年報「諫早のレジデンシア」によると、佐賀藩の情勢は以下のように一変する。

伊佐早在住イエズス会員は、神父一人、修道士一人で、数人の協力者である同宿と一緒に布教と大村領など周辺から来る信者の指導に努めている。神父は佐賀の町の信者へも訪問した[61]。このようにイエズス会の人々の各地域間交流があったことが判る。ところが、家康の本拠地駿府も揺るがす岡本大八事件の影響であろうか、伊佐早を中心にイエズス会布教が順調であった時に、突然佐賀本藩から迫害が始まった。序論編で挙げた、家康の守護神であった学僧・三要元佶もさすがに仏僧の中心として天下を治める君のそば近くに仕えて佐賀藩のために執り成しをし反切支丹の動きを見せた[62]。このイエズス会の情報以降佐賀藩は反切支丹に徹底しなければならない。そうでないと藩は命を失う。

レオン・パジェスが把握した情報による一六一二年報告では、ついに殊に悪辣な仏僧達の煽動を受けていた伊佐早侯は切支丹迫害計画を立て、公方と肥前の領主鍋島勝茂の名に於て調査させたという具合で、まさに手のひらを反す心変わりの兆しと見えたであろう。隣国ではそのような情勢下でも同年田中忠政領筑後の柳川には一六〇九年と同じく司祭と修士が各々一人宛ていて、伝道していたので、二百人の洗礼があったが、奉行達は目をつぶった[63]。

一六一三年（慶長十八）になると、貧弱な礼拝堂でも一種の城と見なされる判断が将軍に持ち込まれなされた[64]。キリスト教に対して理解深き領主層でも、徳川政権の姿勢変化についていかざるを得なくなるが、筑後でも一六一三年（慶長十八）には迫害はあったが、忠実な信者で殉教した者は一人もなかった。イエズス会管区長は、筑前、筑後の切支丹を激励するために、神父など伝道師を一人つけて派遣させた[65]。

一六一四年（慶長十九）イエズス会年報「伊佐早、不動山及び浦上のレジデンシアについて」から見てみよう。伊佐早殿は迫害が始まっても、伊佐早領内の神父や教会には触れないよう努力していた。と見ている。また幸いにしてまた再建する時のために適当な場所に保管させた。長崎からの見舞いや信仰活動する神父の行動にも見て見ぬふりをしていた。それでも将軍の排教命令には従うべき身分ゆえ、領内への排教令は出した。従ってその取り調べに際しては、殿の意を汲んだ家老が特殊な切支丹に対して幕府に対する義理にも伊佐早殿に迷惑がかからないよう、公にさえしなければ切支丹のままでいてかまわないのだと言い含めていた。この時点では切支丹を根絶していなかったことが判る。しかも、不動山駐在の二人の神父が大村領、鍋島領、寺澤領をはじめ諸地方を巡回していた。このレジデンシアの管轄内で一六一四年には五〇名以上の大人が受洗した(66)。

以上これらの史料から見ると、竜造寺領国において鍋島氏が実権を握り始める頃には、ドミニコ会にとって幸運なことに、鍋島家と接触する以前において各領主層間にはイエズス会間で情報交換もなされ、期待されキリスト教を受け入れていた。つまりその宣教の行事の過程でクレドを耳にしたり、歌唱をした。

三　鍋島家とドミニコ会

キリスト教布教のために意欲をもって啓蒙を希望したのはイエズス会だけではない。イタリア人司祭で日本巡察師ヴァリニャーノが「日本諸事要録（一五八三）第九章　他の諸修道会が日本に赴くことが不適当な理由」において、イエズス会以外の日本布教に制限を加える要望を出した。イエズス会総長を通じ、ローマカトリック教皇と一五八〇年にポルトガルを併合したスペイン国王フェリペ二世（在位一五五六〜九八年）から「日本の伝道はイエズス会員に限る。他の修道会員が渡日するべからず」、その禁を冒すものに対しては「国王陛下は、重罪をもって諸総督、司令官に対し、教皇陛下は破門罪を以て（中略）イエズス会員以外の修道会員を日本に行かせず許可せぬように命じ、修道会員達に対しても、同様の懲罰を以て日本渡航を禁じ給うよう希望する」。全面的に禁止不可能な場合には、伝道に着手していない諸地方で伝道するように命ぜられたいというのである(67)。こうしてグレゴリオ十三世は、一五八五年（天正十三）一月二十八日付でイエズス会士以外の修道士による日本への布教を禁止した。日本での迫害や弾圧とともにカトリック内の対立は深まっていたが、その情況を目のあたりにし、布教の困難を体験したスペイン人神父でドミニコ会のコリャードはイエズス会による日本布教が最良のものとは思っていなかった。彼は一六一九〜二二年（元和五〜八年）の間日本にあって布教に従った。(68)

この会は正式名を「説教者兄弟修道会」といい、西ヨーロッパに封建社会が成立しつつあった十一世紀末から十三世紀初めまでのローマ＝カトリック教会の教皇権の絶頂期に起こり、十五世紀以来ドミニコ修道会と呼ばれた。カトリック教会が西欧全域に精神的権威ばかりでなく人民まで支配し、聖職者の階級制度が成立した。十一世紀にはその聖職売買など弊害が生じ、西欧の修道院改革運動の中心となったクリュニーなどの各種修道院による改革運動が起った。当時のカトリック教会に対してキリスト教に本来備わっていたはずの純粋さを追求することを、最優先課題にせよと求めていたのであろう。その中心に位置していたのが、修道生活刷新の動きであった。九世紀頃の修道制には共同生活と一所止住の確立のために、たとえ縫い針一本でも私有を認めないなど私的所有の禁止など厳しい修業生活を科すなど厳格を要求したものもある。戒律と慣習の統一をめざした改革はクリュニー修道院において、修道院と地域社会や聖俗界貴族との強い結びつきをめざし霊的救済施設としての地位を確立した。(69)

その運動の一つに修道士が民衆の中に入って布教した托鉢修道会と呼ばれるドミニクス（一一七〇頃〜一二二一年）による修道会がある。ドミニクスはローマカトリックのシトー会修道士が、権力者のように振る舞い、異端とされた乞食同然の生活をしていた説教者達を回心させようとしたが、如何なる成果を挙げえなかった情況を把握していた。そこでこの新しい宣教方法は、イエスと弟子達のように金も銀も持たず徒歩で一団となって出かけ、生活の糧を物乞いによって得ていた。彼らは〝言葉と模範〟によって福音を告げ、貧しさと勉学への生涯への義務を負っていた。一二一五年には、ドミニクスたちは貧しさと勉学への生涯にわたる義務を通して、新しい修道会として修道生活の生活様式に本質的革新を導入した[70]。その「霊性」では、観想した成果を他者に伝えた。同「神学、哲学、文学」のドミニコ修道会関係の著作でスペインのルイス・デ・グラナダ著の『罪人のための道標』から「キリスト教徒がいかにして罪と悪徳を自らの生活から根絶し、徳を修得すべきか、という完全性への道を示している」。その「建築と造形芸術」では、一二二〇年にドミニクスが命令していたように、建物と調度品は貧しさに相応しく質素で単純なものでなければならず、大きさの限度も規定した。彼らは私有財産を認めない清貧をめざす修道会であった。托鉢修道会はカトリック教会にとって不可欠の存在となった[71]。

同様の精神を理解したのか教皇・聖グレゴリウス七世（位一〇七三～八五年）は、聖職売買や聖職者の結婚禁止をさせ、教会を統治の手段に利用させないために神聖ローマ皇帝を破門するなど叙任権闘争でも世俗権威をひれ伏させた。ドミニコ会は一二一七年にホノリウス三世の「説教者」の称号を与えられ認可を受け神の言葉を告げることが修道会の目的として正式に言明された。この修道会の名を高めたのは教育と説教である。しかも他会と違い分裂は起らずその古い会則が支持され続けられた。ドミニコ会士はこうして全世界で説教することが許された。その流れは、カトリック諸国では反宗教改革によって勢力を増大させ、多くの修道院がラテンアメリカ、東インド、フィリピンに新たに創設され一七〇〇年頃には三万人と推定されるほどになった[72]。

ここで時の経過と共にポルトガル人が完全に日本から追放されて、ついに没落した要因について振り返ってみよう。既述のように一五九〇年八月長崎にて、日本イエズス会巡察師ヴァリニャーノによって開催された第二回総協議会が行われた。その議題の中に重要案件があった。「諮問第五　上長および他のパードレたちが必要な奉仕者と世話係を備えるため且つ華美と地位の誇示を一切控えるために取るべき方法について」とその問題提起において、パードレ達が華美な衣服を着て常に馬や輿に乗って行動しているというのは実体に即していない。と結論づけ問題提起があった。これもローマ向けだった可能性がある。

しかし、元禄時代に来日したケンペルが日本人から聞き取った話がある。グレゴリウス七世の改革精神を忘れた動きである彼らの二つの不徳、すなわち思い上がりと欲張りである。ドミニコ会誕生の本質でも見たように、たとえ宗教に身を委ねている者であっても批判精神が自他ともになくなると心が緩むのである。宣教師は福音を説くだけでなく、富を欲しがり栄華を求め名誉を望み、一蓮托生の商業活動家たちも貿易上の利益を極度にまで吸い上げようとしている。キリスト教徒が拡大するにつれて、上層部の宣教師はエルサレムのキリストや使徒のように徒歩で歩くことを嫌い、ローマ法皇や枢機卿など輿に乗って担がれて、日本の大名と同等の扱いかさらに高い栄誉を受くべきと自負するにいたり、時の政権の重職に出くわしても、日本の習慣通り、乗り物を止めるか降りて敬意を表すべきところ、輿から降りずに通り過ぎて不遜な態度を太閤に訴えられ、耶蘇会追放のきっかけとなるなど余分の反感を持たれた[73]。

もちろん切支丹が悪魔と称しても、日本人の精神的象徴である古来の心のよりどころである神社仏閣を焼却させたり、仏像などの目をくり抜かせたりしたことも忘れてはならない。宗教指導者がダンザンラプチャーや終章最後の覚鑁の覚悟を忘れる罪は重い。既述の中世日本の眞盛とまるでヨーロッパにおける中世キリシタンの托鉢修道会と、妥協を赦さない完全な悟りと宗教者と言われたドミニコ会士にも通じる精神を忘れる油断があった。逆に眞盛の勢いは中世社会の俗界の悪弊を匡正すべく立ち上がるように、序論編や本論編三章四節に既述の鍋島佐賀藩誕生期の苦悩を背負った鍋島勝茂や後述する酒井太郎兵衛と交流を持ったメーナ神父の行動に共通点があったかもしれない。

ドミニコ会士たちには年代を経てもその精神は貫かれていた。その精神が日本ではどう実行されたか、序論編でも記述したが、他にその例を見よう。

一六〇二年（慶長七）聖ドミニコ会士が初めて来日してみすぼらしい小屋であったが最初の教会を甑島に創設

した。島主は工事費や二百人の人夫の提供を申し出たが、ドミニコ会は聖ロザリオ管区で立てた誓約事項に違反するとして清貧に基づきその好意を受けなかった。パジェスはその精神を伝える。

彼らの食物は、粗末と云ふも愚かなほどで、彼らは、自分の必要なものまで貧乏人に分けて遣った。何となれば、貧乏人は、イエズス・キリストを代表していたからである。

島津氏は彼等の徳とその厳格な生活を知り、彼等に再び或る村の収入を宛がおうとした。しかし彼らの修道会の規約に背かない為に之を受けなかった。(74) これも本論編一章一節の天台の真盛の信念に通じるのではないか。

彼らは来日の目的である過去の罪の意志や生活を悔い改めて神の正しい信仰へ心を向けるなど、ディオスへの霊魂の回心という来日の目的達成を目指した。

一六〇八年（慶長十三）に島津氏は、ドミニコ会に対し家康への伺候を助言し、アロンソ・デ・メーナ神父がパードレを派遣した。将軍はこの訪問を喜び、ドミニコ会の日本滞在に加え、京都に教会建設を勧告した。島津家久は修道会士の入国につき幕府に対する恐怖は消え、メーナの仲介による貿易船が薩摩の港に入港を要請するも嵐により沈没したため、ドミニコ会としては、貿易に依存する布教はディオスの御旨に非ずと判断した。(75)

序論編で挙げたが、切支丹布教がその宣教師の旺盛な祖国意識のもとでイベリア両国の国家事業の一環として行われた。イエズス会が神と隣人への没我的愛を会創立の精神としていた宣教師の祖国は、本来「神の国」のはずであるが、祖国意識を心の奥底にもつ精神的規制を受けるという矛盾を包含して日本人を洗脳しようとしていたのである。その意識は誰もが持つ素朴な母国愛にとどまらず両植民帝国の覇権争いと緊密に結びついたものであった。勝茂が学校元佶を通して教会建設の許可を徳川政権からとり得たのは、高瀬弘一郎氏の賢察のように「家康はイエズス会＝ポルトガルと托鉢修道会＝スペインの二つの勢力を巧妙に競合させ、双方を利用していく政策」を取っていたこと。さらに商・教一体となってイエズス会が開拓してきた布教地と販売ルートを侵食しつつあった托鉢修道会の存在が大きくなっていたという好条件もあった[76]。

鍋島家の人々の眼にはドミニコ会の次の動きから思索してみると、イエズス会士らが抱えた矛盾を止揚するためにドミニコ会士は純粋に信仰のための行動者と理解されていた可能性がある。それ故にドミニコ会に対する鍋島家の信頼が生まれ、鍋島勝茂や鹿島の領主やそこの住人の信頼感を醸し出したのであろう。信頼はドミニコ会の仕事の成果を挙げるのに非常に大きな援けとなった[77]。

このドミニコ会と佐賀藩は、次の動きがきっかけで縁が始まった。会としては日本の異教徒に広く福音の善き訪れを伝えたく望んでいた。イエズス会の宣教のように、薩摩国内居住の修道士の提案でメーナ師は他の諸地方の人々が極めて切支丹を必要としている故行くべきと述べた。しかし逆にメーナらは、日本で最もキリスト教を排撃していたと観た鍋島領国へ行くことに決めた[78]。一六〇六年（慶長十一）の動きであるが、メーナ神父が所用で薩摩から長崎に行ったとき、極めて好ましい人物で聖ドミニコ会の帰依者であったスペイン人カピタンのドノソが深堀に来航した報告を受けた。ドノソはちょうど将軍への使命を伝える使節でもあった。その前の八月二十二日奄美大島あたりを北上中大嵐に会い、一同皆最期と覚悟し神に慈悲を求めた。船長は皆に心から聖母に深い祈りを捧げるよう励まし、クレドをスペイン語で六回以上唱えた。ドミニコ会ではいよいよ最期と言う時に唱えたのであろう。その結果彼らの信心によると、危険から救うための奇蹟が起こり、聖母が船長らを扉を開いてくれた鍋島領に連れて行ってそこへ新しい教会をつくることを希望し給うた。彼らは無事に航行を終え深堀に入港出来た。この深堀は千戸の家があるが、長崎湾内の非常に良い港町で安全である[79]。当時の鍋島家のみならず日本人にもこのような奇蹟・クレドを唱えることにより救われたというような思いも体感出来たのではないか。序論編で挙げた鍋島家の危機のときにも人々は仏に祈った可能性がある。こうして鍋島家がクレドを受け入れやすい条件の一つを満足させ得た。

船長らの到着報告を聞くや、深堀鍋島家祖の領主七左衛門〔茂賢〕は喜んで彼らを鄭重に扱った。その後も船長の豪胆な勇気と信仰および聖母の大きな恵みへの感謝の心の実現のために、ドミニコ会士を肥前（佐賀）へ入国させて布教が始められるよう、彼らの援助に力をつくした。そこへメーナがカピタンに会いに深堀に来た。船長がメーナを同席の場で大いに尊敬の念を表して迎えたことにより、その後茂賢自らメーナを尊敬し大切に遇した。茂賢の領内への教会誘致の提案があるも、狭溢な領内ではすでに他修道会の教会の存在で十分と考え、佐賀本藩内での教会建設許可を鍋島勝茂から貰えるよう要請した。茂賢のスペイン船入港許可の動機は、彼が鍋島勝茂にメーナらの「生活方法や清貧について」報告し、直茂や勝茂が会いたがるほどの信頼を得たこと、重要なことは休養のために来佐していた学校元信にも勝茂がメーナの精神性を伝え教会設置の了解を取れたことであった(80)。茂賢もまた鍋島勝茂に続く、船長のドミニコ精神と信仰姿勢、加えてメーナの人格を見る目を持っていたことが、ドミニコ会の日本で唯一佐賀藩で信仰活動出来たきっかけを作った度量ある人物であった。

佐賀藩は誕生以来、宗教性とは無関係に清貧に甘んじなければその財政の危機を乗り越えることは出来ない程追い込まれていた。レオン・パジェス一六〇六年（慶長十一）によると、メーナは聖パウロを以て守護の聖人とした。メーナの思考などについては、徳行の人として知られたドミニコ会のメーナが「捨世のパアドレ」と呼ばれたように、キリシタン完徳の一方面を指したもので「捨世禁欲の教訓を能く代表し人々から非常な尊敬を受け、世の人々これを捨世の伴天連、即ちうき世を捨てた神父」と言った（現世を軽く見て、ただ自分達や他の人々の霊魂の救済のみに務める者という意味）。このことに感じ入ったことが勝茂にドミニコ会士らへ佐賀に住居を与えた理由であった。勝茂の叔父も　度々繰り返して感じ入り述べている。勝茂の叔父や重臣たちがドミニコ会士に好意を寄せている例として、叔父は、自分の目で見たドミニコ会修道士たちの行う苦行、着衣の粗悪さ、跣足で行動するなどの苦労ぶりを重臣との会話で述べている。加えて、その場で優れた人物が釈迦や阿弥陀らの修行に比較し、切支丹は両親・親戚・祖国を棄てて未知の人々のなかに身を投じている。これはなしうる最大の苦行であると述べると、叔父も「そのとおりである」、と答えた。この思考は信長の序論編に挙げた着眼に近い。その後勝茂はメーナらの健康状態と心の安寧を配下を通じ問い合わせた。対するメーナは非常な満足であり、ドミニコ会は切支丹が毎日増加しており宣教拡大の他は望まぬ、と言った。(81)

鍋島氏は序論編でも述べたイエズス会の思惑と違いメーナらに宗教上の純粋性を感じたのかもしれない。かくしてイエズス会には巨絶されていた佐賀におけるドミニコ会鹿島の二ヵ所に続き第三の天主堂設立を勝茂が許可し一六〇八年（慶長十三）落成したのである。(82)

元々肥前国内では、イエズス会のいう悪魔の内部争いである信仰から生ずる目を覆う利権争いも身近に起こった苦い記憶もある。鍋島直茂が竜造寺氏下の重鎮になっていった元亀（一五七〇〜三年）時代に、布施の取り合いをもたらす彦山派の山伏と禅林の大昌寺という仏教との旦那寺の取り合いである。(83) 信長ほどの既存仏教界への冷ややかな観察力を持ったかは窺い知れないが、鍋島直茂・勝茂にも既存宗教の問題点が見えた。

しかも鍋島直茂がある時期にキリスト教にたいして険悪な感情を持ち合わせていたことを考えると、茂賢には鍋島勝茂に御伺いを立てずに、ドミニコ会の精神であれば、直茂も勝茂も即座に共鳴するという判断があったのは、鍋島家上層部においても共通の倫理観があったのであろうか。

一六〇六年（慶長十一）の動きであるが、ドノソが健康回復後佐賀に行った。そこで鍋島勝茂に会いドミニコ会諸パードレの入国許可をメーナから願われたことを伝えた。またカピタンが徳川将軍に拝謁しに行くにも船の損傷で不可能なことを聞いた勝茂は高速航行可能な船を準備してくれた。一ヵ月後佐賀に戻ったカピタンを食事に招いた勝茂らは、儀礼的なことが終わった後、スペイン人の服を見て「非常に立派で兵士にとって敏捷な動作がしやすい」と言った。戦時の指揮官として見たのであろう。また、カピタン所持の黒色で立派な羽とリボン付の帽子を在籍中の上級家臣に自ら被って見せると、彼らはよく似合うと言ったので、勝茂は二〇〇ペソの帽子の価格を尋ね返却した。船長は再び帽子を勝茂に戻し、「殿様の頭に乗った物を私がかぶることは恐れ多い事である故、御役に立てて下さい」と言い、その言葉に感激した勝茂は黄金装飾の大小の刀と数多の高価な品を船長に与えた。しかも我等は友人であるから、過分な気遣いは無用といった。帽子は南蛮頭巾と言われ、大名にとって宝物であり、信長もフロイスからの数多の贈物の提案を断り帽子を身にしたほどであり、その後の戦勝は帽子のおかげと縁起を担いだ。平戸の松浦隆信や鍋島直茂も秀吉に帽子を贈り感謝状を貰ったほどである[84]。

そのようなやり取りの後、船長がドミニコ会士の佐賀領内居住の御許可以外は望まない、との希望にメーナの消息を甥の鍋島七左衛門から聴いていた勝茂は即座に寛大な心で「喜んで〔希望どおりにする〕（中略）余は教会を造るために領内のいかなる市の土地をも与える。以上を伝えよ」といって許可証を発行させた。教会を建てる許可は将軍に咎められる前に勝茂は、序論編でも述べたように家康の顧問である仏僧元佶に相談して許可をとった[85]。序論編二章三節で挙げた動きが鹿島で始まった。

船長が、マニラに出帆するために一六〇六年鍋島勝茂に別れの挨拶に来た時に勝茂の発言した記録がある。殿は実際その言葉通りにしたのである。何故ならば後《ママ》一六一三、四年（慶長十八、十九）に将軍の命令でキリシタン迫害の全国的布令が出されて、すべての教会を取り毀しキリシタンを殺せと命令された時に、この肥前の殿は領内にある四つの教会の取毀しを希望せず、キリシタンの迫害をしないで却って、「貴殿らを領内から長崎へ追放するのは将軍の命令によるのでやむを得ない。しかし武士として約束するが、何年もここに貴殿らがいなくても貴殿らの教会を守り、教会の品物が紛失しないようにする。何故ならば余は再び余の領内に貴殿らが戻って来てさらに多くの教会を作ることを期待しているからである」と言ってパードレを慰めた[86]。

このような交流過程を踏んだ勝茂は、一時は、ドミニコ会士の信仰とその実践の姿勢にイエズス会や当時の仏教界に見られない信仰の原点を覗いたのではないか。

しかし、佐賀藩においても切支丹を迫害し始めた。他の国々より穏やかな態度ではあったが、キリスト教に対する熱意を次第に失っていった。(87)

「一六一七年度（元和三）イエズス会日本年報」によると、現実に仕えるべき主人の選択を迫る情報も流れ得た。隣国黒田長政の家臣明石掃部ジョアンの従兄弟にあたる明石次郎兵衛が、切支丹として衆知されていたジョアンの勧めでイエズス会で受洗した。そこで黒田家家老は、将軍と長政の命により棄教せよと迫った。これに対して彼は「これは自分の御主であるデウスの掟に反することである。しかも日本の主よりデウスに従うべきだから、そのようなことはできない」と幾度となく堅固に答えた。(88) この家臣の思想は、切支丹思想導入期の家臣が主君に仕えることがデウスに仕えるも同じであると領主に納得させていた頃に比較し、秀吉による宣教師追放令に続き、徳川氏による禁教令は、殉教が信者自身へ目前の覚悟を迫る危殆に瀕すると、嬉々として殉教を待たせる時代になり、二者択一を迫る禁教時期になると、支配者側に取り容易ならざることになる。この点は、両者の倫理、すなわち理想と現実の選択ということで、当時の切支丹武士を悩ませた問題であり、また体制側からの批判攻撃の的となったものである。

対する切支丹側のドミニコ会オリファネールによると、ハビアンは（長谷川）権六と（末次）平蔵の依頼により皇帝（将軍）へ送るために本書『破堤宇子』を著した。その反キリスト教的小著〔『破堤宇子』〕の中で、ディオスとその全善、摂理に対して邪説と冒涜に満ちた言辞を述べたが「（彼は学問に根底なきため、ディオスの尊厳を深く研究、詮索しようと思ったが）」、全く理解不可能であったと痛烈に批判する。(89) ハビアンが徹底的迫害を見て自己弁護のために反切支丹書を著していて、海老沢有道氏推定では刊行地は当時滞在していた長崎の可能性が濃い。(90)

鍋島家も耳にしていたことも考えられる。鍋島勝茂は、明らかに公儀の長崎代官でもある末次平蔵の存在も意識していた。(91)

四　筑後地方における布教

筑後において、切支丹信奉への熱気と、歌われた聖歌演奏の場となっていた状況と久留米の善導寺僧の箏演奏が鍋島領に伝えられる契機を模索したい。

筑後に切支丹が広まった始めは、既述のように戦国大名大友宗麟の全盛期であり、竜造寺氏は本国以外の征服地を中心にした守護所有国経営に力点が置かれていた時期であった。(92)宗麟の守護職としての影響下の地域で、切支丹の夢を拡散した頃でもあった。加えて信仰への熱意深き宗麟の女ドナ・マセンシアとその夫小早川秀包の熱意で久留米地区の信仰の情熱が燃えた。

大友宗麟威信下に蒔かれたキリスト教布教の芽と教会設置の動きの一つとして、天正六年（一五七八）前後、兼て大友旗下であった豊饒鎮蓮領の久留米地区を含む可能性ある筑後における一五七七年（天正五）以前の切支丹布教が始まる動きを窺える。フロイスによると、一五七七年に来日した司祭パードレ・ベルショール・デ・モーラは、一五七八年（天正六）に筑後に行った際に、そこの切支丹を大いに褒めている。筑後に切支丹が既に存在していたのは、その前の一五七六年（天正四）に地方布教に従事していたゴア生まれの印度人メルキシオール・デ・フィゲレイト師から洗礼を受けていたためと推定されている。彼は一五八五年（天正十三）には、日本の最も優れた学者の一人で主だった都の医師曲直瀬道三、彼は日本の仏教のすべてに通じていたが、そのいずれにも私は心から安んじることはできぬとの考えを持った人物を改宗させたほどの理論家であった。そのために人々はモーラの筑後への来訪を非常に喜び、その地で二四〇名が受洗した。さらに信者の数は六〇〇〇人に増えた[93]。

天正十五年（一五八七）になると、秀吉により九州の旧来の守護領国制が破壊された。その頃毛利藤四郎秀包が「筑後誌略」によると筑後国内山本・御井・上妻郡・三潴郡の内、都合三万五千石余を与えられた[94]。秀包は黒田官兵衛の勧めで改宗し一五八七年に受洗、その名をシマン・シメオンとした。一五八八年（天正十六）イエズス会の年報では西国の九ヵ国の大部分は一五八七年来、切支丹領主の手に入っている。すなわち黒田官兵衛が豊前中津城主、伊東祐兵も日向の一部、大友義統、大村、有馬、天草の大名も領土を安堵された。こうして九州全土の改宗に対するイエズス会の希望が叶いそうになったと錯覚した。しかし、秀吉の伴天連追放令はこの希望に突然終止符を打った[95]。

大友宗麟の元妻イザベルの娘で一五八五年に受洗していたドナ・マセンシアは、一五八七年に受洗を知らぬ豊臣秀吉により小早川秀包と結婚させられた。彼女はイエズス会側から見て、望み給うた改宗の道具として挙用され、常に二名の日本人修道士を連れて歩いた。この動きはイエズス会にとり、デウスの大いなる恩寵であった。すなわち秀包が彼女を通じて信仰が深まることを期待されていた[96]。一五八八年（天正十六）スペイン人ペドロ・ラモン神父が久留米城に入り、秀包は彼らを手厚くもてなし改めて教理の説教を聞いた。秀包はキリスト教の教理についてその根本からよく教えられたばかりでなく、そこで城の貴人たち三六人が洗礼を受けそこに居る全ての切支丹男女も告解した。秀包はデウスの御助によって、この西国地方の切支丹宗団の頼もしい支柱になることが期待されていた[97]。

一五八九年（天正十七）に秀包夫妻に男児出産。その子は祖父宗麟と同じくフランシスコと洗礼名がつけられた。その受洗のための御祝儀品をマセンシアの乳母カタリナは百二十名の貧民に分け、さらに大友宗麟物故追悼のミサをやめ、貧困者の群衆に食事を与えた。重臣が洗礼を受けた。数日の間に博多も含め城の内外から告解する人が多かったために、フロイスは体調の加減が悪くしても蒸し暑い時期にも拘らず昼夜を問わず聴くために費やした[98]。

これより先、一五七二年（元亀三）に来日したイエズス会ガスパル・コエリョは、一五八一年（天正九）には、日本国内最高位の副管区長の教会司祭者となっていた。その八年後の一五九〇年（天正十八）五月七日、コエリュの好みと心の慰案に適した島原半島南端の加津佐村にて死に瀕した際には、イエズス会をして、彼を父のように認めたという各地方や遠隔地からも見舞いの男女が絶えなかった。その中には筑後からも人々が訪れている[99]。

一五九〇年（天正十八）巡察師ヴァリニャーノが長崎に到着したことを知った秀包の妻マセンシアは、自分の母の如く仰いでいて、大友宗麟からも厚く信任されていたカタリナをして大勢の男女を伴わせ、海上三〇里の旅をして巡察師を訪問させた。カタリナ等は長崎の地では聖なる十字架のある有馬の十字架を見、礼拝しに出かけた。その地の熱意に満たされ筑後に帰ると自ら説教師となり三十数人を改宗させ自ら洗礼を授けた。秀包もカタリナを自分の母親のように尊敬していた[100]。

一五九五年（文禄四）十月二十日、長崎発フロイス書簡による報告。

久留米の城下町では堺から来ていたディアゴという切支丹が神父らの滞在中ずっと特別にもてなしてくれた。ディアゴ宅ではミヤコ出身のロケと称する善良な古いキリシタンが信仰の要約である十ヶ条を読んだり、霊的読書を行うことからその地域の約三百人の信仰が深まっていた。城内の何人かの貴婦人も告解に来たが、彼女らはますます信心深くなった。神父らは筑後国木塚から三キロメートルしか離れていない大島、慶応三年多数の潜伏切支丹が発見された中という最も古く開けた現在の北野町すなわち中村にいる豊後の崩壊後一五九三～一五九六年まで約三年間生活していた大友宗麟の未亡人ジュリアに会いに行った。ジュリアは宗麟が一五七八年（天正六）にマセンシアの母と離婚後に再婚した妻であった。そこでジュリアもその次女も家人も告解した。神父らはそこの切支丹達を世話し、宗教書を読み聞かせ、教理を教え、洗礼も授けていた。神父らはそこで七人に洗礼を授け、三〇人の告解を聴いた。そこから彼らは秋月に行き、六二人の告解を聴き、五二人に洗礼を授けた。またこの筑後の近くの或る農民の村落があった。その村人は、一五八〇年（天正七）に竜造寺軍によって破壊された博多の街のイエズス会のレジデンスすなわち伝道所で洗礼を受けていた。神父たちが村落から六レグアほどの地域まで来ていることを聞いた農民達は、領主の圧力に屈することなく、十〜二十人単位で男女計一五〇人が二日分の貧しい食料を携えて、告解などをしにやって来た。(101)

伴天連が一五九〇年（天正十八）に筑後を訪問した時は、表だった活動は不可能であったが、秀包と妻マセンシアの招きに応じてイエズス会士が内密に訪問し、邸の人々や家来も含め二百人に洗礼を授けた。また豊後の貴婦人を始め関係者が三十六人受洗した。さらに二十七人の異教徒が受洗した。一五九五年（文禄四）、久留米への布教に伴天連が行き、説教を行い、告白を聞き、洗礼を授けた。そこには、約三百人の切支丹が住んでいて、右に既述のディアゴが居て厚遇し活動出来た。久留米城からは貴婦人たちが告白をしに来た。一五九五年、西筑後の柳川城には貴人の切支丹宗団があった。彼らは大友義統が朝鮮陣で行動に疑念を持たれ国を失った時、豊後から逃げてきた人々であった。常に大友氏の忠臣であった立花宗茂は彼らを客遇した。彼らは一軒の家を礼拝堂に仕立て活動した。四十人が受洗した。(102)

秀包は領内の切支丹を大いに保護し、自らは教えの実行に没頭した。秀包を訪れた神父に対しては、真のキリスト信者の態度をとっていた。秀包の模範によって多くの人々が利益を受け、異教徒から改宗した人も多い。この結果一五九八年（慶長三）の久留米地方の切支丹はおよそ四千人にもなった。(103) 教会は町の切支丹が建てた教会と小早川秀包が建てた五十坪余の教会があった。毛利家の家紋入り鬼板瓦や十字のクルス文を配する軒平瓦が発掘された。(104)

一六〇〇年、久留米ではさらに千七百人が新しく洗礼を受けたが、その中には数多くの武士が含まれていた。久留米はイエズス会における重要な拠点であったのか、最終的にその年の切支丹は秀包領だけでなく柳川や博多等を含む久留米のレジデンシア管轄全体においては七千人存在し、将来久留米地方が全て聖なる信仰に入るだろうと期待している。小早川秀包の領内で大きな仏寺を担当していたその宗派の坊主が切支丹の説教を聞きに来た。彼は本来その宗派で非常に厳格だといわれていたが、カテキズモのすべての説教を聞いて熱心に願って洗礼を受けた。その後、彼は寺へ戻り祭服と袈裟に包まれた三尺近い黄金の仏像を神父に御礼として渡した。(105)

しかし、関ヶ原の戦いでは、東軍に就いた有馬・大村の切支丹大名領内の教会は助かったが、久留米の小早川秀包は本家の毛利輝元と共に西軍につき同年に改易され領地を失い、秀包は毛利領に去った。翌一六〇一年、黒田官兵衛は、宣教師達と毛利秀包夫人マセンシアと、その子を助ける動きをした。(106)

一六〇〇年（慶長五）、筑後の久留米と柳川の知行地を受けた秀包後の領主田中兵部吉政は、各種司教の報告書イエズス会年報でも、吉政の切支丹に対する好意を称賛するも彼自身は改宗しなかった。彼は一六〇二年教会のために柳川に地所を与え、一六〇五年には柳川に新しい聖堂とレジデンシヤが出来、アダミ神父が赴任し、一六一三年（慶長十八）まで存在した。(107)

『一六〇一年九月長崎発イエズス会年報』によると、神父ナバロは久留米に残っている切支丹を訪問するために筑後国へいった。神父は数日間久留米地方に留まり、そこの信者達を慰め、かつ力づけ、またその国の新しい領主の好意を得るために田中吉政を訪ねた。吉政は神父に非常に愛情を示し、彼らが領内で教会を建てそこに定住するために自ら進んで地所を与えようと言った。自分は異教徒であるが、決して切支丹の敵ではなく、信者の多くの家臣を受け入れ、自らも神父達と交友を続けたい、と言った。(108)

一六〇五年（慶長十）領主田中吉政はイエズス会の教会建築のために、柳川の新しい地所を与え、マトス神父が大きな教会と、そこに定住するための家を建てた。吉政は、神父にたいへん好意を示し、そのおかげで多くの切支丹ができた。その後マトス神父自身は秋月に定住して、筑前の国で、筑後および豊後に面している区域の信者団を担当するようになった。秋月では、黒田惣右衛門直之が教会に地所を提供し、上秋月や甘木に教会を建て、三千人以上が洗礼を受け、秋月の聖週間の時、筑前、筑後、豊後などから四、五千人ものキリシタンが集まり祝った。当時は、多分筑後川から北の方は依然として秋月の支配下に属していたのではと記す。その直之は、一六〇九年（慶長十四）死去、彼の長男パウロ長門守直基も一六一一年（慶長十六）死去したので、黒田長政は秋月領を没収し秋月の教会は閉鎖された。[109]

一六〇七年（慶長十二）には、イエズス会の新しい根拠地である筑後柳川にパジェス神父が行った。臣下の改宗に大いに意を用いた秀包旧領久留米には幸いに切支丹が残っていた。城主は神父を自宅に招くにあたり、最も高貴な人に限って行われる心配りとして、イエズス会の駐在所から城までの道路を清掃して、水を撒かせるほどの異常な尊敬を払った。「之は最も高貴の人に限ってなされるものなのである」。しかも神父を出迎えるに当たり、城主は配下の諸氏を引員して門外の橋の中央で出迎えた。その後彼は盛宴を張り、立ち上がってお酌までした。さらに城主が神父の居所を訪れた際には、天主堂の聖像にあてるようにと十三クルザドス喜捨をした。そこでのミサ聖祭では、田中吉政はかしこみて臨み、食事中には彼のために演奏された交響曲に関心し、

小さなオルガンを聴きながら、もう阿弥陀の浄土にいるような気がすると叫んだ。

神父が有馬に行く前、吉政は門までの通路を掃き清め水を撒かせて、出発の際に敬意を表し、漕ぎ手二十五人の小船を用意して門外まで見送った。[110]

その浄土とは、江戸時代以来、高野山が守り伝えてきたほとけ達の登場をテーマにした「死とともにある時代」の十二世紀後半作の「阿弥陀聖衆来迎図」のような世界であろうか。「死後来世にその浄土へ赴くことを願

う信仰が西方に位置づけられた阿弥陀如来の極楽浄土に集中した」が各種信仰の場において浄土信仰化、来世信仰化していくという宗教界、思想界の変動時に描かれた。この絵のほとけ達が奏でる楽器は、菩薩による箏を含め十五種の楽器で、別世界から鳴り響く音楽としてのイメージが描かれている。仏に供養するために散布した紅白の蓮の花は、樹木より高いところから降っている。花は雲と同じく抽象的な機能を託された表現である。この荘厳は日本の仏教に限らず、イタリヤ盛期ルネサンス時代の宗教絵画にも見られ、群像の中にヴィーナスが中央のアーチ型に刈り込まれた樹木を背にした頂点にキューピットを配した三角形の構図は「阿弥陀聖衆来迎図」にもある。[111] 関ヶ原の戦以後も死の崖っぷちを覗かねばならない状況下、田中吉政を含めた戦国武将の不安な心理下であればこそ、交響楽に共鳴出来たのであろう。このように田中吉政が切支丹の神父に好意ある態度を示したために、家来は多く洗礼を受けた。次の田中忠政時代一六一〇年柳川城下には、千四百人の受洗者があり、司祭・修士共に一人いた。[112]

吉政は、浄土真宗を篤く保護していたという事実は領国外にも知られていたように真宗に帰依していた可能性も高く、切支丹にも一定の理解を示し宗徒からは非常に強く支持されていた大名として同時代的にも知られていたのであろう。[113] そのような真宗的素養を持つ田中吉政に音楽の素養があったかどうかは関係なく、たとえ洋楽でも、天上人から次第に市井の人々・なかんずく切支丹信者を通じて、音に敏感な人々の耳を欹てずにはおられなかった。クレドも耳にしたことであろう。宣教戦略上、封建領主の心さえ掴めば家臣住民の切支丹化は容易である、[114] ということであれば、一五八七年（天正十五）から一六〇九年（慶長十四年）に吉政が伏見で客死するまで、領主二代続いた久留米城近郊の切支丹側から見て親密感は深かったといえよう。

慶長十四年（一六〇九）筑後国を襲封した吉政の四男忠政も切支丹を称賛し、信者を保護した[115] とあるも、レオン・パジェスは忠政が一六一三年（慶長十八）の記述で忠政は臆病にも、柳川の宣教師達を長崎に移住させた。

然し天主堂を破却しようとしなかった。従って宣教師達は、この国を自由に訪問することが出来たとも述べている。また、一六一四年（慶長十九）の記事に「筑後にも迫害はあったが、忠実な信者で殉教した者は一人もいなかった[116]」。

後述する木塚のドミニコ会坂井太郎兵衛が投獄された記録が一六一八年（元和四）、処刑は四月十三日とある。H・チースリク氏は、処刑された太郎兵衛を切支丹全般に対する見せしめと見なした。同氏によると、太郎兵衛は切支丹中、次のように影響力が大きかったことをうかがわせる。右に述べたように信者が多かった筑前、筑後領国での切支丹弾圧の典型である。すなわち多人数の殉教者をだすより、指導者をねらって棄教を迫るか、処刑することによって一般領民に精神的な圧力を加えることであった。太郎兵衛の殉教は特に、切支丹の温床とみられていた筑前の秋月・甘木・小田、これに隣接している筑後の本郷・今村（現在の太刀洗）・中村（北野町大字中に含まれた）・木塚（久留米）田主丸…を含む一帯における梃入れを意味している[117]。

田中吉信在城の久留米城域にある善導寺は慶長五年（一六〇〇）の黒田如水による諸堂破壊に至るまで幾度ともなく被災していたが、田中吉政が筑後一国を領した慶長六年（一六〇一）以降に事実上の復興をみ、同十二年（一六〇七）寺領安堵状を発給している[118]。一方、後述するように善導寺に近い、今日も農地に囲まれた木塚村の有力者でドミニコ会の信奉者パブロ酒井太郎兵衛らの唱えるクレドを善導寺の筑紫箏演奏者の中に演奏出来た人もあったろう。

筑後における切支丹の動きを挙げたが、次の人々はその末裔であろう。

久留米藩御原郡今村のことである。今村は大刀洗川と陣屋川に挟まれ、筑後御原郡の内で田中忠政の柳川藩旧領であったが、元和六年（一六二〇）筑後の内北筑後は加増転封となった有馬豊氏の久留米藩領に編入される。新しい領主も幕府に申し開き可能な程度であれば、切支丹達を放置し、特に厳しい迫害を加えることはなかった。

全国的に禁教の至上命令に迫害と殉教が吹き荒れていた時代に、閉鎖されていた社会でも生きながらえ幕末を迎えることが出来た。元治二年（一八六五）長崎大浦天主堂で浦上の潜伏キリシタンがプチジャン神父によって発見された二年後の慶応三年（一八六七）御井郡西原村へ染藍の商売に行った者が、久留米藩御原郡今村が切支丹末流の村柄であることを聞いた。そこで切支丹側は深堀得三郎、相川忠右衛門、原田作太郎、深堀茂一を今村へ派遣して調べさせた。四人の者は村人に切支丹宗旨の話を村人に説き聴かせた。その後、慶応三年正月廿日、村の弥吉が四人の浦上信徒と共に長崎へ合計四回行って教理を学び、クレド記載書などを持ち帰った。今村へ戻った弥吉は時を移さず後三回、計十人余の今村住民を伴い長崎へ行った。長崎へ度々出かけることを怪しまれ明治元年四月弥吉の他に九人が公事方に捕われ久留米の牢に入れられた。その時の取り締まりを任されたのが上高橋大庄屋の後藤十右衛門で、その口述書が「邪宗門一件口書帳」（三原郡今村）である。口述者は一二九名のものである。弥吉の「御吟味に付申覚」によると、今村の切支丹は田中吉政治世以前より存在し、島原の一揆より以前の寛永八年（一六三一）転類族になり、幕末まで信仰を保ったようである。[119]

五　久留米と肥前鹿島を結びつけたドミニコ会

イエズス会側にとり竜造寺の家中時代に切支丹の大敵であった鍋島直茂が、一六〇六年（慶長十一）以降、スペイン人やドミニコ会士との関係から特に友好的態度を示し始め、切支丹に信頼を示すようになっていた。[120]

オリファネールによると、一六〇九年（慶長一四）頃、他の諸国のキリスト教会は苦難を抱えていたが鍋島領では、多数の異教徒がドミニコ会信仰に改宗し、切支丹は平和を大いに享受していた。従って会士は自由に巡歴することが出来、全領国で秘蹟を授け教導していった。メーナ神父が入国し鍋島勝茂との対話で、メーナはイエズス会が採った布教拡大策と同じ、物的利益を提げるためにスペイン船を鍋島領へ来航することはない、と言うと勝茂はそのような配慮から入国を許可したのではない、「されば御懸念に及ばぬ」と答えた。勝茂はしかも仏僧たちより優先して対応した。宣教にあたっても、勝茂が修道会士を鄭重に歓待したので、民衆も安心して信仰の話を聴聞しに集まった。佐賀藩内では多数の住民は常に天の主キリストに強く感動し、そのためにキリスト教会は成長し隆盛に赴いた。[121] こうして、大村純忠のように受洗のきっかけが物欲というひも付きで宣教を許可したことと違い、鍋島勝茂の倫理観を垣間見れる。佐賀藩領内におけるドミニコ会の宣教はクレドも浸透させ易かったであろう。

しかし、ドミニコ会報告によると、一六一四年（慶長十九）頃の動きであるが、方針の転換がなされ佐賀領内の白石須古の町にも何名かの洗礼を受けていた切支丹がいて鍋島勝茂の命令によって領国内でも棄教を命じられるようになる。結局、肥前国における政策の転換である領内からドミニコ会士を追放することを鍋島勝茂に強制させた理由としてドミニコ会側は三つ強調している。一つには、将軍がキリシタン迫害を宣言した時に勝茂が江戸にいたこと、二つ目に関ヶ原の戦いに関しての西軍に就いた負い目、三つ目に既述の有馬晴信・岡本大八事件が起こったために、佐賀藩領が召し上げられるという恐怖もあったためであろう。こうして切支丹迫害が始まった。[122]

最終的に一六一三年（慶長十八）に七年間肥前国に在住していたドミニコ会士に対し、鍋島勝茂から家康の命令故肥前国から立ち去るべし、との命を伝える通告がなされていた。これで勝茂がドミニコ修道会士に示してきた好意と友情は終焉を告げたが、迫害は加えられなかった。肥前を発った後、鍋島直茂はパードレらの退去及び彼自ら何も出来なかったことについて遺憾の意を表した。加えて鹿島領主、塚崎（武雄）領主高位者三人はパードレあてに次のような書簡を送付した。パードレが佐賀より退去したことは残念である。それはやむを得ざることであったこと、パードレが日本へ帰る暁には、教会の土地を返却し、再び他の土地を更に多く与える、むしろ建物と土地をパードレたちのために保存しておくことを望む。貴殿らが日本へ戻ってくるかどうか解るまで二、三年責任をもって保管しようと述べている。[123]

かくして殉教が始まる。その中のミゲル城原忠兵衛、子・リノ太郎左衛門の殉教の場面を挙げよう。当時多数の異教徒までが喜んで読み、所蔵している者もいた書〔ポルトガル・ドミニコ派の枢機員で女王の贖罪僧であったLUIS DE GRANADA著『ぎやどぺかる』原名（罪人の導き）〕をこの二人も座右の書として信仰の支えにし、親類縁者、奉行の説得にも拘らず転ばなかった。最後に臼杵の人々が見守る中で、この二人の殉教者は火炙りの刑が進行する過程で使徒信教〔クレド〕を大声で唱え始めた。[124]

ここでも殉教の場面におけるクレドを唱える意味について考えておきたい。

一六一三年（慶長十八）、有馬領におけるイエズス会の殉教の場では、レオ・武富勘右衛門の火刑台上で次の言葉が聞き取れた。「我々は天主様のために、又信仰の證のために死んで行くのです。我が兄弟達よ、皆様方も信仰をお守り下され」。その場の司は十字架の像を挙げて殉教者達を激励した。切支丹全員が「使徒信教」と「主禱文」と「天使祝詞」とを歌っていた。火は点じられ彼らすべての魂は、エリヤの「『旧約聖書』列王記下2」の「前九世紀頃のイスラエルの預言者、広」、火の戦車が火の馬に引かれて嵐の中を天に登って行くように「意気揚々と天に上がって行った」。イエズス会の神父と共にドミニコ会のオルファネルも「色々の事情によって」この殉教に立ち会った。[125] この時のクレドを歌っている情景は、肥前各地に感動を伴い伝っていよう。

殉教については一節にて既述したが、切支丹伝道の隆盛時代でさえ、何時、何処に弾圧が始まってもいいように覚悟を決めるその訓練の書として、殉教が始まった頃には作成されたと思われる次のような『丸血留の道』を見て見よう。

「丸血留」即ちMaritirio殉教の意味に用いられている。その書の内容は迫害はなぜ起るか。教会は迫害を以て衰え給わず、却って猶栄給う。その故に殉教者の御血は切支丹の種子の如くなり。殉教の光栄と報い、つまり切支丹はあらゆる責めを受け、数多の難関を乗り越えゼウスの死後にその跡が残る生前の業績を学び、そこから天国の栄光を花園に至らせるために、迫害があるように計らった。一六一六年頃の殉教者は必ず領主の怒りの犠牲であった。つまり仏教徒の怒りを最も刺激した。一般に、信者には殉教の慰安を与えまいという意図であった[126]。さらに殉教の覚悟として、現世に於いてさえ辛労なくして徳を求めることは出来ない。農夫は耕作の辛労を乗り越えてこそ秋に収穫できる。商人も渡海の難儀を凌ぎ辛労の汗を流して売買してこそ利益を得得る、武士は戦場にて命を捨て危険を省みずしてこそ所領を求める資格がある。「況ヤ天ノ国ニ於ヲヤ」。殉教の偉大さと殉教への覚悟と準備も纏めてある。命まで捧げるという最上の犠牲は最も価値あるものと見なされた。殉教者自身もその故に一切の罪と償いを赦され、直接天の栄光に入るばかりでなく彼らの犠牲の価値と功徳は社会全体のためにも有益であり、多くの人の救霊と教会の発展のためにもなるという確信を持っていた[127]。

殉教者は、死、彼らによると新生命の芽生えを嬉々として喜びクレドが唱えられたことであろう。禅の気風を尊崇する大名層には、殉教を目指す一切支丹にすら、断臂・この場合わが命を指し出す慧可を想起させたことであろう。

一六一四年（慶長十九）の厳しい状況下であっても、逆に佐賀領国の支藩を含めた藩主達は大勢の切支丹を殺すことを望まず、その手を緩めていたことを示す事蹟でドミニコ会にとり、肥前で宣教活動していたドミニコ会布教の創始者で一六〇六～一六一三年まで働いていた福者パードレ・メーナメの記録の中で最も重要な報告とする次のものがある。

佐賀では多くの人々がこの世では神に命を捧げ生命を失ったように見えても、そのことによって生命を永遠・

不滅にものに出来る故、今もなお堅い信仰を保持している。佐賀から追放され長崎に逃れたドミニコ会布教の創始者メーナら受洗者を含む十二名のことである。肥前鹿島の浜町には潜伏切支丹がいても、メーナに好意をもっていたために見て見ぬふりをする奉行もいた。以前の鍋島直茂らの本来の性質から、また竜造寺家中でもあったことから切支丹の大敵であったために多数の殉教者が出るべきところ、相反する心情を示し、スペイン人およびドミニコ会との関係から友好的態度を示し始め、他の領主層と共に「愛情」を示すようになっていた。直茂自ら悲しみと愛情に満ちた書状を書き、メーナらの退去及び、彼自ら何も出来なかったことにつき既述のように遺憾の意を表した。日本における追放は切支丹以外の人々にとって、それより死を選ぶ。なぜなら家土地、僅かの財物を没収され、村八分と同じく、況や異教徒も施物を恵む人もいない土地に送られることを意味するからである。切支丹達は、神の愛のために命を捧げ、常に血を流す殉教が希望であったが、佐賀の役人は追放すればこと足りるとの考えであったので、大きな幸せが得られなかったというのである。

しかし、長崎では神が与え給う過酷な迫害が期待された。その頃（一六一四年春）、佐賀領内で信仰を深め、教えを捨てるより死を選ぶための励ましあう組・信心会を作った。同じく長崎のあらゆる町で切支丹信者会が結成された。佐賀では、人々はその組の会員たることを切望した。何故ならば迫害執行と同時に組の名簿に基づいて一切の苦しみが加えられ、組の規則の一つ「あらゆる努力をして最初に奉行の前に出頭し、必ず自分たちから殺し始めてもらえるように努める」ためであった[128]。

そのドミニコ会という信仰を通じて、佐賀藩の信奉者と善導寺近くの信仰深い人物との交流を示す記録が井手勝美訳『オリファネール　日本キリシタン教会史』第四十四章「二人の青年ペドロとパブロの殉教、およびパブロ太郎兵衛というもう一人の殉教」に次のようにメーナの報告書が転載されている。

メーナが二人のもと山伏青年ペドロとパブロの殉教に至る過程の出来事に関わり全部目撃していたドン・パブ

ロ・サカイ・タロウヘイに報告を求め彼に書簡を送り激励し異教徒・山伏二人の殉教の様子を太郎兵衛自ら認めるように依頼した。その日本語原文を訳した一六一八年四月二一日〜二三日の歴史的価値あると評価した報告書がある。

まず『旧約聖書』ザカリヤ書第十四章二〇―二一節の「主の神殿の前の鍋も祭壇の前の鉢のようになる」と殉教のことを「黒くて汚い鍋は祭壇の前を飾るのに役立つ容器となる」と解釈し次のように引用し付記する。妖術を使うという筑後の殉教した若い山伏のことを、「汚れて嫌悪すべき罪人も神のお恵みによって神の前に清められて現れる。それは如何に汚れていても結局は、すべての人々が知っているように人々を愛し、幾多の苦しみの後に死ぬという犠牲を払って人々を救おうとした神と共に、人々の信頼を受けるようになるためである」とメーナはここで山伏でさえ殉教の栄光を与えられたことを強調した。[129]

そこでドミニコ会の太郎兵衛の崇高な殉教への導きの例として次のように記す。

一六一八年（元和四）、筑後国二代目領主の田中忠政の領地柳川の牢獄に投獄されていた中で、忠政の領民であった高良山の二人は「悪魔の行者」で「呪術師」である山伏達が同じ信仰の廉で一六一五年（元和元）以来投獄されていた。[130] この二人は一六一六年、喜捨などを乞いながら薩摩にきたところ、メキシコからマニラを目指していたスペイン船やフランシスコ会のパードレに接したときに、彼らが優れて見えたのでスペイン人と出国するために霊名を受けたが、高良山の山伏に咎められ豊臣秀頼方の逃亡者と密告され投獄されていた。その牢屋でパブロ太郎兵衛[3]に出会うという巡り合せがあった。二人はかねて呪術では人々を救えないと悟ったのか受洗したいと願っていても聖フランシスコ会士やスペイン人などが言葉を解し得ず受洗は不可能であった。二人は太郎兵衛に教理を学び受洗出来た。レオン・パジェスによると精神的子供となった。[131] この情報を手にした山伏集団の長老の元へ築後、肥前など各地の山伏が参集し、田中忠政への訴えの結果、二人は石責め後生き埋めになった。その殉教者の霊魂は永遠の幸福を受けに飛び去った。この殉教は一六一八年（元和四）のことであった。同じ年に、彼らの信仰の善き師太郎兵衛も天国の栄冠を受け、殉教者となった。文中の（3）では「豊後《ママ》の城塚《キヅカ》（現在は久留米近在のぜんぞう寺町の一村）地方の富裕な庄屋」のパブロ酒井太郎兵衛とある。[132]

太郎兵衛はイエズス会士により青年の頃十六世紀末に受洗と推定され、「一六一八年度イエズス会日本年報」によると青年の初めの頃に受洗し、全村農民の木塚の裕福で尊敬された頭と監督を務めていたが、ドミニコ会士の説教を聞いただけで自宅に招きたく思い、序論編に既述の肥前に居たユアン・デ・ルエダを自宅の教会に招いた結果友情と信心を深めた。パードレを木塚への派遣を熱望し、一六〇二年（慶長七）以降ドミニコ会士を十二年間宿泊させたというから余程その教えにイエズス会では得られない感銘を受けたのであろう。後に佐賀領の切支丹信者会と同様のドミニコ会組親となった彼はドミニコ会士と深い交渉をもち佐賀領肥前鹿島の浜町の教会で告解（告白行為）をしている。[133] こうして彼は、幸いなる死の時に至るまで聖ドミニコ会士の友情を保ち続けた。その頃の状況をメーナら修道士達は次のように報告した。

一六一四年（慶長十九）年末頃にメーナら修道者達は絶えず書簡や忠告によって、佐賀藤津およびその他の地の切支丹（55）即ち善導寺近く木塚の太郎兵衛を援助し、それは彼らにとって大きな利益となった。それに合わせてたびたび秘かに彼らを訪ねて励ました。太郎兵衛が筑後で投獄された時、（55）にてパードレ・オリファネールの『歴史』（第四十四章の終わり）には、メーナは太郎兵衛の屋敷内には迫害時代を乗り越えた教会を偽装改築し「ロザリオの聖母」と名付けた教会を建ててその啓蒙に努めていた。彼は生涯を通じて聖ドミニコ会パードレと極めて親密に接触し続けた。彼は同国奉行に棄教を迫られ、拒否し投獄財産没収された。投獄中の太郎兵衛の日々の食べ物は、少量の米と一杯の水であるなど牢内での信心姿勢に感動した捕われの六人も洗礼を受けたほどである。そのことが奉行側に発覚し、彼の信念は、「斎戒と断食は必ずしも徳を養う飲食品ではないかのように」と一杯の水と飯半杯を減らされ、二年間の酷い牢獄にあり苦悩に絶え痩せ細った。同じ艱難にあった六人の新受洗者は、喜んで共にこれを受け、その心を殉教の希望に高めた。

今日の同じ音名の善導寺町木塚は善導寺と直線距離にして約一キロメートルで近い(134)。木塚は、明治二十二年に善導寺村の大字となった。天和二年（一六八二）に成る『筑後地鑑』によると山本郡は三十三ヵ村あり木塚と善導寺は併記されている(135)。善導寺の寛文十年（一六七〇）の末寺数は、筑後四八・肥後五〇・肥前十一・筑前五・豊後二・豊前一・伊勢一・武蔵一で境内には十二塔頭を擁していた(136)。この法会の際には、終章に後述する善導寺僧賢順が始めたという筑紫箏が行われたことと善導寺と肥前の交流は当然あったことが理解出来る。

カレロ『日本諸国における聖ロザリオとドミニコ会の勝利』（マドリド　一九九三年）の一六二頁　注1のkizuka の説明の部分を挙げよう。

Kizuka,poblacion importante de labradores esta situada cerca del famoso sexcentenario temolo budista de Zenzouji,en la region de la ciudad de La ciudad de Kukme,provincia de Fukuoka,Lo demas se omiito。これによると、「キズカは、今日の福岡県久留米市の重要な農村地帯にある六百年経った有名な仏教寺院ゼンゾウジの近くである」とスペイン在住三五年になる油彩画家大矢邦明氏に尋ね当文書の主旨説明を頂いた。「一六一四（慶長十九）年以来、メーナが太郎兵衛を励まし、上の二人の殉教に導いた過程を報告せしめた固有名詞の一つゼンゾウジは今日の善導寺の事である(137)」。

善導寺隣接の村々で使徒信教が詠われていたことになる。同じく既述の大刀洗の今村からも二里余の行程にある。つまりこの頃、善導寺僧徒の演奏とクレドの結びつきが可能であった。四章四節や当五節で既述のように太郎兵衛の名はイエズス会のみならず、影響力の大きい人物であったと思われ善導寺関係者の耳にも入ろう。当四節で挙げた小早川秀包の領内で大きな仏寺を担当していたその宗派の本来その宗派で非常に厳格だといわれていた仏僧がキリシタンの説教を聞き、カテキズモのすべての説教を聞いて熱心に願いて洗礼を受けた例。子供達や異教徒ですらクレドなどを口遊んだ例などの史料もあったように、久留米善導寺の管弦に携わる僧にも、クレドなどを耳にし彼らが演奏することが可能であり能力を持っていた。何より太郎兵衛自身が肥前鹿島浜町に行き、ドミニコ会修道会士たちも鹿島を本拠に諸地方を巡歴し活動し切支丹化を助けていたので、肥前とも行きかうドミニコ会士を通じて、佐賀藩で演奏され始めた箏の演奏にクレドを紛れ込ませようと図ることも可能であった。善導寺近くの木塚の有力者であった彼の仁徳は善導寺にも伝わり、善導寺の僧の耳にもクレドが浸透し、そこでの楽箏中、クレドの影響を受けたとしても不思議ではない。鍋島勝茂と太郎兵衛は共にメーナを尊敬していた。太郎兵衛のような人物こそが、クレドを通じ久留米と佐賀への橋渡しをすることが出来たのである。

六　排教下の切支丹各会派存続危機意識共有への模索

レオン・パジェスなどの編年体史料から模索すると、既述のように日本における伝道はイエズス会以外は処罰の対象になるなどと締め付けられることにより、切支丹布教全体が壊滅する。政権が変わり時を経るにつれ、切支丹内部で己の会派のみによる信仰存続の保証がされなかったのではないか。しかも日本進出者同士の潰し合いも始まる。

パジェスの一六〇五年（慶長十）報告では切支丹信者七五万とあるが、ドイツ人オスカー・ナホットによると一六〇五年（慶長十）には、百七十五万人、即ち日本全土の人口の一割と見なされた。一六〇七年（慶長十二）には、長崎は殆どがキリスト教徒によって占められた。当時多くの領主層は秀吉の伴天連追放令以降再び公然とキリスト教に好意を見せた。その中には成人しつつあった豊臣秀頼もあった。秀吉の堅牢なる建築にかかる大坂城の営内と軍隊は大方キリスト教徒より成ったと見做されたこれだけの規模と支配層が関わると、当時の徳川氏としてもその精神的制再圧は容易ではないと警戒したろう[138]。

ところがパジェスも切支丹への迫害原因の一つと挙げたウィリアム・アダムス（和名三浦按針）などが起こしたイスパニヤ人に対する中傷問題などが起こった。

一六一一年（慶長十六）にイスパニヤ人に対して与えられた日本近海の測量の目的は含むところがあって、かつて同様の動きがあった国々の例を挙げて、イスパニヤによって征服された国々は皆同じ手口であったというのである。言葉巧みに暗示された家康は、征服者らしくもなく切支丹らしい素振りを見せないオランダ人を信じた結果、二代将軍秀忠と同じく上方の地方の天主堂を悉く破毀せよとの命令を発した。諸侯も見習い切支丹武士を追放して、その財産を没収した。翌年には四章で既述のように貧弱な天主堂でさえ一種の城とみなした。しかし秀忠の足元の江戸の厳格な運用に比較し、他の地方例えば大坂の天主堂は太閤の許可により建設されただけに完全な自由を得ていた[139]。

一六一二年（慶長十七）、徳川家の足元から煙が上がった[140]。「左兵衛とイエズス会士の間に起こった紛争と不快な事件。一六一三年」にて「迫害の原因が他の問題より強くこの事件に帰せられる[141]」岡本大八事件は、『本佐録』「一、天道を知る事」の中で、正信も切支丹信者ではないかと新井白石の暗示が紹介されるほどの本多佐渡守正信も切支丹を守り切れなかった。何故ならば家康の行動は本多佐渡守正信の献策によると言われ徳川氏の創業より其の滅亡に至るまで、凡そ三百年間、隠に施政の方針を支配していた。そして『本佐録』の著者と評価されるほどの智者でもあった。そこに論じられた治道の主義は、西欧人より伝来の説でかつマキャヴェッリの『君主論』に酷似していて彼自身もマキャヴェッリによく似通った性格の持ち主と想像せられている。正信の学識は以下のような切支丹との信頼関係を醸成できた交流からも吸収されたのではなかろうか。一六〇七年（慶長十二）

の動きであるが、レオン・パジェスが二代将軍秀忠を訪問した時、兌長老や鍋島家庇護者の学校など著名な教徒の寺院の仏僧数人が共にいたが、将軍はまずパジェスを召し、その主なる保護者の老中本多佐渡守正信と不仲の大久保相模守忠隣に城内を案内すべく指示した。終了後、パジェスは二人の許に暇乞いに行き、甚だ親切で寛大な佐渡守に、次の如く懇願した。

日本の教会の利益と福音伝道の自由を依頼し、宣教師の説く聖教は、日本の政治や臣下が殿様に対する服従にも決して反するものではなく、甚だ道理に適ひ、諸侯庶民に義務といふことを教えるものであるといひ、又この教えは現世のために非常に利益があり、来世のためには殊にさうであると説き、佐渡殿から将軍に願ってその夫君が許したように、下級の庶民ばかりでなく、諸侯や武家をも、教会に入らしめる権能を与えられんことを懇願した。佐渡殿は、キリシタンの教えを褒め、斡旋しようと約束した。(142)

それでも日本は禁教に走り出した。徳川家をトップに元和偃武と言われる頃には、最早諸大名にとり天下を窺うことは不可能になった。以後の大名家の最大の関心は徹底した切支丹撲滅対策や藩内政治問題に絡む利害関係に集中する。

その象徴的弾圧として一六三七年（寛永十四）に幕府の天草攻撃に際し、オランダ側から長崎通過時に食料弾薬を提供する申し出などの介入があり、日本におけるキリスト教信仰の崩壊は彼等の蔑むべき貿易射利心の与るところなり、とする非難が和蘭人に対し屡々なされてきた。(143) 例えば、後にケンペルが耳にしたように幕府の心ある人士および日本国民全体からは悪評を受ける羽目に陥った。これらの人々は、「オランダ人は迫害を受けた連中と同じく等しく耶蘇教徒でありながら、しかも進んでその連中の駆逐に力を貸したが、このような者が異国の将軍に対して本当に誠意ある忠節心を抱けるものであろうか(144)」とみたように、日本側の欲する貿易による利を巧みに利用できる状況があった。イベリア両国の日本侵略の意図を日本への新興参入者オランダ側が、心理的恐怖感を徳川氏側に深くさせた可能性もある。オランダ人の中傷による迫害の動機である一六三五年（寛永十二）島原の乱直前の江戸幕府が神経を尖らしていたことに絡む。日本におけるポルトガル提督最高指揮官カプテンの葡萄牙王宛てに、約束の艦隊と兵士を送らせ日本国権を覆滅しキリスト教国を樹立せんとする企ての書簡がポルトガル船から発見された。実はこの文書はオランダ側による仇敵ポルトガルにとり致命傷となる陰謀かくれなき偽文書を証拠品として幕府に提出しその否認にも拘らず、幕府はオランダの怨敵を追払った[145]。

こうなると切支丹に関連して幕府より改易の口実を与えられないことが至上命題となってきた。つまり、常陸水戸（武田信吉）や尾張清洲（松平忠吉）などの徳川一門でさえ跡継ぎ問題で容赦なく改易された例や見せしめとして、福島正則の五〇万石広島城天守閣工事に象徴されるように無断修築とする幕府の「武家諸法度」など法律違反を口実とする政治的疑獄のような改易例もある。福島氏の場合『日本切支丹宗門史』一六〇四年（慶長九）の報告によると、布教のための「立派な建物付の敷地を寄進」するなど再度布教の根拠地となり、一六一九年（元和五）に至っても「福島氏の所領広島には三百人の信者が迫害の真只中にありながら、依然として確固たる信仰を持ち続けていた」とある。結果的には同年川中島四・五万石に移封・逼塞させられた。同年の報告では、切支丹を優遇したために追放されたと切支丹側には見えたのも本音の理由であったろう[146]。佐賀隣藩唐津藩寺澤氏の場合一五八七年（天正十五）唐津領を拝領し、二代目藩主堅高が正保四年に自害し跡継ぎなく改易となったとあるが、一方で初代広高は一五九二～一六〇二年の間長崎奉行であった。二十七歳の頃一五九五年受洗するものち棄教した。しかし「切支丹多き時節候て何様に致候哉奥方様切支丹故寺澤殿にも右宗門の御不審有之家も召し潰ぶされ候」とも見られた[147]。こうして慶長期の改易高は徳川一門などを加えると、総数四一名、没収総高は三六〇万石であった。恐怖の改易の連続はその口実を幕府に与えないことが肝腎で、鍋島勝茂も神経を尖らせたであろう[148]。

従って鍋島勝茂も最早ドミニコ会を含め、切支丹に関する話題をたとえ元佶にすら持ちかけることも出来なかった。もはや一転して切支丹撲滅対策に細心の注意を払わねばならなかった。寛永十四年頃、筑後・肥後その他隣国の動きと同様に、『佐九』四一九によると勝茂は足元からも相当の領内百姓が島原へ走る情報を把握し神経をとがらしている。勝茂の多久美作宛ての対切支丹対策の書状が『佐八』多久美作等宛てで十一通、『佐九』で九通見られる。幕閣から疑われたら、誰も藩の存在を保証できない。

こうして、鍋島氏は、従来の切支丹を保護した姿勢転換に徹底した。

それでも日本が禁教に走り始める頃の切支丹教団側の対策を見よう。一六一一年（慶長十六）イエズス会年報によるとカトリック内の各修道会などが一同に会する場面が記述されている。この場に集まった各地からの人々は、イエズス会やドミニコ会などの交流で、新奇かつ精神性の深いヨーロッパ音楽の演奏や合唱をを耳にすることが出来た。

信者の熱心さが顕著に見られたのは、聖イグナチオ・ロヨラの列福を伝える教皇親書を祝賀する祝日であった。中央祭壇には聖人の油絵を飾り、荘厳に行われた。イエズス会、ドミニコ会、アウグスチノ会の修道者は晩課を歌い、いろいろな楽器が奏され、聖人の誉れのために新しく作曲された曲も演奏された。詩編と詩篇との間に音楽に合わせて新曲は歌われた。詩篇初めの部分が楽曲に合わせて唱えられた。これらが非常によく出来、美しく調和し、日本で行われている晩課ではなく、ヨーロッパの極めて荘厳な晩課に与かっているように感じられた程であった。晩課終了後、イグナチオの遺骨を抱き歩く行列の中にあって、合唱団は、詩篇を唱えたり、聖歌やその祝日に会うオルガンのように多声が組み合った歌曲を歌った[149]。

同一六一二年（慶長十七）、切支丹の大敵となった伊佐早侯は、切支丹迫害計画を立て公方と肥前の領主鍋島勝茂の名において調査させた結果、多数の切支丹は財産を没収され追放された。切支丹追及は愈々厳しくなり、ドミニコ会の修道者達も肥前を追われた。それでも田町の修道祖所を持っていた。然しこの国の切支丹は余り迫害を受けなかった。メーナとオルファネールは長崎におり、ヨハネ・デ・ロス・アンゼリス師は変装して大村へ慰問に行った。(150)

四章五節にも既述の一六一三年（慶長十八）に有馬領イエズス会の殉教時にドミニコ会のオルファネル師も色々の事情によってこの殉教に立ち会った例を挙げたが、同年、有馬領内イエズス会の一神父は、長崎から来て十歳から二十七歳までの四人の子と妻を伴う家族もろとも死刑宣告を受けた三人の罪人の告白を聴いた。十月七日、高貴な人に対する習わしとして縛られずに入牢した。これらの著名な殉教者の内、レオ武富勘右衛門の火炙り台上での次の呟きが人々の耳に入った。「我々は天主様の御栄のために、又信仰の證のために死んでいくのです。我が兄弟たちよ、皆様方も信仰をお守りくだされ」。その時の会全部の司であるガスパル・栄太夫は殉教者達の前に我主の十字架の像を高く捧げて彼らを激励した。ドミニコ会のオルファネル師は、イエズス会の神父と共にこの殉教に立ち会った。誰か子供のヤコボに言った。「ヤコボ様ヤコボ様、御取り合わせを頼みまする」すると十歳の子供は「まだまだ、先ずオラショを頼みまする」と答えて言った。この間、切支丹達は皆「クレド」や「アヴェマリヤ」などを歌っていた。火が点じられ、これらすべての魂はエリヤ（旧約聖書・列王記）の車に乗って意気揚々と天に登って行った。(151)肥前の人々は、その面前で歌われる新鮮な音楽の感動と、振付の素晴らしさとに感動したであろう。

一六一四年（慶長十九）イエズス会年報「我等の主が、ドン・ルイス・セルケイラ司教を御自分の元にお引き取りになったいきさつについて」によると、イエズス会員で神学博士でもあった彼の極めて荘厳な葬儀が長崎であった。そこには、長崎滞在のフランシスコ会、ドミニコ会、アウグスチノ会の三修道会も参加し追祷ミサが行われたとある。(152)

一六一四年（慶長十九）、伊佐早（諫早）の大名は領内にある五つの天主堂だけは残したいと思いながら、弱さのために全部を破却させた。然し彼は好機会が来るまでその材料を全部保存させた。二人の伝道者に守られていた宣教師達の住居には手を触れずその儘にしておいた。同大名は切支丹の教えを禁じたが、同時に奉行に通告して、布令は形式的ゆえ切支丹は目立つことをしない、累を自分に及ぼさないという条件つきで信仰は続けて差し支えないと言った。[153]

一六一四年の春分後の復活祭後、長崎ではフランシスコ会、ドミニコ会及びアウグスチノ会の三会の教師の指導により、信仰を堅めるために団結した。四月頃には、行列が始まり、間断なく行われた。フランシスコ会の人々に始まり、十人余の癩病人の足を洗い衣類をかけてやった。他の会の修道者達に続き、代官アントニオ（村山等安）とその妻子らも行列に加わった。ドミニコ会の行列は、五月九日、すなわち聖霊降臨の祝日に行われ、二千人との女子に続き、八千人の男子が三人ずつ規律正しく行進した。その翌日には、アウグスチノ会、聖体の日すなわち五月二九日にはイエズス会の行列があった。諸聖人の会の七百人は全市を巡回し、天主堂を全部訪問した。[154] このようにキリスト教の存続の危機に瀕し団結と交流があった。その信仰への団結に為政者の危機感も増したことであろう。同年、厳重な監視下の元での有馬の切支丹救済活動のための行動記録中に長崎に留まっていた修業者達の動きがある。イエズス会の活動に加え聖ドミニコ会の副管区長デ・ズマルガ師が、オリファネルとルエダの両師を遣わした動きである。[155]

一六一七年（元和三）殉教相次ぐ大村在住の神父の信念を紹介する。その中にドミニコ会のデ・メーナ神父と従兄弟で、代理管区長を務めていたフライ・アロンソ・ナバレテ神父がいる。ナバレテ神父は日本へは、一六一一年に派遣され一六一四年には潜伏していた。彼の献身的な行動が記録されている。彼はドミニコ会修道者で司祭で神学者で、説教師でもある。彼は、アウグスチノ会とフランシスコ会の神父と共に、「米の恵」という慈善団体を組織し、路傍に捨てられて空しく獣の餌食となり、洗礼も受けないで死んでいく不幸な嬰児を保育することを企て、そういう子を拾って乳母に預けた。その行為に賛同する資産家でこの団体に多額の遺産を寄贈する人物も出現した。この事業は、彼の殉教後その後嗣のドミニコ会神父によって継承された[156]。

一六一八年（元和四）にかけて修道会同士の情報交換交流の場が増え、長崎には相当数の宣教師がおり、次にフィリピン修道会推薦のメンバーとして、ドミニコ会、アウグスチノ会、フランシスコ会の神父などを挙げる。その中のドミニコ会のアンゼロ・オルスッシ神父は、日本に行きたくてイエズス会の学校に行き、日本在住経験者の聖ドミニコ会の修道院長のフランシスコ・カルデロン神父に相談したとある。ドミニコ会の会衆に推されて、長老になったドミニコ会の修院長デ・モラレス師は、ナバレテ師の最後の命令に従って大村にヨハネ・デ・ロス・アンゼルス、別名デ・ルエダ師等を派遣していた[157]。

これらの地域は、竜造寺隆信が、かって同じ肥前の内にあって蹂躙した地域であった。かくして、禁教への確実な動きは、その危機感を共有させ、キリストの心の灯を絶やさぬための何らかの方法が求められた可能性がある。しかも序論編一章四節に挙げたが、同じ肥前八良尾で行われた音楽教育でそれを確実に実現出来た。その中には日本人指導層に加え、鹿島に隣接する伊佐早出身生徒も三人いた。彼らは洋楽を十分に演奏出来、邦楽器でも可能であり、鹿島の信者との交流も可能であった。こうして、各会派情報交換の場が増え続けることにより、ロレンソの意志を久留米の善導寺近くの木塚から肥前鹿島に交流していた太郎兵衛が佐賀藩における善導寺から齎された箏の演奏情報を入手し、佐賀藩の箏演奏に託することが可能になる条件が整っていた。

注

（1）①編集　異国日記刊行会『印影本異国日記―金地院崇伝外交文書集成―』（東京美術　一九八九年）。
②『佐史一四』「例言」。
（2）『佐賀県近世史料　第八編第二巻』（佐賀県立図書館　二〇〇六年）「葉隠巻首評注」二一八頁。
（3）日本思想大系25校注海老沢有道　H・チースリク　土井忠生　大塚光信『キリシタン書　排耶書』（岩波書店一九七〇年）H・チースリク　六　キリシタン信心の特徴。
（4）奈良本辰也編『葉隠』（角川書店　一九七三年）九一頁。
（5）注（3）『キリシタン書　排耶書』、六、「キリシタンの信心の特徴」。
（6）編者ホセ・デルガード・ガルシーア『福者アロンソ・デ・メーナ、O、P、書簡・報告』（キリシタン文化研究会　一九八二年）。
（7）①井手勝美訳『オルファネール　日本キリシタン教会史1602―1620年』（雄松堂書店　一九七七年）第六章「皇帝・内府がキリスト教に対して迫害を開始したこと、およびその動機」四六頁～。
②注（6）『福者アロンソデ・メーナ0p書簡報告』一〇二～三頁。
（8）①『佐史一四』三好不二雄三岳寺文書解説。
②「勝茂公譜考補　三乾」二八四頁～。
（9）佐藤正英校訂／訳『甲陽軍鑑』（筑摩書房　二〇〇六年）一二二頁、一四〇頁、一五一頁。
（10）①『フロイス日本史10』第四〇章。
②栗原荒野編　分類注釈『葉隠の神髄』（青潮社　一九九六年）五九頁以下の「武士道」、一七九頁以下の「孝行」。
③奈良本辰也訳編『葉隠』（角川書店　一九七三年）表紙及び三六頁。
（11）注（5）『キリシタン書　排耶書』六「キリシタンの信心の特徴」五七七頁～。
（12）注（10）②『葉隠の神髄』一一二頁、一三〇頁四二。

(13) フロイス『日本史6』豊後編1二八三～四頁。
(14) ①『フロイス日本史11』二七四～八頁。
②松田毅一監訳『十六・七世紀イエズス会日本報告集第1期第1巻』(同朋舎出版　一九八七年)一〇三～五頁。
③新渡戸稲造によると武士道は、騎士道よりもっと多くの意味合いを持ち武士階級の「高い身分に伴う義務」とあり「壮大な倫理体系のかなめの石」と述べる。『武士道』(三笠書房　一九九七年)十七頁。
(15) 姉崎正治『切支丹宗教文学』(同文館　一九三二年)二七頁。
(16) 関根文之助『日本人の精神史と宗教』(川島書店　一九七八年)三五～三六頁。
(17) 注(3)『キリシタン書　排耶書　日本思想大系25』H・チースリク　七　殉教の精神　五八二頁。
(18) 姉崎正治『切支丹宗教文学』(同文館　一九三二年)「キリシタン宗教文学総説」、「捨世録解説」。
(19) 新渡戸稲造　訳奈良本辰也『武士道』(三笠書房　一九九七年)第二章「武士道の源を探る」。
(20) 校注・訳者　長谷川端『太平記』①(小学館　一九九四年)②(小学館　一九九六年)。
(21) 注(18)『切支丹宗教文学』五五頁～六二頁及び九四頁。
(22) 『キリシタン教理書』(教文館　一九九三年)ドチリナ・キリシタン(一六〇〇年刊ローマ字本)海老沢有道　岸野久校注。
(23) 新村出『新村出全集第五巻』(筑摩書房　一九七一年)「天草切支丹版の平家物語抜書及び其編者」二一七～九頁。
(24) 注(10)②『葉隠の神髄』(聞書第一・一八四)「克己忍耐」二二六頁、二三〇頁、四九二頁。
(25) 海老原有道『切支丹典籍叢考』(拓文堂　一九四三年)一三八～九頁。
(26) 飯塚勝久・水野建雄編『ヨーロッパ精神史』(北樹出版　一九八六年)一六頁、一八頁。
(27) ①佛教大学仏教学科編『仏教入門―沙尊と法然上人の教え』(東方出版　一九八四年)七九頁、八五頁。
②全訳注　杉本圭三郎『平家物語(一)』(講談社　一九七九年)二八頁。
(28) 校注　大塚光信『コリャード懺悔録』(岩波書店　一九八六年)七四頁～。
(29) ①『佐八』三七鍋島勝茂書状

②城島正祥「寛永後期の佐賀藩財政」『社会経済史学』第二九巻（一九六四年）。

（30）①和辻哲郎『日本倫理思想史（二）』（岩波書店　二〇一一年）初期武家時代における倫理思想一五七頁〜、一八四〜五頁。

②『新編日本古典文学全集44方丈記　徒然草正法眼蔵随聞記』（小学館　一九九五年）安良岡康作　校注・訳「正法眼蔵随聞記」第二　三五七〜九頁。

（31）石田尚豊『聖徳太子と玉虫厨子』（東京美術　一九九八年）第一章　捨身飼虎図。

（32）①『賢愚経』『大正新脩大蔵経』第三巻　本縁部上三五三頁。

②敦煌文物研究所編『中国石窟　敦煌莫高窟』第一巻（平凡社　一九八〇年）一八八〜九頁、二五三頁。

③注（31）『聖徳太子と玉虫厨子』二　敦煌莫高窟壁画に見る薩埵王子本生図。

（33）注（31）『聖徳太子と玉虫厨子』第一部同一章・二章・六章。

（34）①和辻哲郎『日本倫理思想史』二（岩波文庫　二〇一一年）一八六頁〜。

②注（30）②　正法眼蔵随聞記　第二三三五〜六頁。

（35）①『佐三』　鍋島家文書二号。

②『佐賀市史』第一巻（一九七七年）六九八頁。

（36）『フロイス日本史10』第四九章。

（37）『フロイス日本史10』第四七章。

（38）①「直茂公譜二」三三一〜三頁。直茂公譜公補ニ」三七一頁。

②『九州治乱記』三三六頁。

（39）①鍋島「直茂公譜考補五乾」四八四頁、四八六頁。

②『佐賀藩の総合研究』二一二頁「第一表天正十二年における鍋島直茂宛起請文差出人一覧」。

（40）松田毅一・川崎桃太訳『フロイス日本史11』一二六〜九頁。

（41）①注（40）『フロイス日本史11』一七二頁。

(42) ②注（14）②『十六・七世紀イエズス会日本報告集』『第Ⅰ期第一巻』二二頁。
注（14）②『十六・七世紀イエズス会日本報告集』『第Ⅰ期第一巻』二一頁。
(43) ①『九州治乱記』巻之三十二の四四八頁。
②『佐賀藩の総合研究』（吉川弘文館　一九八一年）二二一頁。
③豊臣秀吉朱印状天正十五年六月廿五日付『佐三』六号。
④『国見町郷土誌』（国見町　一九八四年）一七〇頁。
(44) 注（14）②『十六・七世紀イエズス会日本報告集第1期第1巻』二〇七～九頁。
(45) ①注（6）福者アロンソ・デ。メーナO, P, 書簡・報告』九二頁注（24）。
②注（7）①『オリファネィル日本キリシタン教会史』二三一～三頁注（5）。
(46)『葉隠研究49』鍋島茂里「新説　鍋島主水佑茂里の生涯」10直茂の「後継とならなかった」養子の鍋島主水佑茂里、のちの横岳鍋島家祖と推定。
(47) ①『フロイス日本史2』五三～七頁。
②注（14）②『十六・七世紀イエズス会日本報告集第1期第一巻』二〇八～。
(48) 訳松田毅一他『日本巡察記』（平凡社　一九七三年）一七五頁。
(49) クリセル神父校閲・吉田小五郎訳・レオン・パジェス『日本切支丹宗門史　上』（岩波書店　一九三八年）三〇～一頁。
(50) 拙著『増訂　古伊万里の誕生』（吉川弘文館　二〇〇六年）一七～八頁。
(51) 注（49）①『日本切支丹宗門史　上』三七頁。
(52) 注（49）①『日本切支丹宗門史　上』六八～九頁。
(53) 純心女子短期大学長崎地方研究所『長崎のコレジヨ』（一九八五年）九六～九八頁。
(54) 注（53）『長崎のコレジヨ』一〇五～一〇六頁。
(55) 濱名志松『九州キリシタン新風土記』（葦書房有限会社　一九八九年）嬉野。

(56) 注(53)『長崎のコレジヨ』一一七～一二〇頁。
(57) 注(53)『長崎のコレジヨ』一三四～一三八頁。
(58) 注(49)①『日本切支丹宗門史　上』二四四頁。
(59) 注(53)『長崎のコレジヨ』一四八～一五二頁。
(60) 注(53)『長崎のコレジヨ』一七三～一七八頁。
(61) 注(53)『長崎のコレジヨ』一九三頁。
(62) 注(53)『長崎のコレジヨ』一九四頁。
(63) 注(49)①『日本切支丹宗門史　上』二七五～六頁、二九〇頁。
(64) 注(49)①『日本切支丹宗門史　上』三〇七頁。
(65) 注(49)①『日本切支丹宗門史上』三四〇頁。
(66) 注(53)『長崎のコレジヨ』二〇八～二一三頁。
(67) 注(48)『日本巡察記』五九～六五頁。
(68) 校注　大塚光信『コリヤード　懺悔録』(岩波書店　一九八六年)解説。
(69) 関口武彦『クリュニー修道院制の研究』(南窓社　二〇〇五年)一頁、二三頁、三一頁。
(70) P、ディンツエルバッハ／編　J、L、ホッグ／編『修道院文化事典』(八坂書房　二〇〇八年)第9章マイノルフ・ロールム　山本耕平訳「ドミニコ会」1　歴史的展開。
(71) エドワード・ノーマン　監修百瀬文晃　訳月森左知『図説ローマ・カトリック教会の歴史』(創元社　二〇〇七年)九九～一〇二頁。
(72) ①『詳説世界史　三訂版』(山川出版社　一九九三年)一三一～二頁。
②P・Gマックスウエルースチュアート著　高橋正男監修『ローマ教皇歴代誌』(創元社　一九九二年)。
③注(70)『修道院文化事典』(八坂書房　二〇〇八年)。
(73) 訳編者　今井　正『エンゲルベルト・ケンペル日本誌《下巻》』(霞が関出版　一九八九年)五九～六〇頁。

(74) 注(49)①『日本切支丹宗門史上』一六〇三年(慶長八)一〇七～八頁。
(75) 注(7)①『オリファネール　日本キリシタン教会史』第一章十一頁　注(5)メーナらの一六〇五年大村発書簡。同第一章～第四章「聖ドミニコ会が薩摩から追放されたこと、及び同修道会の大坂と都の教会創立」。
(76) 高瀬弘一郎『キリシタン時代の研究』(岩波書店　一九七七年)四〇頁～、五四頁以降。
(77) ホセ・デルガード・ガルシア編　佐久間正訳『福者アロンソ・デ。メーナO・P・書簡・報告』五三～五四頁。
(78) 注(6)『福者アロンソ・デ。メーナ　O・P・書簡・報告』六六～六七頁。
(79) 注(6)『福者アロンソ・デ。メーナ　O・P・書簡・報告』付録1．二六一～二七七頁。
(80) 注(77)『福者　アロンソ・デ。メーナ　O・P・書簡・報告』六六～六九頁。
(81) ①注(6)『福者アロンソ・デ・メーナ　O・P・書簡・報告』五四頁、七三頁～。
②『佐賀藩の総合研究』二四四頁～。鍋島直茂次男忠茂が慶長十四に定米一万石で襲封となっている。
(82) 注(49)①『日本切支丹宗門史　上』一七九頁。
(83) 秀村選三編『九州史料落穂集』第五冊「水江臣記」三八頁。
(84) 注(6)『福者アロンソ・デ。メーナ　O・P・書簡・報告』二七五頁注(31)。
(85) 注(6)『福者アロンソ・デ。メーナ　O・P・書簡・報告』付録1．二六一～二七八頁。
(86) 注(6)『福者アロンソ・デ・メーナ　O・P・書簡・報告』二七〇頁。
(87) 注(6)『福者アロンソ・デ・メーナ　O・P・書簡・報告』二七六頁注(35)。
(88) H・チースリク『秋月のキリシタン』(教文館　二〇〇〇年)三二〇頁。
(89) ①梶田叡一『不干斎ハビアンの思想』(創元社　二〇一四年)九七頁。
②注(3)『キリシタン書・排耶書』六　キリシタン信心の特徴　七　殉教の精神。
③注(75)『オリファネール　日本キリシタン教会史』二九一～二九二頁。
(90) 注(3)『キリシタン書・排耶書』(岩波書店　一九七〇年)六二七頁、
(91) 『佐九』四四九　鍋島勝茂書状。

(92)　外山幹夫『大名領国形成過程の研究』（雄山閣出版　一九九五年）四二三頁、四七四〜五頁。
(93)　①『フロイス日本史１』二八四頁 注（25）。
②『フロイス日本史５』第五九章。
③『キリシタン研究　第六輯』（吉川弘文館　一九六一年）ヨハネス・ラウレス・柳谷武夫訳「筑前・筑後のキリシタン」二十二頁、四七〜四八頁。
(94)　『筑後地誌叢書』（文献出版　一九七九年）一六頁。
(95)　①注（92）③『キリシタン研究　第六輯』「筑前・筑後のキリシタン」五〇頁。
②注（40）『フロイス　日本史８』二三三頁。
(96)　①注（40）『フロイス　日本史１』三六八頁。
②注（40）『フロイス　日本史11』一八八頁、一九五〜六頁。
③注（40）『フロイス　日本史７』一三八頁。
(97)　①注（40）『フロイス　日本史11』一九〇頁。
②翻訳・解説　Hubert　Cieslik S. J.編集・注解　国武喆生『毛利秀包時代のイエズス会年報・書簡』（久留米郷土研究会　一九八〇年）一九〜二〇頁。
(98)　①注（97）②『毛利秀包時代のイエズス会年報・書簡』二一〜二三頁。
②注（40）『フロイス　日本史11』三〇〇〜三〇一頁。
(99)　注（40）『フロイス　日本史11』第八九章。
(100)　注（40）『フロイス　日本史12』十七頁。
(101)　①注（97）②『毛利秀包時代のイエズス会年報・書簡』八頁、二六頁〜二七頁。
②注（88）『秋月の切支丹』（教文館　二〇〇〇年）一九八頁〜一九九頁。
(102)　注（93）③「筑前・筑後のキリシタン」五四頁〜五六頁。
(103)　①注（49）①『日本切支丹宗門史　上巻』三〇頁。

（104）②注（97）②『毛利秀包時代のイエズス会年報・書簡』三六頁。
（105）『久留米城下町　両替町遺跡』（久留米市教育委員会　一九九六年）七九～八〇頁、八四頁、一七一頁。
（106）注（96）②『毛利秀包時代のイエズス会年報・書簡』十一、三七～四〇頁。
　②『久留米市史』第7巻　資料編（古代中世）（一九九二年）六五九頁。
（107）注（49）①『日本切支丹宗門史　上』四七頁、六三頁、六九頁。
（108）『キリシタン研究　第二十四輯』（キリシタン文化研究会　一九八四年）Hubert Cieslik S.J.「マトス神父の回想録」五三頁、八五頁注（三五）。
（109）注（96）②『毛利秀包時代のイエズス会年報・書簡』四二～三頁。
（110）注（107）『キリシタン研究　第二十四輯』Hubert Cieslik S.J.「マトス神父の回想録」三〇頁、五八頁、九〇頁注（五〇）。
（111）注（49）①『日本切支丹宗門史　上』一九六～七頁。
（112）①須藤弘敏『絵は語る　高野山　阿弥陀聖衆来迎図―夢見る力』（平凡社　一九九四年）七～八頁、三七頁、八六～七頁、九二～三頁。
　②『大系世界の美術　第13巻　ルネサンス美術（イタリア15世紀）』（学習研究社　一九七一年）七三～四頁、一〇八頁。
（113）注（49）①『日本切支丹宗門史　上』二〇一頁、二一〇頁。
（114）中野等『柳川の歴史3筑後国主　田中吉政・忠政』（柳川市　二〇〇七年）一七一頁、二三五頁。
（115）注（48）『日本巡察記』二八九頁。
（116）『福岡県史』第三巻中冊一四頁。
（117）注（49）①『日本切支丹宗門史　上』三〇三頁、三四〇頁。
　①H・チースリク『秋月のキリシタン』（教文館　二〇〇〇年）一九七頁。
　②注（97）『毛利秀包時代のイエズス会年報・書簡』三〇頁。

(118)『久留米市史　第8巻　資料編（近世Ⅰ）』（一九九三年）七五～七六頁。
(119)「邪宗門一件口書帳（御原郡今村）」および『邪宗門一件口書帳』雑考。
(120)注（6）『福者アロンソ・デ・メーナO・P・書簡・報告』一三八頁、一六五頁注（51）。
(121)注（7）①『オリファネール日本キリシタン教会史』第五章三八～四五頁。
(122)注（6）『福者アロンソ・デ・メーナO・P・書簡・報告』一一八頁、一四二頁、一六三頁注（30）。
(123)注（6）『福者アロンソ・デ・メーナO・P・書簡・報告』第五章一三六頁～。
(124)①與謝野寛、正宗敦夫、與謝野晶子編纂校訂『日本古典全集　ぎや・ど・ぺかどる　上巻』（日本古典全集刊行会　一九二七年）。
②注（7）①『オリファネール日本キリシタン教会史』第一六章。
(125)注（49）①日本切支丹宗門史　上巻』三一一～三頁、三二三頁注（一三）。
(126)注（49）①『日本切支丹宗門史』上巻三四五頁、中巻八頁。
(127)①注（3）『キリシタン書　排耶書』、『丸血留の道』、「六、キリシタンの信心の特徴」「七、殉教の精神」、「丸血留の道」解説。
②注（116）①H・チースリク『秋月の切支丹』三四一頁。
(128)注（6）『福者アロンソ・デ・メーナO・P・書簡・報告』5「一六一四年、日本の迫害で起こったこと、その原因および肥前国の出来事、その地に長い間いたドミニコ会修道士に授けられて行ったその国の秀れた行動に関する短い報告。長崎で一六一四年十二月」。
(129)注（6）『福者アロンソ・デ。メーナO・P・書簡・報告』一七〇頁～一七六頁注（1）（3）。
(130)注（129）『福者アロンソ・デ・メーナO・P・書簡・報告』一七〇頁～。
(131)注（49）①『日本切支丹教会史　中』四五頁。
(132)注（7）①『オリファネール　日本キリシタン教会史』二三三一～二三七頁。
②注（6）『福者アロンソ・デ・メーナO・P書簡・報告』一七〇～三頁。

(133) ①注(7)①『オリファネール　日本切支丹教会史』二三七頁(3)。
②注(6)『福者アロンソ・デ・メーナO・P・書簡・報告』一三八頁、一六五頁、一七七頁注(21)一七七頁注(21)。
③注(116)①『秋月の切支丹』(教文館　二〇〇〇年)三二七頁。
(134) 久留米市立図書館および久留米市文化財保護課に御尋ねしたが、両地点と同じ音名は久留米市内の他にはない。
(135)『筑後地誌叢書』(文献出版　一九七九年)一〇二頁。
(136) ①『角川日本地名辞典』。九州の浄土宗本山として栄えた。
②『国史大辞典』。
③『福岡県史第三巻中冊』十三頁。
(137) ①注(7)①『オリファネール　日本キリシタン教会史』一八～九頁。第四十四章「二人の青年とパブロの殉教、およびパブロ太郎兵衛というもう一人の殉教」。
②注(6)『福者アロンソ・デ・メーナO・P・書簡・報告』一七七頁。
(138) 富永牧太訳『十七世紀日蘭交渉史』(天理大学出版部　一九五五年)七九頁、八五頁、一〇七頁。
(139) 注(49)①『日本切支丹宗門史上』二七二～三頁、三〇七頁。
(140) 注(7)①『オルファネール　日本キリシタン教会史1602−1620年』第六章　皇帝・内府がキリスト教に対して迫害を開始したこと、およびその動機　四六頁～。
(141) 注(6)『福者アロンソデ・メーナOp書簡報告』一〇〇頁。
(142) ①『三田学会雑誌第十四巻』(一九二〇年)滝本誠一「本佐録とマキャベリズム」。室鳩巣門人兼山の手になる『兼山秘策』二九二頁参照。
②注(49)①『日本切支丹宗門史　上』一九二。
(143) 注(137)『十七世紀日蘭交渉史』一七七～一七九頁。
(144) 注(73)『エンゲルト・ケンペル日本誌《下巻》』七〇頁～。

(145) ①注(138)富永牧太訳『十七世紀日蘭交渉史』)一五六~七頁。
(146) ①笹谷和比古「徳川幕府の大名改易政策を巡る一考察」二(『日本研究 国際日本文化研究紀要』第四集二一九九一年)。
②藤野保『新訂幕藩体制の研究』(吉川弘文館 一九七五年)二二七~二三二頁。
③注(49)①『日本切支丹宗門史 上巻』一四二頁、二〇二頁、『同 中巻』一〇六頁。
(147) ①五野井隆史『日本キリシタン史の研究』(吉川弘文館 二〇〇二年)一六九頁。
②藝苑叢書『白鷺洲』(吉川弘文館 一九二〇年)大貳探元談 島津久峯 宝暦年間筆記 六二頁。
(148) ①「勝茂公御年譜」二三~四頁。
②藤野保『幕藩体制史の研究』(吉川弘文館 一九七五)二五九頁以降 一家康の改易・転封策とその特色。
(149) 注(53)『長崎のコレジヨ』一八〇~一八三頁。
(150) 注(49)①『日本切支丹宗門 史上』二七五~六頁、二九七頁。
(151) 注(49)①『日本切支丹宗門史 上』三一一~三一三頁、三二三頁 同 注一三。
(152) 注(53)『長崎のコレジヨ』一二三~一二五頁。
(153) 注(49)①『日本切支丹宗門史 上』三四六~七頁。
(154) 注(49)①『日本切支丹宗門史 上』三五〇~一頁。
(155) 注(49)①『日本切支丹宗門史 上』三六七頁。
(156) 注(49)①『日本切支丹宗門史 中』二五頁、五五頁の注一三、五九頁 注四八。
(157) 注(49)①『日本切支丹宗門史 中』六九頁その注九、三五頁。

終　章　佐賀藩箏曲の揺籃と深化

一　佐賀藩の文治への模索と葉隠

序論編で述べたように、中世から近世への変革期において、外来文化に加え、日本国内の情報も含め数々の情勢変化を理解し取捨選択し、竜造寺領国以来の産みの苦しみから昇華することが、その後の直茂・勝茂親子の使命であった。、そのための思考のメカニズムを作り上げたのではないか。

その変革を促したものとして印度や中国から三教、特に仏教思想を絶対とし浸りきっていた思考と社会体制を覆すものとして、キリスト教布教を目的としてやってきた宣教師が、日本の支配層に接近し西欧文明の渦に巻き込む動きを始めた。その結果、日本のルネッサンス期ともいえる状況を生み出した。

元々わが国にあっては平安時代遣唐使によって、『帝範』等が齎され、朝廷講書の資料として採り上げられ、以来政治道徳たる君徳臣道を培養するに大きな影響を与えた。江戸時代には中国の儒家思想が政教の根本となり、将軍も地方国主にとっても必読の書であった。『帝範』「崇文篇」には「ここに知る文武の二途、一を捨つるも不可なるを、時と優劣し、各々その宜しきあり」とある。(1)

『太平記』巻第十二「公務一統政務の事」に「文武二道同じく立てて、今の世を治べきなり」とある。戦国大名北条早雲にもその例を見た。甫庵『信長記』巻第十五之下「信長公早世之評の条」にも引かれる。信長が天下平定の志を遂げなかったことを説いて「毎物経緯有り。文道武道は治道の経緯とは云ふとも、文道殊に枢要ならめ。而るに武道のみを以て治めんとし給ひしは、木に因て魚を求むるに同じ。是に依て其の成功終に立たざりき」。ここにおける文とは武に対して、学問・学芸・文学・芸術などであろう。[2]

ロドリゲスが日本の情勢を把握して、布教に役立てるために述べている。国家が泰平無事に維持されるためには、法治国家で正義と平等による統治を行わねばならない。人の上に立つには文武二道すなわち文学と武芸を兼ね備えるべきである。ひとりの人間が日本において完璧な人と言われるのは、その二種のこの国の学芸を含む学問の道を備えている人である。もっとも高貴な領主や教養ある人々が気晴らしにそれらの芸を習ったり行ったりするが、それは低級なものではない。その芸には能書や演劇や喜劇などを上演する祭の音楽や話術や武芸など七つ挙げられる。[3]そのような人の例を挙げたい。島津軍麾下の中枢武士上井覚兼により著された日記がある。既述の上井覚兼は、太守島津義久の武将で宮崎城主であった。十七歳以来軍功を重ねた。その才幹は深く義久の信任する所となり、三十二歳のとき天正四年（一五七六）に抜擢され老中職につく。伊勢守に任ぜられ覚兼と称した。彼は家臣には平家を始め武人の教養特に芸能に関する嗜みの事を説いた。神仏信仰は諸法を学び伝え、「香華を棚上に備え、花皿をもてなし、法華を持経し般若・金剛経、諸仏経を看読す」、「貴人・高位に貴からずして交わる事候。琵琶・箏・笛・尺八などは自分自身は聊かも不存候」と伝え身を低くする。天正十三年には里村紹巴に批點を請わんとする。[4]

ドミニコ会の一六〇九年（慶長十四）報告では、パードレ・メーナらは、薩摩の帖佐で島津家久を訪問した際に家久は、日本の風習に従って彼らの為に音楽を演奏させたとある。藩の伝統と風習に従った邦楽の演奏を見聞した。[5]島津家も、武将の精神生活は武辺一辺倒ではなかったと言えよう。

葉隠武士には風尚嗜好には似つかわしくなく否定的な姿勢と思われている。しかし武士の途を目指すために戦国時代を経過する頃にはそれを活かしていた。

既述のように財政上根幹の矛盾を抱いた幕藩体制は進行し各種改革も進められると共に江戸幕府史上学問全盛時代へ向かう。

佐賀でも正保四年（一六四七）〜明暦二年（一六五六）まで、有田皿山代官を務め陶山の整理の結果、運上銀増徴に手腕を発揮したり牧の経営や佐賀藩の大坂城普請や原城攻撃などで活躍した山本神右衛門の子常朝が葉隠を脱稿したのも享保元年（一七一六）である。

戦国時代を下ること百数十年、合戦について敵味方を問わず偽り飾りなく伝える武士の道が衰えた人々の批判をした『甲陽軍鑑』が筆録されて一四〇年経過したのが享保時代（一七一六〜三六年）である。

『分類注釈葉隠の真髄』の「『葉隠』成立の由来」によると、

元禄以降赤穂義士のような武士道の模索も発揚されたが、反面元禄文化のような拝金的物欲に迷い、文弱に流される時代を生み出した。従って経世済民の見地から日本特有の道徳である武士道を啓蒙する学者を輩出した。佐賀藩でも、藩主や藩のために一身をささげて忠誠をつくす人々が減ってきた。漫然と扶持をもらい、戦いの最も重要な場所における働きを平和な時に活かすという気風も薄らいだ。このような世情下、山本常朝が士風活気なく崩れ廃れているのを嘆き語って『葉隠』が生れたのもこのような時代的経過後の特徴であった。

佐賀の宴席では錦木の謡を諷い、舞曲をなし当代稀なる猿楽上手な鎮並を惨殺した武辺一辺倒の竜造寺隆信に比較し、その麾下であった鍋島佐賀藩祖の鍋島直茂には文武二道の言行録が残る。鍋島家家臣が驥尾に付した要因の一つであろう。『葉隠』「聞書第一」の三に「奉公人は一向に主人を大切に歎くまでなり。これ最上の被官なり。（中略）この上に、智慧・藝能もありて、相応々々の御用にたてば尚幸なり（後略）[6]」とある。

その家臣に多久氏がいた。竜造寺隆信が元亀元年（一五七〇）弟長信を多久梶峯城に置き、士七五名、卒五百余名を連れて入城し歴代この地を支配させた。その中の一人に「某先祖諸田慶順儀、佐嘉南里村より被召抱候、天理様多久入城已後召寄候」とある。長信の嫡子家久は竜造寺姓を遠慮し所領地名の多久を姓とし多久家初代として、以後歴代国老として佐賀藩政の枢機に参画した。(7)

多久家二代美作守茂辰（慶長十二年生まれ、寛永五年ころ藩政の諮議へ、その支配の立場にあった。寛文九年卒）俳号が愚恵で佐賀藩諸侯の間にみる文事の隆盛において先導的位置を占めるほどの教養豊かな人物でもあった。彼の文学愛好が佐賀近世文壇の成立にも大きな役割を果たし、その文学愛好が本藩の二代鍋島光茂、小城藩二代直能、鹿島藩二代直條へと影響を与えた。この藩主層を中心にした文化は雅文芸に比重がかかった。(8)

愚恵は寛永十四年（一六三七）頃成立した『毛吹草』の編者である松江重頼が、寛永十年（一六三三）頃長崎を訪れて以来、伝をたよりに折を見ては俳句の歌境を認め加点浄書を依頼していたと思われる。松江重頼は細川幽斎に和歌を、里村紹巴に連歌を学んだ松永貞徳の七俳人の一人であり、京都の旅宿業者である。彼は古来の連歌師や近世の俳諧者と同様に広く四方に行脚し諸国の名物をも見聞し、近世初期の物産を地方別に枚挙した。江戸と長崎も旅行し、その俳書『毛吹草』に肥前「唐津・今利ノ焼物」が挙げられる頃、前後する寛永十二年に茂辰が国元諸事支配に任じられていることは偶然の一致であったろうか。(9) 両者の接触は「今利ノ焼物」の知名度を上げた切欠だろう。

寛永の初期以来、長崎まで往復していた松江重頼が、寛文八年（一六六八）四月、佐賀に来た際に愚恵がその句を愛好者とともに披講したのであろう。(10)

　夏むきハ　とつ国嬉し　藻の花見

茂辰の妻室は勝茂の娘・鶴である。茂辰は、亡父安順が慶長の役の際鍋島家初祖直茂に同道して帰国にあたり多久家で李参平を預って以来、鍋島佐賀領有田の窯場の支配の立場でもあった。その頃、赤絵が仕上っていた。

松江重頼が寛文八年（一六六八）に、有田を訪れた頃、伊万里有田の皿山用人木下重昌吟行の作であろう〔筑紫紀行〕に採られる[11]。

夏なれど　山や錦手の　皿茶碗

国内にあっては元和偃武もはやとっくに過ぎ、元禄文化への道を模索する頃、桃山文化以来の支配層による茶の文化の呪縛から開放され、経済力を握りはじめた商人の好みも住居を取り巻く装飾品や接待に使う器に影響しはじめていた。元和元年（一六一五）に佐賀藩内でも上級家臣団に位置し、急流の水難防御対策工事に実績を持つ成富兵庫茂安は、勝茂に次のように進言している。

大坂一乱ノ後、成富兵庫茂安、時勢ヲ考テ公へ申上ケルハ、関東ノ武威ニ依、最早天下ハ一統シテ静謐ノ御代ニ成ヌ、此後ハ金銀ノ入目多カルベシ[12]（後略）。

愚恵の師松江重頼が寛永十年（一六三三）刊行後、反響を呼んだ俳句選集の嚆矢とされる『犬子集』の冒頭にも諸技藝の勃興の様相を記す。

今や御代屋島の外までもおさまり、国土安全にして民の竈もにぎはう折からなれば、高き賤しきによらず諸道をおこす故に、誹諧もまた盛んにしてけり。

かたや佐賀藩は特に勝茂の時代は関ヶ原以来、武辺に全力を注ぐことで臨戦態勢の時代を生き抜いてきたのであるが、次の光茂の時代は確実に戦わない時代に向かった。序論編で述べた徳川家への罪の償いに続き、島原の乱では軍令違反を問われ閉門を命じられたほどの決死の覚悟でもって戦功をあげ名誉挽回に専念していた。勝茂は長男小城領主元茂・三男蓮池領主直澄に指示し、三万四千余人を動員し隣国の名誉にかけ、命令された日時より先だって乗り入れるという勇み足で、討死も細川家の三倍六二〇人、手負いも二倍の三千余人など他の藩に比し極端に突出して犠牲者が多かった。挙句の果てに江戸幕府上使板倉内膳などとの功名争いの結果「必乗取可申と見懸候砌者、縦御上使御下知相背候而も不苦候[13]」と勝茂の近習頭の鍋島大膳が寛永十五年の原城への総攻撃の際本丸への一番乗りを果たしたのが、勝茂は軍令違反を問われ、閉門とされた。[14]

正保四年（一六四七）、長崎への南蛮軍事船二艘のが長崎来航時の、幕府と筑前肥前による守備体制の際にも、黒田家の本番以外では鍋島家は細川家と共に他家より桁違いに多い一万千三百五十人動員している。[15]

しかし、島原の乱が以降、武辺が無用になり有能な政治・経済官僚が求められる時代となってきた時点で、以降どのように生きて行けば自藩の安寧を得られるかに領主の考える能力が求められた。いうまでもなく、時代は文治の方向へ向かうことになり佐賀藩もその動きを示す。

後世の文化九年（一八一二）著述された佐賀藩の「文化小史」、『雨中の伽』には、箏以外にも佐賀藩における蹴鞠、連歌、俳諧、朗詠、田楽、猿楽、茶道、香道、平家などがあり、雅な文化への執心もあったのであろう。[16]

産声を挙げた佐賀藩の風土の象徴として語り伝えられた「『葉隠』の武士道精神は、歌道の精神そのものである」といわれる井上敏幸氏は、武家社会における一大転換点における先駆的思考として、佐賀藩の場合この動きをいち早く察知できたのが後の小城の二代領主直能と挙げる。直能は生涯にわたって天皇家を中心とした堂上歌壇に身を置き歌道に精進していた。寛永十五年（一六三八）十七歳の時、諸芸に達していた父・鍋島勝茂の子元茂より、大師流筆道の伝授を受け、翌年には飛鳥井雅章より歌道の「相伝」を許されていた。寛文元年（一六六一）四〇歳の直能は源氏物語に精通した北野能圓の次男の能貨より古今集の伝授を受けた。また五十四歳の延宝三年（一六七五）後水尾法皇・後西院・道寛法親王、及び十七名の公卿の詠桜岡和歌二十首を得て、『八重一重』を自ら編纂し、同八年（一六八〇）には、九年かけて自ら編纂した『夫木和歌集』を霊元天皇に献上した。

直能のその活動に強い影響を受けたのが、禁裏崇敬に心を入れた佐賀本藩第二代藩主光茂であった。[17]『葉隠』

にある光茂の御詠歌は、正保二年（一六四五）頃、十四歳の時多久美作守茂辰より歌を聞かされて以来歌に執心したと伝える。[18] 以来歴代藩主中で最も歌を好んだ。文学にも通じていた光茂は、他人の妻を犯すは初耳と密通者を重罪に処したが、光茂は密懐は昔からあったことが源氏物語にもみえたりと光茂祐筆の金丸軍右衛門に漏らしたと伝える。[19] 光茂は源氏物語鍛錬の者として知られる北野能園の傳を継いだ次男能貨を召し寄せ講釈を聞いていた。[20]

光茂は佐賀鍋島の蠣久天満宮に連歌を奉納し、爾来佐賀藩の慣例となった。しかし、光茂は祖父勝茂から歌は公家の所作ゆえ武家は政道の事を心懸けるべきで、歌などに貪著すべからずと神文にて誓わされた。このことを踏まえ光茂は勝茂の厳訓を守った。後に政道を専らにしその隙に歌道に親しんでも祖父様は許されるであろう、先祖の時代は乱世で、日本に名を残すには武道に勝れるべきであるが今は乱世ではない故、名を残すには日本第一の宝である歌学しかない、武家においても幽斎の例もあるではないかと述べた。歌学を遂げることが、日本第一の宝、武家に於いて幽斎ならで類も無き古今伝授を致し、一生の思い出にすべし。政道の差し障りがなければ祖父勝茂への申し訳も立つゆえ歌道を隠密にやった、と述べた。元禄十三年、その臨終間際にいたってもこだわり、山本常朝を使者にたて三条西實教から古今伝授を受けた。公の御伝授は西三条家の正統にて、鍋島家に残る事は不思議の次第である。正統の古今伝授は今仙道様・西三条家の三ヵ所である。光茂は、時宜の物言の作法は、能狂言で、直能は、座作進退は茶の湯で稽古し体得せよとも述べている。[21] 光茂は万治二年（一六五九）には飛鳥井雅章への入門祈願の起請文を北野天満宮へ奉納していた。

この二人の入門こそが文治の時代への質的変化を示す象徴的出来事であった。こうして臨戦体制の武家スタイルを保持したままに、和歌文学の力を背景として、「歌は政道の助けの一也」と政治を後押ししていった。本来、武士道の書であるはずの『葉隠』が歌道の教えを基本思想の一つとして取り入れていった。直能の考えは平和な武家社会の到来は、武家が文武二道に達しているべきであるが、武家の文や伝統的な和歌における評価も低い、そこで新時代における武家歌人の名を世に知らしむべく『武家歌仙』を編纂したのであろう。ここに見られる新時代の直能の武家歌人としての自覚は、そのまま光茂の自覚と重なり、その死に至るまで古今伝授にこだわった理由もここにあった[22]。

『葉隠』は伝える。光茂の加判家老を務めた中野数馬利明曰く、「茶の湯の本意は、六根を清くする為なり。眼に掛物を見、鼻に香をかぎ、耳に湯音を聴き、口に茶を味ひ、手足格を正し、五根清浄なる時、意自ら清浄なり。畢竟意を清くする所なり。我は二六時中茶の湯の心離れず、全く慰み事にあらず」、「時宜物言ひの作法は能狂言で、座作進退は茶の湯で稽古」、「真の芸能も、武道奉公の為にと心に構へてすれば、用に立ちてよきなり。多分芸好きになるものなり。学問など就中危きなり[23]」。先に挙げた光茂への祖父勝茂の歌学への誡めの際であろうか、年寄役は蟄居させられ、光茂の側役も勝茂に叱りつけられた場の末座に居合わせた勝茂室高源院世話役の子相良求馬の若輩ながら光茂への弁疏がある。「丹州様の御気質を某ならでよく存じ候者御座なく候。御気質やはらぎ申す為には、御歌学頂上の儀に候。抜群の御器量にて、御短気手荒く御座なされ候・されば、御歌御好き遊ばされ候は、御家御長久の基と存じ奉り候[24]」。

このような藩政の産みの苦しみの時代に、佐賀本藩鍋島勝茂や孫の光茂、国老の立場である多久家の文人肌の思考や小城藩主直能、武雄の後藤家信、諫早の竜造寺家晴、須古竜造寺信明、鹿島鍋島氏らの血脈が、中世来の善導寺などとの交流の結果、佐賀領国においても箏曲創奏を嗜んだのは異質の文化ではない。

二　佐賀藩の文化的母胎

歴史的に箏曲演奏条件が収束しやすい地域として、佐賀藩にその受け皿をもつ可能性があることが理解出来た。さらに洋楽を受け得る資質の土壌を模索して見よう。

佐賀藩の祖である鍋島直茂以来、「歴代藩主の言行録」の中に直茂の芸能を比喩として、相手を納得させるだけの深い理解から産出された考え方が伝えられている。小早川隆景が使者をたて難解な話を申し入れるにあたり、佐賀の直茂公に教えを乞うた。隆景の口上について直茂公はこう述べた、この御口上に私が注意することは少しもない。但し、これは話し方に工夫が要る口上であろう。すべて能楽や琵琶の類も上手な者がするのを聞くと涙の零れるものである。下手な者がやるのも同じ文句や節まわしであろうが涙は出ない。これは使者のその方の心がけとして申したまでである(25)。佐賀藩においては何かをやるにつけても、中途半端はだめなのであった。つまり芸事は聞く人が涙を零れるほどの能力を要求した。

佐賀では藩主が雅楽を奨励し藩士に学ばせ、箏曲も受け入れ得る風土があった。堤主礼『雨中の伽』の「楽」に述ぶ。三代綱茂公は聖堂を建立し、春と秋祀りには音楽を演奏させ、与賀明神には管弦があり、管弦座では僧衆などが修得している。六代宗教公や八代治茂公は各地の楽人を招き学ばせたとある。

後年の寛永十年（一六三三）夏のことである。新造の安宅丸を将軍家光が閲覧するために品川の湊に到着した。その船魂祭のために鍋島勝茂も堀田正盛、松平信綱、阿部忠秋、伊達政宗、池田光政ら諸大名とともに、それぞれ船に分乗して集まった。宴酣になり各々舞を舞ったが、鍋島勝茂は己が領邑に行わる須古踊りを舞ったが、余りの可笑しさに光政がこらえかねて吹き出し、一座皆笑い一座共に打ち解けた様子であった。さらに同十四年

（一六三七）九月十七日、江戸城二の丸東照宮の棟上げの日「忠明風流を催して御覧に備ふ」とある。佐賀藩二代藩主光茂の母方の祖父松平下総守忠明より、将軍家光に肥前の「須古踊り」観覧を勧め「可然之旨依上意」があった。早速国元より諸役者が江戸へ登り、百日ほど稽古して同夜家光の前で一番から五番までその踊りを演じた。そのメンバーは踊り子十六人、音頭二人、地謡二人、小鼓三人、笛三人、太鼓一人、狂言二人となっている。[26]

同九月二十一日付にて、勝茂は佐賀藩の重臣十一名宛てに、家光からの須古踊り閲覧の感想「珍敷おとりにて、拍子も揃候」など賞された話を松平忠明経由で伝えられたと満足の伝言をしている。[27]

この「須古踊り」は、竜造寺隆信によって、杵島郡須古の高城が天正二（一五七四）年十二月落城した折、討たれた城主平井経治叔父新宗吟入道という人物がいて武勇にも優れ、連歌も好む優雅な人物で「須古踊といふ遊あって、様々に花車なる文句を謡ひしも、此入道の作ぞかし」とある。[28] 同伝来の須古踊りという名の芸能は、竜造寺隆信の勢力拡大の折の勝者の芸能として披露されたのか、今日、「生月町史」に記載されているほか実演記録は長崎県北松浦郡生月町舘浦にあり、他に平戸市度島、同獅子、大島村、鷹島町、島原半島の付け根に位置する北高来郡飯盛町、大村市に伝えられている。[29] その踊りを鍋島家の芸能として伝統的に手中に収めたのであろう。竜造寺軍はそれらの切支丹盛んな各地においてクレドを耳にした可能性もある。

直茂は逆に謡曲の仕舞のような、渡辺綱が羅生門に住む鬼神と戦って手を切り落とす場面を演じた筑後川の佐賀藩対岸筑後の舞の者をよび謡を家臣らに聞かせた。三章三節にて既述のように、その場に男子なき直茂が養子候補として十二歳頃の茂里を同席させ舞の感想を述べさせた結果、その返答に感じ入り養子と決定したと伝える。[30] 筑紫箏も筑後久留米から佐賀に伝わった。このように芸は感覚的に昇華出来る人々に伝承されていく。

筑後善導寺と鍋島家に関わる肥前との管弦の交流を見てみよう。

永禄七年（一五六四）の頃「鎮西本山歴代誌」抄善導寺側の記録に「肥前背振嶽坊舎ノ内ヨリ雲入坊幷道者二

人来リ、当寺ヨリ管絃ノ譜ヲ移シ、善海坊ヨリ伝之帰ス」とある。[31] 善導寺から諸田賢順来佐以前に、肥前との管弦交流を推定させる。第二十一世　伝誉上人文禄二年（一五九三）「春入院、此代管絃譜肥前ヨリ移之用」とある。[32]

佐賀藩側の『正定寺由緒録』の両寺院間の管弦を通じる交流を示唆する部分を挙げよう。弘長二年（一二六一）、「法事讃会」には、塔頭の僧を善導寺に派遣し、「慣声明管弦及作法等を於善導寺経日伝来」。「開山師欲摸聖光上人生平所勤行法事讃於当時弘長二年春三月遣子院僧徒慣声明管弦及作法等於善導寺経日伝来」。同年十月の法事の際には「管絃倣五々菩薩音楽」と伝える。弘長二年（一二六二）に正定寺で行われた「正覚ノ会法事」の際、「其荘厳ハ安養会ノ虚空会ヲ表シ、管弦ハ五々菩薩ノ音楽ニ倣フ」とある。ここでも賢順以前の交流を推定させる。

なお『正定寺由緒録』慶長九年没の團上人の頃の記事を挙げよう。「昔有一貴族未詳姓氏年月左遷筑之後州素好音楽慣之村里児輩屡奏之以慰謫処之幽間、自作種々之新曲終名曰筑紫流楽伝聞上古亦有筑紫楽與今流同異未審後同国善導寺僧徒伝之、為開山忌法事之助、亦善導寺伝来当寺為法事讃会之助、当国往年無楽人、千栗、仁比山・徳善院等有遷宮神事曰、太守必命当寺之僧徒奏楽、又　太守勝茂公命修補当寺楽器、以励楽徒十六世團誉代之事也」。「近年京流ノ楽流―布シ来テ、世間筑紫ノ一―流大ニ廃ル矣、当時ノ音楽無更流儀ヲ四百余年、至今無断絶焉、足レリ道フニ稀有」と記す。[33]

両寺間の交流を示す動きの始めに、『正定寺由緒録』では開山の満恵上人が二十歳の頃善導寺開山の聖光上人の法を継ぐと伝え正定寺の開山以来の交流が窺える。「鎮西本山歴代誌」でも善導寺第十七世證誉上人「肥州南里正定寺ヨリ転住慶長年中也、彼寺十一世ノ住永禄元亀之間ナルベシ」とある。[34] 正定寺第十一世純蓮社證誉上人については、石井良一『武雄市史』（石井義彦　一九五六年）四六四頁に次のように記す。

「備考」正定寺は肥前国最初の浄土宗寺院にして其以前は行基菩薩の宗門であったが、建長六年筑後の満恵上人顔海和尚が後嵯峨天皇の綸旨を頂き初めて肥前に来り浄土宗門を開いたものである。

武雄西福寺開山西誉上人、本姓南里氏で、佐賀郡川副の地頭南里氏の次男にして、西川副村字南里の正定寺第十二世である。上人が関東遍歴後、天正十二年帰国し正定寺第十二世となった際、「善導寺以嘱」ともある。同寺十一世證誉上人が筑後の善導寺第十七世に転住したが、一時双方を兼任した先例を踏襲した。善導寺第二十世円誉上人は、正定寺第十四世住也、ともある[35]。

その後も久留米藩地誌の延宝三年（一六七五）に成る「北筑雑藁」一八頁の○善導寺に「法会ニハ楽を奏ス。僧徒皆之ニ習熟セリ。所謂筑紫楽ナリ」とある。「北筑雑藁」は京都の儒医としてその名を知られた眞邊仲菴が久留米藩に聘せられて、藩の子弟を三十三年間教育したという故、藩内外の資料の採取するには十分の時間と力を持ち得たであろう。そして残し伝えた地誌は他の地誌類の先駆をなし「久留米小史等によりて、略々之を知り得べきも」「何等の引用書なく参考書なきの時に当り、独り自ら問尋究覈」と序に記す。

先駆をなす「北筑雑藁」より引用したと思われる天和三年（一六八三）に成る「筑後地鑑」二六頁善導寺に次のように記す[36]。

毎歳二月二十七日八日九日ニ三日の法会アリ。是開山聖光上人ノ御忌ナリ。法事ニハ管絃ヲ奏シ楽ヲ交フ。僧徒皆是ニ習熟ス。所謂筑紫楽トナリ。中州九国ノ門派ノ緇素、来リ湊リテ大念仏ヲ行フ。法会ニ逢エバ、老若群聚シ、三夜白ク市ヲ成シ、

善導寺は浄土宗九州宗本山ゆえ佐賀藩を含む九州九ヵ国から僧徒だけでなく信仰心ある人々が集まり筑紫楽も耳にしていよう。

近世においては、佐賀藩の文化小史といわれる文化九年（一八一二）堤主禮著『雨中の伽』に序論編二章の[13]に

挙げたが、それより以前にその内容は小川俊方が享保九年（一七二四）『焼残反故』「勝茂公御婚礼　付筑紫琴之事」の中に「右、筑紫琴之相承ハ、（中略）自是筑後善導寺之住持賢順上人、後還俗諸田氏相伝へ」と続きほぼ同じ内容を挙げている。この婚礼は慶長十年、後述するように四辻家が藪と号されたのは寛永十四年である。「徳寿院は賢順弟子也。（中略）其手馴の琴、叡覧有べしと有ければ、差し上げる。藪《ママ》大納言殿弾奏、銘を鳳凰と付させられ、錦の袋に入れて御返し、御製御短冊下される」。注　ママ佐賀県立図書館に問い合わせ筆者付記。

こうして多久邑における箏演奏の伝承を示す。『筑紫箏調査報告』の「伝承者系譜抄」の系譜になる伊東祐之（文政十一年〈一八二八〉没）の「筑紫楽私記」（文化八年〈一八一一〉）跋には、佐賀藩中野氏の女（梅）が多久家に仕え、名を「広瀬」と改め多久家の息女「須古家の内室」に筑紫箏の秘曲まで教えたが、後三田川町に住み、上中杖村の明善寺住職の妻糸に伝えた。この時期は伊東祐之の年代から見れば一七〇〇年代後半と思われる。また多久市歴史民俗資料館には天保十五年（一八四四）の日付がある「筑紫詠局弾法秘事目録」がある。[37]このように佐賀藩においては筑紫箏の箏曲が演奏され続けられ、同藩には、そのような音の分野でも芸術的新世界を許容する風土があったのである。

『多久市史』では、わが国の箏曲には肥前を中心とする九州北部に伝えられてきた独奏曲および歌の伴奏に用いられてきた筑紫箏がある。この筑紫箏（箏曲）は①久留米の善導寺の僧賢順が越天楽今様などから着想を得て善導寺に伝わる管弦合奏の楽（善導寺）②北九州地方でおこなわれていた古い箏曲（筑紫箏）③明人の鄭家定から学んだ琴（琴曲）、これらの曲を整理統合して新しい箏曲を編み出したものが筑紫流箏曲であり「現代箏曲の源流」とする。[38]

『雨中の伽』に次のようにある。[39]『雨中の伽』が著された直近の治茂公（八代〈明和七～文化二〉佐賀藩主）の御代に須古家に嫁した多久家九代多久茂鄰の姉のつくし箏の技能を伝えて、佐賀領国内での技術伝承を以下記す。

治茂公御代今の長州姉須古家に嫁し給ふも、つくし琴能傳へて上手也しとぞ。昔は男女又出家ニも、つくし琴翫しと也。いつとなふ絶て八橋流いつの比の座頭のぼりて傳しや、都地方より下りて傳しや、普くはやりて、今も年老し婦人などニ、八橋を弾く人残れり。重茂公御代（筆者補注　本藩七代藩主。在位一七三三〜一七七〇年）、米倉勾當城直もとは誰ニ習しやしらず、上京して始て、生田流を安村検校に学び、中許を得て帰卿しぬ。佐嘉ニての生田流の始也。

尚、別の説明「生田流組」生田流の曲名中に「六段の調子」とも記す。

今の長州とは同著が著された時代に近い多久家九代茂鄰（一七五九年生まれ一八四一年没）、須古家とはこの須古踊りで紹介した旧須古高城を本拠地とした鍋島安房のことである。佐賀藩内各家互いに、時には三支藩を始め親類同格などが反発することもあったが、本藩主の指示で婚姻関係にもあった。その中で、多久家六代茂明のように須古鍋島茂清（須古）男が宝永二年（一七〇五）須古鍋島家相続後正徳四年（一七一四）多久家相続とあり、互いの文化的交流も可能である。(40)

さらに『多久市史』『役所日記』安政五年（一八五八）八月十三日の項から所引する。右の徳寿院以来、多久家にとり由緒深く当十一代多久茂族の夫人（須古鍋島安房茂真の長女）が筑紫箏曲の伝授を受けられたので、これから先この箏曲を伝えるようにとの記述があり、また、多久家一族の「当役、御勝手方頭人」が「御用人」に対して、家臣の一人に暇を見て稽古させよ。との指示をしている。この伝授は『伝承者略系図』にも、多久家として箏の演奏を守っていた可能性を見る。(41)従って頼山陽や林述斎、広瀬淡窓などとの交流や朝鮮使節団会見の一員ともなった多久領近世後期の儒学者で文人の草場佩川（天明七年生まれ　慶応三年没）の『草場佩川日記』下巻の文政七年（一八二四）五月十八日の項に、「盤谷・宗右為弾筑紫箏、五更帰舎」盤谷とは筑紫箏第九代伝承者、

今泉千春のことと記録されるのも筑紫箏に関する当然の描写であろう。(42)

わが国では各種の分野での先祖・諸祖を祭上げる例が多いが、賢順の事蹟についても序論編にても挙げたように今日の研究者の方が殆ど肯定されている。しかし、序論で「日本音楽の歴史研究の不毛」と挙げた馬淵卯三郎氏は次のように指摘されている。(43)

まず筑紫箏の起源についての文献で最も早く基礎的で十七世紀の筑紫琴に関する諸説の集大成的な文献であるのが『琴曲抄』の「序」で元禄八年（一六九五）の公刊文献である。また刊本であることも年代の客観性の保証として重要である。馬淵卯三郎氏はその中で、筑紫琴について保証出来ない例として挙げられた。「筑後国善導寺の住侶。世にすき人にて。せちにこひて。此秘曲をつたはり得て。肥前国の住人。後奈良帝時也賢順居士といふ人に付与せしむ。賢順又同国諫早（三ウ）住。慶巌寺の僧玄如に。ゆるしつたふとなん。その比賢順都に来りて」琴の音が聞こえる大納言藪殿の家の門に至った。その風情をいぶかった藪家の誘いに応じ賢順が一曲弾じた琴の演奏ぶりに大納言は驚き、帝に奏したら、大層素晴らしいと内裏に召して弾じさせた。その演奏振りに皆感嘆したというのである。賢順が帰国するに際し、藪氏が賢順居士に対しその弟子の上京を依頼したので僧法水を遣わした。(44)この後段の部分は「賢順居士」として同じ行動する情景が、昭和四十五年『《共同研究》筑紫箏調査報告岸辺成雄平野健次』にて述べられたように部分的な修正と補説を加えた寛政四年（一七九二）初版山田松黒『箏曲大意抄』六〇三頁以降に引かれている。

次に序論編一章でも問題提起をしたように馬淵卯三郎氏は日本の音楽史では往々にして常識で理解不可能な箇所に直面すると述べる。右の場合、後奈良帝在位（一五二六～五七年）の頃、居士号を拝受出来た賢順が、箏の秘曲を伝授され八〇年以上経過した百歳を過ぎた寛永十四年以降に、上洛して藪氏宅を訪問し箏を弾いて見せたことになる記事の例がそうである。善導寺在住時代の「蓮社号への言及がないのも不審とすべきであった」などからも賢順そのものの生存と行動など実在にも疑念を表しておられる。選者　深江順房『丹邸邑誌』二三〇～二三二頁に、「○元亀元年庚午九月十五日、天理府君枪峯御入城、供奉七十五人。後日参候輩　五十八人　諸田賢順斎　尾形一党　諸田三家祖」とある。『水江事略』にも、高麗陣出発に際し、文禄元年（一五九二）四月の安順に従って多久を出発する手勢の中に、「諸田慶順斎」とある。

同氏は「ここでもし系図の生年を信ずるならば、多久への移住が三七才はよいとして、この出陣は五九才ということになる。名前も全く同じではないということもあり、単純に同一人としてよいものか、疑問のあるところである」。この慶順と、筑紫箏起源説話における賢順と同一人物か否か事略は語らない。佐賀藩側の記録に賢順弟子中多久長門の夫人の箏の音が雲井までとどいたという多久家の名誉がかかる記事も筑紫箏が関係する記述は冷静さを欠く例である。[45]なお『国史大辞典』によると藪家は戦国時代末期に高倉家が中絶した後、江戸時代初期に西園寺家庶流の四辻公遠の三男が入って再興し、のち寛永十四年（一六三七）に藪と号した。

以上の馬淵氏の不信感を再考してみたい。

「諸田氏系志」は、「南里正定寺有賢順持用之琴琵琶私為寺物」とする。[46]

元禄年間に、多久家において家臣側が戦国末期から長信の多久入城を中心に、三・四代下った者たちの元禄年間の報告を基にして成立した『水江臣記』巻第二の六五頁の「諸田孫左衛門」に次の通りある。時の多久家四代領主茂文は、『葉隠の真髄』「四請願篇　慈悲三二」によると、佐賀鍋島家藩主勝茂の孫である三代藩主光茂の三男で、儒学を大いに尚んだことで知られ、多久に孔子廟を創建した。

某先祖　諸田慶順儀、佐嘉南里村より被召抱候、天理様多久御入城已後被　召寄候、左候而高麗御陣之砌は、天叟様（長門守安順）致御供罷立候、有馬一揆之時は、嫡子蔵人・二男新兵衛愚渓様《多久茂辰》御供仕、新兵衛儀は戦死仕り候、蔵人子孫左衛門、其子某ニ而御座候亨。

次に戦国時代末期において、戦陣に出た武将の年齢を見ると、竜造寺家兼・剛忠は九十二歳、鍋島直茂が慶長の役に五十九歳、島津義弘が同じく六十二歳、生駒親正が文禄の役で六十六歳、とその存在を否定できるほど類例がないわけではない。『葉隠』にも、十三から六十までは出陣、それ故古人は年を隠したと記す(47)。したがって賢順と慶順は、固有名詞の表現として人名の呼称上ありえること。南里村とあるのは元亀元年以前に南里村正定寺にいた可能性をみる。

蓮社号は浄土宗の場合、僧が伝法、すなわち法脈を承け伝える際に受ける号で、善導寺においては開山以来の住職二十一世に至るまで蓮社と号あるのは九人である。交流があった正定寺においては第十世まで号はない。『琴曲抄』中の「賢順居士」や『雨中の伽』中の「筑後善導寺之住持賢順上人、後還俗諸田氏「賢順居士」とあるも、正定寺の御住職に平成二十七年六月二十八日に御教え給わったが、蓮社号は僧侶の資格であるが年代によってある時とない時がある。諸田賢順は還俗の名であって無いのは当たり前とも言われた。従って善導寺や正定寺における賢順の不在証明にはならない。生没年の考証が出来ていない以上、超高齢ゆえ箏は弾けないとは言えない(48)。

正定寺は佐賀という国家の鎮守を祈る寺であった。天文より天正の間、少弐家・竜造寺家堂宇を建修し国家の安全を祈る、「天正之末　太守直茂公、古例ニ随堂地三段田一段ヲ免《マ》除《マ》シタマウ」、鍋島勝茂は、寛永二十年、正定寺の古堂を革め、新宇を造り、国家の昌平を祈り給うとある(49)。

一方、諫早市城見町には序論編二章に挙げた正定寺と関わりあう浄土宗慶巌寺がある。諫早領主竜造寺石見守直孝の室慶巌院の志願で、文禄年中創建の常楽寺の名称を改め慶長十年に帰依寺と定めた(50)。『同市史』では慶巌寺の紹介で玄如上人が箏曲「六段」最初の創始者八橋検校に秘曲を伝授したと伝えられているとする。

序論第一章の宮崎まゆみ氏の報告の［筑紫箏以前の箏曲］における業績と正定寺における筑紫箏の大成を述

べられたが、まだ不明な点があるように思える。同氏は賢順の筑紫箏は正定寺での同じ僧である玄如、徳応へと伝承されていく、と述べられる。賢順没後も多久家では筑紫箏の伝承が続いていた。賢順の子孫も現在まで続いている。血縁的には、賢順の一族だった可能性のある宮部氏姓の玄恕（一六〇八～四九年）は賢順に筑紫箏を学び京都にもその名が伝わった人物である。一六四一年に十五歳で伝を受けた弟子の正定寺住職徳応（超誉上人。一六二七ヵ～一七一五年）により筑紫箏は大成された。彼は鍋島勝茂の子息であり長寿だったこともあり、多くの弟子の育成と筑紫箏の曲目や内容を体系化して伝授型式を確立して伝承体系を整え伝授書『筑紫箏秘録』（一七〇五）を著した。(51) なお昭和二十八年の『＝共同研究＝筑紫箏調査報告　岸部成雄　平野健次』一五〇頁では、北多久村の諸田家墓所では賢順の墓は未確認とある。

『佐賀県近世史料』第一編第四巻鍋島「吉茂公譜」一三六頁によると、徳応和尚は、勝茂の子として寛永四年出生、初め善次郎、同十三年出家、諫早の慶巌寺龍誉御弟子、了屋と号、後超誉上人、万治元年佐賀市伊勢町大運寺五世御住職、同三年正定寺廿一世、元禄八年佐賀市千布浄円寺八世御住職、同十二年鹿島浄林寺御開基などとある。

三　グレゴリオ聖歌クレドの足跡

聖歌は歌詞としてではなく、器楽曲、しかも歌詞を隠蔽しメロディとしてその弾圧を逃れ、箏曲「六段の調べ」に、本来ラテン教会のミサや洗礼志願者を教会に受け入れる儀式の際などに歌われる信仰宣言であるグレゴリオ聖歌中の《クレド《の影響が決定的に大きかったという問題が提起された。(52) 既述のようにそのことを、皆川達夫氏が音楽理論の立場からも説明しておられる。

何故、箏なのか。クレドが六段であればなぜ残り得たか。

皆川達夫氏により問題提起されたクレドが序論編一章一節のような段物として和装し産声をあげ、和名の「六段」として必要な可能性ある時代の期間がないか。皆川達夫氏は以下のように口頭発表されている。

ラテン語聖歌の歌唱に楽器が加わる例を挙げ、イエズス会の厳格な教育方針としては「何分にも歌い慣れない外来のラテン語聖歌のメロディのことである。それを正しく歌うためには、聖歌のメロディを楽器が伴奏して支え、補強する必要があった」。切支丹時代の日本でミサ典礼においてグレゴリオ聖歌の中で、特に重要視されていた《クレド》は、楽器の伴奏を伴って歌われることが普通であった。日本人は、西洋楽器で弾き慣れて次に日本古来の楽器を取り上げ、クレドのメロディを、パラフレーズして独奏してみようと思い立ち、「それを試みた可能性が十二分にあり得た状況であった」[53]。比喩として不適切と指摘されるものであるが、今や国民的に定着した老若男女を総動員できるカラオケもバックミュウジックがあればこそ、腹の底からそれぞれの思いを発散できる。楽器練習も、心中でも必ず歌うものである。スケール練習でさえもである。

箏演奏を幕府の眼に捕捉されない楽譜なしの口伝としての可能性もあり得る。このような佐賀藩箏曲中に流れ込んでしまった禁じるはずのクレドのメロディが八橋や生田流の演奏家に捉えられ生まれ変わったのか。流行する唄にはキリスト教という宗教上の縛りを解いて感じ入ったメロディを口伝の中からとりいれることの可能性もあったであろうか。

その音合わせに使われた箏演奏は序論でも述べた歴史の過程を踏んでいるが、箏に身構える際には打絃初めから調子合わせされつつ、識者にもその存在の歴史が共有されていたようである。

隣藩の松浦静山は記す。「今世に筑紫箏《ツクシコト》と云は、八橋検校などより後に贋造せし者と常々思ひしが、友人種彦の云には、寛永前後の稗冊を種々覚へゐる中に、西鶴と云者の著せし戯書に、今専らもてはやす筑紫箏と云こと有りて、この箏の唱歌数曲出たり。（中略）さらば姫路の医臣玉縄幽玄が伝えしこの事も、強て杜撰妄作とも為し難し。且又今の三絃も中古にあれば、この筑紫箏と云も、今の俗間の箏曲などよりは上古のものかと思はる」[54]。

江戸時代前期の盲人の地歌・琴曲家八橋検校の生れが慶長十三年（一六〇八）・十九年（一六一四）・元和八年（一六二二）とあり、寛永年代（一六二四～四四年）に江戸に出て法水から筑紫箏を学んだなどと推定されるが「中年より箏を学び、不思議に琴の妙を得て、今日本の名人になる」とも記述される。[55]八橋検校は慶長十七年（一六一二）に決着した「岡本大八事件」の記憶が生々しい時代に産声を上げたのである。山根陸宏氏は、「万治・寛文期における八橋検校の組歌」において、彼の箏組歌の成立年代は、寛永年中（一六二四～四四年）成立の具体的根拠を見出し得ないことなどから寛文（一六六一年～）以前としておられる。しかし、松平大和守が諸芸能に通じていても、「すががき」を聞き、八橋検校作曲といわれる「六段」に化粧した可能性のある切支丹のメロディという意識はなかったのか。

その後序論編にて既述の八橋検校の孫弟子の時代以降と、禁教令後二百年近く経過時点での生田流に記載の「六段の調子」が認識された佐賀藩との交流の時代には元の姿を想像しなくてもいいような和装をしたと思われたのであろうか。

序論編で既述のように、教会が伝統に忠実に従い、合法的に承認されているすべての典礼儀式が将来も保存されるよう目指された第二ヴァチカン公会議の合法化された『典礼憲章』の中には、宣教地において、民族の宗教的、社会的生活に大きな重要性をもつ固有の音楽伝統がある場合、彼らの宗教心を形成するためにもこの場合、箏演奏が選ばれたきっかけの一つであった可能性がある。皆川達夫氏が述べられたように聖歌のメロディを正しく歌うために箏が採用されたのであろう

曲名の手掛かりの一つに久保田敏子氏が大西善明氏の「《六段》の六は南無阿弥陀仏の六字の御名に拠ったの

ではないか」という説を紹介された。これも切支丹音楽の出所を煙に巻く弁明の一つだったかもしれない、と述べる[56]。それは、序論編にて見たロドリゲスの報告、日本人の強い信仰の例として、絶えず数珠を持ち、日課として「南無阿弥陀仏」を一万遍唱える。農民は一種の調子をつけてこれを大声で唱えながら道を歩く。早朝から鉦を叩きながら偶像に祈っている。憑かれたように歩くその情景への便乗だったかもしれない。武家階級にとっても『平家物語』以来同様の信仰心であった。呪いのチベット信仰にあったように「六字阿羅尼」を念じて唱えれば、つまり「六段」を唱えれば不可思議の信仰があるとか、功徳を信じる日本人の信仰心にも便乗しやすかった[57]。

日本人を改宗させる目的で、琵琶と同類と見た当時のヴィオラなどの演奏を教えることにより改宗の手段とした、その目的は早速実現され、序論編であげた一五六二年（永禄五）その演奏能力は、キリスト教国の王侯の前でも演奏しうるほどのものであったし、四名の若者が太閤の前で楽器は何でも弾きこなした能力を把握し、異教徒でさえ街路を歩きながらクレドなどを歌っている情景がローマに報告された。このことは江戸時代末期の人々の明治初においても洋楽受容の可能性から見ても頷ける。

『日本史』の中では典礼音楽演奏の場だけでなく市井中の口遊みまで記録に残しているフロイスは、箏の存在を記録した一五八五年（天正十三）加津佐で纏められた『日欧文化比較』に箏の存在を記録したが、日本人の箏によるクレド演奏の見聞記録はない。この著では日欧の伝統や慣習がさかさまや特別に目を引いた行動が記録されたので[58]当然記載されてよかった。ローマに向けて日本イエズス会の功績として誇れた筈である。この頃までは、口伝でなくとも箏は明らかに演奏出来た。彼は一五九七年（慶長二）長崎で息を引き取った。従って実際に箏をクレドの表現手段としたとすれば、時期はこれ以降であろう。

しかも洋楽器演奏可能な人々の裾野が広がる要素として、一五八一年（天正九）には全国で二〇〇校まで増え教育機関の拡大[59]と一六〇〇年代の長崎における既述の伊佐早出身者を含め教育訓練受講者の能力向上の拡大である。とくに四章二節や三節でみたように佐賀藩関係者のキリスト教、特にドミニコ会への信奉が注目された。その象徴的動きとして、まず四章に記述のイエズス会の場合ヴァリニャーノが一五九〇年（天正十八）十一月初旬に出立した頃の領国を挙げての切支丹化への過大な期待を膨らませた久留米の報告があった。

しかし一五九二年二月三日のイルマン・ロレンソは死を迎えて日本人であるだけに、総協議会出席者と共に「神の言葉の歌い手として」[60]信仰の光を消すまじ、とクレドなどの延命のための啓蒙の手段を考える機会でもあった。史料上その意志を残す唯一の資格者の可能性がある。彼は、日本におけるキリスト教存続への危機感を最も持ったはずである。彼も既述のように盲人に備わる超越した能力と二〇年以上になるイエズス会在会になる彼の嗅覚で唄のない歌謡としての暗号化出来るメロディの口伝のみではなく、伝統に忠実に従っている典礼憲章にもその伝統を活かす指示あるように、宣教先の日本の民族音楽による不謹慎であるが比喩的に表現すると原曲に対するカバー曲のように、ヴィオラなどによる演奏の邦楽器演奏への可能性が模索出来たに違いない。キリストの意志を伝え得る手段を模索した可能性がある。その方が、ラテン語を必要としない日本人にでも音楽的強調が出来るからである。ア・カペラである教会音楽には自由な柔軟性のあるリズムを用いるために、語りに相槌を打つような元琵琶奏者であるロレンソは、皆川達夫氏の賢察のように聖歌のメロディを楽器が伴奏して支え、「補強する必要」を最も必要性を感じ得た。

その意志は、さらに四章五節・六節でみた危機に瀕した各会派交流による情報交換により伝えられた可能性を見る。さらにドミニコ会の中でも善導寺町木塚の十六世紀末に受洗したと推定される酒井太郎兵衛にも伝わったであろう。その彼の行動を中心に象徴される善導寺周辺のクレド演奏情報も、佐賀藩と云うよりドミニコ会が序論編にて既述のように天の恵みと言える「鹿島が世界の中でも優秀な健康地」で日本で最も素晴らしい風土と評価したドミニコ会の中心地鹿島に彼が行ったことの加え、豊富な情報交換の結果鹿島・佐賀領の切支丹に伝えられた可能性がある。

しかもドミニコ会の人々たる「私達を慰めてくれたことは、この地の領主やここに住んでいる人々が私達を信頼してくれたことです。[61]」。従って太郎兵衛の信仰決意が鹿島領の切支丹に与えた影響の可能性が窺える。それは筑前・筑後における経験から太郎兵衛が日本人切支丹信奉者の中でも四章五節の既述のように人徳が傑出していたことから、彼の影響下で、クレドと箏演奏がセットされる信仰行事は、佐賀藩のかなりの地域に浸透し醸成されても不思議ではない。

序論編以来模索してきたように久留米と佐賀両寺などにおける歴史的管弦交流から見ても賢順のような伝説的人物の役割は立証できないが、賢順の存在に関わりなく、筑紫流箏曲が善導寺から佐賀に伝わり、太守勝茂も認識していたと推定される。

クレドを正しく歌うためには、聖歌のメロディを楽器が伴奏し支え、補強する必要があった。序論編一章一節にも挙げたように洗礼時に覚えなければならないラテン語によるクレドの重要性及び意味する所を説教出来たのは史料上日本人では元琵琶法師ロレンソ以降では善導寺近接在住の授洗もしていた太郎兵衛にその重責を担わせることが出来よう。

その太郎兵衛による鹿島領のドミニコ会の人々への影響が佐賀藩の箏演奏者の曲目にも加わることが出来た可能性もあったのではないか。

後世、佐賀藩内隣接領国の須古踊りの原点である須古鍋島家に嫁いだ多久家九代茂鄰（一七五九年生まれ一八四一年没）の姉の筑紫流箏曲演奏を受け入れる風土にも影響できていた。彼女の耳に、その頃、生田流による六段のメロディも流れた可能性もある。

しかも序論論一章にて既述の《六段管攪》の調弦が、箏曲の前身とされている「筑紫箏」の調弦の一つでもあることも考えると、クレドは当初は筑紫箏演奏を取入れた佐賀藩の箏演奏家関係の人物の手を経た可能性も考えねばならない。しかし、禁教への弾圧の道を走る幕藩体制を安定させるための動きに乗るためには、各国支配層は切支丹関係の文化も抹殺せねばならない。本論編四章二節に既述の動きに見られるように、佐賀藩の場合、一六一二年（慶長十七）頃その禁教対策の最先端の最大の動きを見せなければならなかった。

序論編二章三節に既述のように隣藩平戸への江戸幕府の反切支丹対策の将軍直命特使の来訪と発言内容に佐賀藩も耳を欹てたに違いない。

その一つに、勝茂は多久美作へ切支丹墓所にある木か紙に十文字が必ずある。これは切支丹の祝日を顕すと警戒させている。(62)

しかし、福岡県立美術館蔵に描き慣れた野山の松竹梅文を背景に、取ってつけたように似つかわしくない十字架墓標を設置した墓石をした絵付けした「有田色絵松竹梅文輪花鉢　口径二一・九センチ　江戸中期」(63)がある。正保から慶安以降の頃の焼成品であろうか。日常使いの食器とは思えないほど手が込み技術力を想像できる。所持できた人物の文化的経済的レベルの高さを考えざるを得ない。多久家など窯場周辺にもクレドを口授できる人物群の存在の可能性が窺える。

こうなればたとえ歌詞のないメロディであっても、演奏される箏の音に佐賀藩の場合目を瞑るわけにはいかない。そうであれば禁教令下の切支丹関係の行動は地下に潜れるかが問題になって来る。その例はいくつも挙げた。

それでも、（イ）歌詞が歌われずとも演奏も可能であるクレドを表向きキリスト教のメロディであることを佐賀藩および幕府など体制側の記憶の扉を閉鎖したと思われる期間の助けを求めるか、（ロ）幕府の禁制の緩和があるのか、（ハ）六段からテーマを隠された可能性を求めることも思慮すべきかもしれない。

（イ）の場合、いよいよ佐賀藩内における切支丹排除の動きが顕然化すると共に全国的動きと軌を一にして、演奏される「グレゴリオ聖歌」と認識される箏曲に、藩当局が耳をそばだてた可能性は否定できない。たとえ八橋検校の演奏でも序論編一章一節で挙げたようにクレド紛いの「すががき」「六段」の調べが流れたら、それは「クレド」であると見なし得た可能性がある。そこで、聞き耳を立てる密告者の耳からも逃れるためには箏曲関係者による西欧の伝統からの技法による口授、日本の伝統技法によると口伝としてクレドが箏関係者の中に深化し「六段」として密告は絶対に防げるか、幕末期まで延命可能か判らない。序論編一章で既述のようにクレドを伝承可能な要因についても、皆川達夫氏やハワード・グッドウエル氏の示唆の本論編二章四節に既述の楽譜によらず人間の記憶だけで長く伝承してきた経験もあった。驚異であるといわれる西方教会で受け継がれてきた何世紀にもわたる口授の伝承法である。クレドを後世に伝える方法として、ドミニコ会士から日本人にも方法の一つに教えることも可能であった。すなわち肥前においても、証拠になるネウマ譜法楽譜などによらず、単旋律聖歌、グレゴリオ聖歌のメロデイを自分の頭に記憶させることで後世に口承により伝承出来た。

（ロ）としては、正徳五年（一七一五）著『西洋紀聞』「上巻」・「解説」から宝永五年（一七〇八）屋久島に潜入上陸したローマ法王庁使節シドチを取り調べた新井白石がシドチの世話係の獄卒が受洗していたことにより、シドチの外交使節ではなく布教使としての本性を観た。シドチは、正徳四年頃までの留まることを知らぬ財政悪化の帰結が悪貨が良貨を駆逐しかねない状況と見たのか、その悪貨を手にしたシドチが日本の財政逼迫を察知し、ローマ側の豊富な金で日本の禁教を解かせる企てがないかと意見具申している。また「三　羅馬人処置献議・天主教大意」に於いて「其法を諸国にひろめ候事、国をうばい候謀略」と述べている。

しかし来日し、一六九一年（元禄四）三月二十九日を中心に将軍や老中や長崎を始め各奉行に伺候拝謁でき、各地を調査旅行出来た西ドイツの博物学者で、ギムナジウム上級課程では、卒業論文として『帝王の絶対主権の政治学的条件』を講演したエンゲルベルト・ケンペルによる江戸幕府の切支丹対策についての次のような報告もある。幕府が日本人に緘口令を布き、用心の上にも用心していることは事実であるが、その好奇心と情報入手の努力は堰き止められなかった。日本人は見たこともない〝天地神明〟に誓ったところで〝天罰〟が下る等と思っていない。ザビエルと同じく感心したように、特に新奇を好む点は、世界の他の国民の遠く及ばぬところである。とくに日本人が外国の歴史、制度、芸術、学問などについて何か見聞しようとする意欲は格別であると述べる。そして、ケンペルの人徳は薬物学を学ぶための従僕の青年への各種指導と魅力で、この青年の手厚い看護を受けた長崎乙名の格別の情報収集と国内調査への多大な支援がなされた。ゆえに次の情報を入手できた。

ケンペルの情報では切支丹として最終期の囚人であろうか、一六八八年（元禄元）送り込まれた「豊後僧」と呼ばれる切支丹が長崎奉行の許可及び幕府の指令を受ける場面を彼は耳にしている。豊後僧の身よりの死者の供養のために阿弥陀寺に布施を贈ろうとしたのである。ケンペルは長崎奉行の切支丹囚人扱いの緩和などをみて、一六九一年頃には、今や切支丹囚に対しては、それほどまでに厳しくする必要はないと考えられるようになっていると述べている。また、切支丹囚の取り扱いは極めて穏便であり、知人には彼らに衣服の差し入れのような贈物をすることが許されている。もちろん事前の厳重な調べはある。奉行は畳の御座も毎年敷き代えている。若干の切支丹囚には小刀の使用も許した。日本の反切支丹対策が時代とともに緩やかになっていると見えた(64)。

長崎奉行の権能についても、本来「天下の敵」である切支丹を排除する要職にあった黒川与兵衛正直が寛文四年（一六六四）、第四代臼杵藩主稲葉能登守信通へ与えた切支丹禁制について与えた指示がある。「キリシタンについては、病人のうわごとやたばこの包紙に使った反古紙のような些細なことに至るまで、厳罰に処するのであるが、長崎奉行はこの意味を、国外に対して日本のキリシタン禁制が緩和されたという印象を与えないためである、と述べている(65)」。（ハ）の視点に立たれたのであろうか。久保田敏子氏は希望的推論と題して、次のように述べられる。

皆川達夫氏が《六段調》がルネサンス期のスペインで用いられていた《ディフェレンシアス》に近いという研究を考える場合、その隠れたテーマは一体何かと言うことを問題にされた。平野健次氏も同じく述べておられるがここでは最初からテーマが生のままの姿ではなく、すでに変奏された形であった。この点も箏曲《六段》構成と共通する。既述の譜代大名である松平大和守直矩が八橋検校を呼び演奏させた歌のない器楽曲「すががき」は、「すががき」が「クレド」であるという認識があれば、彼の母堂に聴かせたであろうかとの疑問を持つし、無視したのであろうか。序論編で挙げた『箏曲大意抄』（安永八年・一七七九年）などには「すががき」が何故ないのか未解明であるが、明和九年（一七七二）序の『琴曲指譜』目録に「六段都楽閿（すががきと読む）」とあり文化五年（一八〇八）までの各種楽書にその名を記してある。

また平野健次氏が《すががき》と《六段》の旋律の類似性を挙げ後述するように両者の比較実証を紹介されたが、久保田敏子氏は双方が一致するか否かは「今となっては分らない」と述べている。この《六段》の隠れテーマと思しき出所不明の《すががき》こそが、皆川氏ご指摘の《クレド》に由来するのではないかと想像する」とも述べられる。さらに久保田敏子氏は分野の違いはあるが信長や秀吉のお抱え絵師狩野永徳が唐獅子の画法に切支丹聖堂画の技法を摂取しているという研究も進んでいるので、音楽の世界でも充分ありえることと考えるとも加えられる。それらの絵画が、禁制下の弾圧の対象にならなかった。さらに同氏が拝見された切支丹取締に関する高札の年号が正徳二年（一七一二）ということは八橋没後にも未だ取り締まりが続行していたと推定された。「裏を返せば、密やかなキリシタン音楽の流れが邦楽の世界でも十分あり得たことの可能性は否定できないとも考え得る」とも言われる。[66]

日本政府の切支丹禁制高札は、明治六年二月二十四日に至って、はじめて外圧により撤去に至った。[67]

永徳は天文十二年（一五四三）生まれの織田信長の御用絵師で、豊臣秀吉に仕え天正十八年（一五九〇）

四十七歳で没した。久保田敏子氏が参考にされた文献を見つけえないが、唐獅子の画法とは、製作時期に諸説ある「唐獅子図屏風」（宮内庁　国宝）のことに限られるであろう。

確かに、彼の没年の天正十八年頃にはその技法摂取は、信長・秀吉用命の画家でなくともセミナリオでの少年達の学び舎の例からも可能であった。すなわちそれまでの無条件的に布教が許されていたのが天正十五年の伴天連追放令は布教上恐怖感を植え付けても次の徳川政権のような厳格さはなかった。しかも本論編一章や二章でも既述のように、南蛮文化への憧れは、メダイやロザリオ、果ては聖遺物まで、装身具として求める非信徒の諸侯も出現させた（一五九二年）というに至っては、宗教そのものを趣味と同化させる生命力の発露としか言いようのない日本的な野放図などともいうべき世俗性と冒涜的趣味流行の背景があった。伝統を重んじ、代々画風を引き継いでいた世界に、狩野派の場合、突然永徳の時代に、切支丹文化を摂取した金地テンペラの画法を許容出来、表現できる時代でもあった。ということは序論編一章二節で述べた豊臣秀吉が切支丹の各種楽器演奏に聞き入ったように音楽の世界にも敷衍していた可能性を見る。

反面徳川政権の時代になると、寛永十六年（一六三九）諸大名へのキリスト教禁令、ポルトガル船の来航禁止により鎖国の完成を見た。その結果、その伝道とともに伝えられた明確な陰影法、洋風表現を欠くなど、寛永鎖国（一六三九）から享保（一七一六〜三五年）までの一世紀間は、総じて洋風表現の空白期、という従来の定説は訂正の必要はないと言われる。隠れ切支丹により納戸神の類として残されていても普遍的没我的時代的な民衆芸術になりきっていて到底洋風画とは言えない。疑えばキリがない、布教手段が目的故の芸術的に興味ある洋風画は命を失うに半世紀も要さなかった。洋風がそのものが禁じられたという証拠はないが、疑われやすかったことには違いがないと言われる[68]。

しかし既述の西川如見が享保三年（一七一八）から同九年までの間に将軍吉宗の代に幕府に献ぜられた『長崎

夜話』中に、「長崎土産物」があり、当時の関係者からみて「南蛮紅毛油絵の風を伝へたる者あり世界の圖などは長崎畫師を根本とす」とある[69]。今日の様式論から見るだけでいいのか。

現に、元和四年（一六一八）最上義俊再建に係る山形慈恩寺に奉献された南蛮人絵馬額がある。大なる眼、隆起した鼻、口髭の縮れたるは当時の表現であるが、その陣笠形兜は秋田県仙北郡金沢町字根屋の県社八幡神社に現存する種類で延鉄数枚を以て張り形式は頗る酷似している。馬具も同様に会津松平家所蔵の泰西族騎馬像屏風に類似性が見られる。絵馬面には馴染ぶかい南蛮人の風俗をせる馭者が一匹の駿馬を曳いているところを描いたものである。その画面の伴天連は、ドミニコ会の西域地方の僧を似せるなど、南蛮人図として目立つ。ドミニコ会士の来日から、製作年代は慶長以降であることがほぼ推知される。行政上は寛永十三年から同二十年に至る保科正之領主時代の同十五年紀年である。保科正之は島原の乱直後の山形県寒河江《さがえ》市の白岩郷一揆と処断に対する強固な姿勢を明示した。それでも南蛮絵馬は残った。画面は左記の通り。

奉納　馬一匹　筆者　半田正太夫　（花押）

願主　守屋三十郎　（花押）

寛永十五年寅卯月八日

画風は狩野派の系統に属し、南蛮屏風の諸画者と全く同系の豁達なる筆致をあらわしている絵の内容は四方に覇を称えた最上時代の名残を伝える。しかも京畿文化の影響を受けた異質文化を樹立した時代であった。その製作地が大体において京畿地方であったことも察知せしめる[70]。

西洋音楽たるクレドには果たして空白があったのか。しかも、そのメロディを一旦入手した市井の人々の中には切支丹でない人も当然いた筈である。宗教的体制上は切支丹の歌を歌うことはあり得ずとも、市中の仏僧がそのメロディの魅力に取りつかれ、口遊んでいる例もあった。街往く仏僧がクレドなど切支丹音楽を歌っていたのである。元々声明を嗜む仏僧もその音楽的表現上の音感はあり宗教性を問わない場合もあったのであろう。しかし、禁教令後は非信徒であっても表立ってのクレド演奏は困難だったろう。

それでも序論編で皆川達夫氏の調査例を挙げたように平戸生月島で隠れて信仰を守る限りは比較的目零しがあったのではと推定された。すなわち表面は仏教徒を装い踏絵を踏みつつも心中切支丹信仰を守り続けた三世紀の潜伏期間に正式指導者もなく、土着の信仰と混合し民俗信仰に変容したように呪術的民俗宗教とも言われかねないような変化を遂げた。

皆川達夫氏の見解を既述のように当時の楽器演奏を担当した日本人奏者が西洋楽器だけでなく、日本の伝統楽器の箏や琵琶を取り上げたはずである。そのことを思い立つ能力は史料からみる限り、本論編二章までの経過を見る限り、排教への転落時の切支丹の危機感を最も受けたロレンソが最もその能力上、可能性が高かった。その意志を引き継ぐ資格者は久留米―善導寺・木塚の酒井太郎兵衛―鹿島との交流―現に箏演奏していた佐賀藩筑紫箏演奏関係者はその手段として資格があった。しかも、四章で観たように道を求める人に取り、佐賀藩関係者は日本人として最後までイエズス会にもドミニコ会にも帰依出来た。史料上、管見によると日本人で教理を指導できたのはロレンソと太郎兵衛を見出し得た。しかも太郎兵衛は鍋島勝茂と同様にメーナからの薫陶を受けておりクレドの効用を信仰心熱い日本人へ訴える力があり、佐賀藩のドミニコ会切支丹との交流に血が通っていた。

その後、メロディに一度憑りつかれた市井の人々の口に流れたりセミナリオで音楽の指導を受けた序論編で挙げた伊佐早出身の若き切支丹、佐賀本藩の人々を含め、信仰延命のために口授され続けられた人々にもその機会はあった。かくてそのメロディを耳にした非信徒であってもつい魅力に取りつかれその音楽的触手を伸ばし、彼らの演奏曲の中に忍ばせた可能性も考える。

久保田敏子氏によると、厳禁下でも歌詞をつけずに口遊まれ、その初段部分が口伝・口授され雅楽に似せて

《すががき》などと呼ばれた可能性があり得る。段物の一番の特色は、《乱れ》の名で知られる《十段の調》を除いて、全て各段が五二拍子＝一〇四拍に定めている点である。序論編で挙げた皆川氏の説明の通り、「寸法がぴったり」ということは、《すががき》の変奏を「六つの段」に決め、一段を一〇四拍に決めたことの大きな理由ではなかったかといわれる。特に平野健次氏は箏曲《すががき》と現在の《六段》と比較した結果を、レコードという手段で実際の音でもって検証された。その結果、まさしく《六段》は、十七世紀のスペインにおけるディフェレンシアスのように、《すががき》を隠しテーマとした一〇四拍からなる六つの変奏であることを実証された[71]。

六段の調べの作曲過程について、皆川達夫氏は箏曲にクレドのメロディが取り入れられた年代を禁教令以前に限定することなく、キリスト教が流布されていた頃、箏の名手であった検校の一人が、キリスト教の信仰を宣言するラテン語聖歌『クレド』のメロディにどこかで会ったのであろうとされる。しかし、序論編に挙げたように吉川英史氏は、八橋検校の作曲だとすれば、その頃は洋楽（キリシタン音楽）は弾圧されて聞けなかったはず。海老澤有道氏も『洋楽伝来史』の中で次のように述べる。

　鎖国禁教時代となって、キリシタン宗門は恐るべき魔法で人心をたぶらかし、日本を侵略しようとする南蛮国の手先であると固く信じ込まれるようになっていた。従って、キリシタン南蛮的一切のものが憎悪感と恐怖心をもって斥けられた。

もともと、皆川達夫氏が言われるように音楽史研究の宿命として、過去の音楽の姿を具体的に証明することは困難。また間宮芳生氏も、音楽は何百年来楽譜の形に記録できていた。しかしその演奏の姿は完全にはわからない。それがどういう音をしていたかも、エジソンの出現による蓄音機が発明されるまでは残らない。証拠を提示できないと述べる[72]。

それでも現実には久保田敏子氏の「密やかなキリシタン音楽の流れ」どころか、クレド紛いの邦楽の記録などメロディが表に出ていた例を次に再出しよう。
イ、寛文四年（一六六四）刊『糸竹初心集』収録弦名譜中の「すががき」。
ロ、序論編一章五節に挙げた歌のない器楽曲『すががき』を、諸芸能に通じた大名として著名な松平大和守直矩が、八橋検校の箏演奏により寛文二年（一六六二）十月一日に嗜んでいる。前述のケンペル来日以前のことである。
ハ、序論編一章五節に挙げた宝暦四年（一七五四）の『撫箏雅譜集』に「六段・八段・乱輪舌・九段・七段・五段の曲名を記すのがもっとも古く」とする。
ニ、序論編一章五節に挙げた山田松黒が『箏曲大意抄』で寛政四年（一七九二）の時点では『六段之調子』「八橋検校作」と明記しているが、序論編で既述のように「八橋の時代における実証があるわけでなく、伝承者の口伝である」と述べる研究者もあった。
ホ、序論編一章五節に挙げた佐賀藩の歌人堤主禮範房著で佐賀藩の文化小史といわれる『雨中の伽』文化九年（一八一二）中の八橋流組歌には記載がないが生田流組歌の中に『六段之調子』と明記してある。
へ、序論編一章一節に挙げた切支丹禁制高札撤去九年後明治十五年に、音楽教育のための会議中、箏曲六段（ピアノノ奥好義）も演奏され、そこに（此曲ハ尋常ノ箏曲ニシテ世人ノ熟知セルモノナリ。今之ヲ洋琴ニテ弾ズルハ彼我ノ音律異同ナキニ依リ彼楽器ヲ以テ直ニ我音楽ヲ奏シ得ベキヲ示スモノナリ）とある。禁教令下でも演奏技術が伝承されていたことを示す。

今日かなりの数の楽器が、古代の洞穴や墓所や礼拝堂から発掘されている。これらの素材を基として、学者たちは、楽器を復元してみたり、当時用いられた音階を測定して見たりすることすら出来る。しかしながら、かつてこのような楽器で演奏された音楽を、再創造してみることはだれにも出来ていない(73)。果たして、その当時の箏で演奏された可能性のあるクレドの再創造はできたのだろうか、先学の賢察から考えてみた。

堀米庸三氏が述べている。人間経験の集積である歴史は急激な変革の時代、一つの危機に際して最も顧みられる。その時世界はこれからどうなるのか、この近年の激変にたいしてどう考え、なすべきか、という決断の前におかれた場合、自分たちの過去をふりかえることによってその回答を得ようとするときに歴史が生れてくる(74)。

今から三七〇年ほど前の寛永十年代、あらゆる国難を乗り越え鍋島佐賀藩の基礎を作った藩祖鍋島直茂とその後の藩の延命と発展についての足固めをした初代勝茂、鍋島氏を支えた多久家久ら為政者は、草葉の陰から今日の私たちが立っている時代をどう見るだろうか。あるいは、異質の宗教に拘わることの危険性が予測された時代に、そのラテン語の宗教音楽に心の安らぎを感じ巧みに箏曲に換骨奪胎のような業で日本の伝統音楽に活かし発展させ演奏し続けた可能性ある箏者たちと冷笑しているに違いない。もちろん過去の人々がその視点から現代社会を俯瞰することなどありえない。

彼らは中世から近世という激変する環境の中を必死に生き抜いた。しかも「武士道とは死ぬこととみつけたり(75)」という覚悟が普通の生き方で、市井の領主層であった。しかし、当時の日本人が経験したことのない、白磁と赤絵焼成に挑戦するという技術革新や箏曲の育成もやってのけた彼らは夢をもち新たな世界への挑戦の姿勢を持って幕藩体制下の縛りを切り抜けたのであろう。

今日私達の何気なく耳にする箏曲六段の出生につき何故かと疑問を持った。

ニーチェの、現代の文化的状況を解明するためには、後を振り返って見るがいいのである、との言葉があるが、過去の歴史からのみ人類の英知を発見し、未来への指針としていた。それでもなお以下の井口正俊氏の語りかけから再考の手掛かりを得たい。現代社会の得体のしれない閉塞感に襲われている状況は、人類がまだ経験したことがない新たな病として実感されつつある。それに対処するには人間に残された可能性の破片をどうにか収集して、世界の新たな関係を築いていき実践していくべきだ。そこで私たち立脚している時代状況を、ニーチェが言うように「過去を現代からみるのではなく、現代を過去からみる」パースペクティヴ（遠近画法）を応用してこれまでの人間の歴史を改めて認識しなおすことが出来ないかと提案する。それは、次のニーチェの思考からその方法を逆説的に汲まれたのではなかろうか。恐らく文献学上からは、過去の歴史をみて現代をよりよく理解するというようにされた過去の歴史はニーチェの思考から、現代が顛倒（てんとう、ひっくりかえること）したものであることを洞察することから出発していたように、実際には現在からのみ理解されていた。逆説であるがニーチェの「より正しくいうならば」「古代というものは、事実上はいつも、現在からのみ理解されたのである――しかして実は、古代からして現在が理解さるべきではないか」。[76][77]

かくして井口正俊氏は、ギリシャ人が今日の社会の様相をみて何と思うであろうか？と、言われる。過去の苦しみ抜かれた人の英知が現在にこそ活きるのではないか、という意味であろう。

今日、耳にする「六段」の曲生成過程を観るに、キリスト教伝来以降の人々の動きから模索して見た。

大栗道栄氏は「五百年後の気持ちになって現代を振り返ってみると、世の中の善悪がよく見える」「未来の五百年先から過去の五百年を俯瞰して」見ようと弘法大師の思想は今日も生きていると言われる。[78]

本論編一章二節に挙げたが、今世紀に近い頃にラプジャーが『恥ずかしや、恥ずかしや』という一篇の詩の訴えるところは、工業化された現代日本にも当てはまるもので驚嘆させられる。ラプジャーの改革精神を見ると、平安時代の高野山の改革者だった肥前鹿島出身の興教大師覚鑁の『蜜厳院発露懺悔文』を思い起こす。金岡秀郎氏は、心を読むＮＨＫシリーズ『文学・美術に見る仏教の死生観』において、覚鑁もまた、努力しなければ人は堕落することを知り、同様の文章を残したと述べられた。堕落の隙間にクレドが染み込んだのではなかろうか。

同『蜜厳院発露懺悔文』も、難解であるが、いくつか挙げてみよう。
弘法大師空海の思想は、大乗仏教が説いている「人の心は本来清らかなものだ」「すべての人は、皆仏心を持っている」「人の心の中には、皆仏になる素質がある」という考え方からきている。故に「まず自分の中の菩提心を確認せよ」と言われ、これを「発菩提心戒」といい、これが出来ると仏になれる。しかし確認した菩提心を忘れたら再び凡人に戻る。忘れないためには父母や社会や国や仏と仏法と仏法を守る僧の恩と十善戒を守った生活をせよと言っている。(79)

覚鑁は、後世に新義真言宗の祖と称せられる。嘉保二年（一〇九五）肥前国藤津の庄に生まれ、十三歳の時上洛、仁和寺に学び十六歳で出家、二十歳で高野山に登り、鳥羽院に絶大なる帰依をうけた。浄土教を真言密教に取り入れ実践的宗教として知られる。(80) 大師の我々に対する性善説による信頼であったが、覚鑁によると懺悔文に「所受戒品忘不持」とある。「戒品」とは、戒めの項目の「十善戒」と「五戒」である。「十善戒」の内容は、不殺生、不倫盗、不邪淫、不妄語、不綺語、不悪口、不両舌、不慳心、不瞋恚、不邪見となる。これを守るべき僧侶が忘れている。しかも同文には他に次のように、例示される。抜粋しよう。(81) 我々も身に覚えがないか反省させられる。

二、身と口と意《こころ》の行いは、常にひっくり返り、多くの悪行を誤って犯してきた。
三、財産を惜しんで人に施さず、気の向くままに、ふしだらな生活をし、戒めなど全く守らなかった
七、僧侶の名を借りて寺院を汚し、僧侶の恰好をしてお布施を貰っているのだ。
八、授けられた戒律は、既に忘れてしまい、学ぶべき修業は嫌いになっている。
十三、自分より劣った人を見ては高慢になり、金持ちの暮らしを聞いては憧れ、貧乏な暮らしを聞いては悍ましく思う

十五、触れても触れなくても、不倫な行為は不倫である。
最後に、自分の行いと、言葉と、心の動きによって出来た罪を、私は全ての人に代わって懺悔します。なにとぞ、全ての人が悪行の報いを受けませぬように。

箏曲「六段」の歴史的展開を模索する内に、覚鑁の戒めが実行されなかった時代がクレドを日本人が歌う機会を産んだのではないかと推察するものである。

序論編一章四節にても触れたことに関し、日本文化の特異性に関する和辻哲郎氏の慧眼を見るが、日本人は近代以後にあっても「精神文化において、インド人やシナ人自身がすでにその本質的な把握を失い去っている高貴な古いインド文化、シナ文化を、今なお生ける伝統として血肉の中に保存し、これに加えてギリシャ文化の潮流に対しても新鮮な吸収力を有することを示した[82]」。

そのような日本人の一人であるロレンソに象徴されるような人物は、一旦日本人の縛りから離れ、キリスト教の伝統を明文化した「典礼憲章」一一九の精神に回帰し布教地の音楽伝統の内の日本の箏曲を活かすことに挑戦する資格があった一人であろう。その流れを集約出来たのが酒井太郎兵衛であった可能性がある。その旋律は戦国時代を旅立ち、崖下を覗くことさえ回避しがちな今日の私たちへも宗教心への鎮魂歌以上の感動を与える。しかも、その後の鍋島勝茂という人物の思考の存在があったからこそ箏曲によるクレドの延命を可能にしたのであろう。

すなわち日本人修道士や司祭中音楽に携わった経験者でクレドと箏に同時に関わりあえる人物を求めると、日本の支配者の信仰に対する心の動きと政治情勢を身近に理解、判断出来、キリスト教の未来と危機感を最も見透せ、音楽的能力を有した記録では史料上イエズス会のロレンソしか見出し得なかった。彼のような能力を持った人物ならば、音の香りを取り締まりの網に掛からぬために、今日も西欧にて楽譜なしでも口授される芸事を日本人も秘事口伝として、日本人に身近な邦楽で保存する方法を提案出来た筈である。その後の動きの中でそのようなクレドの後世への橋渡し者があってこそ鍋島領鹿島との信仰深い交流があった善導寺につながる太郎兵衛の役割が活きたのではないか。

クレドを植え付けようとした新宗教の限界として振り返ってみると、フロイスらの人柄には侵略の手先的言動は見えなかったかもしれないが、第三章一節に挙げたように、利害打算を極めつくした結果大名として初めて飛びついた大村純忠や有馬鎮貴がヴァリニャーノに語ったようにすでに気づいていた。ローマへの報告にも拘らず、切支丹側は日本誕生以来崇め大切にしてきた他の民族宗教を守り得た利点を理解しようとせず、第二章二節や本論編第一章二節でも挙げたように、為政者層中最も理解深き織田信長がキリスト教にもその文化の違いにも敬意を表したことを見逃した。序論編一章三節に挙げたハピアンの言動を第四章三節に挙げたようにドミニコ会も痛烈に批判するのみに終わった。

鍋島家も、切支丹弾圧時にあまりにもあっさりと弾圧に転じたのは、右のような新宗教の限界も見たかもしれない。気づいた日本人はその後幕府当局の政治的理由による禁圧の立場に雪崩を打ったと思われるのはハピアン(83)だけではなかろう。かくて佐賀藩の人々もドミニコ会の思考からも脱皮し、禁教の流れに後れまじと乗った。

注

（1）『中国古典叢書』（明徳出版社　一九八四年）、「解説」。

（2）①校注　神郡　周『信長記　下』（現代思潮社　一九八一年）。

②『広辞苑第五版』。

（3）『ジョアンロドリゲス　日本基督教会史　下』第2巻　第1章三四～五頁。
（4）東京大学史料編纂所『大日本古記録上井覚兼日記　下』（岩波書店　一九五五年）解題。『伊勢守日記』。
（5）ホセ・デルガード・ガルシーア編　佐久間正訳『福者アロンソ・デ・メーナ　O・P書簡』（キリシタン文化教会　一九八二年）五八頁。
（6）和辻哲郎古川哲史校訂『葉隠　上』（岩波書店』一九四〇年）二三頁～。
（7）秀村選三編『九州史料落穂集』第五冊「水江臣記」（文献出版　一九八六年）解題及び六五頁。
（8）①『佐八』多久家文書解説。
②佐賀の文学編集委員会『佐賀の文学』（新郷土刊行協会　一九八七年）二一一頁。
（9）新村出校閲・竹内若校訂『毛吹草』（岩波書店　一九四三年）。
（10）『天理図書館　綿屋文庫俳書集成　第十四巻　松江重頼集』（天理大学出版部　一九九六年）「筑紫紀行」五三頁。
（11）注（10）「筑紫紀行」同五五頁。
（12）「勝茂公譜考補」三三六頁。
（13）『佐史十四』蓮池鍋島家文書九号・十号。
（14）①『佐賀藩の総合研究』四三七頁。
②「『勝茂公御年譜』『勝茂公譜考補』解題」。「勝茂公補九」。
（15）『長崎叢書』（長崎市役所　一九二六年）二五頁。
（16）『随筆百花苑』（中央公論社　一九八一年）堤主禮「雨中の伽」四三〇頁～。
（17）『葉隠研究』（葉隠研究会　二〇〇三年）井上敏幸「元禄文学と『葉隠』―武士道と歌道―」。
（18）栗原荒野編著『分類注釈　葉隠の神髄』（青潮社　一九九六年）。三〇四頁。
（19）注（18）『分類注釈　葉隠の神髄』二七七頁、一七八頁。
（20）和辻哲郎・古川哲史校訂『葉隠下』（岩波書店　一九四一年）一一〇頁。
（21）注（18）『分類注釈　葉隠の神髄』一八七～九頁、二六五～六頁。

(22) ①注（17）井上敏幸「元禄文学と『葉隠』―武士道と歌道―」。
②『勝茂公御年譜』『勝茂公譜考補』解題、「勝茂公御年譜七」。
(23) 注（18）『分類注釈　葉隠の神髄』二六四頁、二六五頁、二六九頁。
(24) 注（18）『分類注釈　葉隠の神髄』三二七～三二八頁。
(25) 奈良本辰也『葉隠』（角川書店　一九七三年）二五九頁。
(26) ①『国史大系40「大猷院殿御実紀附録巻二」七一三頁。
②「大猷院殿御実紀巻三五」六五頁。
③『佐賀県近世史料』第一篇第二巻「勝茂公譜追加」八二四頁。
④佐賀新聞平成十二年十二月十五日付「続さが古文書こぼれ話10」。
(27) 『佐八』一四〇。
(28) 『肥前叢書・第二輯』九州治乱記』（青潮社　一九七三年）二八一頁。
(29) 『財団法人安田生命クオリティオブライフ文化財団設立一〇周年記念わが国における　地域の伝統文化』（財団法人安田生命クオリティオブライフ文化財団　二〇〇三年）三一一頁。
(30) 注（18）『分類注釈　葉隠の神髄』四五八頁。
(31) 『久留米市史第七巻資料編古代・中世』三三四頁。
(32) 注（31）『久留米市史第七巻資料編古代・中世』三三七頁。
(33) 『佐賀県近世史料』第十編第三巻（平成二十六年）二八七～二九二頁。
(34) 注（31）『久留米市史第七巻資料編古代・中世』三三四頁。
(35) ①注（31）『久留米市史第七巻資料編古代・中世』三三六頁。
②注（33）『佐賀県近世史料』第十編第三巻三〇〇頁。
(36) 『筑後地誌叢書』（文献出版　一九八七年）。
(37) ①尾形善郎『肥前様式論総叢』（一九九一年）三九五頁、四〇二頁。

（38）②『筑紫楽私記　全』（文化改元甲子季冬　伊東龍卿祐之述）。
（39）『多久市史』尾形善郎「筑紫箏」八九二頁～。
（40）『随筆百花苑　第十五巻』（中央公論社　一九八一年）堤主礼『雨中の伽』四四八～四五二頁。
（41）①尾形善郎『肥前様式論総叢』（一九九一年）三九五頁。
②『多久市史　第二巻　近世論』（二〇〇二年）六一～六二頁、六九頁。
（42）注（40）②『多久市史』九〇二～九〇四頁。
（43）注（40）②『多久市史』三東原庠舎後期の儒学者の交流（草場佩川）九〇八頁。
（43）馬淵卯三郎『糸竹初心集の研究―近世邦楽史研究序説―』（音楽の友社　一九九二年）一一八～一二〇頁、一七世紀前半の筑紫箏。
（44）小野恭靖『韻文文学と芸能の往還』（和泉書院　二〇〇七年）。「琴曲抄序」。
（45）①注（43）『糸竹初心集の研究―近世邦楽史研究序説―』第3章　筑紫箏の系譜一一二頁～、「琴曲抄序」の意味。
②監修・解説者　平野健次『箏曲大意抄』（日本音楽社　一九八一年）。
（46）注（37）②尾形善郎『肥前様式論叢』（一九九一年）四〇四頁。
（47）注（18）栗原荒野『分類注釈　葉隠の神髄』七一頁。
（48）国連におけるカザルレス九十歳代の「鳥の歌」演奏の例。
（49）注（33）『正定寺由緒録』。
（50）『諫早市史　三巻』（諫早市役所　一九五五年）一五七頁。
（51）注（37）①『筑紫箏音楽史の研究』第一節　成立過程　第二節　伝承過程。
（52）皆川達夫『洋楽渡来考　再論　箏とキリシタンとの出会い』（日本基督教団出版局　二〇一四年）Ⅲ　箏曲《六段》の成立に関する一試論―日本伝統音楽とキリシタン音楽との出会い―。
（53）『日本伝統音楽研究センター研究紀要　日本伝統音楽研究　第8号』記録　皆川達夫「箏曲《六段》の成立に関

する一試論　日本伝統音楽とキリシタン音楽との出会い（洋楽渡来論再論第3）」。
(54) ①松浦静山（一七六〇～一八四一）、『甲子夜話』続編3（平凡社　一九八〇年）一〇八頁〔一五〕、文政四年（一八二一）より起稿。
②井原西鶴、寛永十九年（一六四二）～元禄六年（一六九三）。
(55) 『糸竹初心集』中巻　琴の次第の事『日本歌謡集成　巻六』（東京堂　一九六〇年）一九三頁。
(56) 注（53）『日本伝統音楽研究センター研究紀要　日本伝統音楽研究　第8号』付説《六段の調》解題」。
(57) ①『大漢和辞典　巻二』。
②校註　佐藤謙三『平家物語　下巻』（角川書店　一九五九年）一三四頁。
(58) ①岡田章雄訳『ヨーロッパ文化と日本文化　ルイス・フロイス著』（岩波書店　一九九一年）。
(59) 『海路 第八号』河井田研朗「ザビエルの日本渡来と宣教」。
(60) 結城了吾『平戸の琵琶法師　ロレンソ了西』（長崎文献社　二〇〇五年）一二九頁。
(61) 注（5）『福者アロンソ・デ。メーナO・P・書簡・報告』五三～五四頁。
(62) 『佐八』一一三号。
(63) 福岡県立美術館『久我コレクション九州陶磁』第二集　福岡県外篇二一六。
(64) 訳編者今井正『エンゲルベルト・ケンペル日本史《上巻》』（霞が関出版社　一九八九年）2　エンゲルベルト・ケンペルの生涯。『同下巻』一一一～一一三頁。
(65) 編者　藤野保『論集幕藩体制史　9巻　近世社会と宗教』（雄山閣出版　一九九五年）村井早苗「幕藩制成立期における排耶活動」四七六～四七八頁。
(66) ①平野健次『三味線と箏の組歌―箏曲地歌研究Ⅰ―』（白水社　一九八七年）六段の調（ろくだんのしらべ　表組付物）一七八頁。
②CD箏曲『六段』とグレゴリオ聖歌『クレド』久保田敏子「付説《《六段の調》について》」。
③注（52）皆川達夫『洋楽渡来考　再論　箏とキリシタンとの出会い』Ⅲ箏曲《六段》の成立に関する一試論―

日本伝統音楽とキリシタン音楽の出会い―、および久保田敏子「付論《六段の調》解題」。
(67) 高木慶子『高木仙右衛門に関する研究』(同朋社　二〇一三年)六五頁。
(68) ①佐賀県立博物館福井尚寿氏からの示唆による『ミュージアム六一三号』佐々木丞平・佐々木正子「紺碧画法のルーツを追って―キリスト教絵画からの影響」。
②原色日本の美術第20巻南蛮美術と洋風画(小学館　一九七〇年)坂本満一、西力東漸と文明開化、四、日本洋風画派の作風、七、南蛮趣味の交流。
(69) 『長崎叢書』(長崎市役所　一九二六)「長崎夜話艸　五　○長崎土産物。
(70) ①西村貞『日本初期洋画の研究』(全国書房　一九四五年)三六～三九頁、
②国史大辞典。
(71) 注(66)③注(52)久保田敏子「付論《六段の調》解題」。
(72) 皆川達夫『オラショ紀行』(日本基督教団出版局　一九八一年)一八三頁「音楽史研究の限界」。
(73) H・M・ミラー『新音楽史』二章(東海大学出版会　一九九七年)七頁。
(74) 『歴史を見る眼』(日本放送出版協会　一九六四年)一章　歴史への関心。
(75) 注(18)『分類注釈　葉隠の神髄』六〇頁。
(76) 広辞苑五版　Philologic独語　上田敏訳　文章の原点批判・解釈・成立史・出典研究を行う学問。またそれに基づき民族や時代の文化を研究する学問。
(77) ①フリードリッヒ・ニーチェ　訳者渡辺二郎『哲学者の書』(筑摩書房　一九九四年)(「われら文献学者」をめぐる考察のための諸思想および諸草案(一八七四―七五)」四五三頁以下　一　最初の思想(18)四六八頁、(7)四六〇頁。
②この部分の引用は、「日時計の丘　福岡」の「まえがき」から借用した。
(78) 『密教入門』(鈴木出版株式会社　二〇〇〇年)九一～二頁。
(79) 注(78)『密教入門』一一七～九頁。

(80) 今泉淑夫編『日本の名僧』(吉川弘文館　二〇〇五年)一〇三〜四頁。
(81) 注(78)『密教入門』一三六〜八頁。
(82) 和辻哲郎『日本倫理思想史(三)』(岩波書店　二〇一一年)四〇三〜四頁。
(83) 注(82)『日本倫理思想史(三)』一七一〜四頁。

あとがき

この命題の答えを探し続けることが、妻のパーキンソン罹病以来十年、突然に主夫と介護者になって妻の記憶喪失時の殴りかかる「狂」と「呼吸苦」を乗り越える私の心の拠り所であった。その間、恩師丸山雍成先生には励ましを頂き歴史学の根幹に拘ることを御薫陶賜り、井口正俊先生には哲学と美学に関わること、元佐賀県立図書館大園隆二郎氏には貴重な史料紹介と助言を頂き、音楽に関することは糸島在住で演奏指導者馬場万里子先生にご指導給わった。糸島市の古川マサエ先生、福岡大学の永島徹先生、名古屋の古賀美枝子氏には長く御意見を給わった。愚息寛祐には校正等何かと助けて貰った。皆様にはここに深く感謝いたします。

最後になりましたが、清文堂出版株式会社編集部　松田良弘様には出版に際しては大変なお世話になった。茲に許伏して御礼申し上げます。

伊藤《いとう》　和雅《かずまさ》

〈略　歴〉
1943年　佐賀市に生まれる。
1966年　日本大学法学部卒業、博多大丸入社。
1995年　佛教大学文学部史学科卒業
2003年　博多大丸（美術担当部長）定年退職。
　　　　西南学院大学大学院文学研究科博士課程修了
　　　　同大学国際文化学部非常勤講師（日本文化史）
2009年　伊藤和雅作陶展（博多大丸アートギャラリー）

〈主　著〉
『古伊万里の誕生』（吉川弘文館、2001年）
『増訂古伊万里の誕生：古九谷論争の再検討』（吉川弘文館、2006年）

〈主要論文〉
「唐津焼における古田織部の影響に関する一考察」（九州藝術学会『デアルテ』、1998年）
「桃山文化人の茶碗に対する選択眼」（日本陶磁学会『陶説』、1998年）
「日本の茶道文化と心」『日本と韓国　茶の文化考』（添田町　2002年）

切支丹信仰と佐賀藩武士道
—箏曲「六段」の歴史的展開—

2019年2月15日　初版発行
著　者　伊藤和雅

発行者　前田博雄
発行所　清文堂出版株式会社
〒542-0082　大阪市中央区島之内2-8-5
電話06-6211-6265　FAX06-6211-6492
ホームページ＝http://www.seibundo-pb.co.jp
メール＝seibundo@triton.ocn.ne.jp
振替00950-6-6238

組版：六陽　印刷：朝陽堂印刷　製本：免手製本
ISBN978-4-7924 1102 2　C3021

御家騒動の展開

吉永　昭

結城秀康の子孫とその家臣団の群像を軸に、越前騒動や松平忠直配流、貞享の半知処分に至る福井藩の混迷や越後騒動への新視点を提示する。　一五〇〇〇円

近世政治社会への視座
―〈批評〉で編む秩序・武士・地域・宗教論―

高野　信治

時代を問わない権力を持つ（預かる）者と人々が日々活動する社会の関係を、平易な語り口で総合的に観察・解析していく。　三八〇〇円

近世日本の対外関係と地域意識

吉村　雅美

平戸藩を舞台に、英蘭商館の記憶や唐船打払い、異国船出没から地道な海上警備を含む辺境の「武」を担う機関としての「藩」意識の芽生えを描く。八七〇〇円

東方正教の地域的展開と移行期の人間像
―北東北における時代変容意識―

山下須美礼

晴耕雨読に勤しむ東北の給人たちが藩の崩壊に直面した矢先、改革期ロシアの申し子ニコライと出会い、新たな指針を得るに至る道程を描出する。　七八〇〇円

近世大名家における「家」と「御家」
―萩毛利家と一門家臣―

根本みなみ

宝暦期の毛利重就と子孫、天保期の敬親を中心に、傍流出身の当主たちが一門家臣との新たな関係構築に腐心する姿から「御家」の問題を考察する。七八〇〇円

価格は税別

清　文　堂
URL=http://seibundo-ph.co.jp E-MAIL=seibundo@triton.ocn.ne.jp